民家のデザイン

［日本編］

川島宙次 著

水曜社

1図　縄文的造型の裏日本型民家　山形県東田川郡朝日村田麦俣

はじめに

　ヨーロッパを旅した時、古書店の店頭でその国々の民家の詳細図集を目にした事はたびたびであった。全体の姿図は勿論、細部の彫刻や文様のデティルをこまかく記述した本である。わが国でもこのようなものがあればと待望すること久しかった。しかしそのような本が一向に刊行される気配はなかった。

　やがてそのうちに、これこそ私に課せられた仕事ではないかと思うようになった。さて手掛けて見るとこれは大変な仕事であった。資料らしいものは何にもない。民家の写真集などを見ても、そのようなデティルはほんのお添えもののように片隅に写っているだけである。だが民家の滅亡が急速に進む今日、今をのがしては将来ともにできない仕事であると思った。完全無欠を望むことは困難であるがともかくやって見ようと考えた。不完全なものでもできれば、また後につづく人も現われるのではないかとも思った。

　日本の民家は元来無装飾で、用に徹しているところが、その美しさであると思っていた。やって見るとなかなかそうでもなく、日本の民家も装飾的な要素が非常に豊富であることに気付いた。小作農などの質素な民家ではそんなことはないが、商家や素封家の建物では、まことに優れたデザインが豊富に見いだされたのであった。粗末な民家でも一ケ所や二ケ所は必ず見せ所というものがある。例えば戸口脇の庇を支える持送り（支え木）などもそれである。訪客の目につきやすい所なので、大工はとくに力をいれる。銭かねに拘らず手間を惜しまず作る。そうせずにはいられない職人魂があったのだ。あの家は何の太郎兵衛の作だといわれるのが、彼らの報酬であったのである。

　通常民家の建築では、高名なデザイナーや設計士が関与することはなく、多くは棟領まかせの仕事であった。それにも拘らずどうして、このような素晴しいデザインが生れたのであろうか。それは一言にしていえば職人魂の所産である。彼らは宮殿であろうと、つまらぬ百姓家であろうと、一旦依頼されれば、よしやってやろうという気慨には何の変りもなかった。宮殿も民家もひとしく価値のある大切な仕事であったのである。損得や手間を無視して、これが俺の作品だ、腕の

2図　弥生的造型の表日本型民家　長野県塩尻市郷原宿

見せ所だと精魂こめて作ったのが今日に残ったのである。この本に示したすべてはこの職人魂の発露による傑作集なのである。

　日本の建築の造型については、大きく分けて二つの主流がある。一つは伊勢の皇大神宮に代表される簡潔なデザインである。他は日光の東照宮に見るような重密なデザインの集積である。民家の意匠にもこの二つの流れが、著しく反映されているのに気付くのである。一方は直線的で簡素軽快な弥生的造型であるのに対して、他方は曲線的で重厚で野性的、怪奇とでも表現できる縄文的造型である。縄文的造型は、山陰から東北地方にかけての日本海側の裏日本に見られ、弥生的造型は主として太平洋側の表日本に多い。これは東北方型のいろり文化圏と、南西方型のかまど文化圏にも関わりがあるように思える。

　上図は縄文的造型の民家と弥生的造型の民家を比較したものである。これが同じ国の民家の外観かと思う程の相違が見られるであろう。1図は山形県田麦俣の民家で、連立する鞍木ぐし(棟押えの組木)や、高はつ

ぽうと呼ばれる切り上げ窓を連ねる、屋根の曲面、反り上った軒先の曲線などは、縄文火焰土器を彷彿させるものがある。2図は長野県の郷原宿の旅籠屋の外観で、簡素な直線美で構成されている。中部地方は両型造型の接触地帯であるが、街道の交通関係から、京都の文化がより濃厚に移入された土地柄である。

　このほか民家のデザインの傾向としては、社寺的細部をとりいれたもの、城廓の様式を導入したもの、明治期の民家には西洋風の様式を模したものなどが挙げられる。

　本書を作るに当っては、多方面の既刊の著書を参考にさせて頂いたが、特に多く参考としたのは次の三著書である。ここに誌して厚く御礼を申し上げる次第である。

　日本のしるし　高橋正人著　岩崎美術社
　日本の店構　　高橋南勝著　毎日新聞社
　京の町家　　　藤本四八著　駸々堂

　　　　　　　　　　　　　　　川島宙次

●●目次●●

●はじめに

1
民家の屋根

●屋根のかたち　8
　切妻造り　8
　寄棟造り　9
　入母屋造り　10
　かぶと造り　11
●屋根各部　12
　棟覆い　12
　煙出し　15
　破風口　19
　棟小口　25
　棟端飾り　29
●瓦屋根　32
　鬼板（鬼瓦）　32
　留蓋瓦・鳥衾　40
　組棟・軒瓦他　44

2
民家の外観

　卯建　50
　格子　56
　駒寄せ　61
　妻壁飾り　63
　妻飾りと胴の間飾り　67
　むしこ窓　71
　生子壁　74
　換気孔　77
　懸魚　80
　戸袋　84
　持送り　90
　手摺　98
　呼樋　104
　鉄物　108
●建具　110
　戸口障子　110
　板戸　113
　障子　116

3 民家の内部

欄間	124
自在鉤その他	136
おくどさん	141
衝立（ついたて）	148
水屋箪笥	152
箱段	156
釘隠し	160
襖の引手	164
灯具	168

4 土蔵

くらの窓	176
くらの戸前	185
くらの虹梁と鉢巻き	188
くらの窓廂と持送り	190
くらの戸・鍵座	191

5 商家

●商家の看板	198
屋形看板	198
二階屋根看板	204
招牌・衝立看板	204
軒吊り看板	211
突き出し看板	216
軒灯	218
軒行灯と軒提灯	225

6 民家のつくり

内外民家のデザインの類似　230　●あとがき

レイアウト　鈴木勉

1 民家の屋根

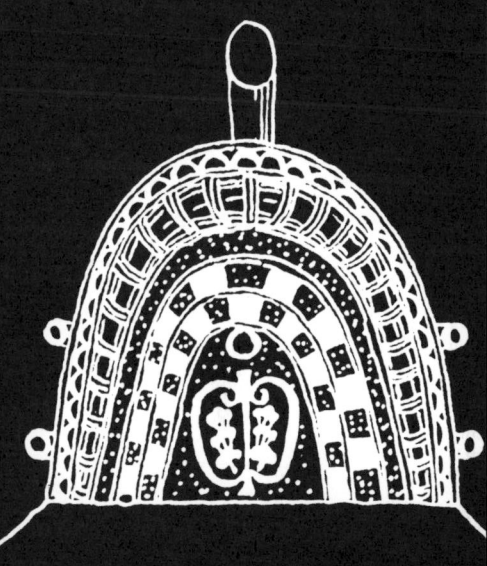

・・屋根のかたち・・

民家の屋根がたちには、切妻造り、寄棟造り、入母屋造りの三つがある。これらは古墳時代の家形埴輪にも既に見られるもので、屋根がたちの基本形である。後になって養蚕の必要からかぶと造りという形ができた。

切妻造り
KIRIZUMA-ZUKURI

厚紙を二つ折りにして伏せたように、頂点に棟の稜線が一本通って、両側の二方向に雨が流れ落ちるようにした屋根を「切妻屋根」あるいは「切りや」といい、その名の通り屋根の両端を垂直に切り落した格好のものである。もっとも単純な屋根がたちで、町家の屋根や山間部の板屋根にこの形が多い。

草屋根の切妻造りは、飛驒の「合掌造り」甲州の「切り破風造り」大和の「高塀造り」などがあって、この三つの地方が代表的である。板屋根では信州の「本棟造り」があるがこれは「大破風造り」ともいう。簡単な納屋などの付属家では全国的に見られる造りである。

切妻屋根の雨の流れ落ちる屋根面を「平」といい、側面の三角形に壁が伸びている方を「妻」と呼ぶ。矩計平面の場合は長辺の方を平、短辺の方を妻とする。平の方に入口があるのを「平入り」妻に入口があるのを「妻入り」という。また平の方を桁行、妻の方を梁間ともいう。屋根の一つの面についていえば、上辺を棟、下辺を軒先、両側の斜め辺を「けらば」あるいは「傍軒」と呼ぶ。

1図は山梨県の切破風造りを画いたもので、直截簡明なデザインである。妻側の白壁を画する柱、梁、貫の構成が美しい。この切妻屋根は構造に特徴があって、うだつ柱という棟を支える柱が棟まで伸びていて、合掌造りのように三角に組まれた小屋組でなく、独特な造りとなっている。

1図　切妻造りの屋根　山梨県東山梨郡牧丘町隼

2図 寄棟造りの屋根 香川県高松市郊外

寄棟造り
YOSEMUNE-ZUKURI

屋根の雨水が四方に流れ落ちるように葺きおろした形のもので、このゆえに「四注造り」ともいい、また屋根の面が四つあるので「四つ屋根」ともいう。

四国九州などの西国も寄棟が主流であるが、江戸時代の交通関係から東国のものが余計目についたところから「東家(あずまや)」といい、四阿と書いておなじく「あずまや」と読ませたりする。阿は軒を意味し、四阿は家の四方に軒が回っている形をしている。家の平面が矩形のときは、屋根の頂きに水平の「大棟」ができ、四隅に「隅棟」あるいは「降り棟」という斜めの棟ができる。正面の梯形の屋根を「大平(おおひら)」といい、妻側の三角屋根を「小平(こびら)」あるいは「扇平」などという。

2図は讃岐の「四方蓋造り」と呼ばれるもので、四方に本瓦葺きの庇をめぐらせた造りである。隅棟にはやや強いむくりがついていて、軒先でピンと撥ねた恰好が美しい。

棟は「ガップリ」という大きな雁振瓦を伏せて納めている。四国に特有のデザインである。

3図　入母屋造りの屋根　京都市左京区花脊別所

入母屋造り
IRIMOYA-ZUKURI

　入母屋造りは切妻と寄棟の複合した形で、上半分を切妻、下半分を寄棟造りとしたものである。宮殿や社寺の屋根がたちを模して、民家にとりいれたもので、京都を中心とする近畿地方に多く、この地方のものがもっとも優雅で整った形である。

　入母屋造りは宮殿建築の様式を承けついだものだといわれるが、弥生時代の住居に、隅を丸めた寄棟の上に、切妻屋根を載せた「原始入母屋」と呼ばれる造りもあるように、民家の中には自然発生的な経路で生れたものも少くない。

　その一つは寄棟造りの棟端に煙抜き穴を設け、それを覆うために棟をつきだして漸次入母屋を構成するものと、切妻屋根の妻側に「尾垂れ」あるいは「添わし」と呼ばれる妻庇をつけて、それが大屋根の結合して入母屋を形成する、二つの系統がある。

　入母屋造りをまた「破風造り」とも呼ぶが、これは妻の三角部分のけらばが風を切る意味からこれを「破風」または「搏風」と呼ぶことによる。そして三角の穴の部分を「破風口」山形の二辺を区切る板を「破風板」という。入母屋造りでは各地ともに、この破風口の意匠に重点がおかれ、格式の高い家では懸魚と呼ぶ棟端隠しの彫刻をつけ、格子を組み、家紋を配するなどして意匠をこらす。入母屋造り自体がそうであるように、破風口の飾りは階層差によって制限される地方が多い。

　3図は京都市の北、丹波境の民家で美しい形の入母屋造りである。棟には栗材の組木を載せ、破風口には火伏せの水の字が透かし彫りとなっている。

かぶと造り
KABUTO-ZUKURI

通常「甲造り」とかき、まれに兜の字も用いる。入母屋造りとともに、切妻と寄棟の複合したもので、形の上から見ると、寄棟、あるいは入母屋造りの妻側の一端を切り落した格好のものである。入母屋は上半分に垂直の壁面があって、下半分が寄棟となっているのにくらべると、これは上部が寄棟あるいは入母屋の屋根となって、下半分が梯形の壁面となっていて、入母屋とは逆の関係になる。

養蚕のために屋根裏を使用するようになって、その採光・通風の必要から工夫されたものであるから、さほど古くからあった屋根がたちではない。そして東日本の養蚕の盛んな地方に多く、西日本にはきわめて稀である。

なかでも著しい地方は静岡県の北部から山梨県の南西部にかけての富士川流域の一帯である。その形式が蚕紙の取引きなどを通じ漸次近隣県に及び、東北地方の一部にまで拡まった。この造りは寄棟造りの妻側の棟や母屋を継ぎ足して、改造されたものが多い。

4図は富士五湖の西湖畔にあったかぶと造りで、この村は昭和41年に土石流のために潰滅した。梯型(袴腰ともいう)の下にも庇がある「二重かぶと」の形式である。

4図　かぶと造りの屋根　山梨県足和田村西湖

●●屋根各部●●

棟覆い
MUNEŌI

　屋根の表と裏の斜面が行きあう頂上の線を棟という。葺き上げた両面の茅の上に、15センチぐらいの厚みに茅をへの字型に折り曲げて馬乗りにかぶせる。これが棟覆いである。その棟覆いを綴じつける縄目を伝って水が入るので、それを防ぐためにいろいろの工夫がこらされる。

　1図右のくれぐしは、もっとも原始的なもので、棟覆いの上に竹簀や杉皮を重ね、くれもちという枠で押え、その間に芝土を置く。それに生える植物の根をはびこらせて、棟回りを強固にして雨洩りを防ごうというやり方で、関東山地から東北地方にかけて多く見られる。くれとは土塊（くれ）のことで、ぐしは棟の意味で、土を用いた棟覆いのことである。

　棟に植える草は地方によって異なるが、ゆり・おもと・しだ・しょうぶ・いちはつ・いわひばなどの宿根草が用いられる。東北ではゆりが多く、季節には赤い姫百合の花が花簪のように咲いて美しい。中下は無雑作なもので、くれもちの丸太を、「とおす」という股木をさして屋根に止めたもの。右は梯子型に組んだくれもちを置き、棟小口に裏板を当て、風返しや鳥止りの装飾をつけたもの。

　左の笄（こうがい）棟は、棟にうず高く積んだ棟覆いを押えとかののせという丸太で押え、それを屋根に突き通した笄に縛りつけた棟仕舞のやり方である。笄は屋根組みの叉首にくくりつけてあり、越後では、これを「簪棒（かざしぼ）」というように簪に似ているところから、この名がある。

　中上の本ぐしは長野県の北部から越後にかけて多い棟覆いで、棟覆いの茅の上に杉皮や板を葺き、太い棟木と押え合掌で棟を押えるやり方である。この地方では風切鎌といって、棟に鎌の刃を挿し風害をさけるまじないとする風習がある。

　2図の竹簀巻きは主として関東地方に多い棟覆いで、竹の簀を棟に巻いて、両端の側面で屋根に綴じつけるやり方である。単に竹簀を巻いただけのものや、ひしぎ竹（竹を叩き伸したもの。のし竹ともいう）や、葭を束ねた「巻き葭」を置き、その下端を海老の尻尾のような形にひろげたもの。ひしぎ竹を馬乗りに掛け渡した間に、割竹を襷掛けに綾取り、頂部の「烏やすめ」の竹を結えつける蕨縄のはしを茶筌髷のようにおっ立てたものもある。烏やすめの棟木には腐触しにくい棕櫚の幹を用いる地方がある。

　東海地方のしやき棟は、関東の竹簀棟が半円形であるのに対して三角断面で、棟竹に竹串を斜めに差して止めるものである。出雲の反り棟は竹簀を巻いただけの「坊主棟」であるが、棟の両端が著しく反り上っていて、美しい造形である。

　3図置き千木は屋根棟に、太い木をX型に組み、その重みで棟を固定さす仕組みである。

　この組木は主として栗材の枕木大のもので、材料的な関係から山地の民家に用いられる。その形が牛馬の鞍に似ているところから、東北では「荷鞍」と呼ばれ、中国地方では「馬乗」「木馬」「馬木」などといわれる。関東では「合掌」、近畿では「組木」と呼ばれることが多い。九州の高千穂では長いままの自然木を用い、これを「うまんまた」という。中上の竹千木は、大材の乏しい平野部のもので、重みはなく単に形式化したものである。

　これまでのものはすべて、棟の頂部に縄目を通すことを嫌った、棟覆いであるが、4図針目覆いは、この縄目の上に茅束を置いて蓋としたもので、「目蓋」ともいう。関西以西に多い棟覆いで、この方式だと充分に棟覆いを下部の構造に締め付けることができる。この針目覆いは一般に「からす」とか「ぽて」「おどり」などと呼ばれる。右上は筑紫平野の「だご棟」で、俵型の太い針目覆が団子に似ているところからこの名がある。左は芸州葺の屋根で、これも太い藁束を置き、芯に入れた竹を鋭く尖らせ交叉させた形が美しい。兵庫県西部から北九州にかけて多い形式である。中は近畿地方の平野部に多い形式で、特に入母屋造りの屋根によく似合う。右下は箱木千年家とその付近のもので、これは針目覆いの断面が鋭角三角形の大振りなもので、その美しさはだご棟に劣らない。

　5図の瓦巻きは、関東南部に多い形式で、紐付（重ね目の付いたもの）雁振瓦という棟瓦で巻いたもの。3枚瓦から9枚瓦ぐらいまである。千葉県西部には特に多い。右は伊賀平野に多く見られる瓦葺の箱棟である。左上の大雁振1枚で棟を覆うやり方は、佐賀や讃岐・南河内に多く、佐賀では「かめ瓦」、讃岐では「がっぷり」といわれる。南河内のものは経60センチもある大雁振で、有名な吉村家などもこの棟覆いである。

★１図　棟覆い（中部）

岐阜県郡上郡大和村

長野県上水内郡戸隠村

長野県利根郡水上町

長野県碓氷郡松井田町

★２図　竹簀巻き

静岡県磐田郡豊田町

栃木県芳賀郡益子町

埼玉県草加市

茨城県稲敷郡牛久町

出雲の反り棟

島根県平田市灘分

★３図　置き千木

京都府船井郡和知町

福岡県太宰府町

埼玉県飯能市

宮崎県高千穂町

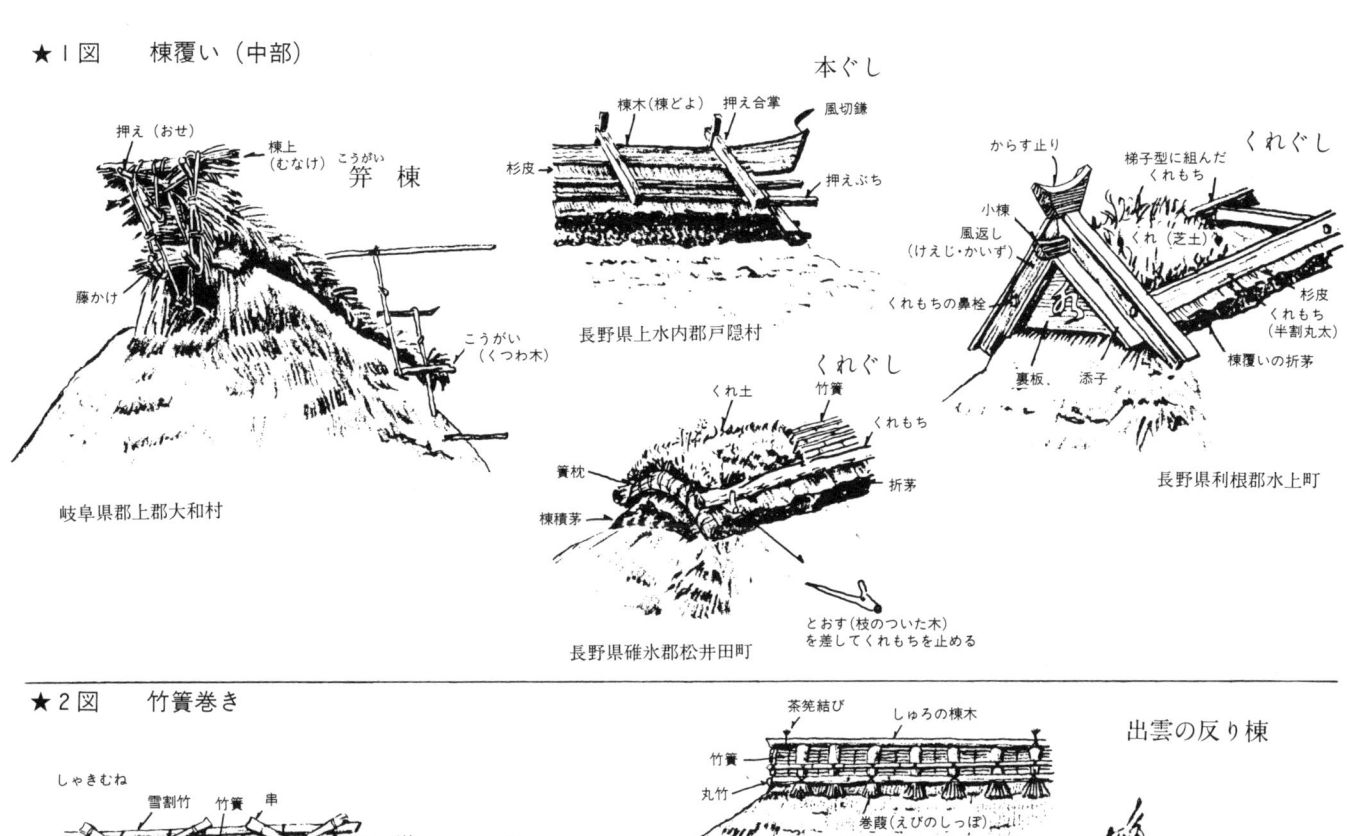

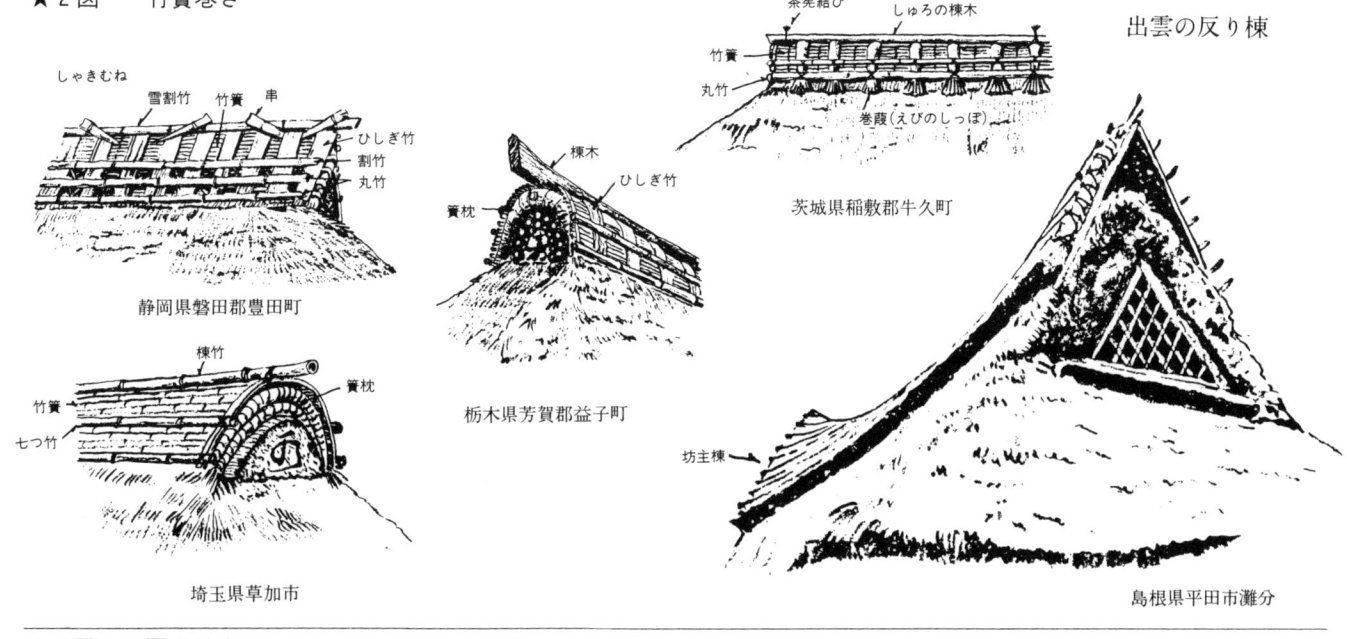

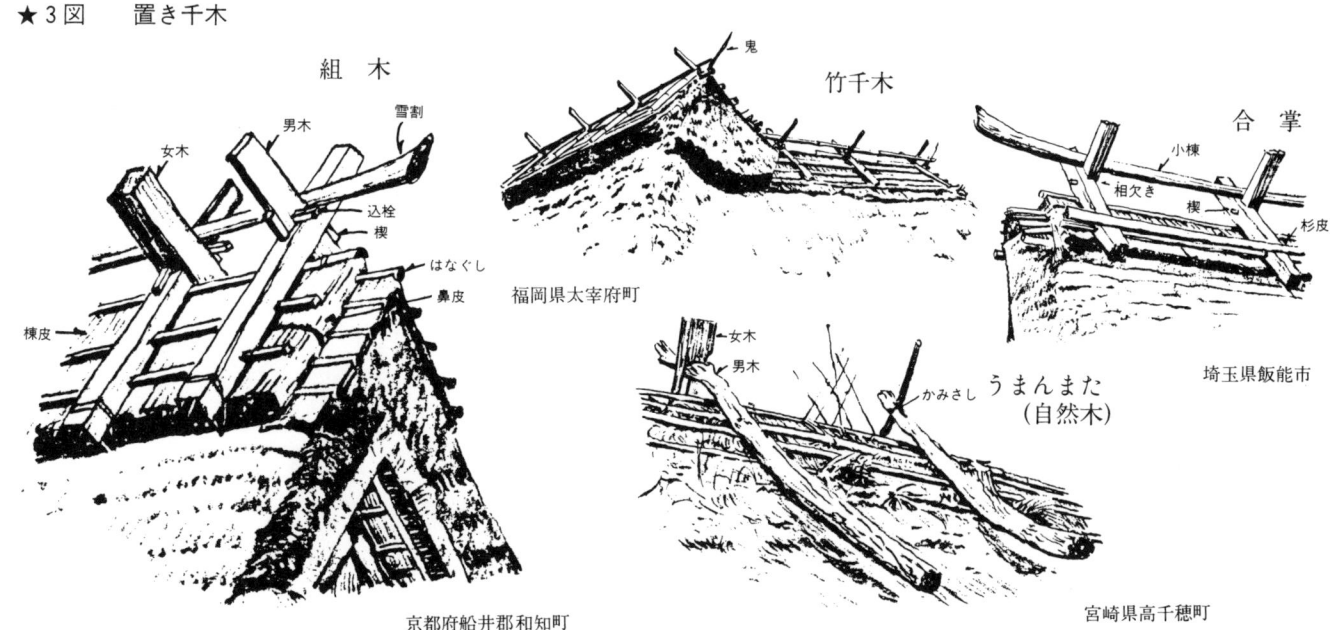

★4図　　針目覆い

★5図　　瓦棟

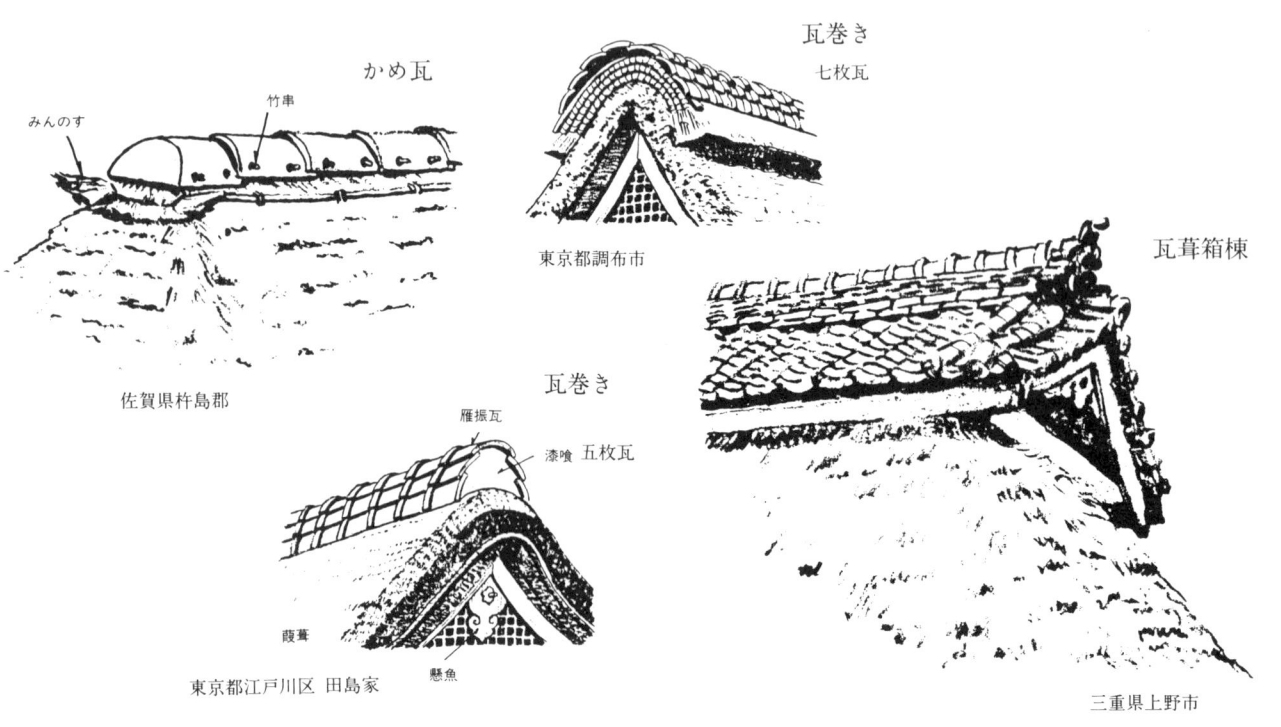

煙出し
KEMUDASHI

　煙出しは屋根裏にたちこめた、いろりやかまどの煙を屋外にひきだすために、屋根棟近くに設けた穴のたぐいである。1図左に示したようなものが本来の煙出しの形であるが、後には養蚕のための、換気櫓が主流となった。東北では「にぐらはふ」中部では「気抜き櫓」関西では「はっぽう」などと呼ばれる。中国、四国、九州では、養蚕もやらないし以前は外かまどの家が多かったから、煙出しの例はいたって少ない。

　1図は東北のにぐらはふで、いずれも頂部は板屋根で意匠的に凝ったものが多い。いろいろの紋様や繰形で飾り、天龍水叶とか龍水などの火伏せの文字を配している。2図右は東北、左は北関東のもので、棟覆いも板葺棟、竹簀棟、杉皮棟、石屋根と、さまざまな地方色が見られる。3図は関東のもので、これも竹簀や瓦、くれぐし、巻葺と変化に富み、換気孔も開放のもの、格子、無双といろいろのやり方がある。茨城のものは櫓の小屋根の雨垂れが屋根を痛めぬように、その部分に杉の青葉を敷き込んでいる。

　4図は関東中部の養蚕地のもので、特に充分な換気のための工夫が施されている。一般的に櫓が高くなり、「唇窓」といって板戸が内部から操作でき、風量の調節ができるようになっている。以上は主として養蚕用の気抜き櫓であるが、養蚕をやらない関西以西では純然と煙出し専用となる。それは5図に示すようなものである。右上と左下は養蚕地の気抜き櫓と同形式のもので、これを建築用語では「越屋根」形式という。奈良県の町屋では、棟下に直角に設けた形式が多く、東北でいう「狐破風」に似たものが多い。いずれも本瓦葺きの堂々とした立派なものである。

　6図の煙突型右2つは、いずれも積雪地のもので、屋根に雪が積っても排煙に差しつかえのない工夫である。左は寄棟屋根の煙出しで、葺草に引火しないように、高く櫓を組んだものである。

★1図　煙出し（にぐらはふ）　　　東北地方

青森県黒石市

宮城県気仙沼市小々汐　尾形家

岩手県和賀町

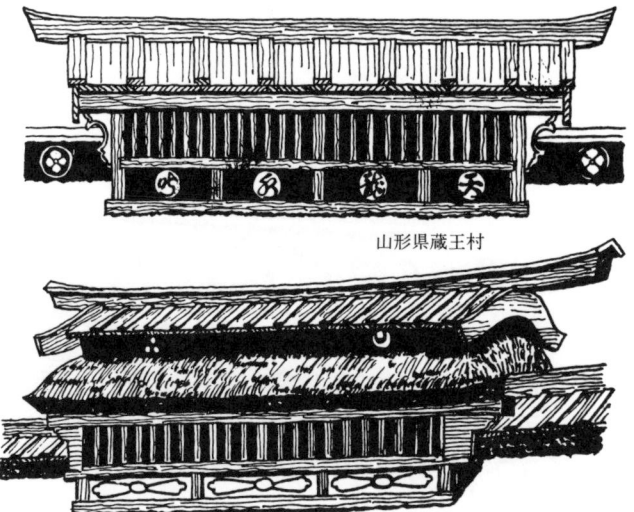

山形県蔵王村

岩手県遠野市　千葉家

15

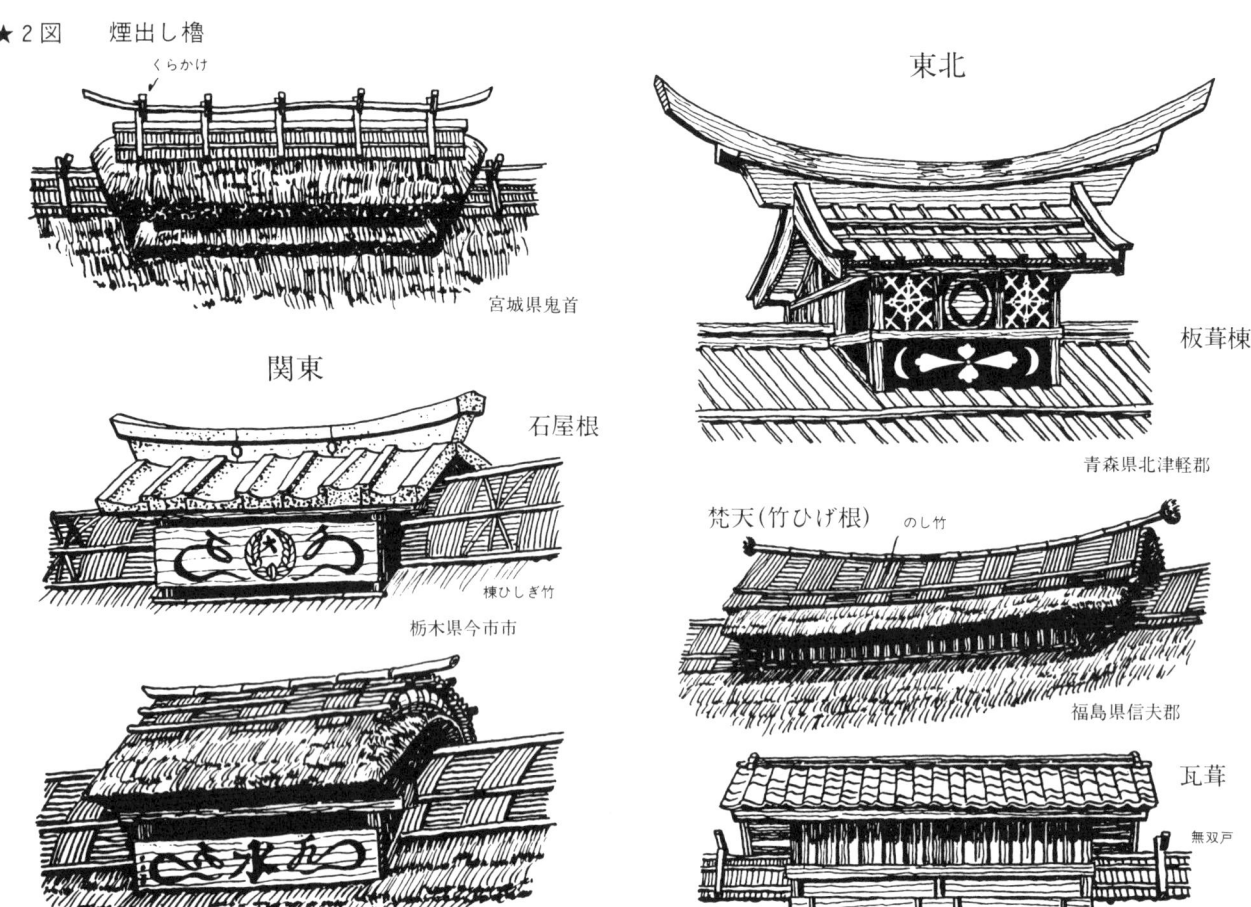

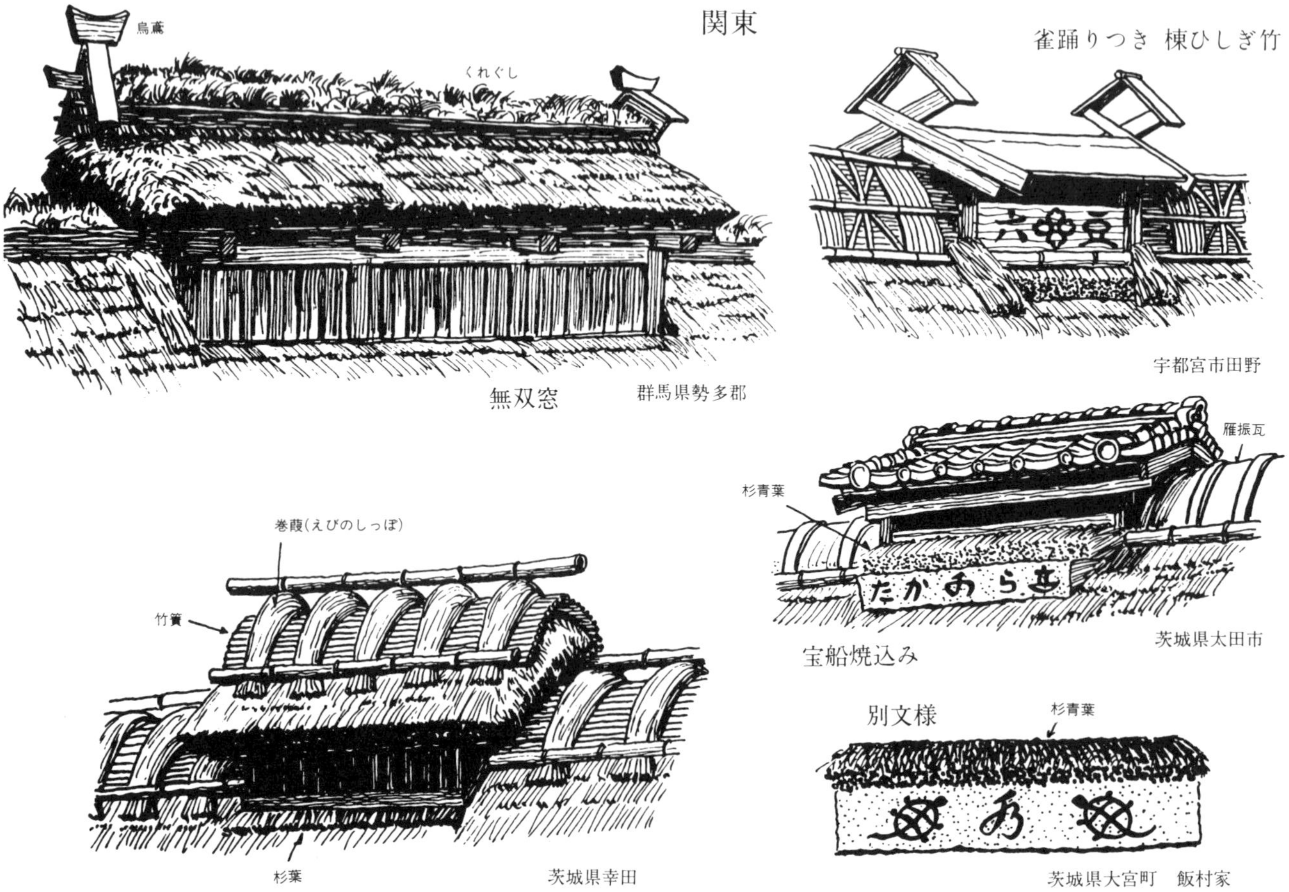

★4図　煙出し櫓

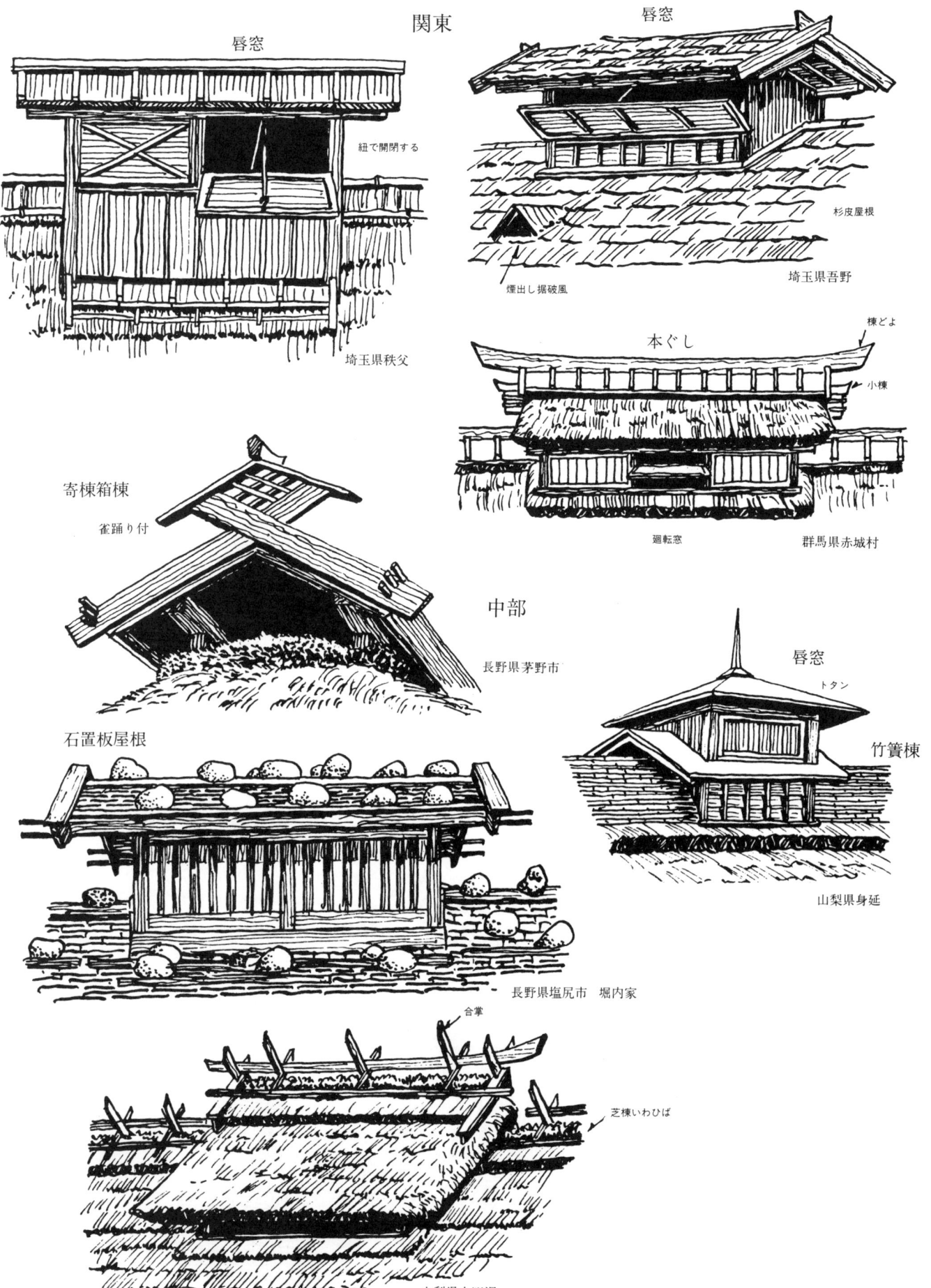

★5図　煙出し（はっぽう）

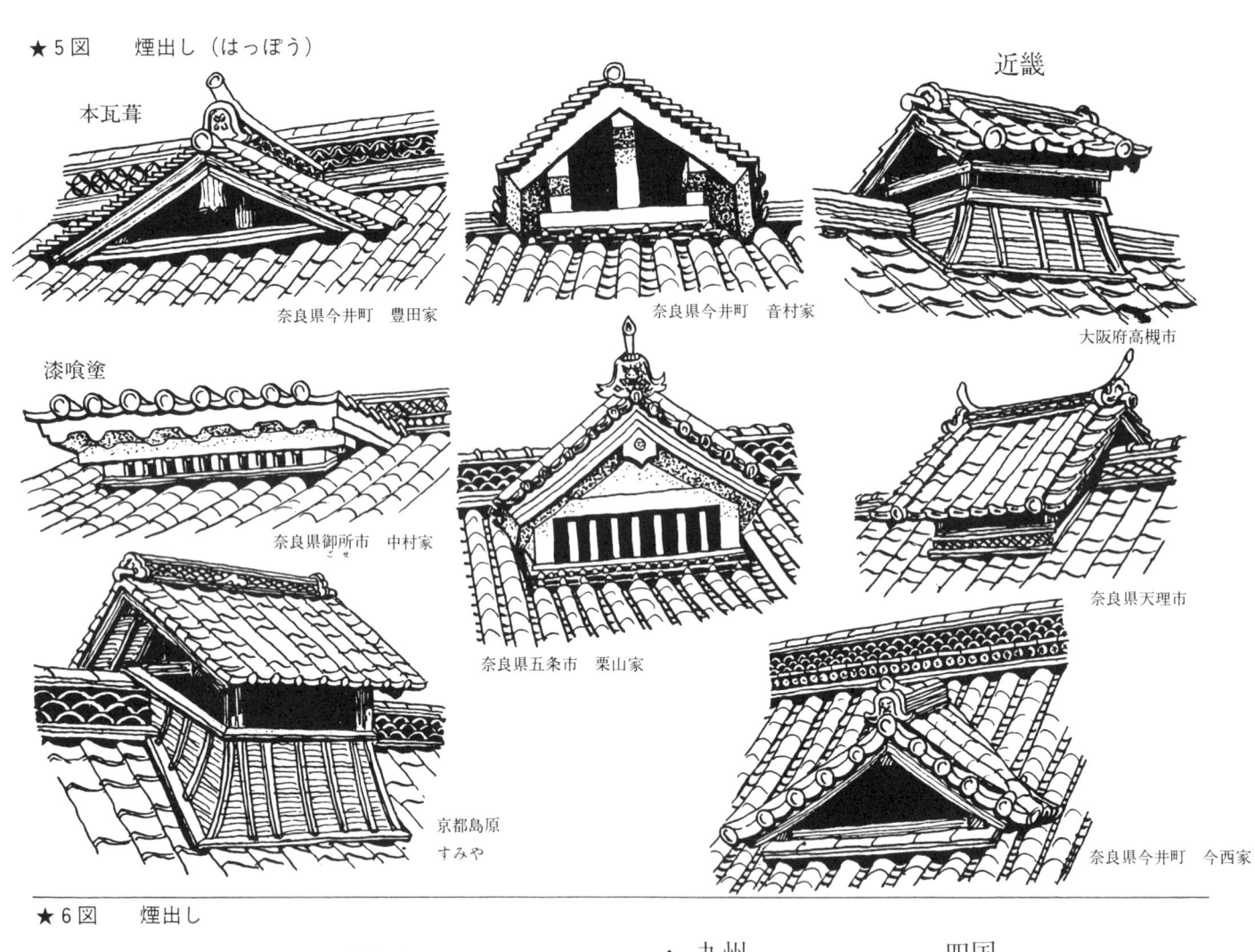

本瓦葺

近畿

奈良県今井町　豊田家

奈良県今井町　音村家

大阪府高槻市

漆喰塗

奈良県御所市　中村家

奈良県五条市　栗山家

奈良県天理市

京都島原　すみや

奈良県今井町　今西家

★6図　煙出し

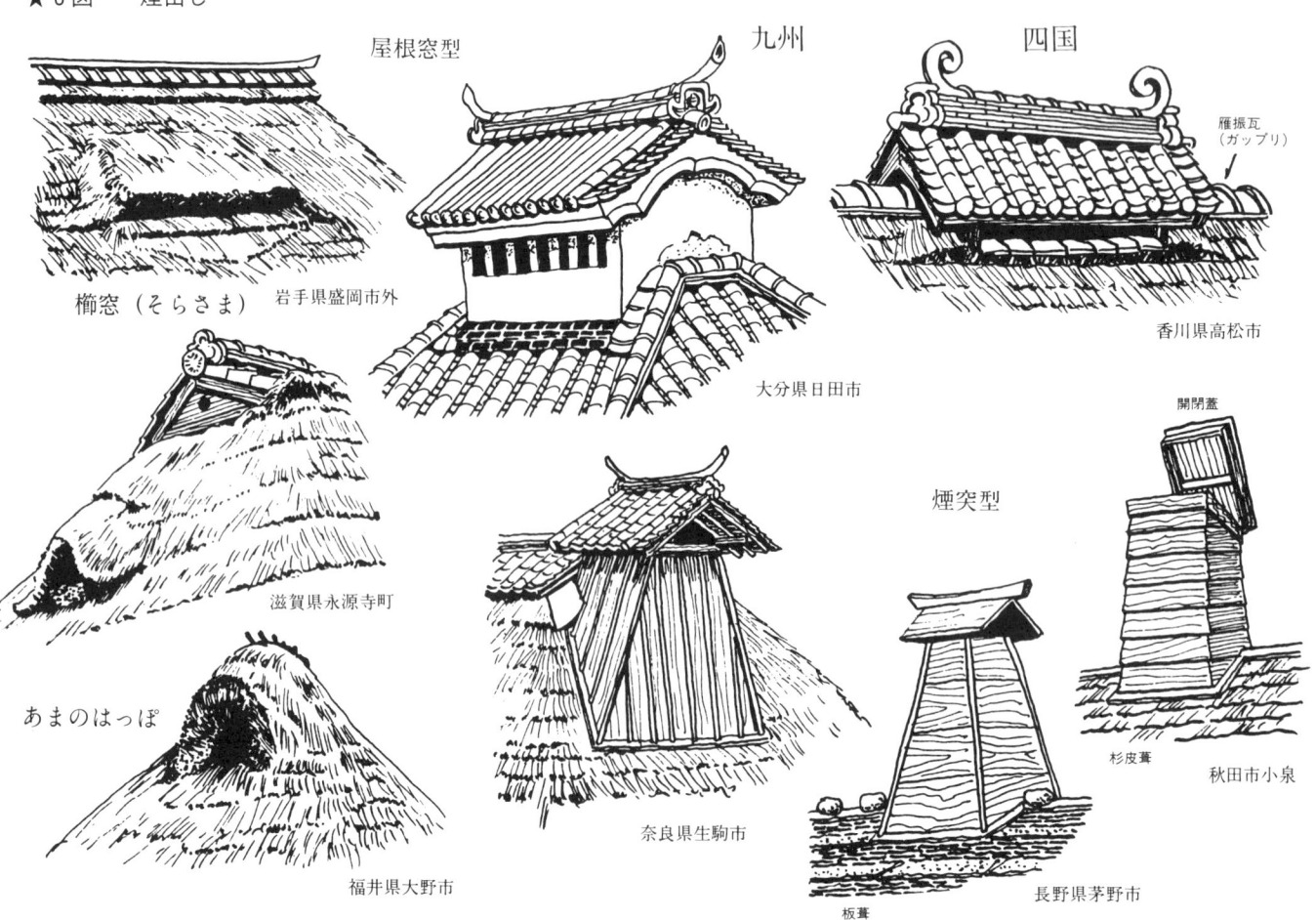

屋根窓型　　九州　　四国

雁振瓦（ガップリ）

櫛窓（そらさま）　岩手県盛岡市外

大分県日田市

香川県高松市

開閉蓋

煙突型

滋賀県永源寺町

あまのはっぽ

奈良県生駒市

杉皮葺

秋田市小泉

福井県大野市

長野県茅野市

板葺

破風口
HAFUGUCHI

破風口というのは入母屋造りの屋根の妻側にあいた三角型の空間を指すものである。したがって入母屋造りの多い近畿地方のものが主である。しかし東北の曲り家では厩の妻に限って入母屋造りとするし、関東でも多摩地方には破風口の大きい入母屋造りがある。この破風口は屋根裏の換気孔となるので、縦横や斜めに組んだ木連（きつれ）格子をはめこむのが通常である。これを訛って狐格子という地方もある。

1図上段は曲り家の破風口で、腰の部分にこの地方で好まれる「天龍水叶」や「龍水」の火伏せの文字や波頭を浮彫としたものが目につく。下段は厩中門の破風口である。秋田県では厩中門の上部に「しだら」という中二階を設け明り窓をつける。これを「すすまど」といい、その上に庇のように茅を葺き出して美しい曲線に刈り込む。

2図は、多摩地方のかぶと屋根や入母屋造りの破風口。右下の田島家は東北の曲り家に似た造りで、おもやは寄棟造りであるが、曲りの方は入母屋としている。中央は寄棟造りの屋根の中央につけた玄関構えの屋根で、これは千鳥破風と唐破風が重合した形となっている。左は寄棟造りの妻につけた煙出し孔を覆う屋根で、一般の入母屋造りとは一味違った恰好となっている。3図中上も同様のものだが、これは蓑甲の曲線によってなぞえに納めている。その下は荘川村の入母屋合掌造りの破風口で板貼りとし、火灯窓風の窓を明けている。板壁と屋根の隙間にはちような茅という房状の茅束をつけている。右下は同じく富山県の入母屋合掌造りで、壁面は「ひだちさくみ」あるいは「たつこも」といって茅壁としたもの。左下は揖斐郡の入母屋の破風口で、近江と交通関係がよいのでその影響が見られる。棟小口には湖北地方と同じ「前だれ飾り」がついている。

北陸地方の寄棟造りには煙出しの項で誌した通り、妻側の屋根に「あまのはっぽ」という煙出孔がつくられる。福井県の九頭龍川に沿う地域では、このあまのはっぽが形を整えて破風口の小さな入母屋造りとなる。4図から5図にかけては、その破風口の意匠である。新しい茅に黒ずんだ古茅を織り交ぜて、歌舞伎のくまどりのような模様を画き出すのは特有の地方色である。ここにも北陸の縄文的な持味が感じられる。5図左は兵庫県西部の芸州葺の破風口である。

6図滋賀県伊香郡は妻入りの入母屋造りが多い地方である。妻が家の正面になるので、破風口の意匠は凝ったものが多

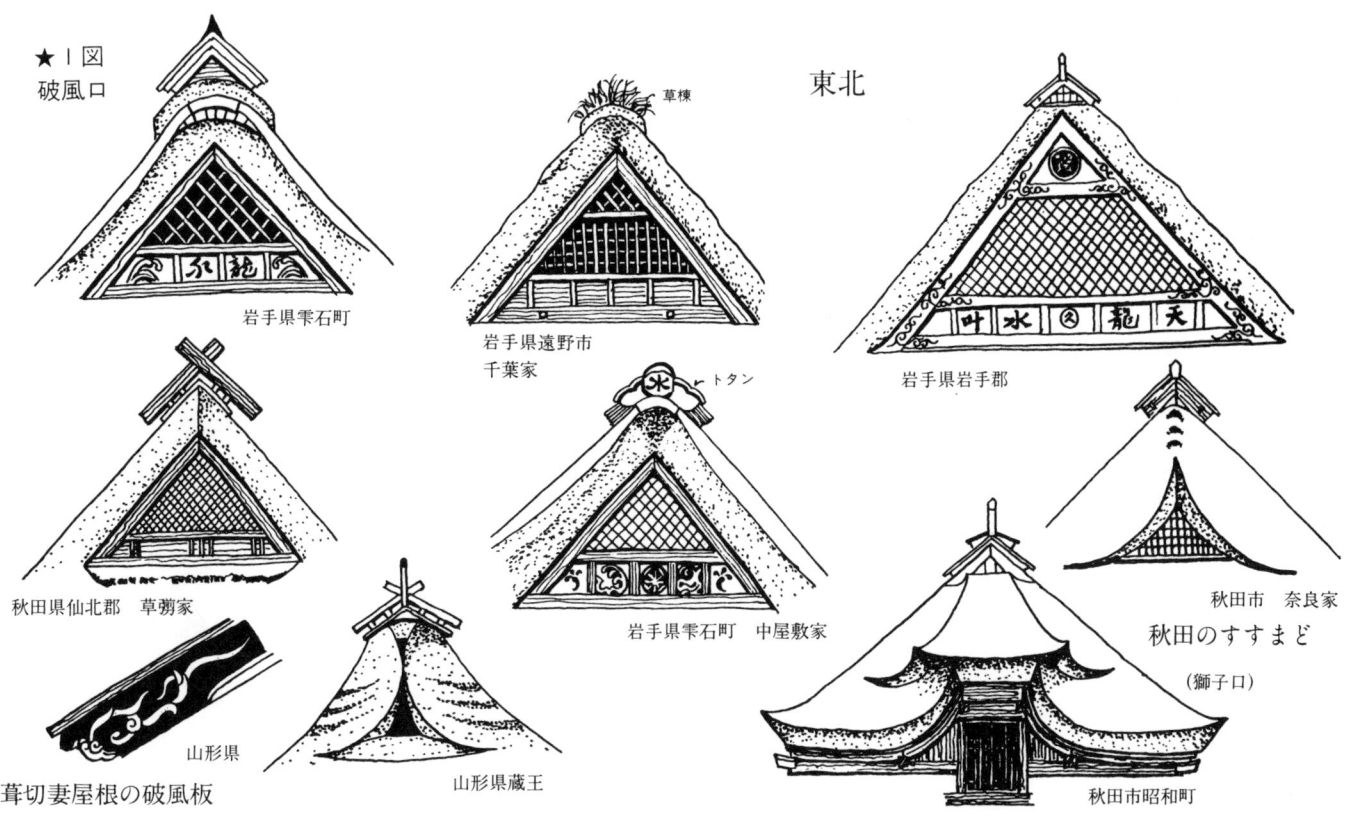

★1図 破風口

岩手県雫石町

草棟
岩手県遠野市 千葉家

東北

岩手県岩手郡

秋田県仙北郡 草薙家

トタン

岩手県雫石町 中屋敷家

秋田市 奈良家

秋田のすすまど
（獅子口）

瓦葺切妻屋根の破風板

山形県

山形県蔵王

秋田市昭和町

19

い。火灯窓風のもの、斜め組の木連格子の下部の前包みの腰板に家紋や透し彫の文様を配したもの、唐草を彫った虹梁をあしらったものなどがある。そうした破風口の意匠もさることながら、この地方で「前だれ」という棟端飾りは非常に特徴的で他に類がない。棟積茅の小口を覆い、棟覆いを縛りつける縄を意匠としたのがこの前だれ飾りである。棟積茅の小口隠しは白い芋殻や、選りすぐった葭、あるいはしのぶ（篠竹）をきれいに揃えて扇形にならべ、その上に棟押えをとじつける化粧縄を締めつける。締縄の風化を防ぐために、黒く染めた割竹で覆ったり、蛇籠編みの竹筒をかぶせたりする。7図も同様であるが、これは山地のもので、透し彫りが素朴で一層民芸的な味わいがある。

8・9図京都府の民家も入母屋造りが主流で、中でも丹波地方のものが美しい。この地方では破風口廻りの屋根を新旧の茅をとり混ぜて虎皮葺とすることがある。太い組木を載せた棟とともに、破風口の意匠も山国らしい豪快なものがある。また破風口を白漆喰に塗りごめて、井桁の換気孔をつけるなどは他の地方で見られないものである。

10・11図は京都以西の関西各地の破風口で、さまざまの意匠の変化が見られる。火伏せの文字は、水とか井、川などと、他の地方の龍などに較べると、はなはだ現実的なものとなっている。

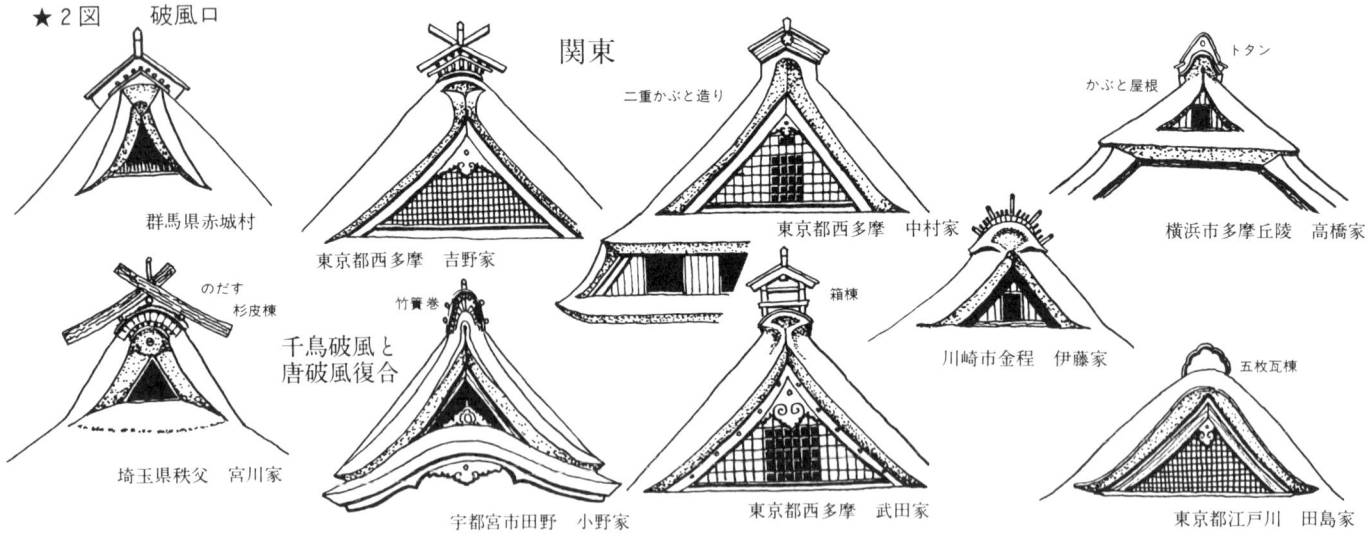

★2図　破風口　関東

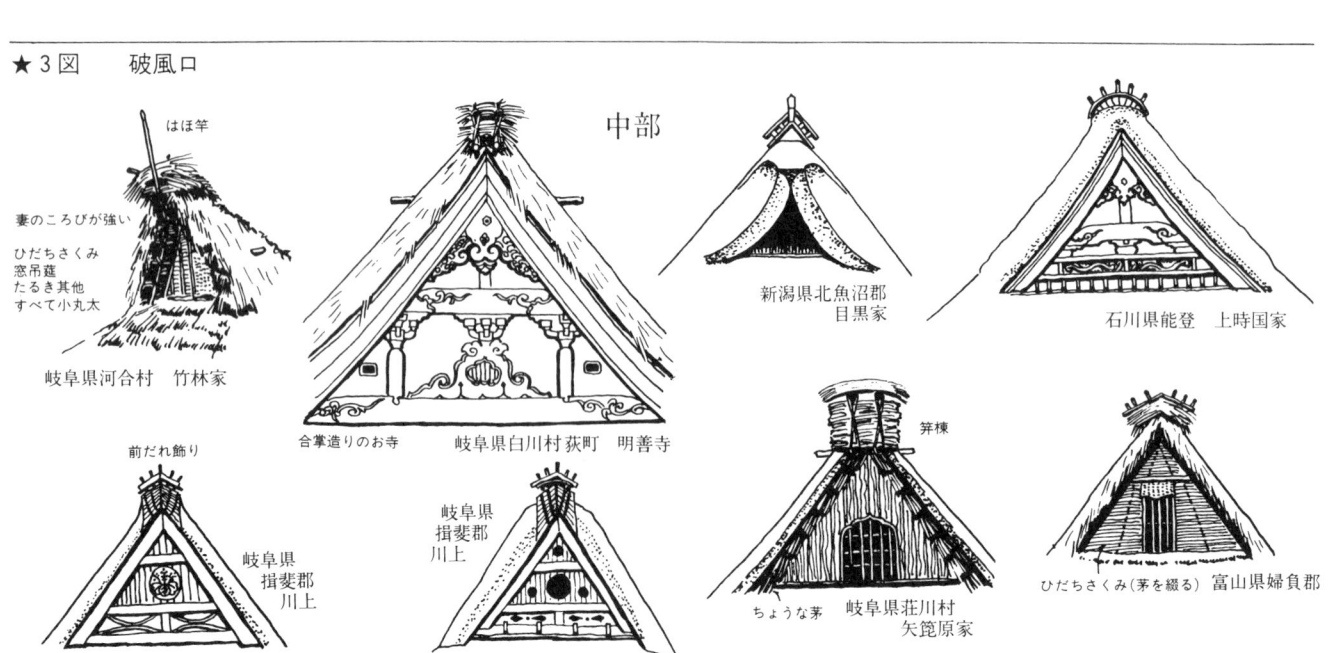

★3図　破風口　中部

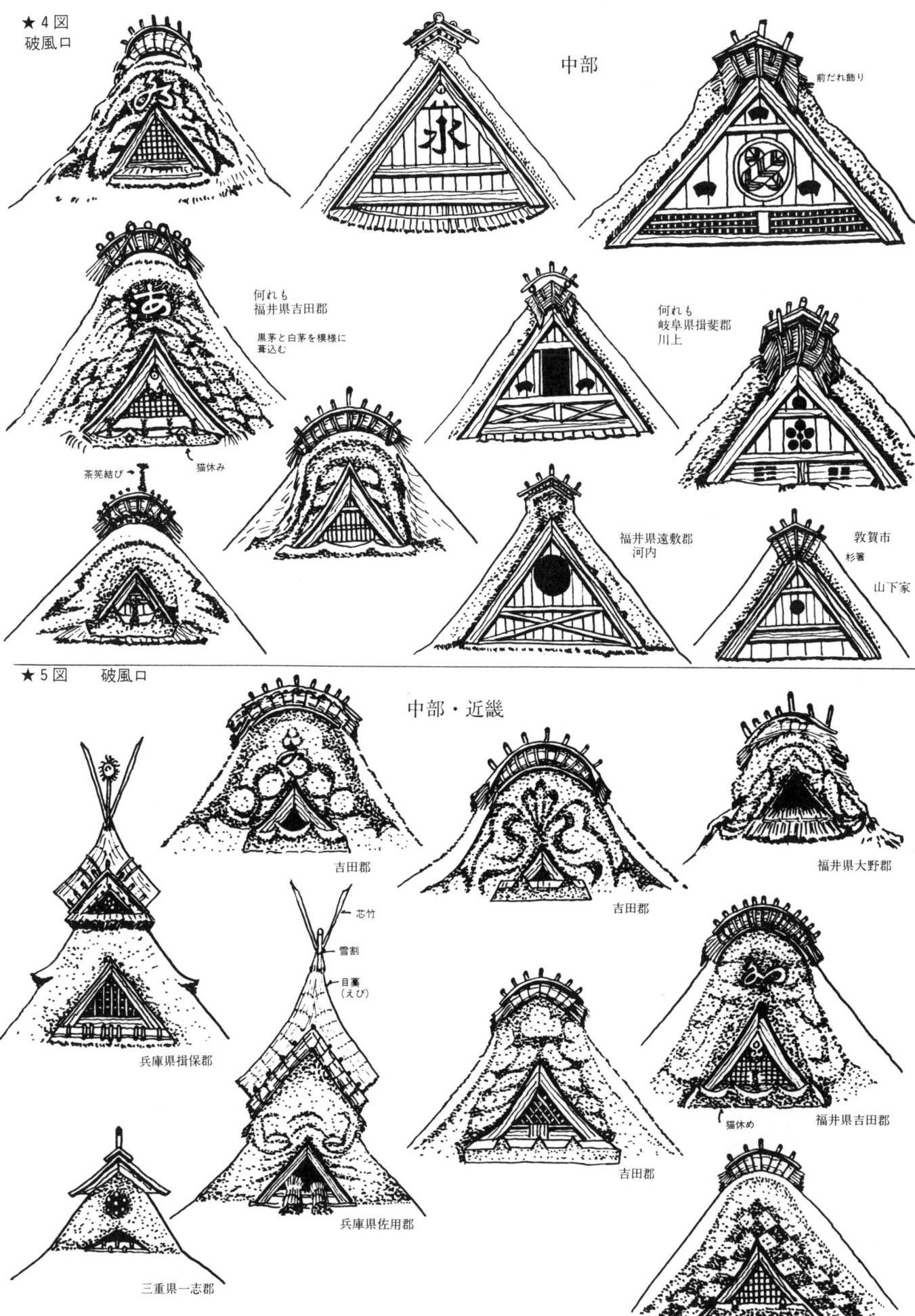

★6図　破風口　近畿

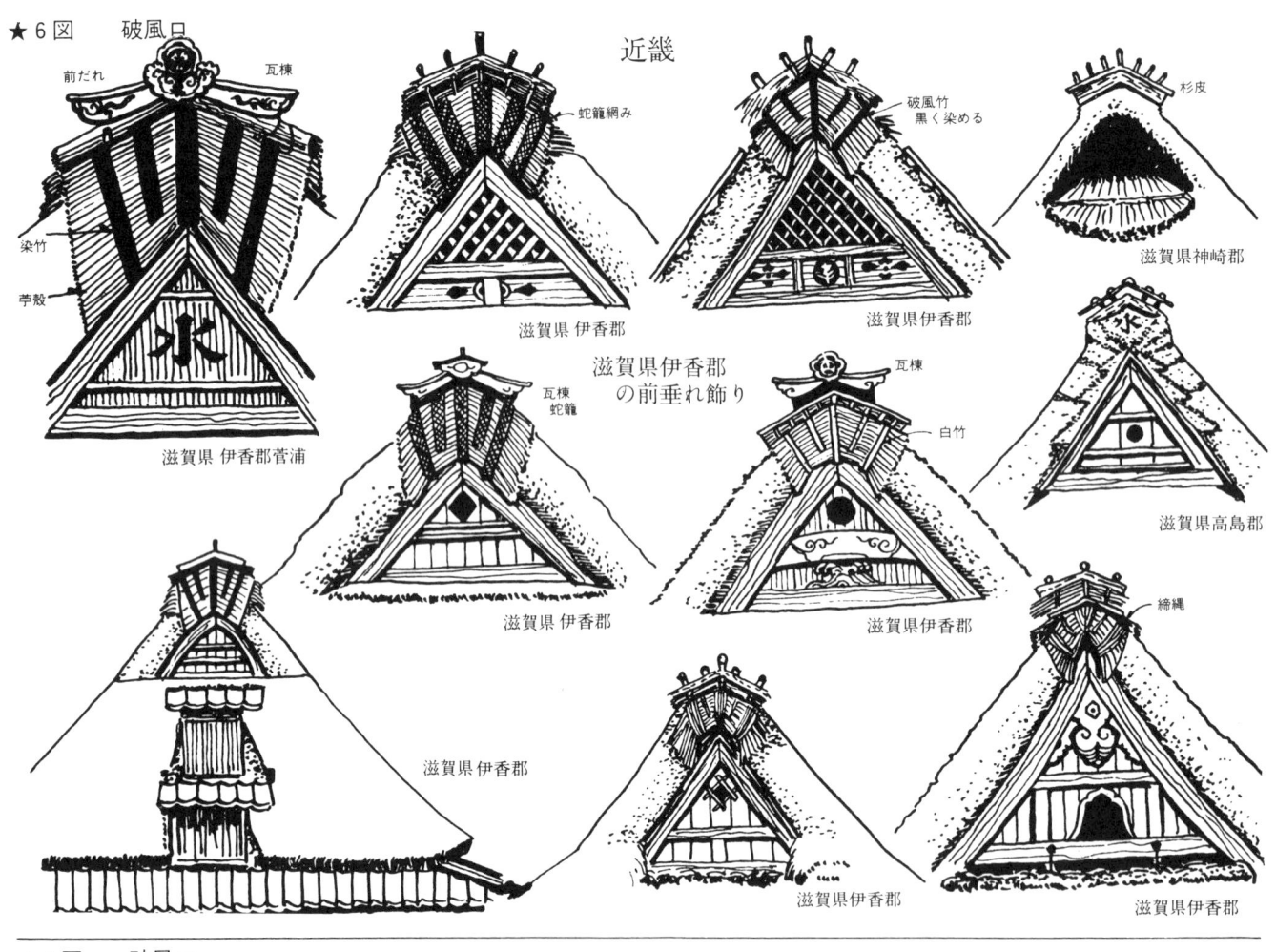

- 前だれ
- 瓦棟
- 染竹
- 芋殻
- 滋賀県 伊香郡菅浦
- 蛇籠網み
- 滋賀県 伊香郡
- 破風竹 黒く染める
- 滋賀県 伊香郡
- 杉皮
- 滋賀県 神崎郡
- 滋賀県伊香郡 の前垂れ飾り
- 瓦棟 蛇籠
- 滋賀県 伊香郡
- 瓦棟
- 白竹
- 滋賀県 伊香郡
- 滋賀県 高島郡
- 滋賀県 伊香郡
- 滋賀県 伊香郡
- 締縄
- 滋賀県 伊香郡

★7図　破風口　近畿（滋賀県）

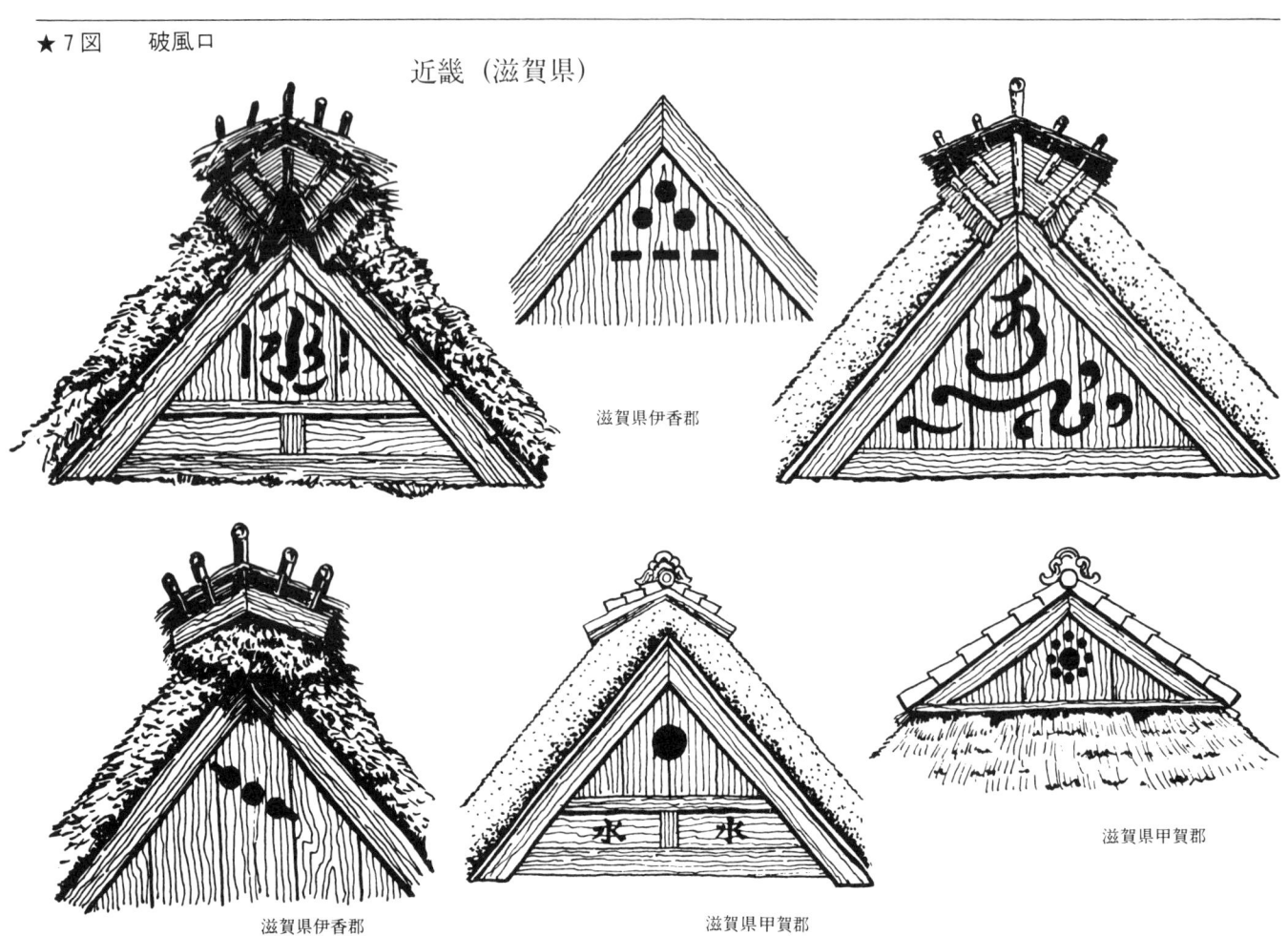

- 滋賀県 伊香郡
- 滋賀県 伊香郡
- 滋賀県 伊香郡
- 滋賀県 伊香郡
- 滋賀県 甲賀郡
- 滋賀県 甲賀郡

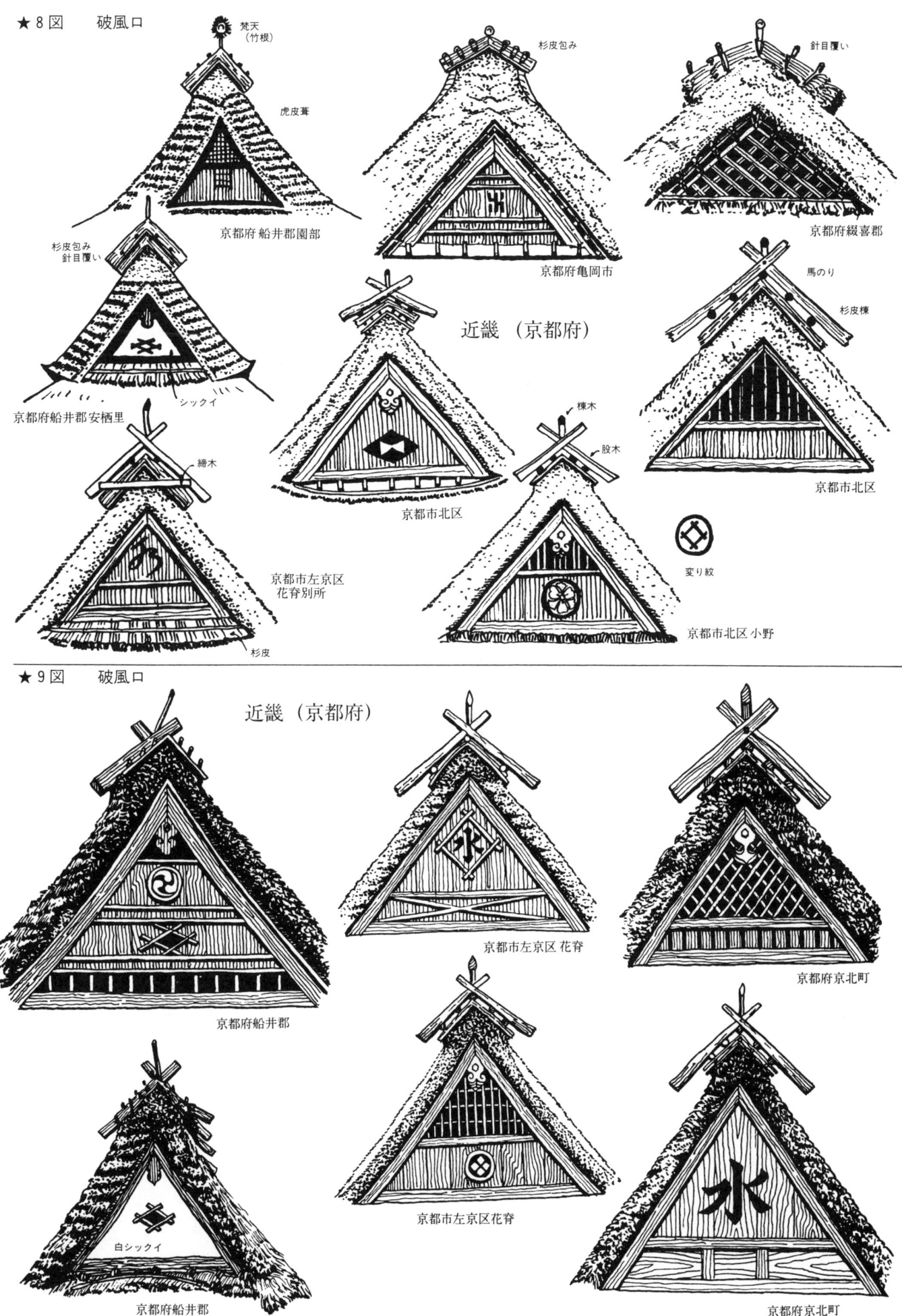

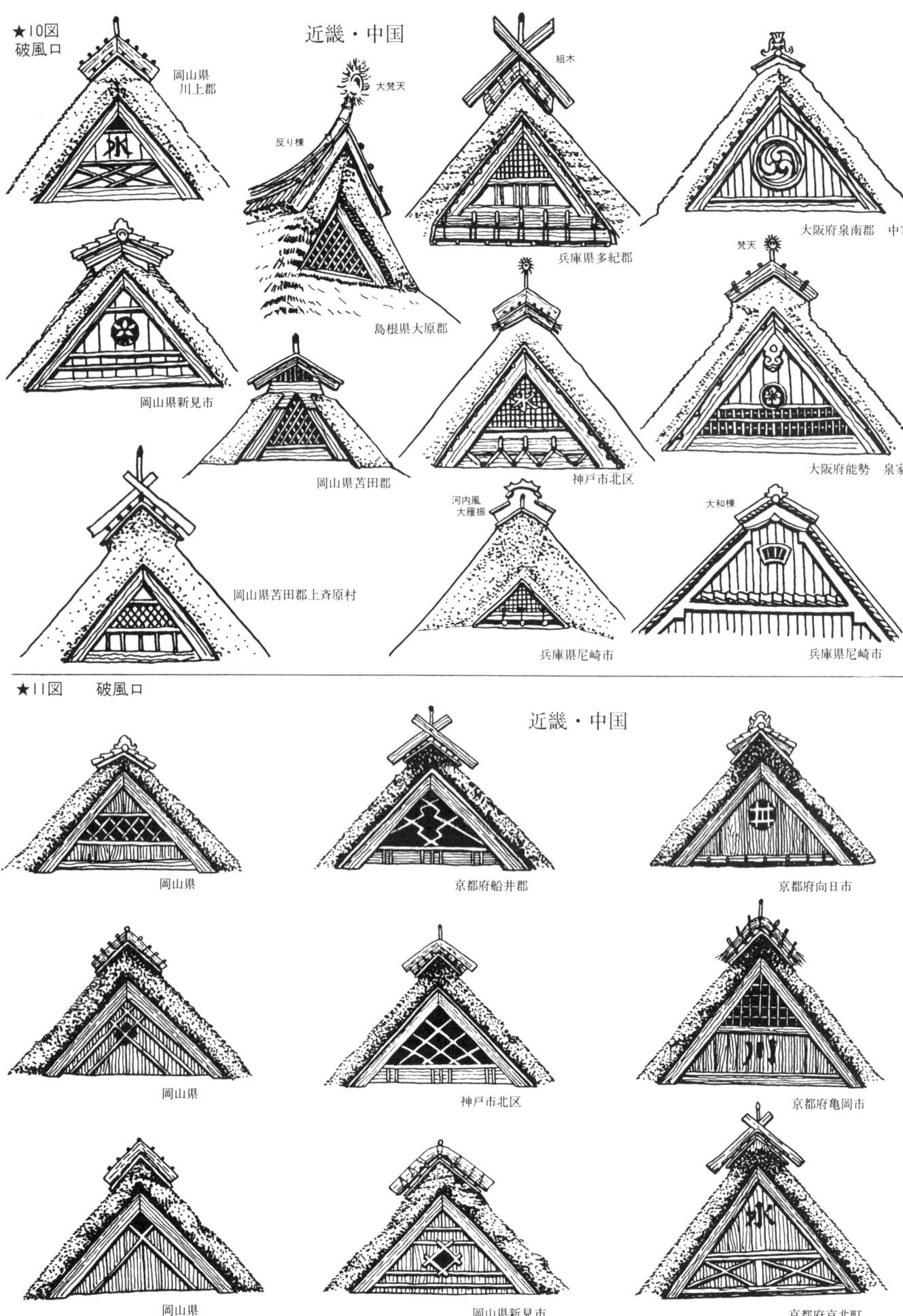

棟小口
MUNEKOGUCHI

棟の小口を小妻ともいう。1図は関東地方のものであるが、この地方では寄棟造りの屋根棟に、「のろ」と呼ぶ芯になる丸太を3段ばかり入れ、その間に「あんこ」という茅を塡めて、吊鐘型に棟を盛り上げる。棟積茅の小口には、細縄や棕櫚縄で編みからげた「簀枕」を置いて端のとまりとし、棟積茅の小口を刈り揃えて家紋や屋号、水、龍、あるいは寿などの吉祥文字や火伏せのまじないを、焼鏝などで刻みこむ。また白竹の切り揃えた小口を差し込んだり、燻んだ古茅を模様に葺きこんだりして、工芸的な装飾効果をだしている。またこの小妻の部分を「とび」と呼ぶ地方もある。左は秩父地方のもので小妻に小さな煙出穴をつけ、棟積茅の小口を小判型や駒型に刈り揃えたものである。

2図、多摩地方の寄棟造りは、棟端に小さな煙出し穴のある入母屋風で、その妻側と平側の屋根を結ぶ曲線は「蓑甲」といって、多摩のものはその剔（えぐ）りが特に強いのが特徴である。右上はその頂点近く竹節を差して目とし、二羽の鳩が向い合う恰好としている。神奈川県の例は、かつて柳田国男氏が「馬が糞を落したばかりの尻」と形容したものである。その上の大里郡の例は瓦巻きの小口を漆喰塗とし、棟小口の裏板には龍の字を刻み、棟には竹根をそいだものを、空に反らしていて一風変った意匠となっている。左は板葺棟やくれぐしの棟小口である。

3図は、千葉県に多い瓦巻き棟の小口で、漆喰で塗り固めた上に、鏝細工で唐草その他の紋様を画き出したもの。下段は関東地方の板葺屋根の棟端を飾る雀踊りのいくつかである。これには諏訪地方の影響が見られる。4図は中部地方東部のもので、中でも水平に切った合掌を頂く富士五湖畔のものが意匠的に優れている。

5図は中部地方西部に多い笄棟の小口である。笄棟の棟積茅は特にうず高く、その押えの「おせ」「ののせ」と呼ぶ押え木は、下の構造体から出た「ふじかけ」の木と蔓の類で結びつける。棟端には棟上げという茅束を置く。その恰好がみみづくの耳のようなのや、ナポレオンの帽子型、百日鬘型、棟全体が巨大な毛虫のような型、洋犬のマルチーズのようなものなど、さまざまの変化があって面白い。6図右上は富山県の例で、これも笄棟であるが、棟端の風害を防ぐために、藁で編んだ頭巾状のものを被せ、これを帽子という。帽子は毎年新しく編み、上にのせるので幾重にもなっている。関西では棟端に尖らせた板や竹を差して鬼といい、魔よけとする風習がある。九州佐賀地方では、棟端に「みんのす」という茅束の突起がある。これは棟端の強化をはかったものが装飾化したものである。

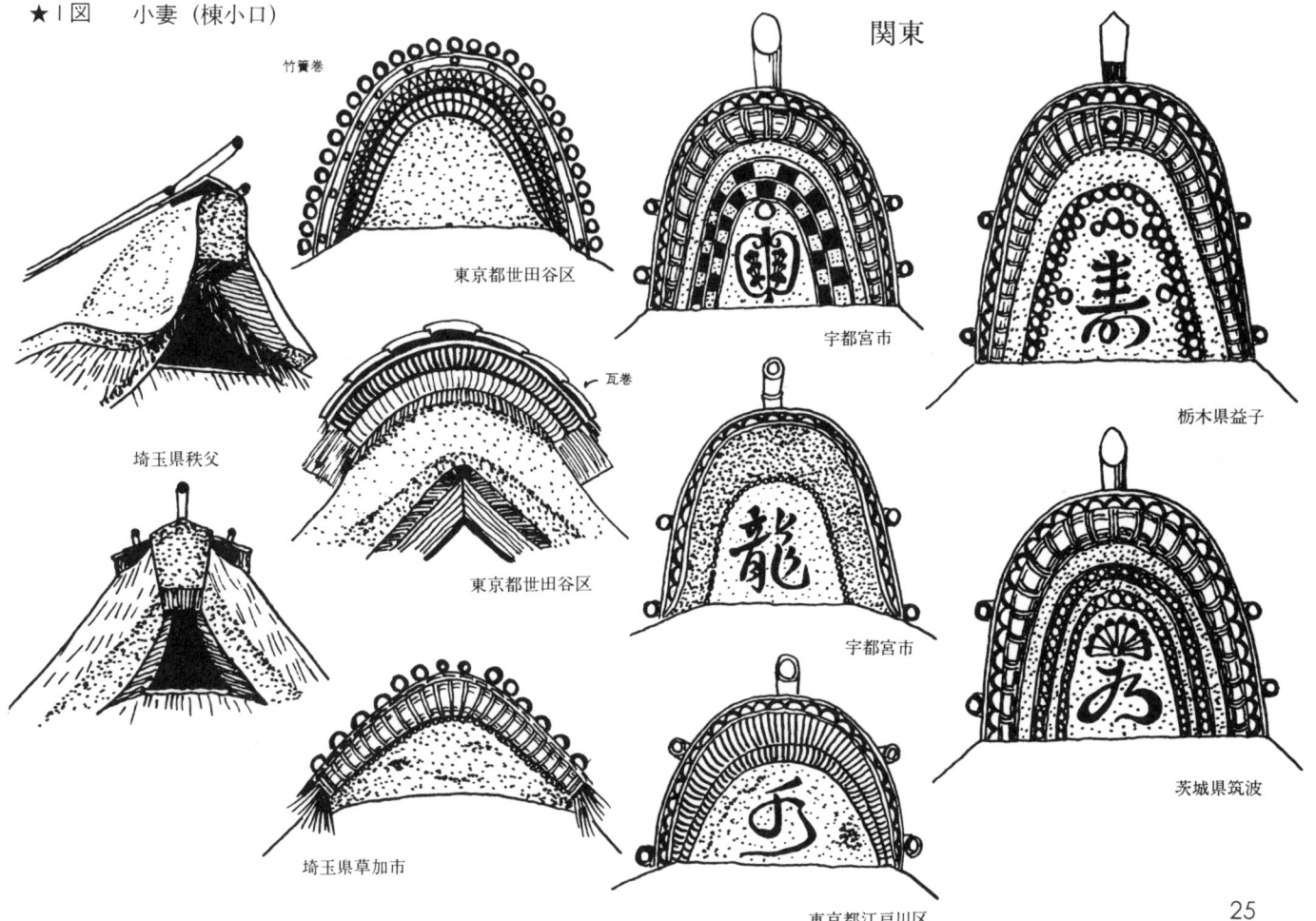

★1図　小妻（棟小口）　関東

★2図　小妻（棟小口）

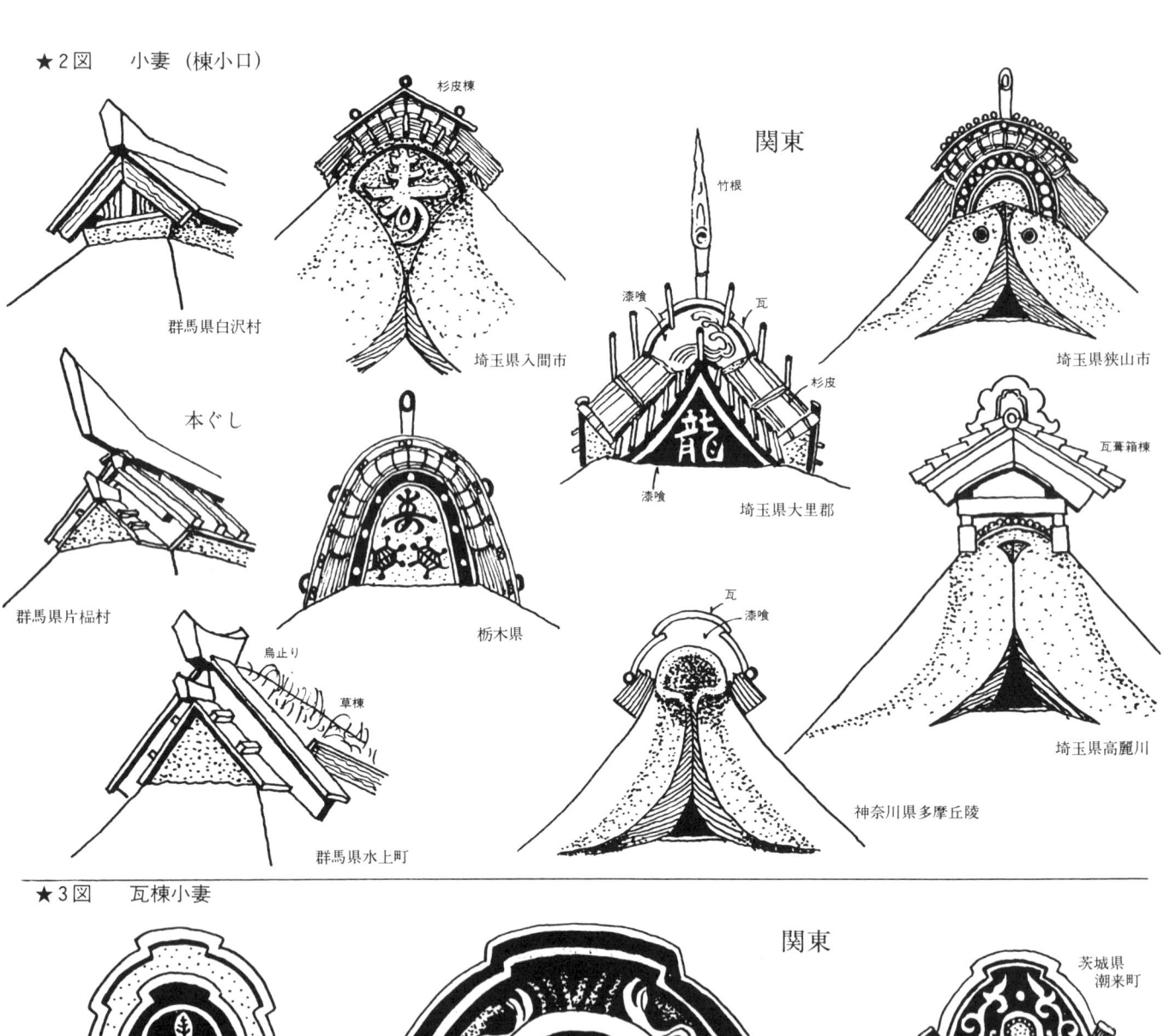

関東

群馬県白沢村
杉皮棟
埼玉県入間市
竹根
漆喰　瓦
杉皮
漆喰
埼玉県大里郡
埼玉県狭山市

本ぐし
群馬県片椙村
栃木県
瓦甍箱棟

鳥止り
草棟
群馬県水上町
瓦　漆喰
神奈川県多摩丘陵
埼玉県高麗川

★3図　瓦棟小妻

関東

千葉県白浜町
茨城県潮来町

千葉県白浜町
鷹羽唐草・波に千鳥（漆喰細工）　茨城県鹿島町
漆喰
東京都江戸川区

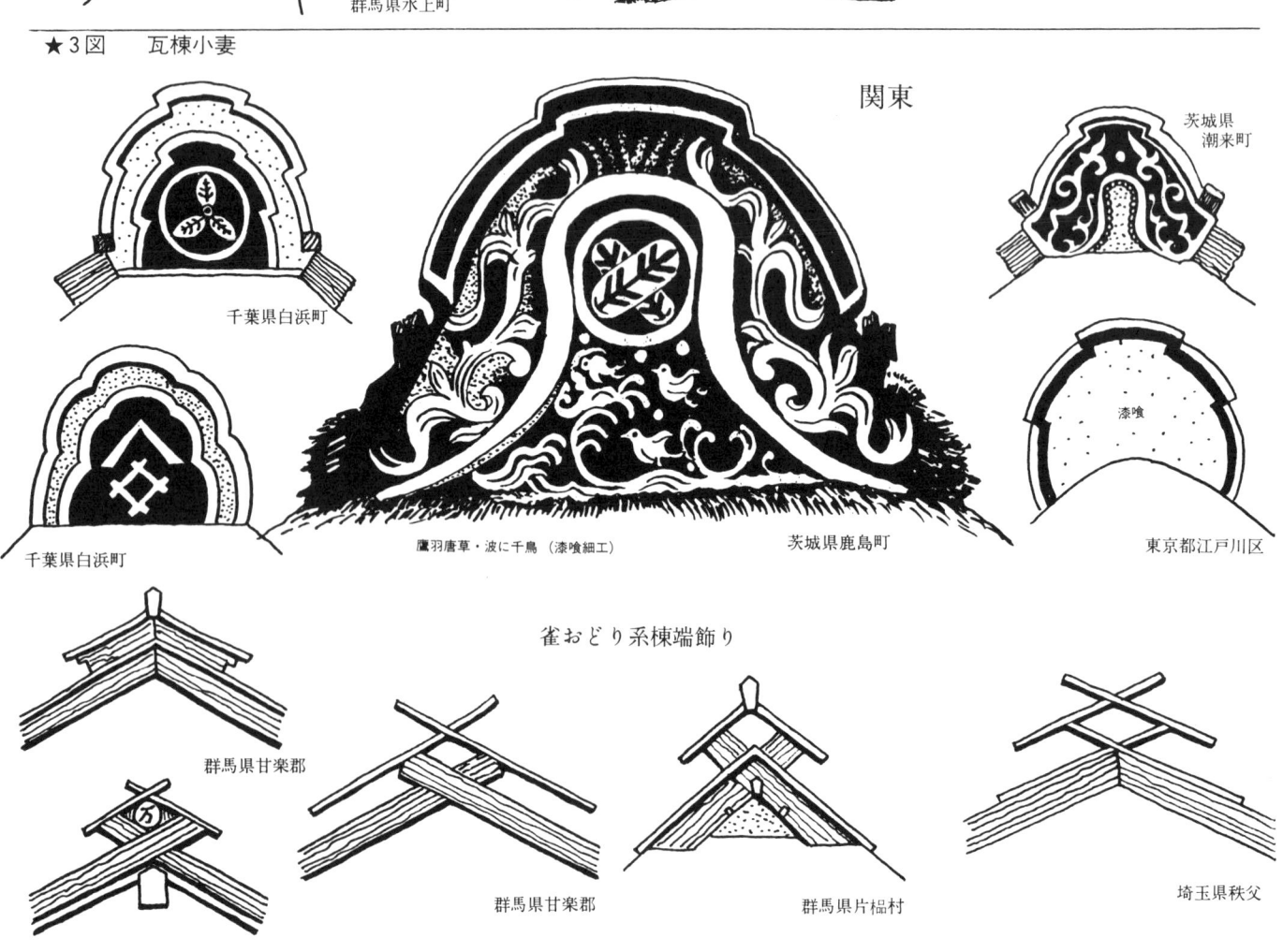

雀おどり系棟端飾り

群馬県甘楽郡
群馬県甘楽郡
群馬県片椙村
埼玉県秩父

26

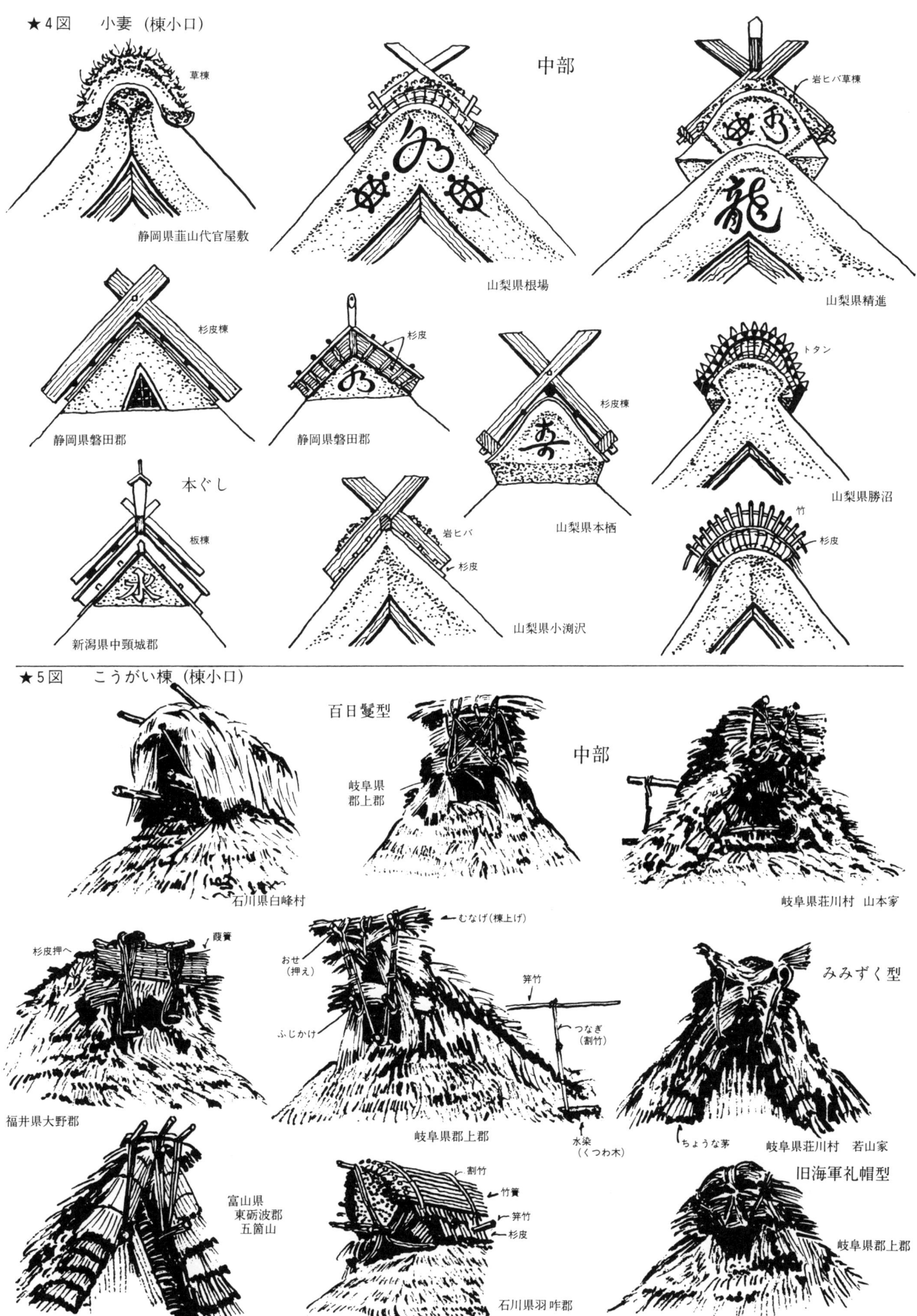

★6図　小妻（棟小口）

棟端飾り
MUNAHASHIKAZARI

　板葺屋根は葺板の小口を保護し、体裁を整えるために破風板が必要である。左右の破風板の交点はそのままでは水が入るし、腐朽したり割れたりする。そのため新潟県地方ではこの交点に笠木付の小棟をのせ、これを烏鳶と呼ぶ。また破風板の上に更に板を立て笠木をつけて烏威しという。越後系の烏威しは長野県の本棟造りには必ずといってよい程のつきもので、中でも塩尻の堀内家のものは巨大さで有名である。

　1図左と2図は諏訪地方の雀おどりである。破風板の上に打ちつけた板止めの二重破風は「せき板」と呼ぶ。もっとも簡単なものは双方をぶっ違いに打ちつけた形である。これには外そぎと内そぎがあるが、外そぎの方が小口が腐りにくいので、この方が多い。せき板を垂直に接ぎ合わすと、上側と下側で木の収縮が違うので、隙間ができて工合が悪いのである。内そぎでは板の小口が雨を吸って腐り易いので、それを覆うために笠木を打ちつけて、父の字のような形とする。これが基本型で次第に装飾化して、華麗な形に発展するのは2図の通りである。

　さてこのぶっ違いの雀おどりは日本特有のものかというと、諸外国にもいろいろ例があるので序ながら紹介したい。3図はドイツの草葺農家の棟端を飾る雀おどりである。この地方は馬耕で、居室は二階で階下は馬小屋となっている。そのためか馬をモチーフとした意匠が多い。

　4・5図はヨーロッパの棟端飾りで勾配のゆるいのは板葺屋根、急なのは草葺屋根のものである。これにも諏訪系のぶっ違いと、越後系の幅の広いものの二型式があるのは面白い。4図右上は越後系の烏威しで、有名な白鳥城（ノイシュバンシュタイン城）の麓にある民家のもので、白鳥を型どった彫物が白く塗られてある。オーストリアのチロル地方では飾り十字をつけたものが多い。

　6・7図はインドネシアのもので、この地方はニッパ椰子葺の屋根が多い。その棟端にはやはりぶっ違いの雀おどりがつく。水牛の角をかたどって笠木の先が二股になったもの、花鳥をかたどったものなど華麗なものがある。ジャカルタの民家博物館では、縦横とも2メートルばかりの、鶴のような鳥を抽象化した素晴しい棟端飾りがあった。8図は雲南省のハニ族の棟端飾りである。

★1図　　棟端飾り

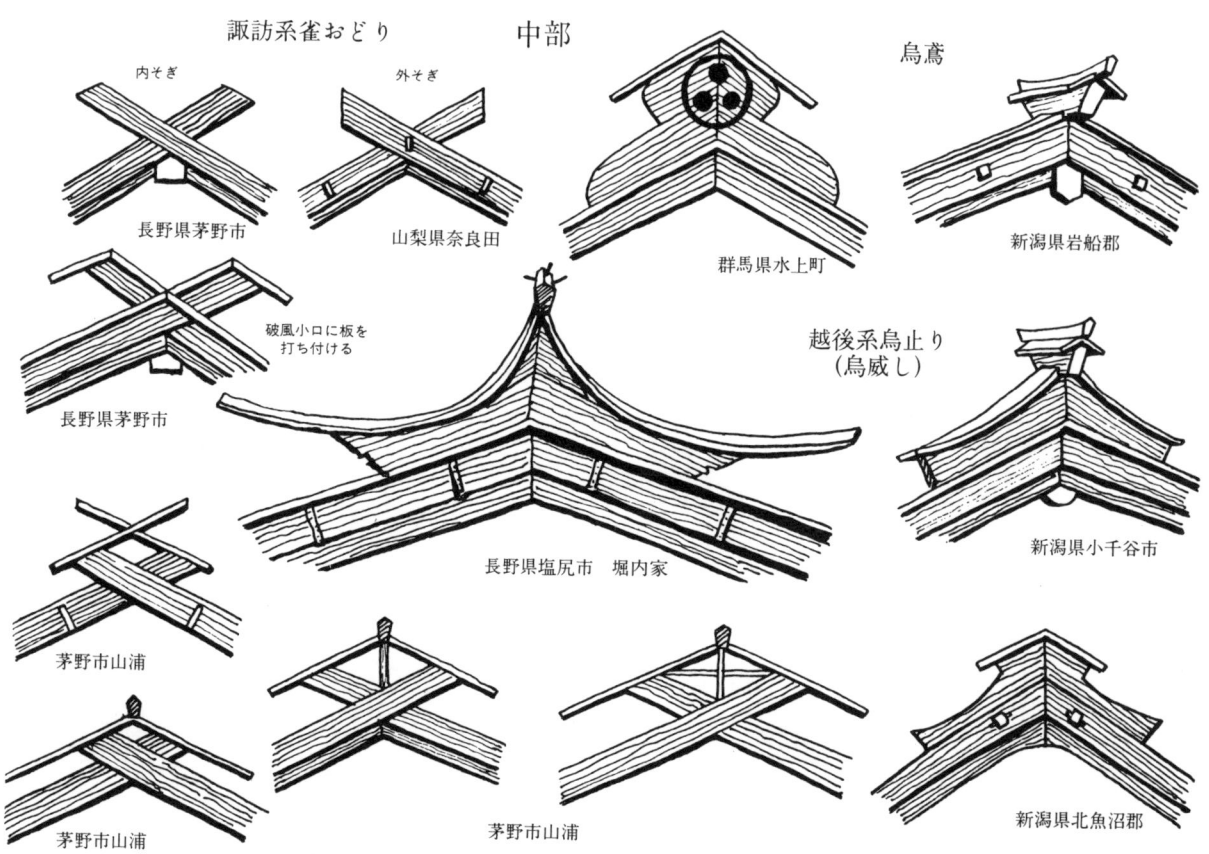

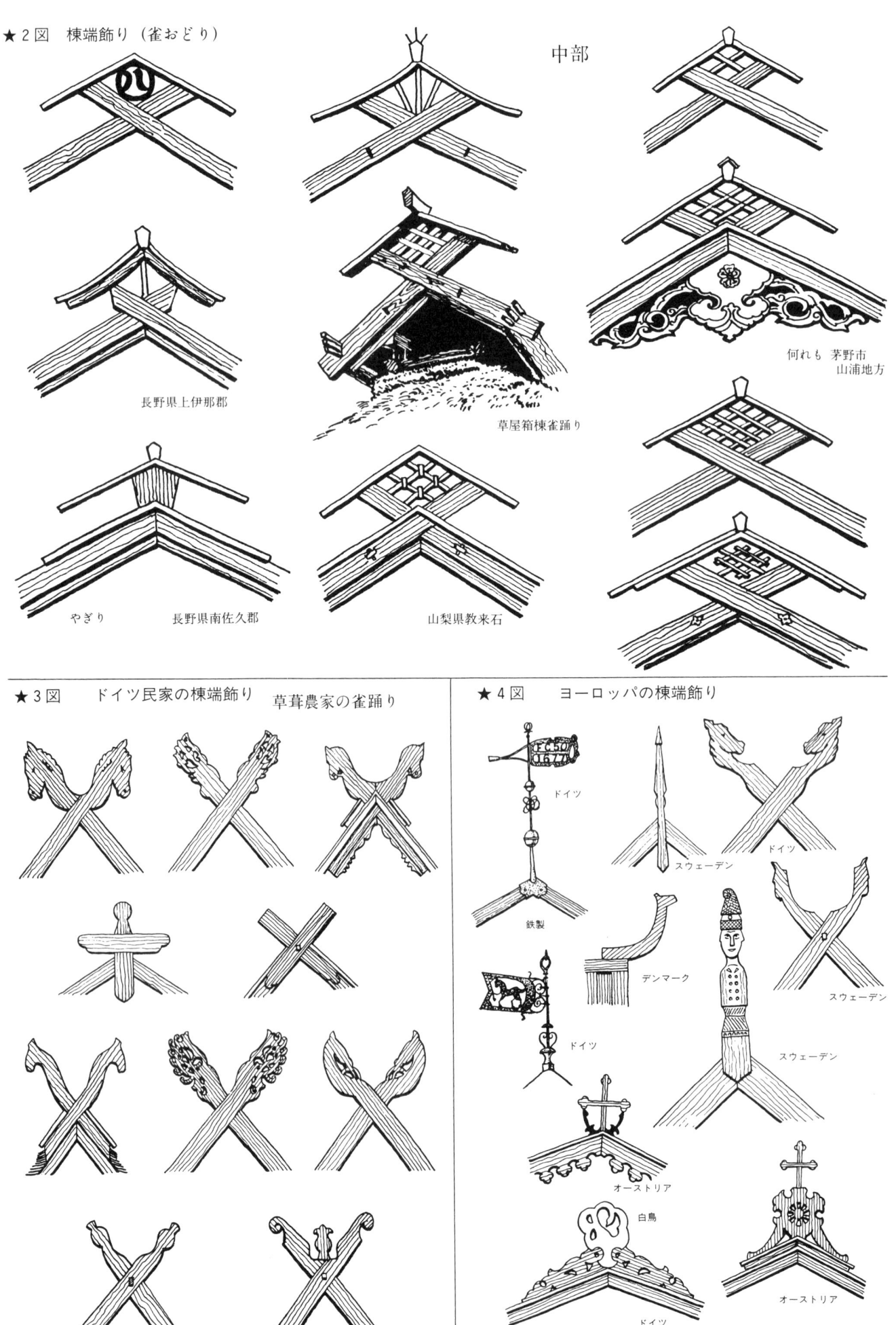

★5図　ヨーロッパの棟端飾り

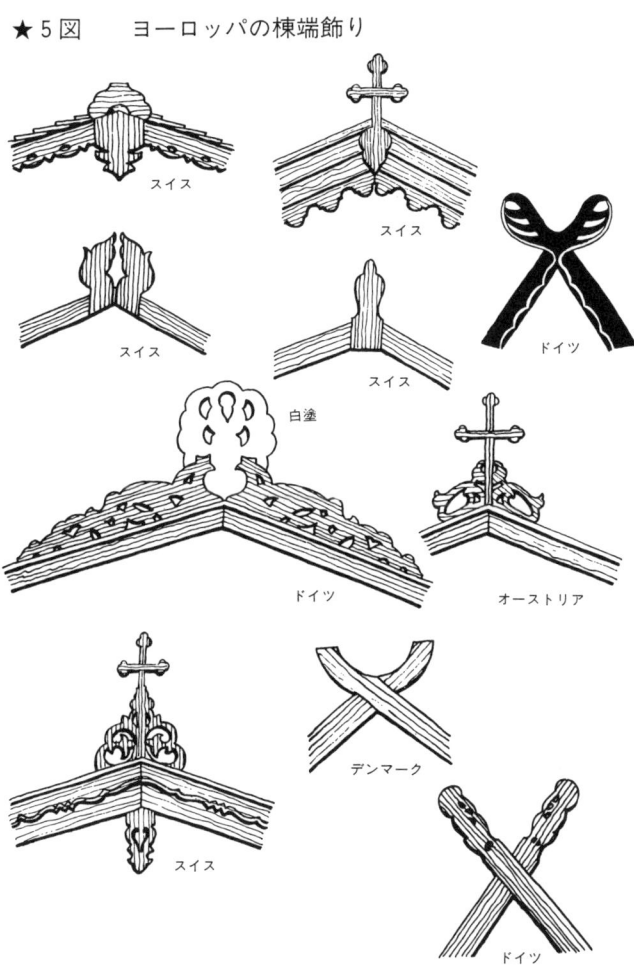

★6図　インドネシアの棟端飾り

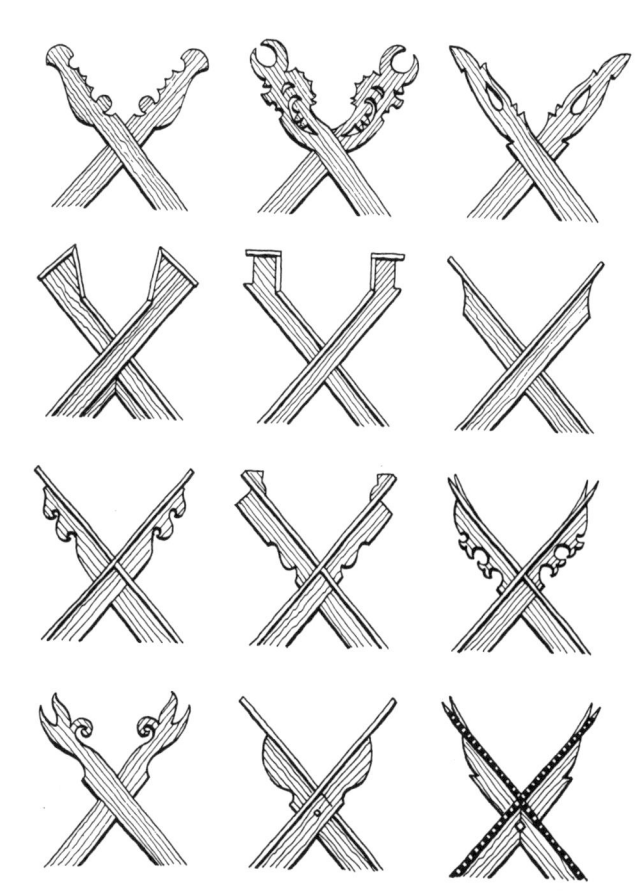

★7図　インドネシアの棟端飾り

★8図　棟端飾り

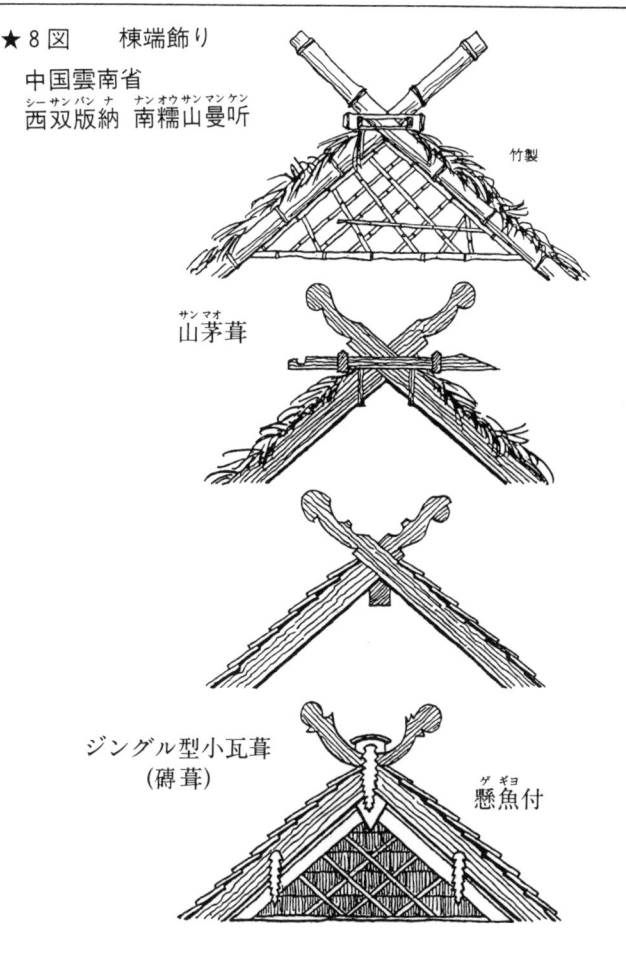

●●瓦屋根●●

鬼板（鬼瓦）
ONIITA

　瓦屋根の棟は、熨斗瓦という平板な瓦を積み重ね、頂点に冠瓦（かむり又は雁振・がんぶり瓦）という半円形の瓦を置いて水洩れを防ぐ。鬼板はその棟小口を塞ぐ、装飾を兼ねた瓦である。その名の通り、鬼面をつけたものが本来のもので社寺の鬼板は今でも鬼面をつけたものが多い。民家でも古いものは鬼面で、ことに近畿地方に多い。鬼は勿論、諸厄を払う魔除けの意味がある。建て込んだ都会などでは、その払われた厄が対面の家に集中するので、向いの家から文句がでるということもあって、漸次穏やかな意匠のものへと変わってきた。

　基本的な形としては、「覆輪型」「三つ堀型」が最も多い。次いでは「若葉型」「蔓若葉型」などである。「海津型」「須浜型」といった簡潔な意匠のものは、茶席をはじめとする瀟洒な数寄屋建築に用いられるものである。熨斗瓦を数多く積み上げた棟で、鬼板だけでは納りがつかない時は「蕨（わらび）手」という、鰭瓦を両側につけ足す。

　文様の主体となるものは、雲や渦波で火伏せの意味がある。瓦の中央には家紋や屋号、あるいは宝珠などの吉祥文を入れることが多い。関東以東北の地方では、鬼板の周囲に漆喰を塗り足して、一層大仰な形に仕上げることが行われる。鬼板は一個一個が手作りなので、注文によってどんなものでも出来、意匠は千差万別である。しかしこの頃では、大仰な棟仕舞もすたれ、鬼板も機械プレスの型物が多くなり、全国画一のものとなった。それは主として覆輪型のものである。

　1図は鬼板の基本型とその変形、2図は主として関西のもので、鬼面をつけたものや、覆輪型の変形が多い。右上の梅の木本陣のものは若葉型に梅鉢を配した大型のもので、千鳥破風造りの玄関構えの棟に、本陣の威容を示して高々と聳えている。下の奈良県のものは、蕨手を兼ねて平たく延びた覆輪型で、鶴に乗った福神があるが、このような七福神の信仰はこの地方に多い。

　3図左はいずれも鳥衾（とりふすま）のついたもので、これは鬼板のすぐ後の冠瓦と一体となったもので、鯱瓦や鴟尾瓦の簡略化したものである。これも近畿以西に多い。中央二つは三つ堀型の変形、その下の三渓園のものは、元大阪の素封家の別宅を移築したもので、京風な感じのもの、右上の鬼面は格調高く時代の古さを感じさせる。下の龍は唐破風造りの門にあるもので、きわめて精緻な細工となっている。

　4図は定型にこだわらない自由な意匠で、いずれも民家にふさわしいもの。右の頭巾をかぶったような形は北陸から東北にかけて多い形である。5図左上は重文今西家のもので、これも格調高い家格を示している。右上は小林昌人氏の採集によるもので千両箱に当り矢、財宝のつまった巾着と芽出度づくめであるが、この種の意匠は民家以外には見当らない。その下は真田の六文銭、他の三つは関東

覆輪型鬼板の製作　愛媛県菊間（白崎俊次　写）

に多い江戸風蔵造りのもので、漆喰細工を併用した大仰な造りのもので、こうしたものは関西では見られない。6図も関東風のものである。伊豆や房総半島の家々は寄棟造りが主流で、棟端が妻の屋根迄伸びている所から、鬼板は台付きとなっている。またこの地方は汐風が強いので、瓦は「目漆喰」あるいは「屋根漆喰」といって、瓦の隙間を漆喰で塗り固める。壁面も「生子壁」造りとしたものが多く、左官技術が発達しているので、鬼板廻りもいろいろの漆喰細工が施されている。

7図は近畿地方の定型外のもので、池田の波頭、奈良の福神、島原の梅鉢などいずれも型破りの面白さがある。中でも熊野川の鯉など細工も巧緻で傑作といえる。

8図上は大黒天をかたどった鬼板。下は学の字の入った小学校のもの、翁型などである。左は二条陣屋のもの。9図は鶴型を除いてはいずれも大型の鬼板で、大商家や本陣に用いられているものである。次の10図は「唐破風」「千鳥破風」あるいは本棟造りなどの変形屋根のもので、いずれも闊達な意匠の展開が見られる。

11図右は板屋根の多い木曽の伊那谷に見られる、木彫の鬼板。中央はトタン製のもの、左は北陸を中心とする真宗信仰地帯に多い、「三経瓦」あるいは「獅子口」と呼ばれる鬼板の型式である。12図は人物像をモチーフとしたもの。さきにも述べたように奈良県では七福神や翁の面などを、意匠に取り入れたものが多く見られる。右の糸巻きを手にした童子は、後漢から穴織（あやは）、呉服（くれは）という織姫が渡来してきたという池田市のものである。

13図は各種の鬼面と、それに因んで沖縄のシーサーを誌した。これは鬼板ではないが、同じように屋根に置く魔除けで鬼板と同じ意味をもっている。陶製が多くこれは唐獅子を象ったものである。

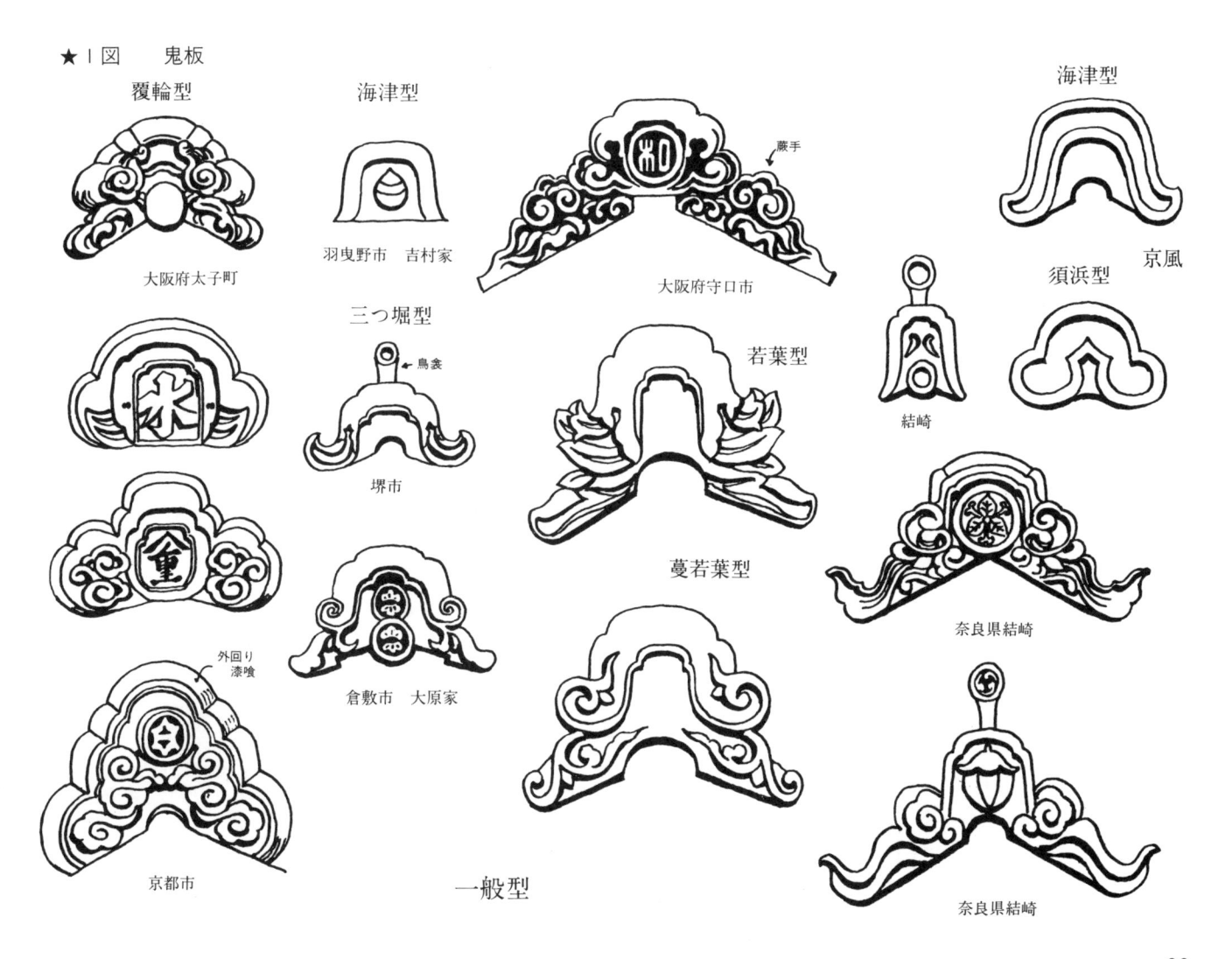

★1図　鬼板

★2図　鬼板

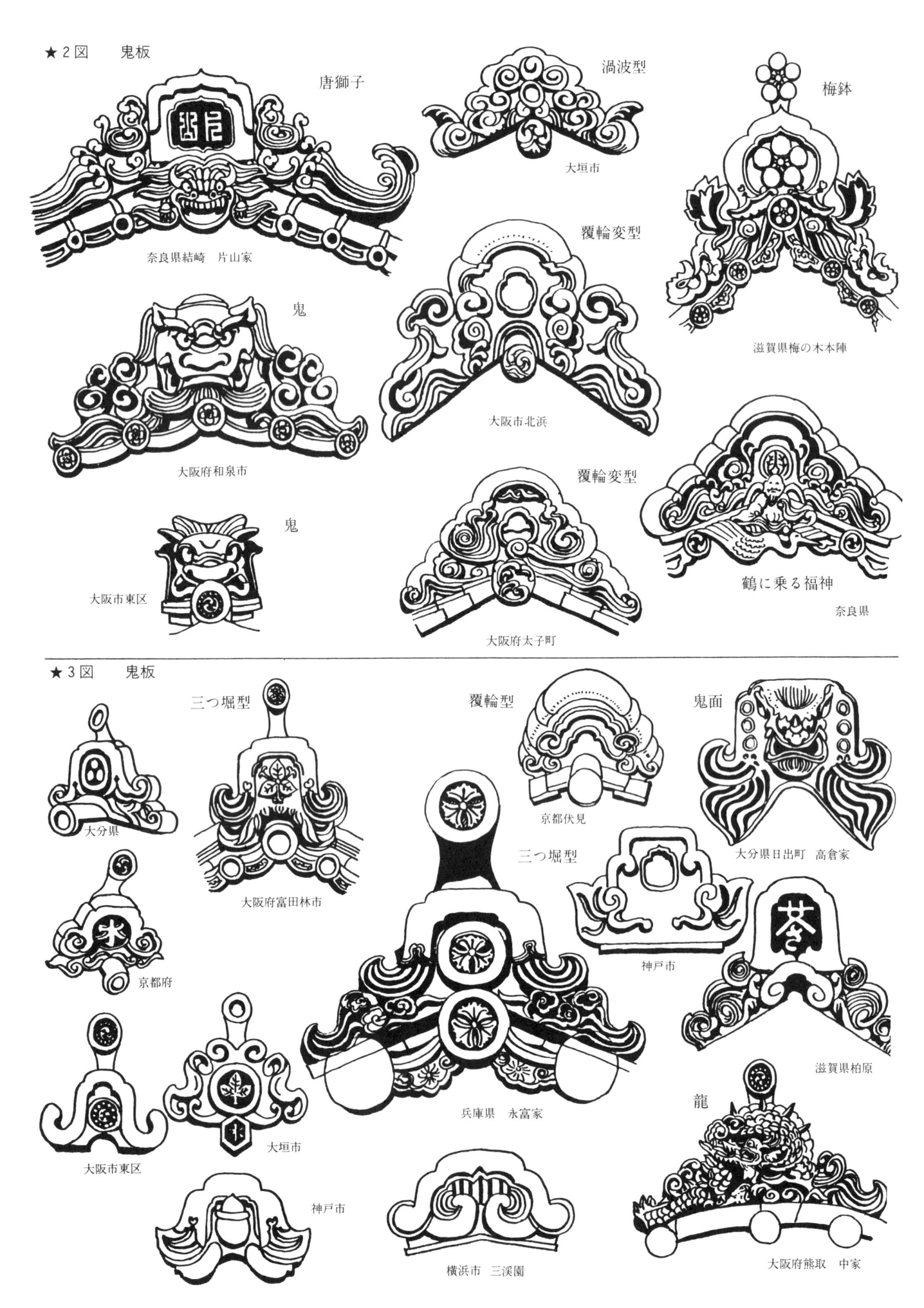

唐獅子

奈良県結崎　片山家

渦波型

大垣市

梅鉢

滋賀県梅の木本陣

鬼

大阪府和泉市

覆輪変型

大阪市北浜

鬼

大阪市東区

覆輪変型

大阪府太子町

鶴に乗る福神

奈良県

★3図　鬼板

大分県

三つ堀型

大阪府富田林市

覆輪型

京都伏見

鬼面

大分県日出町　高倉家

京都府

三つ堀型

兵庫県　永富家

神戸市

大阪市東区

大垣市

神戸市

横浜市　三渓園

龍

滋賀県柏原

大阪府熊取　中家

★4図　鬼板　　　変り型

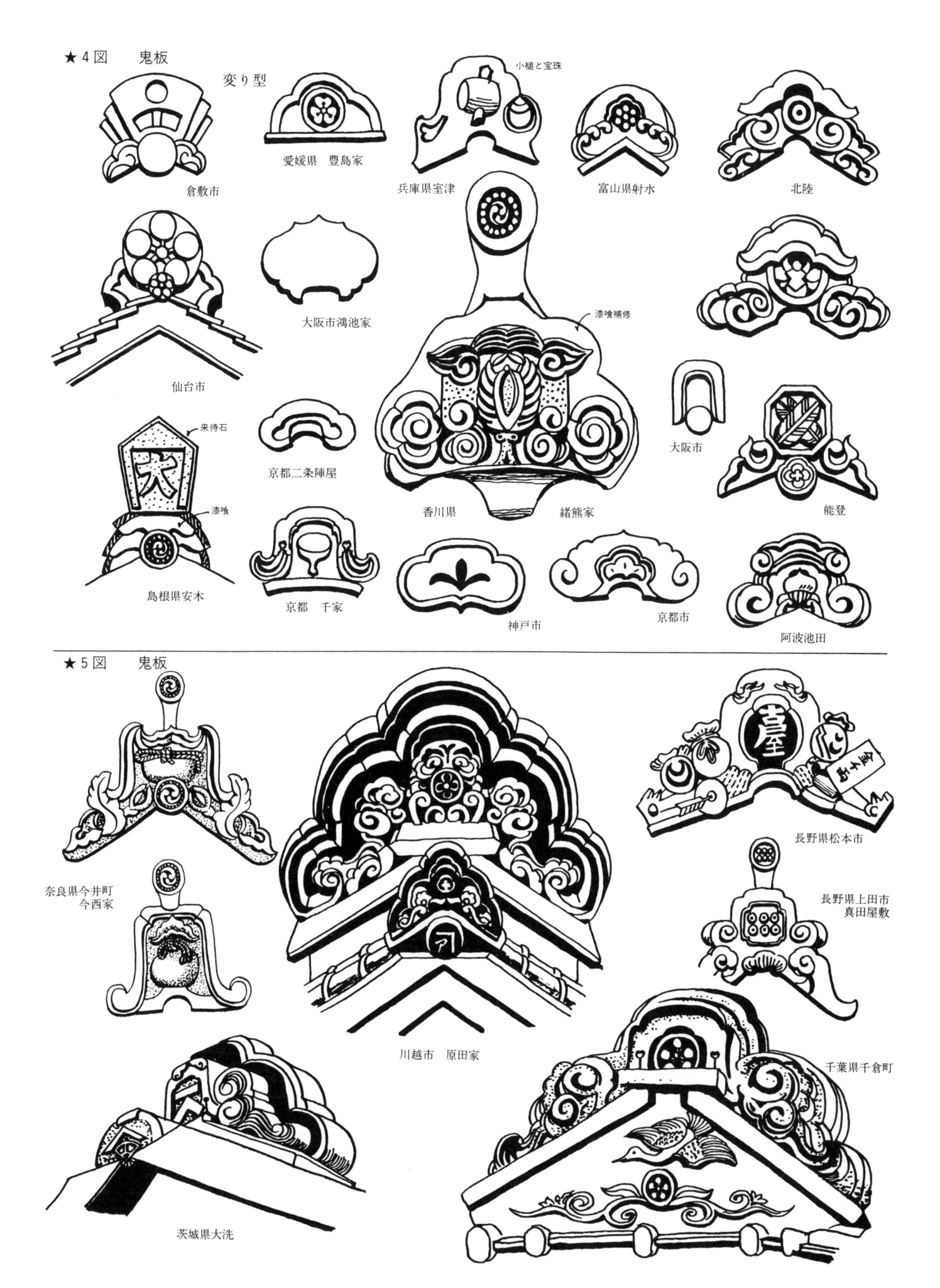

倉敷市　　　愛媛県　豊島家　　　小槌と宝珠／兵庫県室津　　　富山県射水　　　北陸

仙台市　　　大阪市鴻池家　　　　　　　　　　　　　　　　　　　　　　　　

来待石／島根県安木　　京都二条陣屋　　漆喰補修／香川県　緒熊家　　大阪市　　能登

漆喰　　　京都　千家　　神戸市　　京都市　　阿波池田

★5図　鬼板

奈良県今井町　今西家　　　　川越市　原田家　　　長野県松本市

　　　　　　　　　　　　　　　　　　　　長野県上田市　真田屋敷

茨城県大洗　　　　　　　　　　　　　　　千葉県千倉町

35

★6図　鬼板

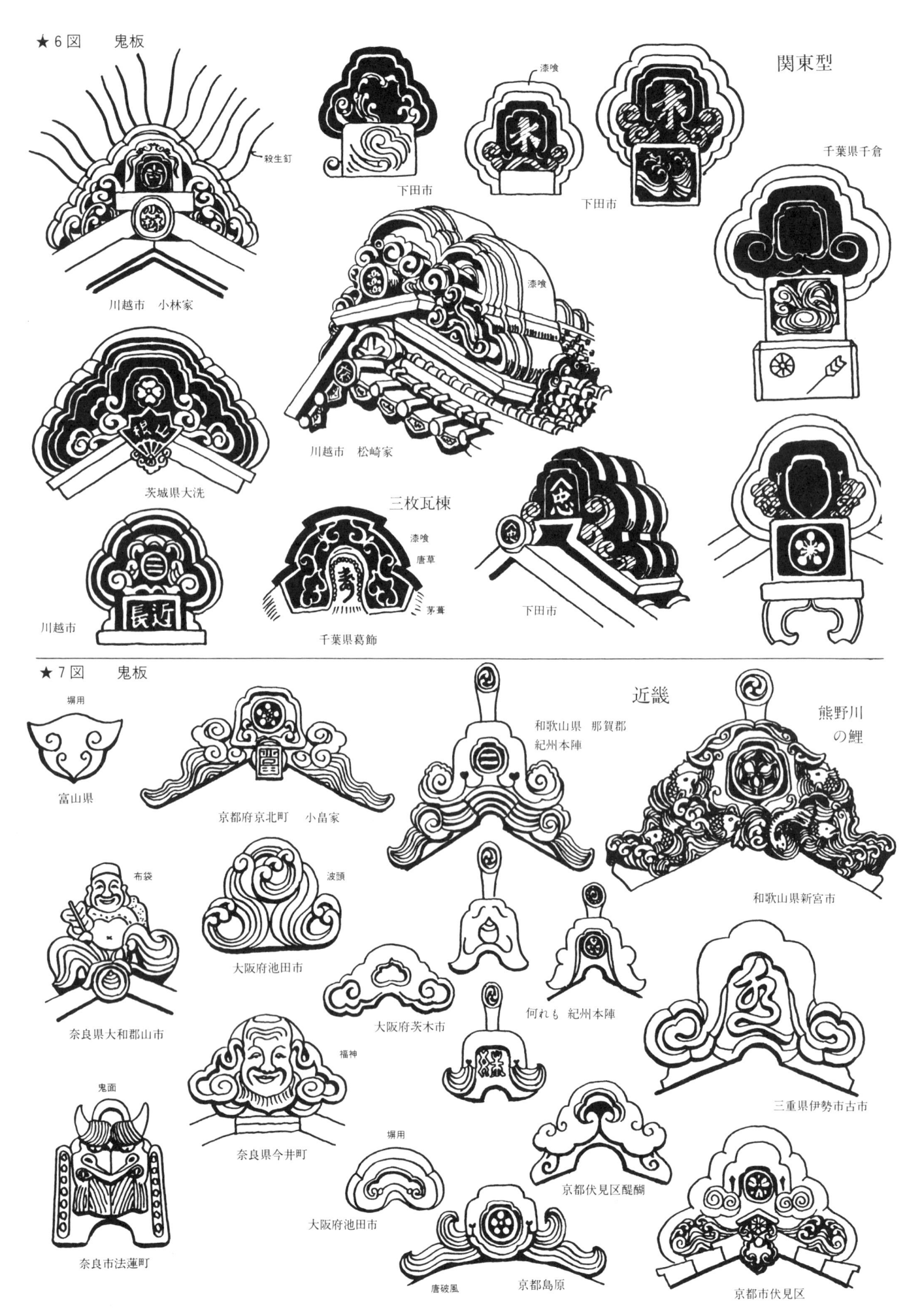

関東型

千葉県千倉

下田市

下田市

川越市　小林家

殺生釘

川越市　松崎家

漆喰

茨城県大洗

三枚瓦棟

漆喰
唐草
茅葺

下田市

川越市

千葉県葛飾

★7図　鬼板

近畿

塀用

富山県

京都府京北町　小畠家

和歌山県　那賀郡　紀州本陣

熊野川の鯉

布袋

波頭

和歌山県新宮市

奈良県大和郡山市

大阪府池田市

大阪府茨木市

何れも　紀州本陣

福神

奈良県今井町

鬼面

塀用

三重県伊勢市古市

京都伏見区醍醐

奈良市法蓮町

大阪府池田市

唐破風

京都島原

京都市伏見区

★8図　鬼板

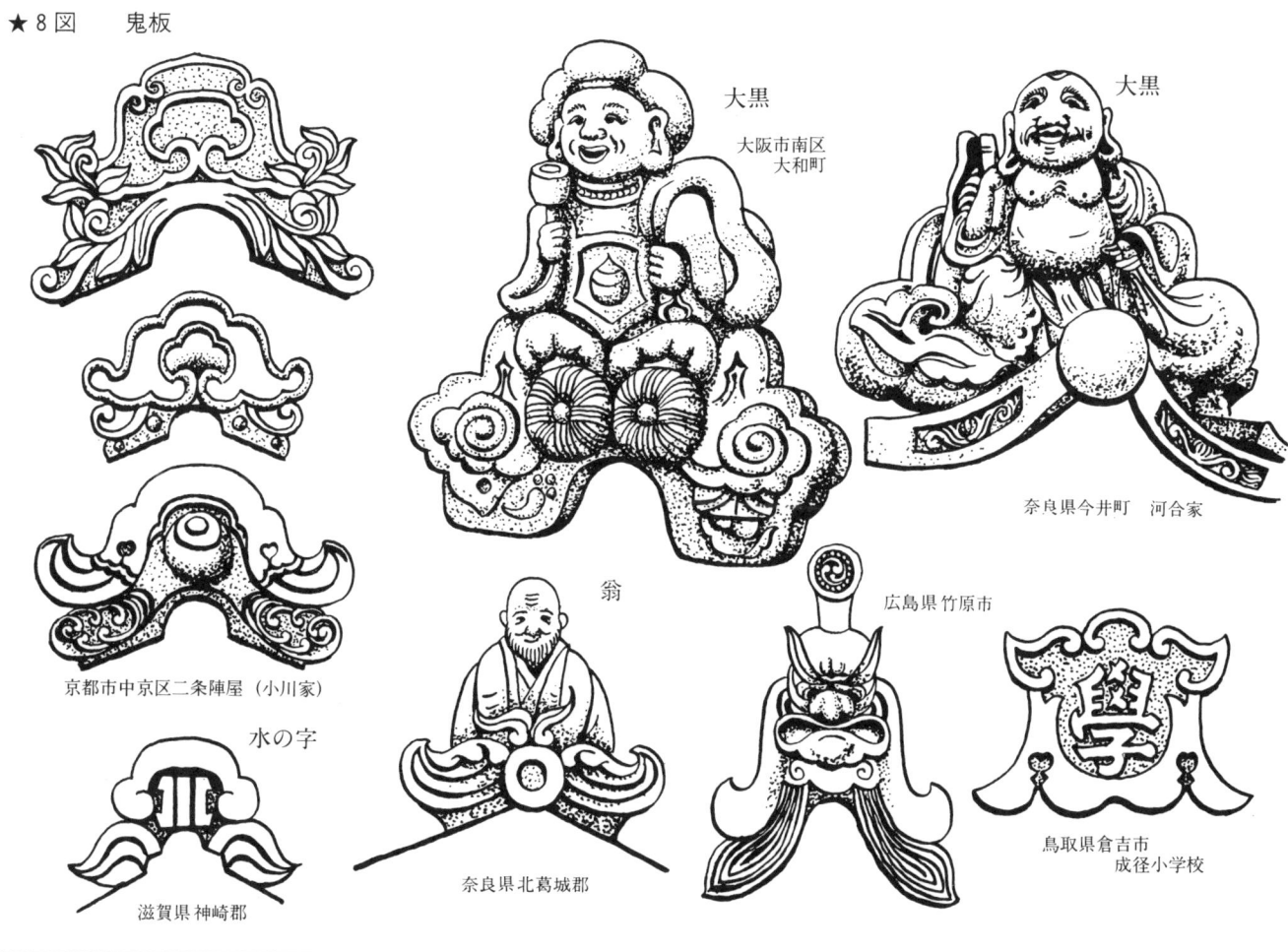

京都市中京区二条陣屋（小川家）

水の字

滋賀県神崎郡

大黒
大阪市南区大和町

翁

奈良県北葛城郡

大黒

奈良県今井町　河合家

広島県竹原市

鳥取県倉吉市
成徑小学校

★9図　鬼板

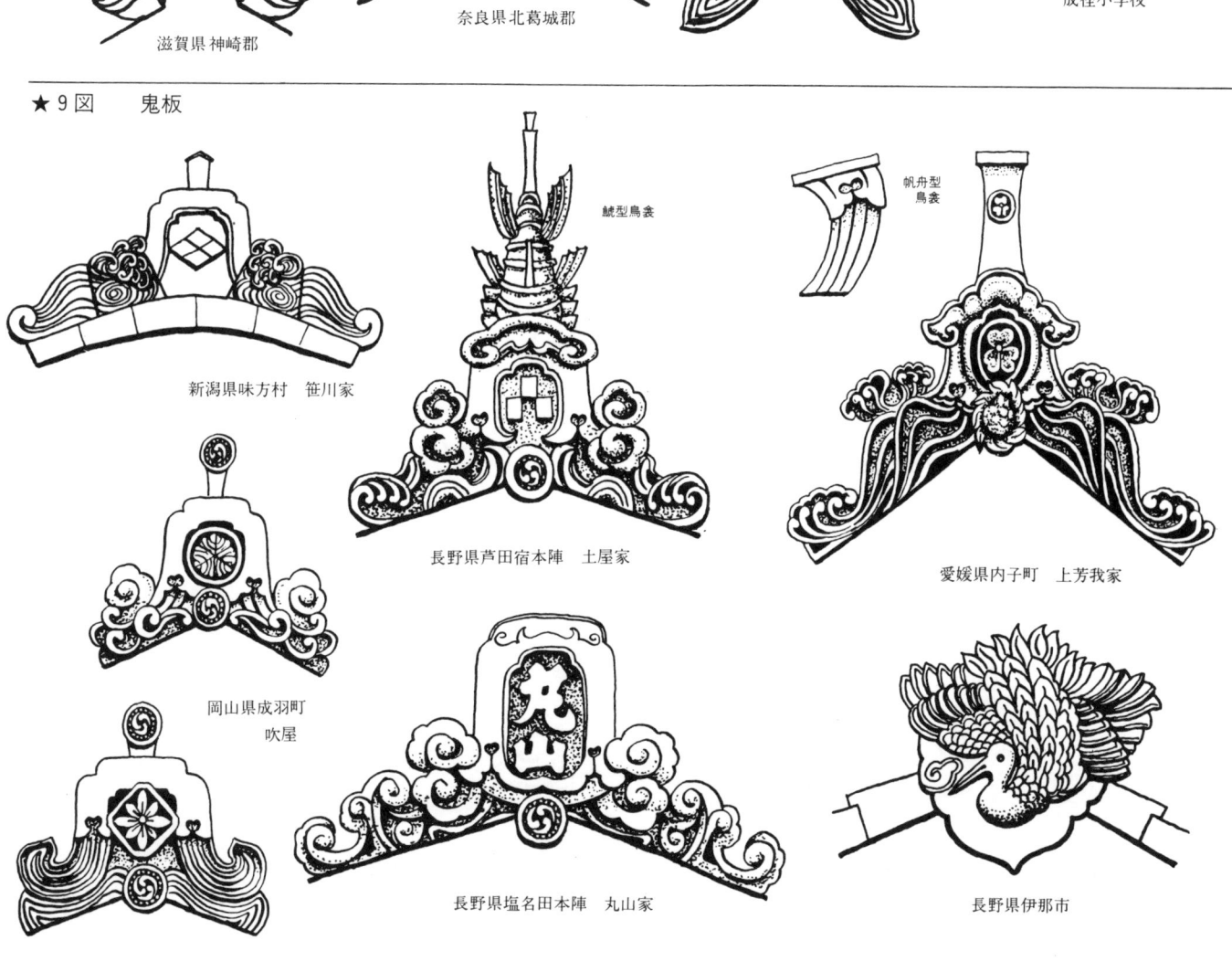

新潟県味方村　笹川家

岡山県成羽町
吹屋

鯱型鳥衾

長野県芦田宿本陣　土屋家

長野県塩名田本陣　丸山家

帆舟型鳥衾

愛媛県内子町　上芳我家

長野県伊那市

★10図　鬼板

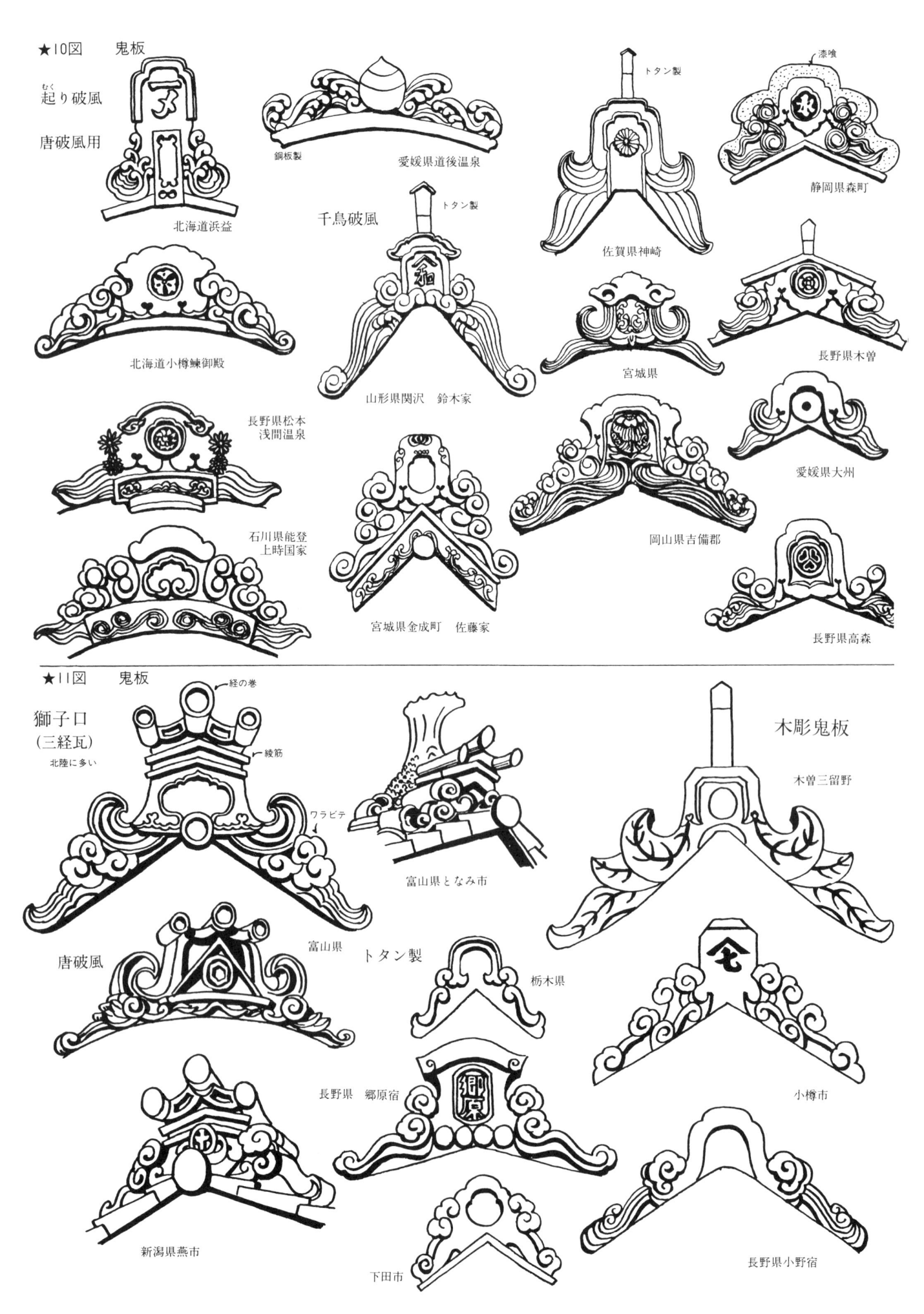

起り破風
唐破風用

銅板製　愛媛県道後温泉

トタン製　佐賀県神崎

漆喰　静岡県森町

北海道浜益

北海道小樽鰊御殿

千鳥破風
トタン製
山形県関沢　鈴木家

宮城県

長野県木曽

長野県松本
浅間温泉

石川県能登
上時国家

宮城県金成町　佐藤家

岡山県吉備郡

愛媛県大州

長野県高森

★11図　鬼板

獅子口
(三経瓦)
北陸に多い

経の巻
綾筋
ワラビテ

富山県となみ市

木彫鬼板
木曽三留野

唐破風

富山県

トタン製

栃木県

新潟県燕市

長野県　郷原宿

下田市

小樽市

長野県小野宿

★12図　鬼板

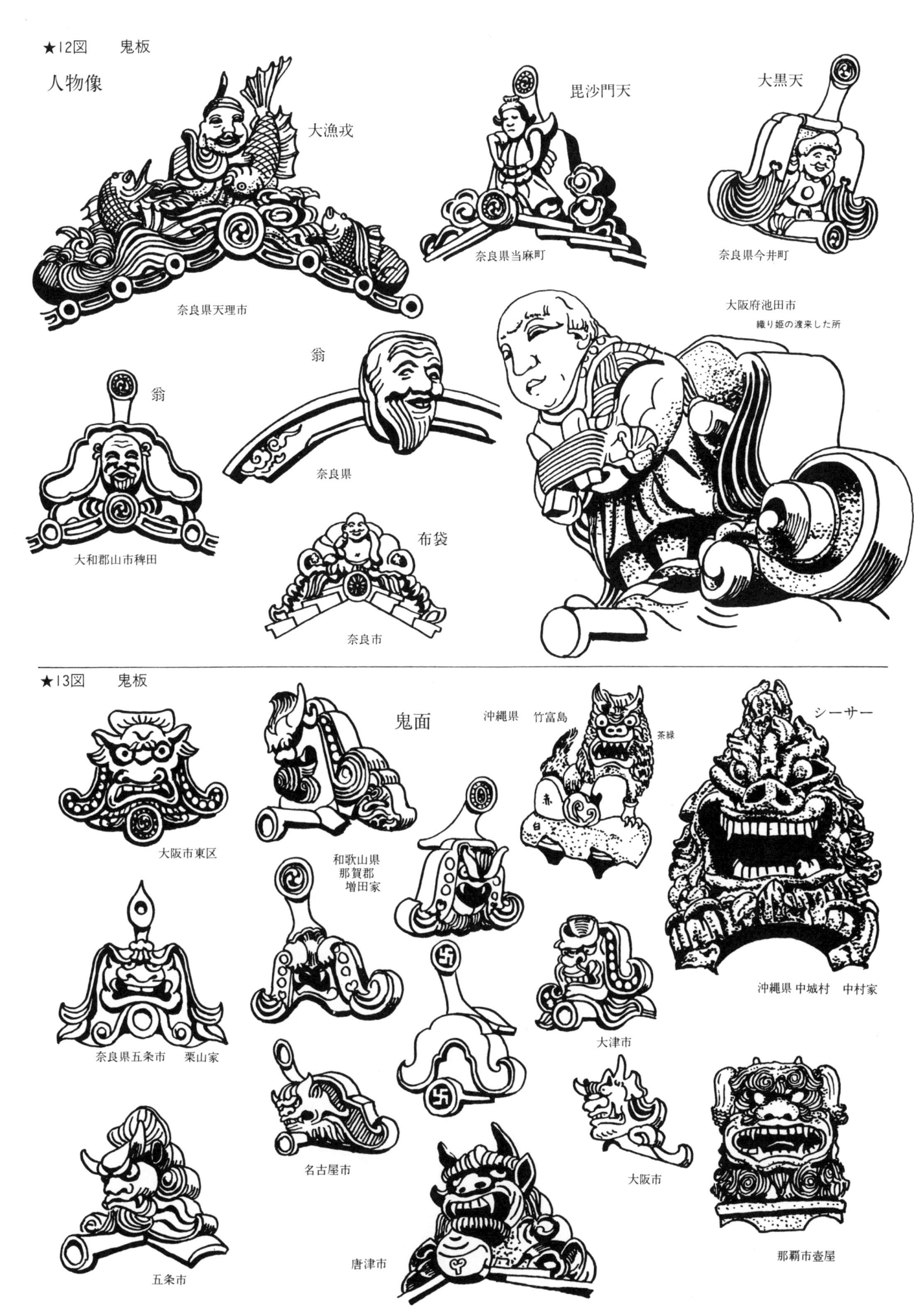

人物像

大漁戒
奈良県天理市

毘沙門天
奈良県当麻町

大黒天
奈良県今井町

翁
大和郡山市稗田

翁
奈良県

布袋
奈良市

大阪府池田市
織り姫の渡来した所

★13図　鬼板

鬼面

大阪市東区

和歌山県
那賀郡
増田家

奈良県五条市　栗山家

名古屋市

沖縄県　竹富島　茶緑

大津市

大阪市

シーサー

沖縄県　中城村　中村家

五条市

唐津市

那覇市壺屋

留蓋瓦・鳥衾
TOMEBUTAGAWARA・TORIBUSUMA

留蓋瓦というのは、1図下の説明図のように、棟の分岐点あるいは塀の曲り角などの上部に用いられる瓦のことである。こうした部分は、角度や勾配によって定形の瓦がつくれず、既製の冠り瓦を切り合わせて葺くことになる。留蓋瓦はその間隙を覆ってかぶせる瓦である。塀などの小さなものには桃型や宝珠などが多く用いられる。入母屋造り門の棟などには、菊型、牡丹型、水煙などが用いられ、大屋根用には唐獅子などが多い。

前にも述べたように奈良県では七福神を祀る風習が濃い。門に入る両側の塀の隅にそれぞれ恵比須・大黒の留蓋を据える。2図はそうしたものの一部である。左の三重県のものは奈良の影響をうけたものであろうが、きわめて稚拙なもので、その反面えもいえぬユーモアが漂っている。それに較べると奈良県のものは非常に優れていて、一流の彫刻家が原型をつくったのではないかと思うような作品がある。

どこに窯元があるのか、家人も知らないので、いまだにその製造元は私には判らない。いつか伏見人形の窯元で、これらの福神に酷似するものを見たことがある。あるいはそのような人形師が原形を作っているのかも知れない。ともかく芸術品ともいえる立派なものを見ることができる。これも一品作りであるから、すべて姿かたちが異っている。奈良の当麻寺の門前町の民家では、殆んど軒並みに飾っているが、一つとして同じ物はない。

奈良盆地の素封家の家では、屋根の各隅にそれぞれ七福神の留蓋を置いた家がある。この地方の造りは「囲い造り」といって、家の四周を塀や建物で囲っているので、きわめて撮影には困難である。近寄れば軒に遮ぎられてしまうし、遠ければ物が小さいのでうまく撮れない。加えて逆光の場合が多い。というわけで、塀の両脇の戎大黒が主となったが七福神は揃っているのである。2図下の布袋は大屋根の留蓋である。

3図の大福帳や算盤は家業の隆盛を祈ったものであろうが、変わった趣向である。左下の福禄寿は能登の例で、これは茶色の釉薬がかかった耐寒瓦である。

4図5図の鍾馗像は瓦製であるが、これは実用的な瓦ではなく、屋根上に置く魔除けである。鍾馗は中国で疫鬼を捕え追い払う神とされ、向いの鬼瓦に年中睨まれている家などでは、これを屋根上に据えて鬼の厄気を払うのである。この意味では沖縄のシーサーなども同様のもので、同じく屋根上に据える魔除けである。これは本土の留蓋瓦に好んで用いられる唐獅子によく似ている。

6図の鳥衾はいずれも火除けのまじないで、その原型は鯱や鴟尾で、これは城閣や社寺に多く用いられるが民家にも多く見られる。そのもっとも簡略化されたものは、突っ立った丸瓦であるが、立浪や浪巴として一層火除けの意味を強めているものもある。金比羅帆舟は瀬戸内海沿岸の各地に多い。奈良県では鳩型を鳥衾とする。これには羽ばたく姿や振り向いた姿など、活きいきとした瞬間の姿を捉えた逸品が多い。

留蓋瓦の彫刻　滋賀県伊賀郡菅浦（白崎俊次　写）

★1図　留蓋瓦

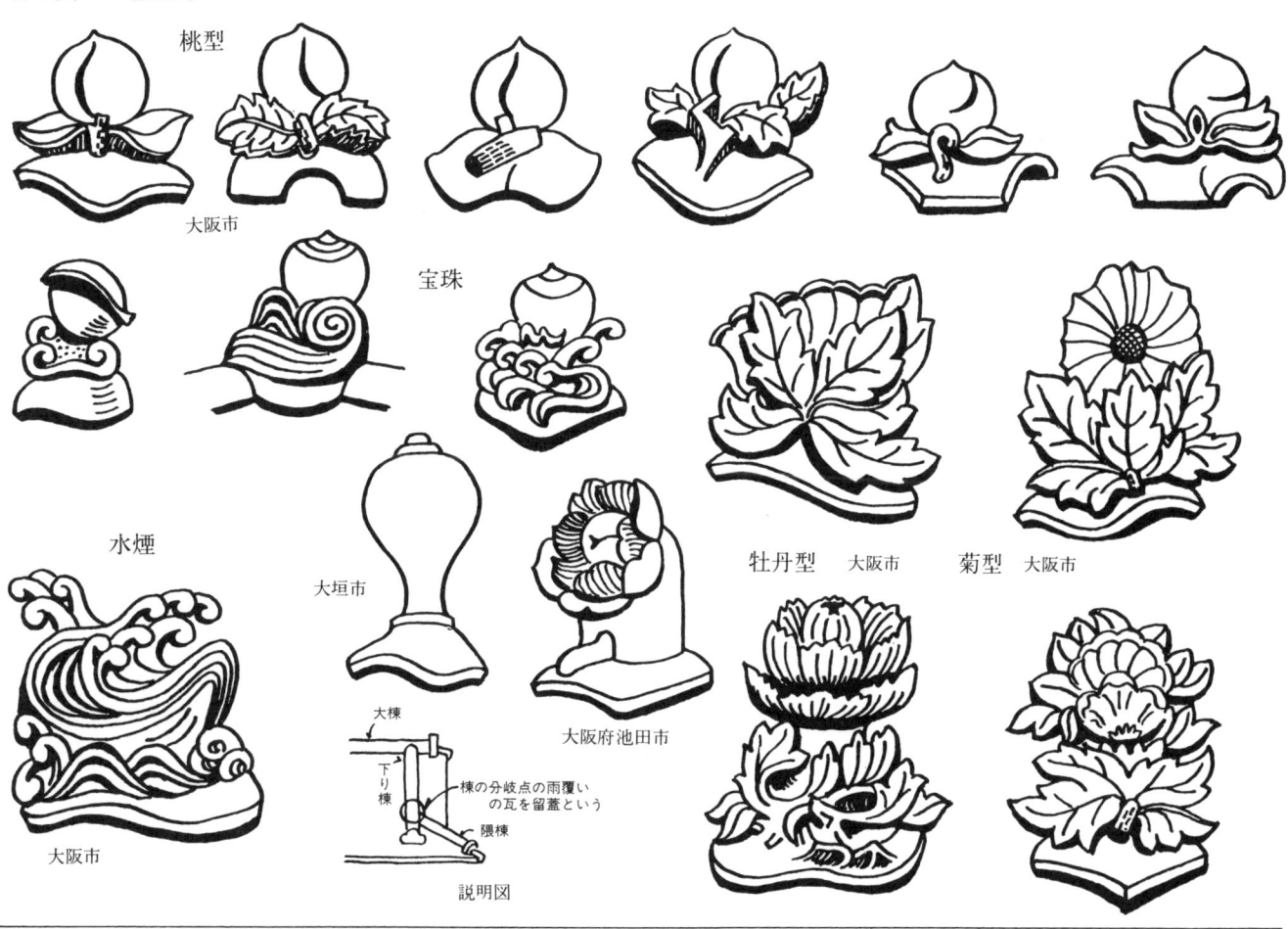

桃型

大阪市

宝珠

水煙

大阪市

大垣市

大阪府池田市

牡丹型　大阪市

菊型　大阪市

大棟
下り棟
棟の分岐点の雨覆いの瓦を留蓋という
隅棟

説明図

★2図　留蓋瓦

稚気溢れる
恵比須　大黒

三重県関市

恵比須大黒

奈良県吉野口

布袋

奈良県結崎

奈良県当麻町

鯛釣り戎
奈良県当麻町

41

★3図　留蓋瓦

大福帖　奈良県当麻町

算盤戎

大黒天　奈良県当麻町

宝珠　香川県　猪熊家

福禄寿　能登羽咋市

唐獅子　奈良県今井町　今西家

倒立唐獅子　能登

大黒天　当麻町

★4図　留蓋瓦

鍾馗　名古屋市　有松

京都市下京区

大阪市東区

浪乗戎　新潟県

宝珠　大阪泉佐野市　奥家

浪巴蓋　奈良県

鳩蓋　奈良県

福神　奈良県

吉祥文　奈良県安堵村　中家

唐獅子

水煙　大阪市

宝珠

★5図 留蓋瓦

菊葉 大阪府池田市

シーサー 沖縄

鍾馗

鍾馗型鬼板 大阪府池田市

漆喰製

大阪市阿倍野区

大阪府 池田市

宝珠 河内長野市

シーサー 沖縄県

唐獅子 大阪府河内長野市

★6図 とりぶすま（鳥衾）

徳島県

富山県

立浪 福井県 小浜市

金比羅 帆舟 香川県

立浪 奈良県

一般型 和歌山県 妹背家

鳥衾
鬼板
棟止め

鯱 島根県津和野

岡山県成羽町

浪巴 奈良県

新潟県

鳩 奈良市 西ノ京

43

組棟・軒瓦他
KUMIMUNE・NOKIGAWARA

　瓦屋根の棟は前にも述べたように平たい熨斗瓦を数段積み上げて、頂部に冠瓦を伏せるものである。冠瓦は蒲鉾型のもので半円に近いものを素丸（すまる）瓦という。熨斗瓦は普通奇数積みで下部に張り出して三段、その上に五段あるいは七段という風に積む。これらの瓦はいずれも、隣る瓦にかぶさるようにした、紐付冠、紐付熨斗がある。また紐の代わりにその部分に漆喰を盛り上げることもある。この継目に漆喰を盛り上げた棟はそれ自体美しい意匠となっている。組棟というのはさらに棟積専用の役瓦を加えて、意匠的な棟としたものである。役瓦には「輪違」「青海波」「菊」「松皮菱」その他がある。1図右上はそうしたものを示したものである。関東や東北の土蔵造りでは、熨斗瓦を高く積まず、木で箱型の棟の下地を作り、側面を漆喰仕上げとする場合が多い。その場合は漆喰側壁の上部に小型の軒瓦を葺く。1図右下、中上はそのような棟形を示したものである。この種のものは棟が非常に大仰な造りなので、熨斗瓦の重量を減らすための工夫と思われる。その下は青海波を交互に重ねたり輪違いに積んだもの、左は青海波を同じ向きに積んだもの、下は輪違瓦を青海波様に積んだもの、輪違いを組まずにずらせたものなどで、いずれも瓦の隙間の白い部分は漆喰仕上げとしている。

　2図右上は細かい輪違い瓦を七宝形に積み、交点を漆喰で固めたもの、黒く塗った部分は透しで、風が通り棟に当る風圧の軽減を計ったもの。右下と中上はともに棟の胴を漆喰塗の模様としたものである。頂きの雪割は上部の紐付冠と一体となったもので、これは積雪を棟の中央で左右に割り、雪下ろしの便を計るものである。図のようにいろいろの意匠がある。その下は棟の胴に模様瓦を竪貼りとしたもの、正規の青海波積みとしたものである。左上は熨斗瓦と冠瓦のみを用いたもので、熨斗瓦は一段ずつずらせて継目の瓦漆喰を目立たせて白黒の階調の美しさを強調したもの、その下は十能瓦の空積みに商標の亀瓦をあしらったものである。さらにその下は輪違いの空積みで、上はすべて透しとしたもの、下は中央のみを中空としたものである。これは棟部を角型の箱棟瓦としている。輪違いの空積みは長野県に多く見られる手法である。

　3図右上は奈良今西家のもので、細かい輪違いを青海波に積み、菊小丸をあしらったもの、その下は松皮菱でこの意匠は奈良県下に多い。以下は輪違積みの変化である。左上と左中は、模様を割付けて別焼した竪瓦を貼りつけたもの、中下は目板瓦を竪貼りとし、瓦に穴をあけて、棟廻りの換気を計っている。

　4図は軒瓦のいろいろを示したものである。万十軒瓦はもっとも一般的なもので、端についた丸に球形のふくらみがある。石持軒瓦は丸の部分が平坦な平面で、この方がやゝ古式である。この石持にもっとも簡単な模様付けをしたのが最下段で、中の丸の大きさによって蛇の目、太輪、細輪の別がある。これより細いものに糸輪などもある。万十や石持は隣りの瓦に丸味が重なるので、瓦の合端がすいていても一向に差し支えがない。次の一文字や鎌は合端に隙ができると見苦しいので瓦を一枚一枚たがねで削り合わす手間がかかる。この故に万十や石持よりも高級で、従って普及率も少ない。一文字瓦は関西で好まれるもので、中でも垂れの背の高いものは特に京都に多い。唐草軒瓦はさらに古式のもので街道筋の古い民家などに見受ける。本葺といって、平瓦と丸瓦を組合せて葺くのは、近畿地方から西の瀬戸内沿岸に多い葺き方である。桟瓦葺にこの本葺の感じを持たせるのが、次の巴付軒瓦である。その下の目板一文字や石持一文字などの瓦は、主として塀の屋根に用いるものである。以下はすべて本葺丸瓦の意匠である。これらの文様はまた桟瓦の巴付きにも応用されるが、本丸瓦の方が大きいので、より精緻な文様をつくることができる。文様のモチーフは家紋や商標、屋号などである。

　7図のけらば瓦は屋根の側面の流れに沿った部分に葺く瓦で、軒瓦に準じたものである。そのうちで平瓦の繁葺は主として、大和・河内に多く、刻み袖は京都を中心とした地方に多い。車けらばは本葺のけらばである。屋根のてりや軒先の反りの強い社寺の建築では、その部分の瓦の寸法や形状が一枚一枚違うので、一枚宛くせを取って作るので非常に手間がかかる。次の飾りけらばは、大和・伊勢境の山中の宿のもので、何も費用をかけてこのように凝る必要はさらにない場所柄なのに、こんなものが見られるのは、損得や手間を無視した職人気質の表われなのであろう。そんな所に民芸の生れる素地（きじ）がある。下は生子壁造りの家のけらばのいろいろ。

　8図は塀や卯建の端を飾る鬼板やけらばの袖瓦の種々である。

★1図　組棟

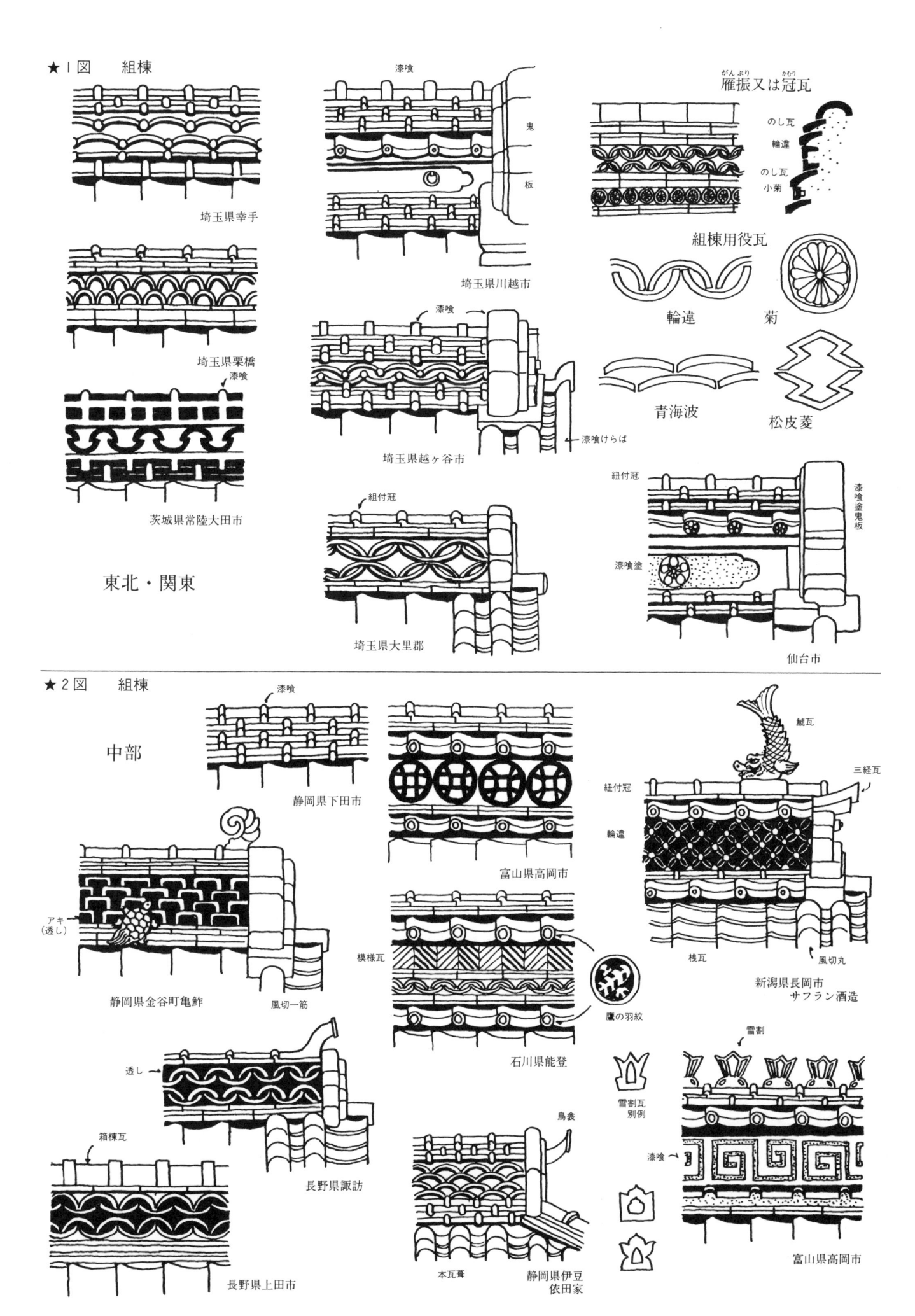

埼玉県幸手
埼玉県栗橋
茨城県常陸大田市

東北・関東

漆喰
埼玉県川越市
鬼板

漆喰
埼玉県越ヶ谷市
漆喰けらば

組付冠
埼玉県大里郡

雁振又は冠瓦（がんぶり／かむり）
のし瓦
輪違
のし瓦
小菊

組棟用役瓦
輪違　菊
青海波　松皮菱

紐付冠
漆喰塗鬼板
漆喰塗
仙台市

★2図　組棟

中部

漆喰
静岡県下田市
富山県高岡市
模様瓦
石川県能登
鷹の羽紋

アキ（透し）
静岡県金谷町亀鮓
風切一筋

透し
長野県諏訪

箱棟瓦
長野県上田市

鳥衾
本瓦葺　静岡県伊豆依田家

鯱瓦
紐付冠
輪違
三経瓦
桟瓦　風切丸
新潟県長岡市　サフラン酒造

雪割
雪割瓦別例
漆喰
富山県高岡市

45

★3図　組棟

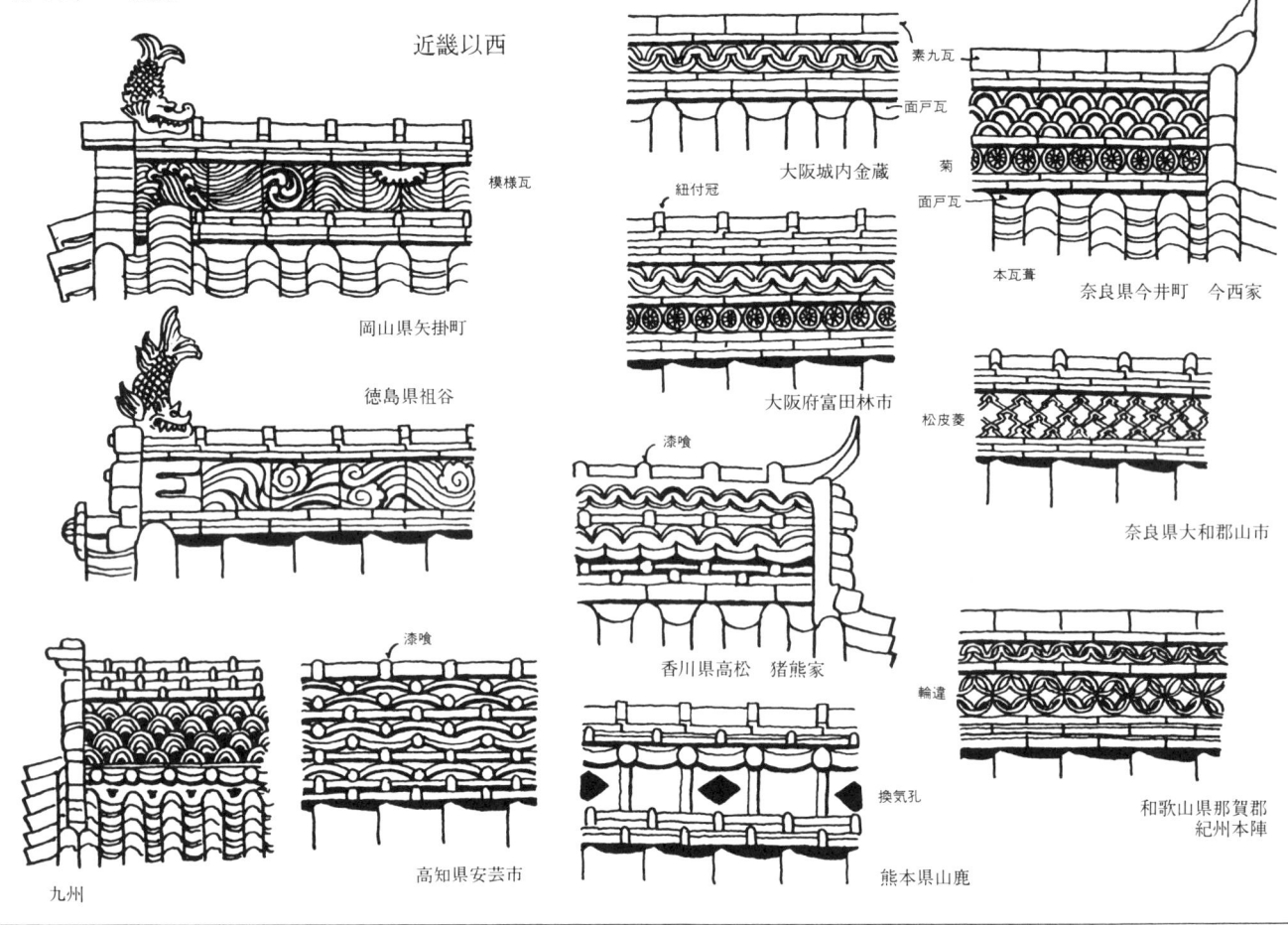

近畿以西

模様瓦

岡山県矢掛町

徳島県祖谷

九州

漆喰

高知県安芸市

素九瓦
面戸瓦
大阪城内金蔵

紐付冠

大阪府富田林市

漆喰

香川県高松　猪熊家

換気孔

熊本県山鹿

菊
面戸瓦
本瓦葺
奈良県今井町　今西家

松皮菱

奈良県大和郡山市

輪違

和歌山県那賀郡
紀州本陣

★4図　軒瓦

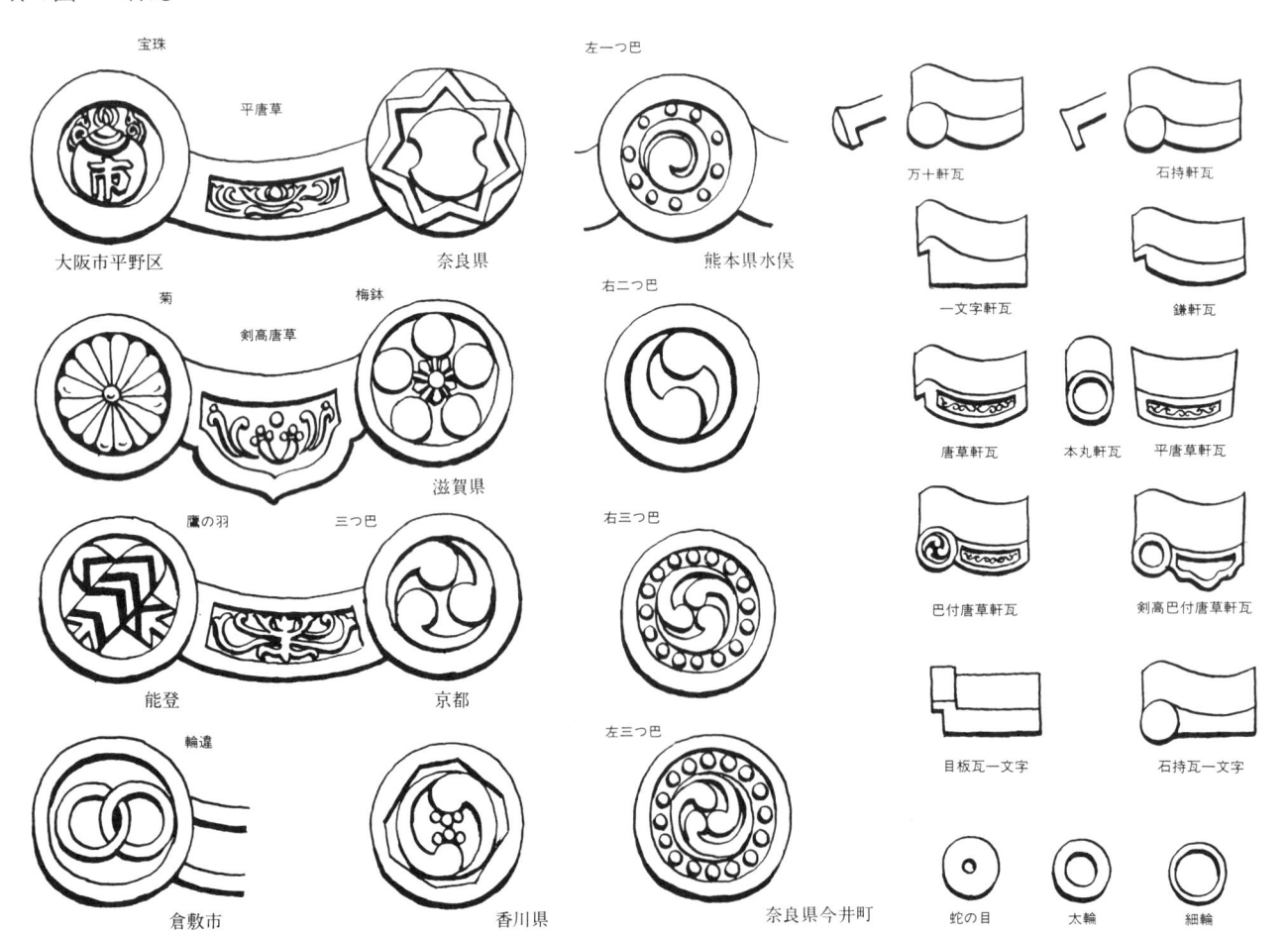

宝珠　平唐草
大阪市平野区　　奈良県

菊　梅鉢
剣高唐草
滋賀県

鷹の羽　三つ巴
能登　京都

輪違
倉敷市　香川県

左一つ巴
熊本県水俣

右二つ巴

右三つ巴

左三つ巴
奈良県今井町

万十軒瓦　　石持軒瓦

一文字軒瓦　鎌軒瓦

唐草軒瓦　本丸軒瓦　平唐草軒瓦

巴付唐草軒瓦　剣高巴付唐草軒瓦

目板瓦一文字　石持瓦一文字

蛇の目　太輪　細輪

46

★5図　軒瓦

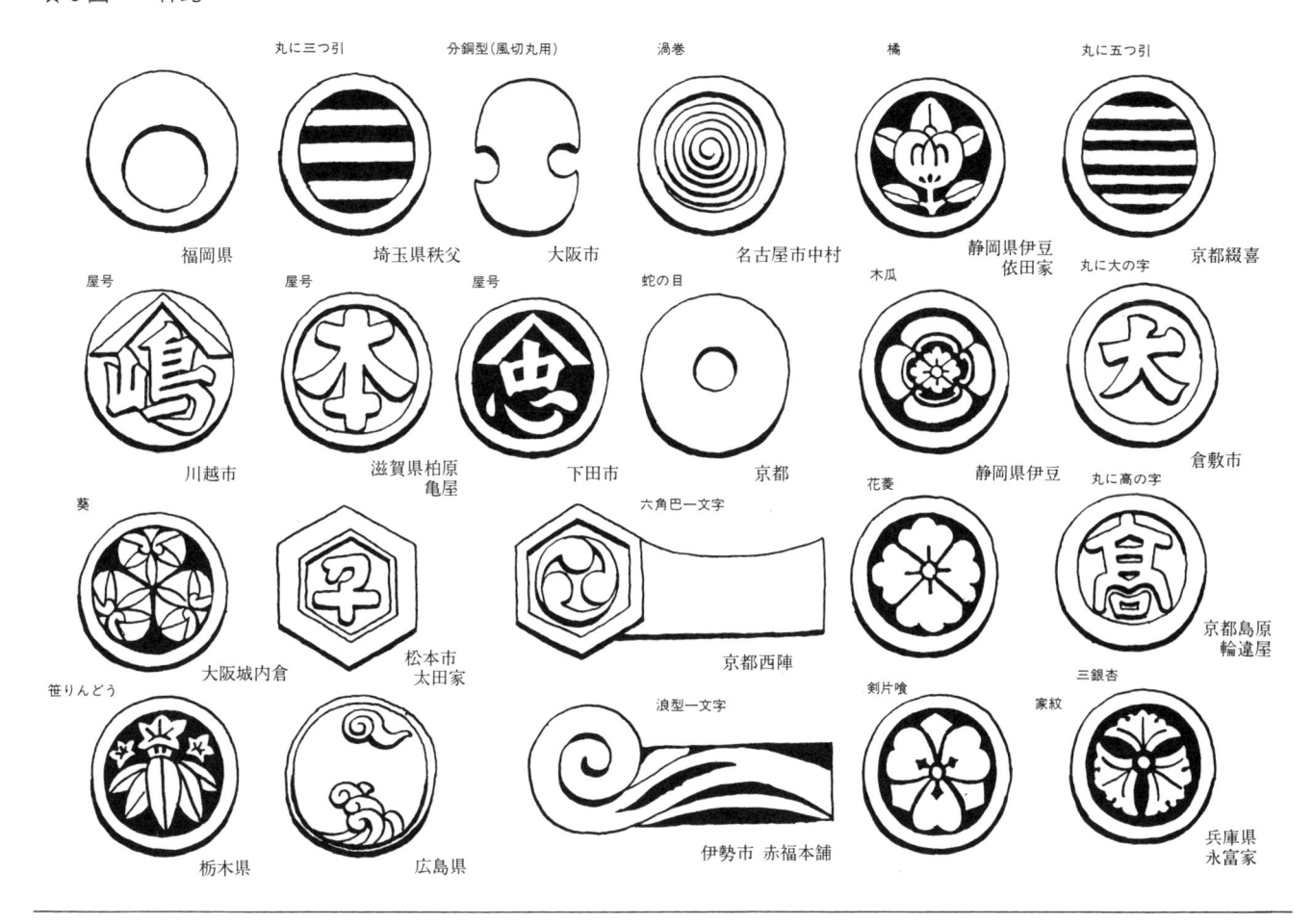

紋様	地域
（無名）	福岡県
丸に三つ引	埼玉県秩父
分銅型（風切丸用）	大阪市
渦巻	名古屋市中村
橘	静岡県伊豆 依田家
丸に五つ引	京都綴喜
屋号	川越市
屋号	滋賀県柏原 亀屋
屋号	下田市
蛇の目	京都
木瓜	静岡県伊豆
丸に大の字	倉敷市
葵	大阪城内倉
（子）	松本市 太田家
六角巴一文字	京都西陣
花菱	（―）
丸に高の字	京都島原 輪違屋
笹りんどう	栃木県
（波）	広島県
浪型一文字	伊勢市 赤福本舗
剣片喰	（―）
三銀杏 家紋	兵庫県 永富家

★6図　軒瓦

紋様	地域
木	倉敷市
（―）	倉敷市
三つ金輪違い	京都市北区
（―）	香川県琴平町
東	倉敷市
（―）	高松市 四国村 丸亀藩番所
（―）	大阪府和泉市
松菱	倉敷市
八の字	倉敷市
（―）	静岡県 伊豆 依田家
引	倉敷市
長	倉敷市

47

★7図　けらば(螻羽)瓦

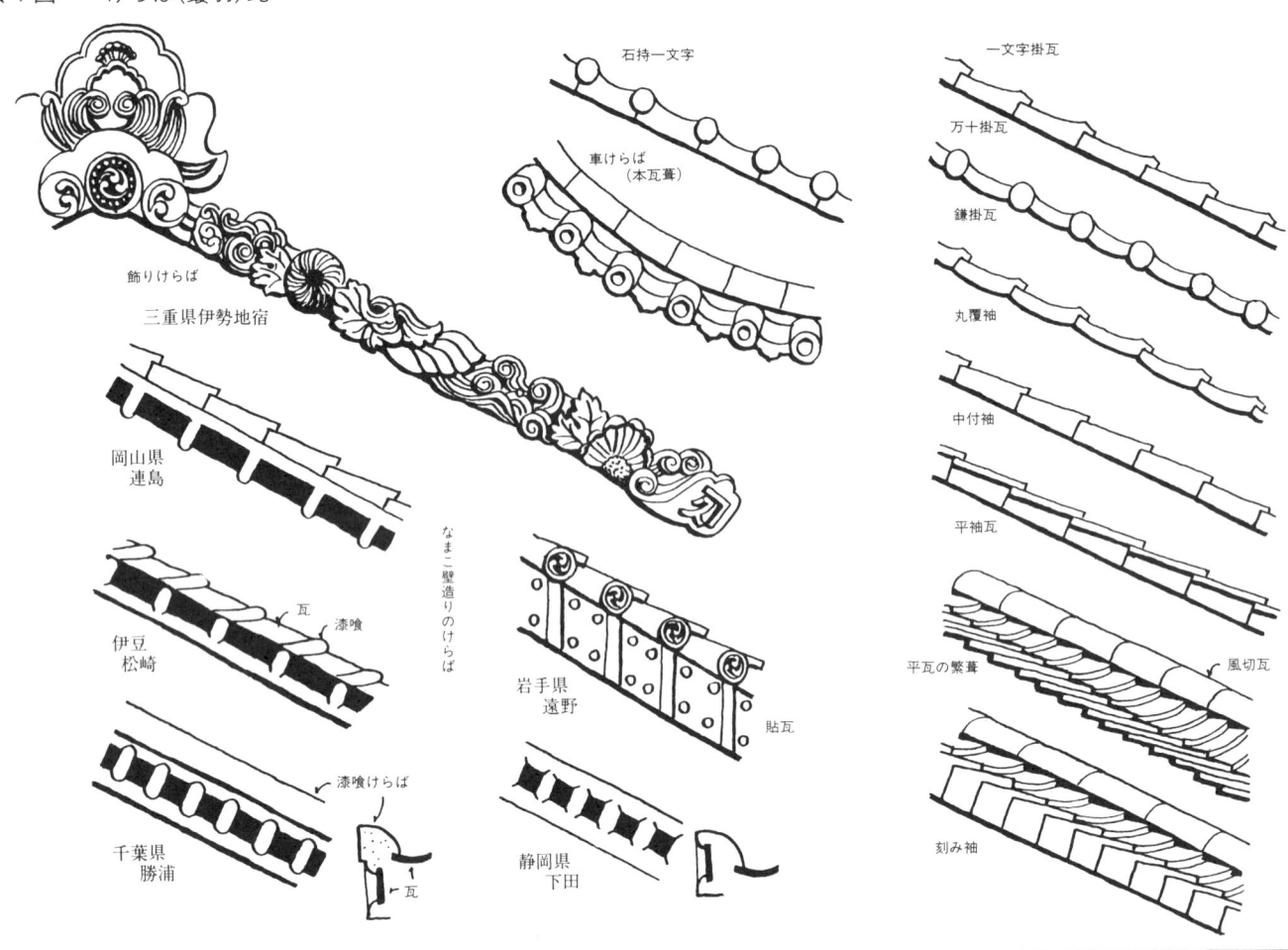

飾りけらば
三重県伊勢地宿

石持一文字
車けらば(本瓦葺)

一文字掛瓦
万十掛瓦
鎌掛瓦
丸覆袖
中付袖
平袖瓦
平瓦の繁葺　風切瓦
刻み袖

岡山県連島

伊豆松崎　瓦　漆喰

なまこ壁造りのけらば

岩手県遠野　貼瓦

千葉県勝浦　漆喰けらば　瓦

静岡県下田

★8図　塀と卯建の妻飾り

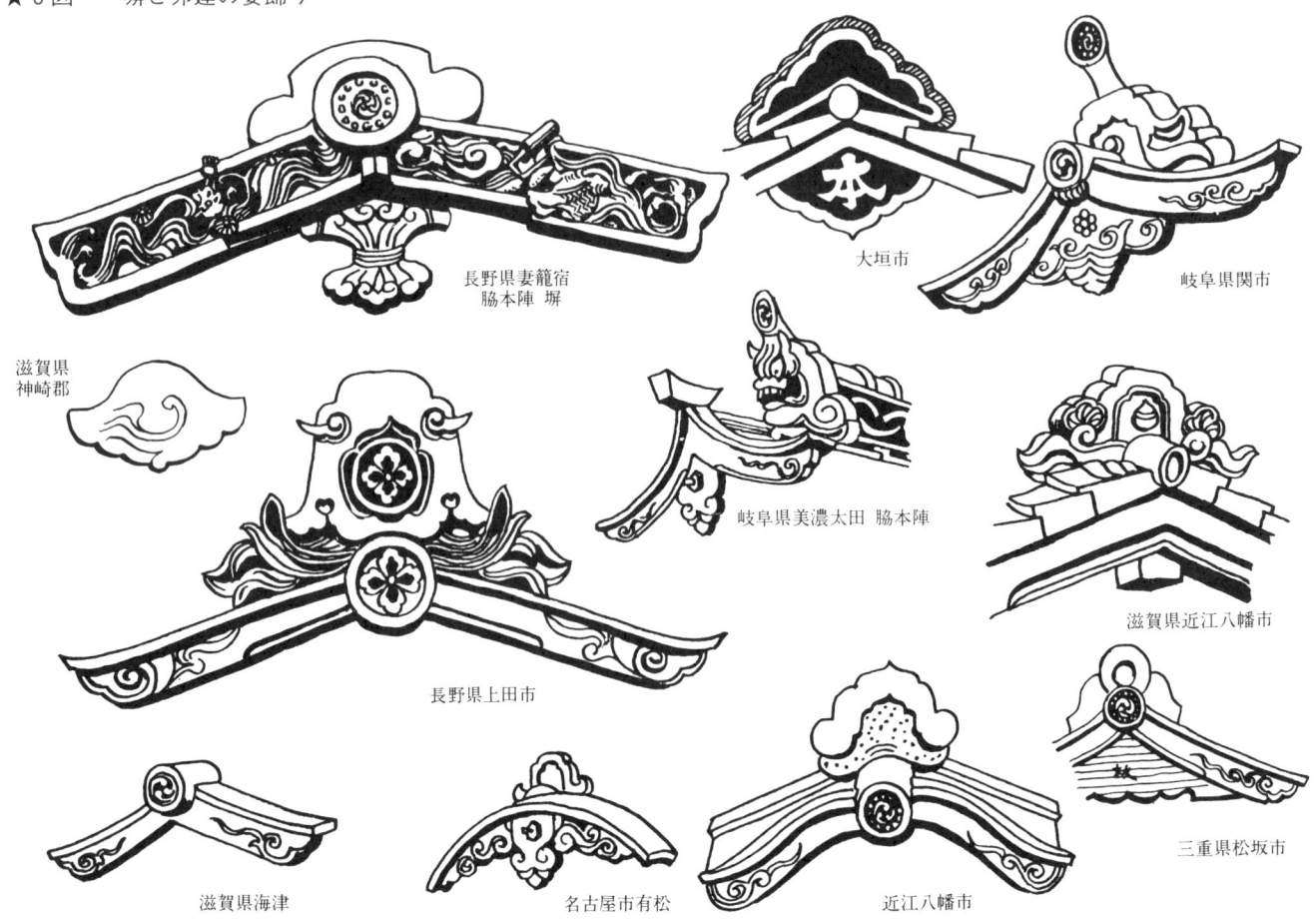

長野県妻籠宿 脇本陣 塀

大垣市

岐阜県関市

滋賀県神崎郡

岐阜県美濃太田 脇本陣

滋賀県近江八幡市

長野県上田市

滋賀県海津

名古屋市有松

近江八幡市

三重県松坂市

2

民家の外観

卯建
UDATSU

「うだつ」あるいは「うだて」「うだち」とも読む。町家などの隣家との間を区切る防火塀のことである。兵庫県の但馬地方では「家切り」ともいうように、家と家との区切りである。町家で隣家と接している場合、屋根の傍軒（けらば）を伸すと隣地を侵すことになるが、といって屋根を外壁の線で打切ると雨を防ぐのにいろいろと支障が多い。それで側壁を建ち登らせて小屋根をつけた卯建ができた。昔の町家は板葺の屋根が多かったので、卯建を建てる方が屋根の葺き仕舞も始末がよかったし、屋根板が風に煽られるのを防ぐこともできた。この時分の卯建は板葺や草葺が多く、防火壁の役目より専ら家の区切りであった。

家の区切りが明確になると、その家が自分の持家であることもはっきりとした。商人は自分の持家に住まなければ、信用も得られなかったし一人前にもあつかわれなかった。卯建はこうして、商人の階層的な象徴ともなった。たとえ長屋住まいや、相屋（あいや）といって一戸に二世帯相住まいをしているものでも、家主の手をはなれて独立すると、屋根に卯建を据えて、一人前の家持ちとしての格式を誇るようになった。俗に「うだつが上がる」という言葉は、このように独立して一戸を構えることを指すのである。しかし長屋に据えられた卯建は形だけのもので、4図右上のようなもので、家の区切りでもなければ、防火の役にもたたぬ単に持家の象徴にすぎぬものであった。

江戸時代になって都市が発達し、大火が頻々とおこるようになって、卯建はもっぱら防火壁として発達した。壁体はしっかりとした漆喰の塗りごめとし、屋根も燃えない瓦葺きのどっしりとしたものとなった。瓦屋根の普及と左官技術の進歩によって、屋根上に高くぬきんでる卯建は次第に無用のものとなり、軒下の袖壁だけでも充分に延焼を防げるものとなった。この袖壁を「火返し」「火煽り」「火除け」などと呼ぶ。これには卯建の袖壁として上から垂れ下がったもの、階下の袖壁が階上に延び上がったもの、単独に階下庇の上に造られたものなどがある。

1図湯沢市のものは、大屋根と下屋と二段構えの大卯建で、地面から斜めに延びた階下の袖壁など、頑固鈍重な東北特有の意匠である。盛岡市のものは主屋の柱から斜めに支えた構造がそのまま表われている。吾妻郡の例は屋根面から1メートル程も突き出た大卯建で、袖壁は色を変えて唐草模様をあしらったもの。穂高町のはやはり二段構えの例である。2図は中部地方の例で、この地方は卯建の棟端を凝った意匠とすることが多い。大垣市のものは、卯建の頂上に天水桶をかたどった大きな留蓋瓦が据えてある。

3図岐阜県の関市付近の町家は、殆どの家に卯建が見られる。棟端には破風板や懸魚を別焼の瓦製のもので飾り立派なつくりである。左下の近江八幡のものは草葺屋根の卯建で、このような例は非常に稀なものである。この図に示したような桟付の平板な瓦を目板瓦という。4図中は竹棟杉皮葺の卯建で、樋も竹製で何か中世の卯建を連想させるものがある。右上は長屋の卯建で、これは屋根面より浮き上がっていて防火の用はなさず、単に持家の象徴にすぎないものである。重文大角家のものは、意匠が大和風のものとなっている。これに対して左の京都風のものでは目板瓦を用いることが多く、意匠も簡素軽快なものが多い。

5図は大和河内のもので、高塀（たかへ）とかとんびと呼ばれるものである。これまでの例では卯建と主屋の瓦の向きが直角であったが、この地方のものは、主屋の屋根も卯建の屋根も同方向の流れに葺かれているのが特徴である。右下は大阪市内の商家に多いもので、階下庇の袖が上に伸び上がった形のもの、大正昭和初期のスタイルで、卯建は鉄筋コンクリート製の完全な防火塀である。

7図中上は階下庇上に単独に造られた袖卯建、左は階下庇の袖が上に伸び上がったもので、華麗な唐草模様を施したもの、右は単純な袖壁を看板に利用したもの。8図は同様に屋号や紋章その他の模様を施した袖壁の例である。6図今井町のものは袖壁の屋根と大屋根を一体化したもので、奈良県の町家にはこの形式が多いようである。他は各地の特徴のある形式を示した。

切妻の屋根は屋端の葺材の始末が一般にむつかしく、このため妻側の壁を建ち上げて、卯建のような墻壁とすることは外国の民家にも例が多い。9・10図にそれらの外国の例を示した。

★1図　卯建

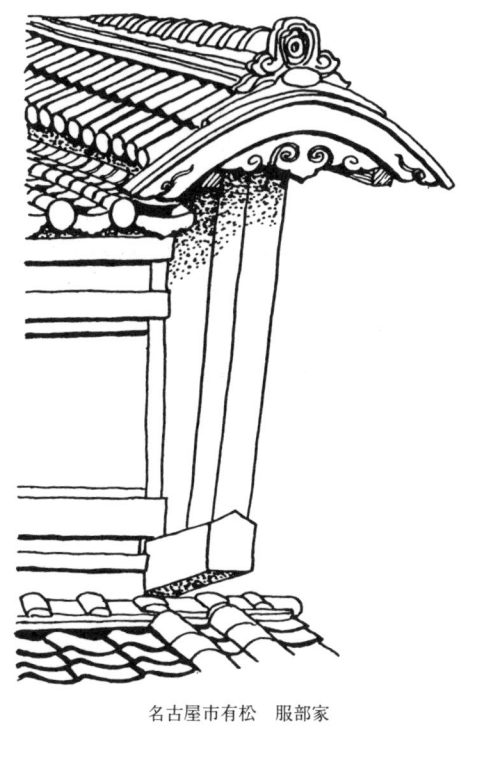

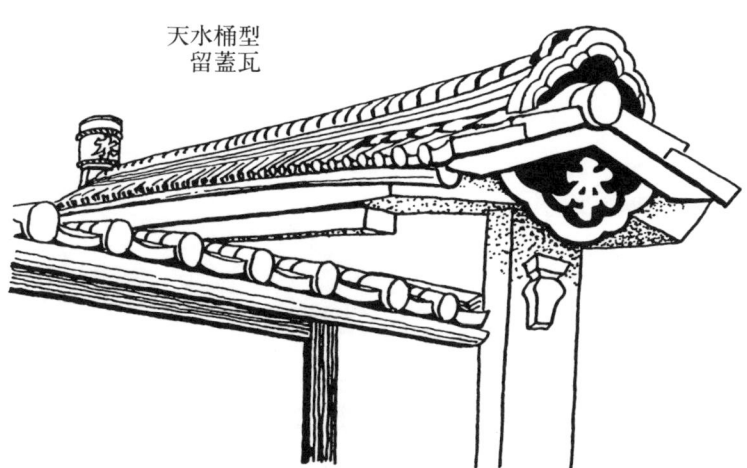

岩手県盛岡市　旧中村家

秋田県湯沢市

漆喰

長野県穂高町

群馬県吾妻郡

天水桶型留蓋瓦

岐阜県大垣市

★2図　卯建

愛知県津島市　堀田家

名古屋市有松　服部家

★3図　卯建

岐阜県
美濃太田
脇本陣

瓦製

岐阜県
関市

草葺屋根

滋賀県
近江八幡市

岐阜県
関市

京都風の卯建

目板瓦

京都市左京区鞍馬本町

★4図　卯建

宙に浮いた卯建

滋賀県高島郡

杉皮葺の卯建

竹

竹樋

滋賀県高島郡

大和風の卯建

滋賀県栗東町
重文　大角家

52

★5図　卯建

高塀造りの卯建

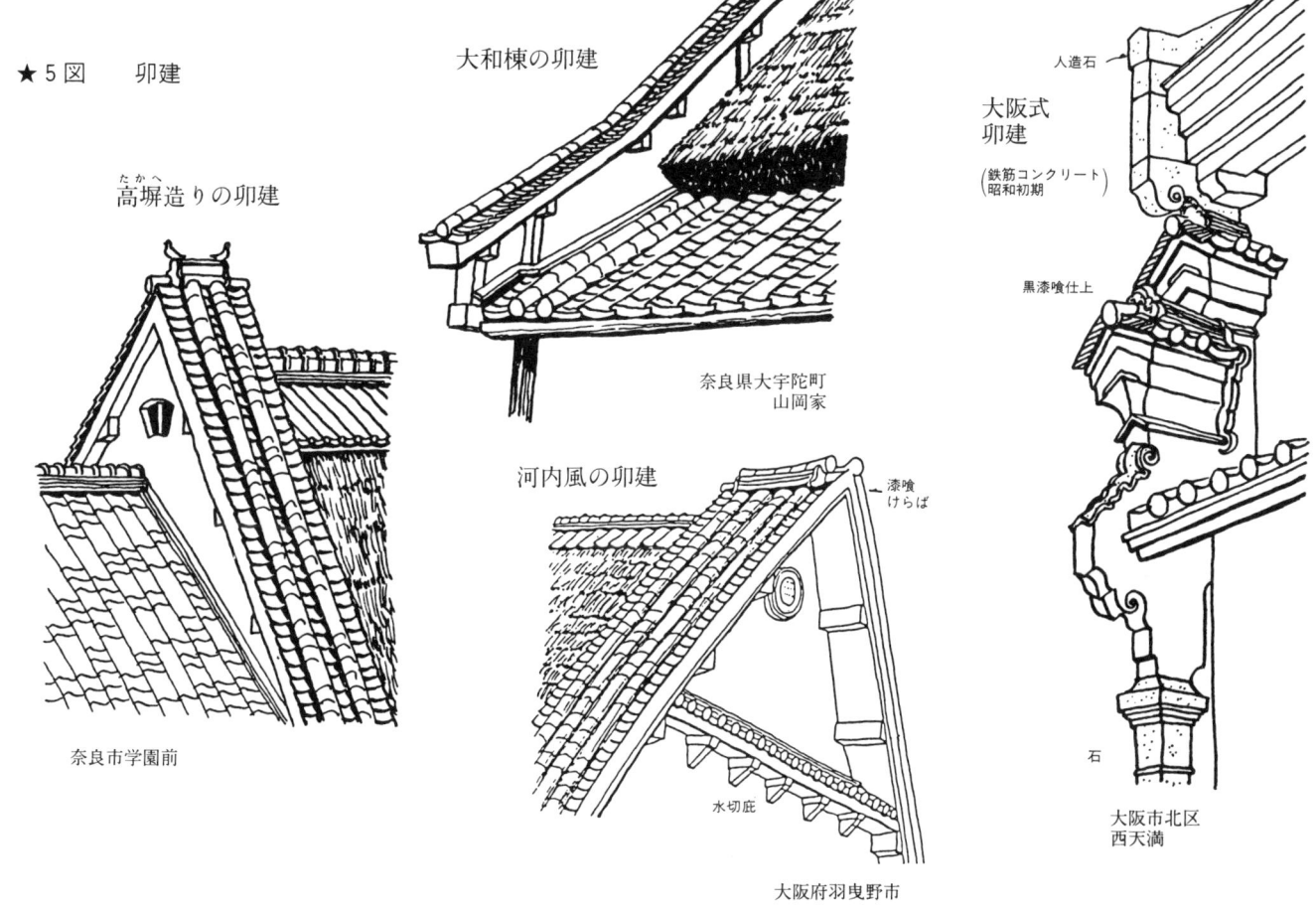

大和棟の卯建

奈良県大宇陀町　山岡家

河内風の卯建

漆喰けらば

水切庇

大阪府羽曳野市

大阪式卯建

人造石

(鉄筋コンクリート)
昭和初期

黒漆喰仕上

石

大阪市北区西天満

奈良市学園前

★6図　袖卯建

大阪市北区

奈良県今井町　中橋家

徳島県阿波半田町

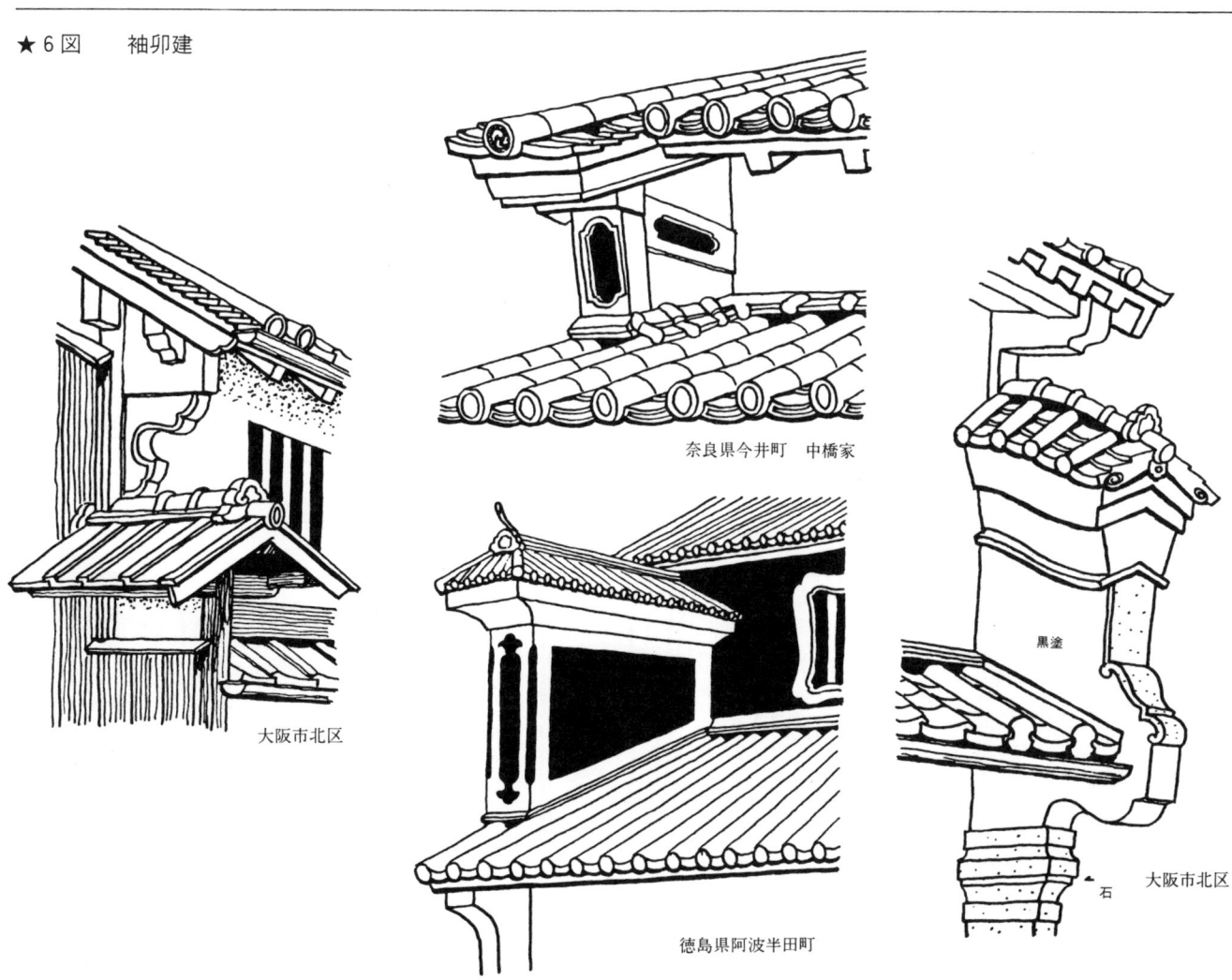

黒塗

石

大阪市北区

53

★7図　袖卯建

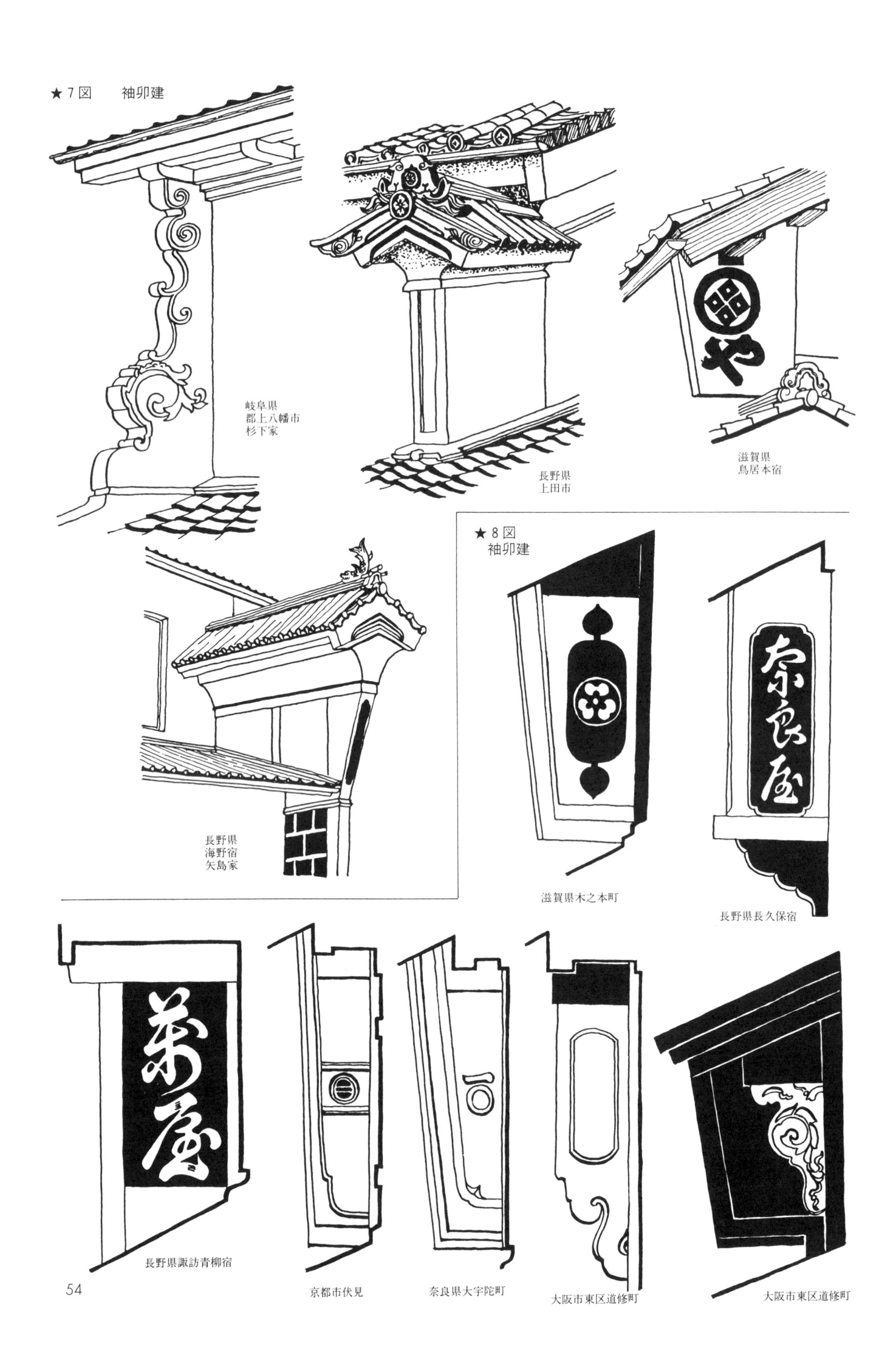

岐阜県
郡上八幡市
杉下家

長野県
上田市

滋賀県
鳥居本宿

★8図
袖卯建

長野県
海野宿
矢島家

滋賀県木之本町

長野県長久保宿

長野県諏訪青柳宿

京都市伏見

奈良県大宇陀町

大阪市東区道修町

大阪市東区道修町

54

★9図　ヨーロッパの卯建

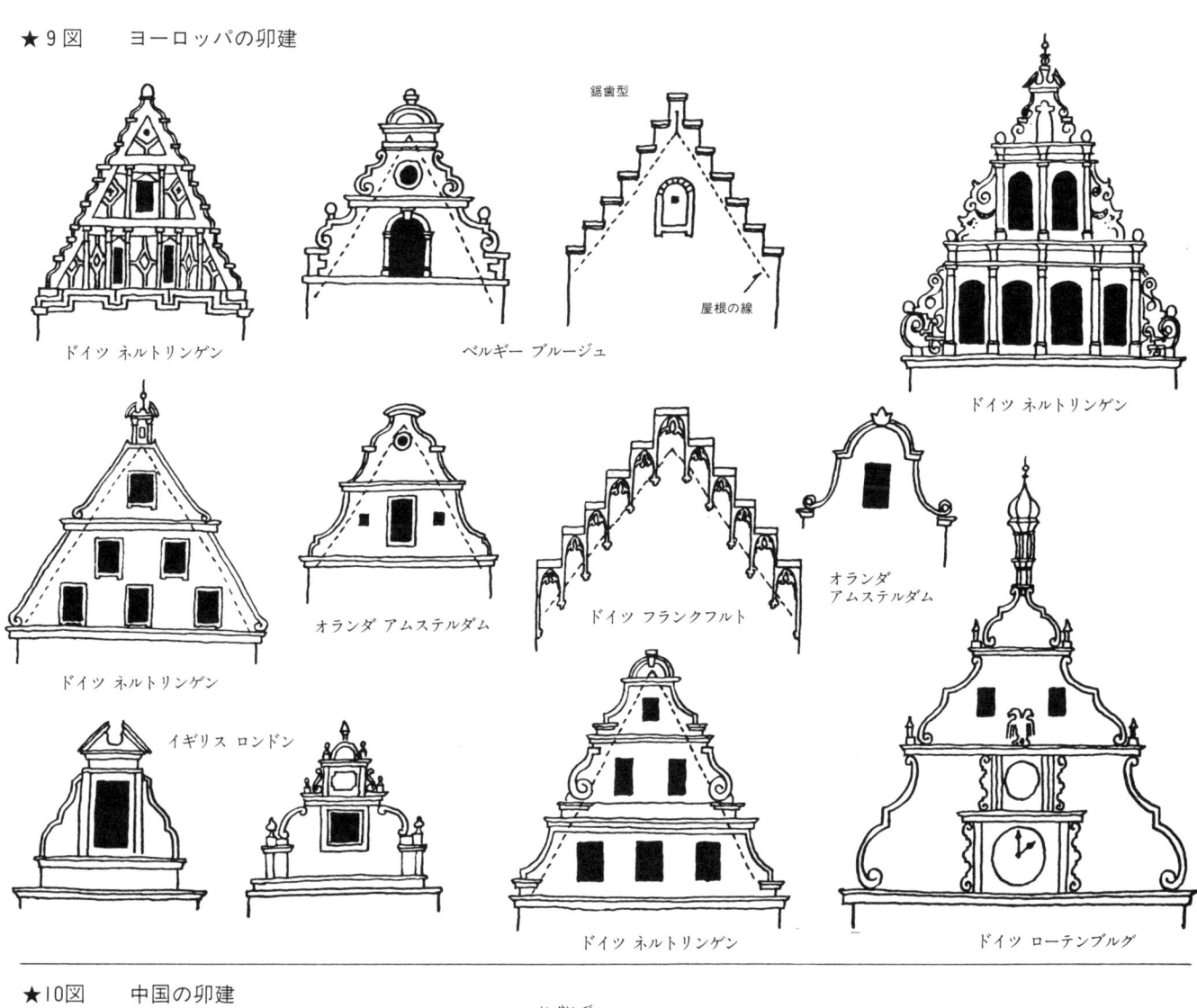

ドイツ ネルトリンゲン　　ベルギー ブルージュ　　鋸歯型　屋根の線　　ドイツ ネルトリンゲン

ドイツ ネルトリンゲン　　オランダ アムステルダム　　ドイツ フランクフルト　　オランダ アムステルダム

イギリス ロンドン　　　　ドイツ ネルトリンゲン　　ドイツ ローテンブルグ

★10図　中国の卯建
K－河村五朗氏による

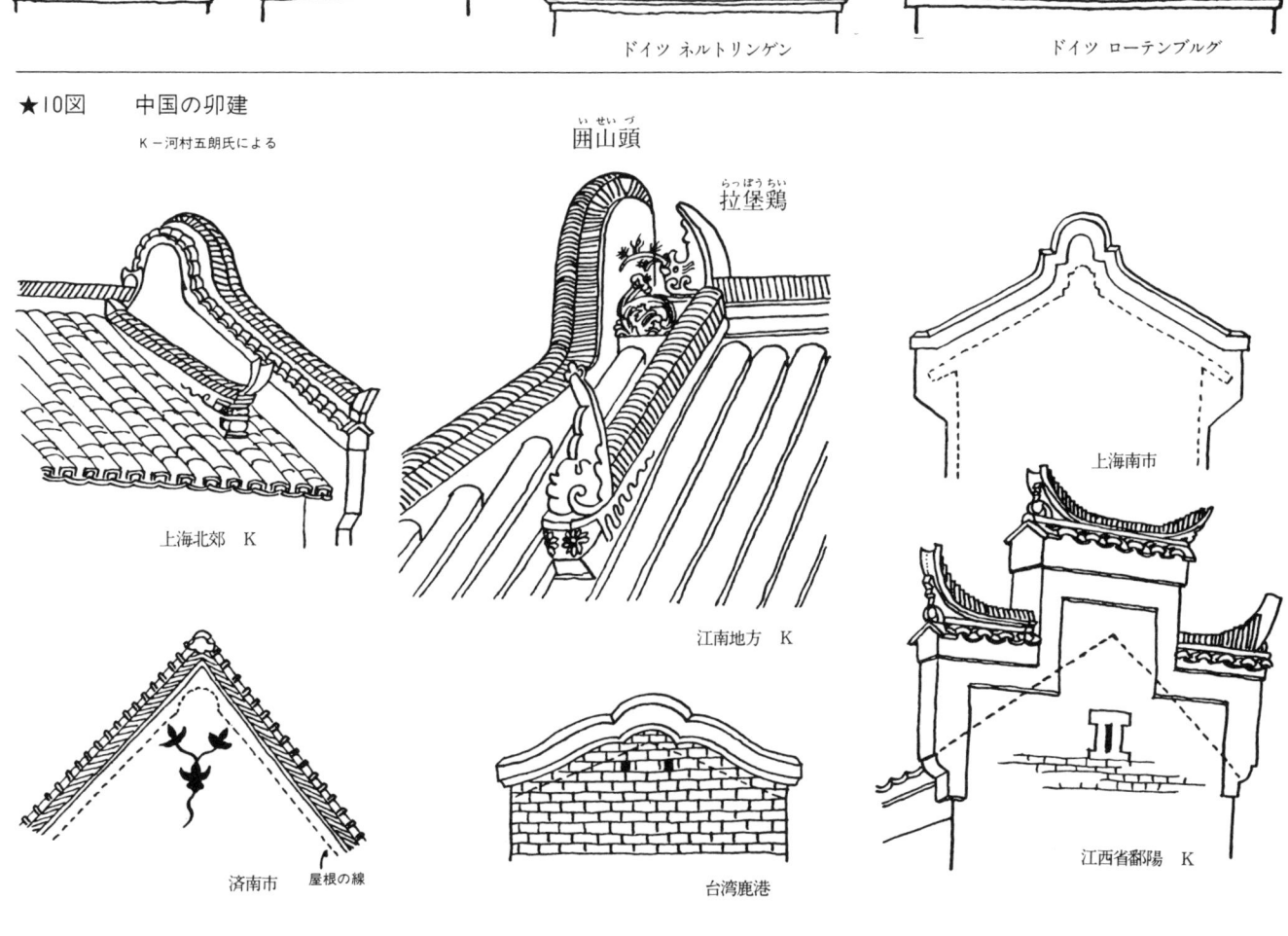

囲山頭（いせいづ）　拉堡鶏（らっぽうちい）

上海北郊　K　　江南地方　K　　上海南市

済南市　屋根の線　　台湾鹿港　　江西省鄱陽　K

格子
KŌSHI

　屋内と外界を隔てる意味から、古くは「隔子」とも書いた。外敵の侵入を防ぐことはもちろんであるが、視覚的には内側から外がよく見えて、外からはなかが見えにくい特性があって視線の遮断ができる。また日射しや風量の調節もできる。格子縞という言葉のように、桟木を竪横に組んだものが格子で、竪方向にだけ並べたものは連子（れんじ）というのが正しいのだが、今は混肴して「連子格子」などという。格子は古く奈良時代からあったといわれるが、それは素性のよい丸太を選りすぐって打ち並べたり、竹を打ちつけたような自然材を用いたものであった。工具が発達して材を竪に細く挽くことや、台鉋で美しく仕上げることができるようになって、繊細な格子ができるようになった。それは室町時代の末から桃山時代にかけてのことであった。

　古風な格子は、柱と「格子台（こしだい）」という下框に柄差しとして固定されたもので、これを「台格子（だいごし）」という。後に格子の内部に引違い障子などを建てこむようになり、格子は出窓のように本家の柱の外に出張って造られるようになった。これを「出格子（でごうし）」という。台格子は使用上からも製作上からも不便が多く、後には格子を枠組とした建具式のものを柱の間に建てこむことになった。この式を「嵌め込み格子」という。

　1図は台格子のいろいろである。内子町のものは台格子としては例外の、繊細な親子格子で、巧緻な欄間や彫物をあしらつている。奈良県のものよりやや細い太格子は京都の商家にもよく用いられる。白木地のものを米屋格子、紅殻塗りのもの酒屋格子という。平野区の例は丸太格子の間に細い竪桟を入れた趣に富んだもの。押角格子は丸太の四面を落して、隅に丸太の皮を残したもので、太格子のいかつさを柔らげて酒落れた感じとしたもの。2図下は大阪の商家の格子で、右の店の間は台格子、左の座敷の方は嵌め込みの千本格子としたもの、祭礼の場合は嵌め込み格子を取外して、金屏風などを建てて神輿を迎える。

　竪桟の巾と間隔の巾が同じものを「小間返し格子」といい、間隔が桟巾より狭いものを「千本格子」桟巾より少し広いものを一般に「京格子」という。

　吉原格子は比較的太い竪子と貫をあらく組み合わせたもので、遊女屋などによく用いられたもので、中にいる女の姿がよく見えるようにしたものである。江戸時代の風俗画に、このような格子の間から遊女が顔を覗かせたり、腕を出して客の袖を引いたりしているさまを描いたものがある。宿場格子は小間返し格子あるいは千本格子を嵌め込みとしたもので宿場のはたごやなどによく用いられる。

　3図は竪子・横桟ともにまばらな方形に配した碁盤目格子のいろいろである。飛騨の高山市には比較的この式のものが多い。格子の上部を間引いて、内から道路が見えるようにしたものを「親子格子」という。4図の物見格子は、格子の一部を出格子として道路の側面も見透かしできるように工夫したもの。夜はここに提灯などを吊して街路の照明とした。倉敷格子は嵌め込み式の出格子で、太い親格子の間に細い子格子を三本入れる形式で、倉敷に多い。掛け合い格子は親格子の間に子格子を貫に掛け合わせたもの。

　5図、北陸路には「すもしこ」といって、あらく配した竪子の裏側に簀垂れを貼りつけた形式が見られる。その左は京格子風の巾の広い嵌め込み格子である。細目格子（きざめ）というのは竪子の巾より間隔が非常に狭いもの。この間隔をさらに狭くしたのが目板格子である。竪子は薄い板状のもので貫に鋲止めとする。竪子猿戸、蔀戸（ききらど）、大阪格子などと呼ばれる。建具式の格子戸で、大戸口や土間廻りの仕切りなどに用いられる。板戸ほどの遮断性がなく、通風採光を図りながらプライバシーを守るのに適した格子である。

　6図は古い形式の格子で、法蓮格子は奈良の法蓮を中心として、奈良盆地に多く見られるものである。素性のよい杉丸太を二つ割りにして、ソバを落し裏に貫を打ちつけた素朴なものである。床下の部分はやや密に貫を打って換気孔としている。無双丸太格子は、格子の内側に丸太巾の無双戸をはめこんだもので、夜は密閉し昼は少しずらせて光量の調節ができる。これをまた「大和格子」ともいう。炭屋格子は京都の炭問屋に用いられるもので、炭塵を外に出さぬように太目の板を貼りつけたものである。内部から見ると細い隙間から射入する光線が美しい。台格子は四方を固定された太格子で、奈良盆地の町家のものは特に太くて、柱を並べたような感である。

　7図は一般に京格子と呼ばれる親子格子のパターンである。

　8図、茶席の窓などに径1センチ半ばかりの白竹を打ちつけて格子とするのが見られる。これよりやや太い竹を用いて、表通りの格子とすることもある。右上は煤竹の細いもの連ねた土賊貼り（とくき）を、窓の部分を間引いて瀟洒な格子としたもの。

★1図　台格子

米屋格子(白木地)　酒屋格子(紅殻塗)

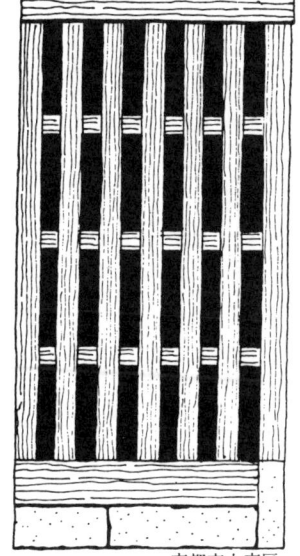

京都市上京区 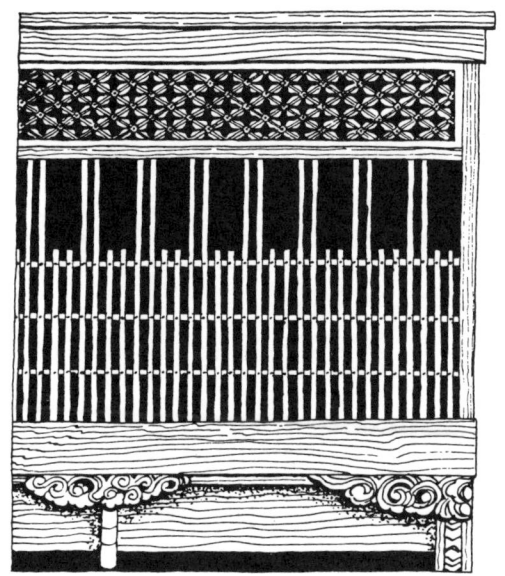　　　　　愛媛県内子町　上芳我家

押角(おしかく・へしかく)格子　　竪桟入丸太格子

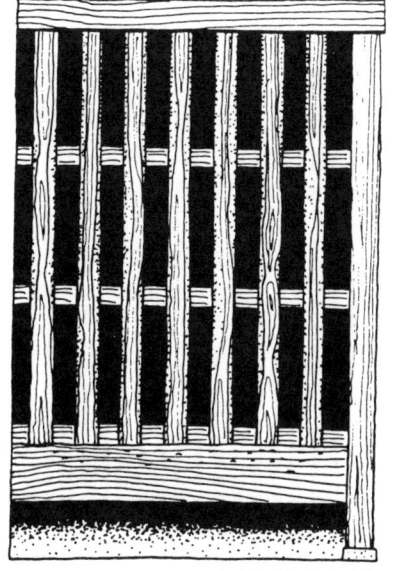

京都市上京区　俵屋　　　　大阪市平野区

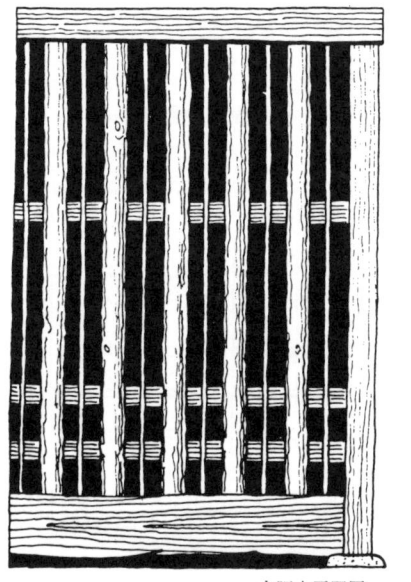

★2図　格子

吉原格子

京都府長岡京市

宿場格子

塩尻市郷原宿

ざしき側嵌込格子(千本格子)　　みせ側・台格子

大阪市平野区

57

★3図　格子　　　　　　　碁盤目格子

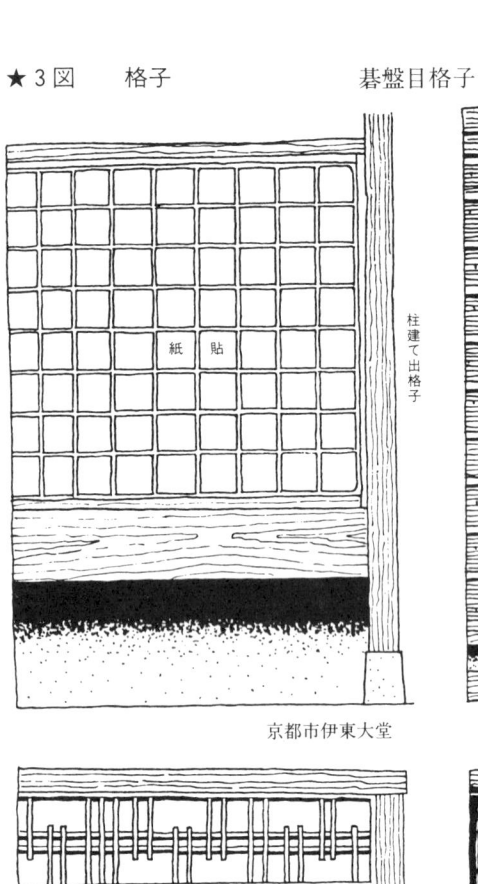

紙貼

柱建て出格子

妻板持送り建て

京都市伊東大堂 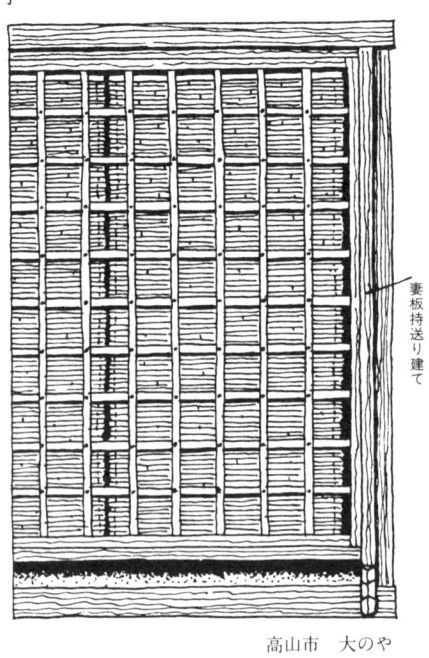 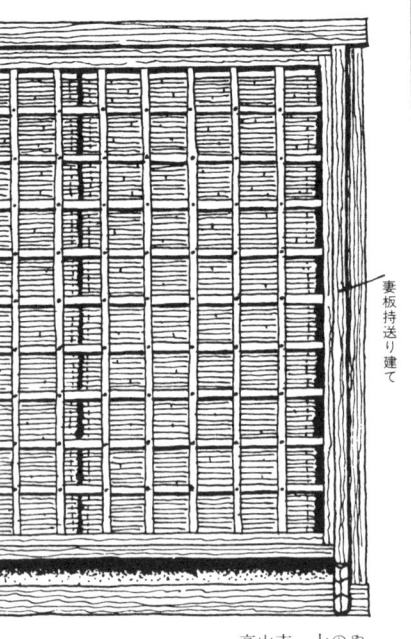　　　　　　　　高山市　大のや

清水堂

京都市 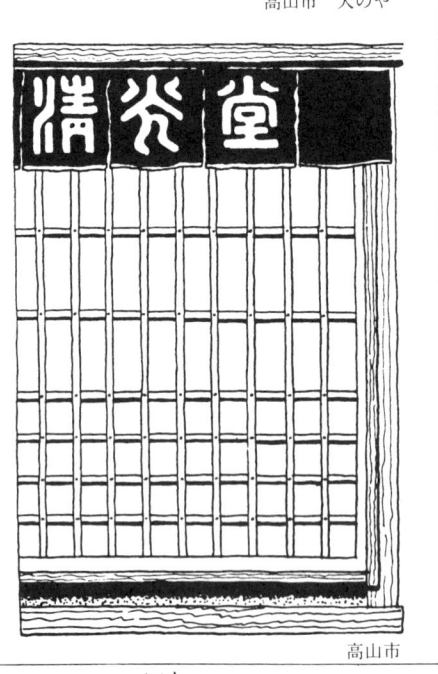　　　　　　　　　　　高山市

香川県丸亀市

★4図　格子　　　　　倉敷格子

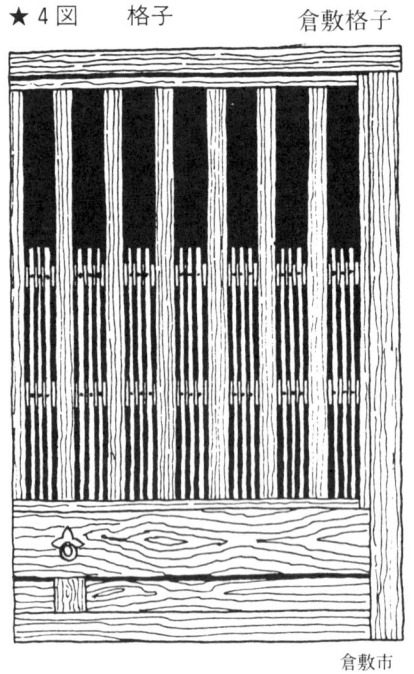

倉敷市

物見(張出)格子

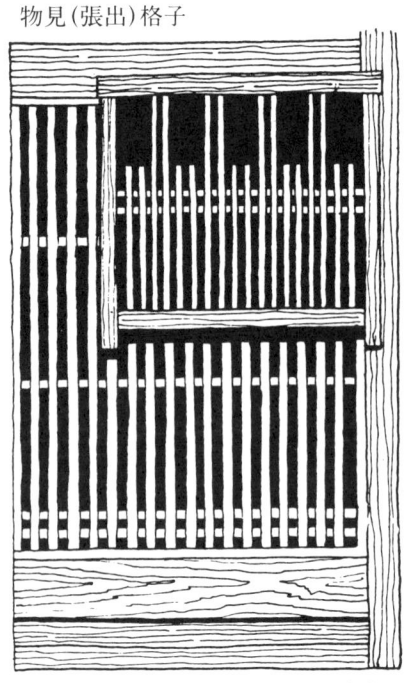

奈良県今井町

掛合い格子

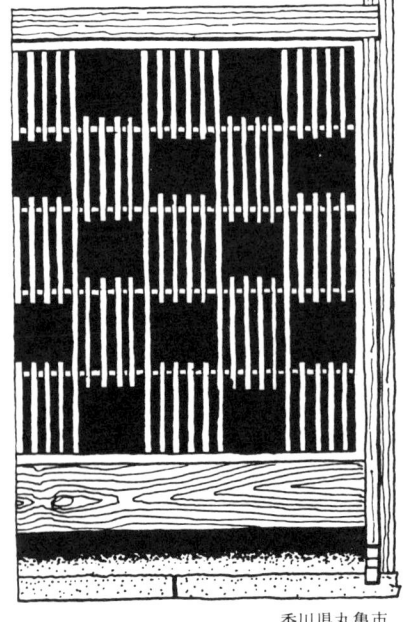

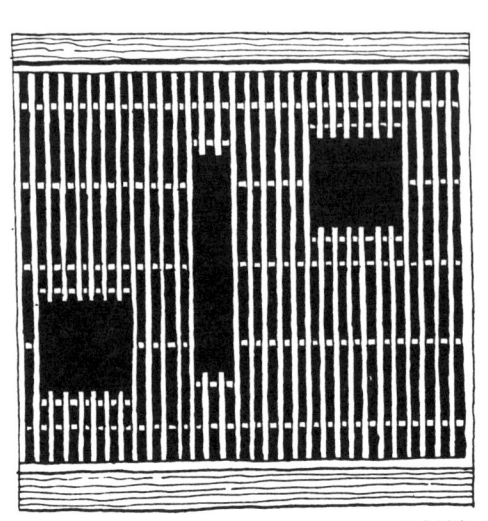

名古屋市

58

★5図　格子　　　　　　　北陸のすもしこ　　　　　　　　　★6図　格子　　　　　法連格子

葭簀貼

二つ割丸太

スダレ

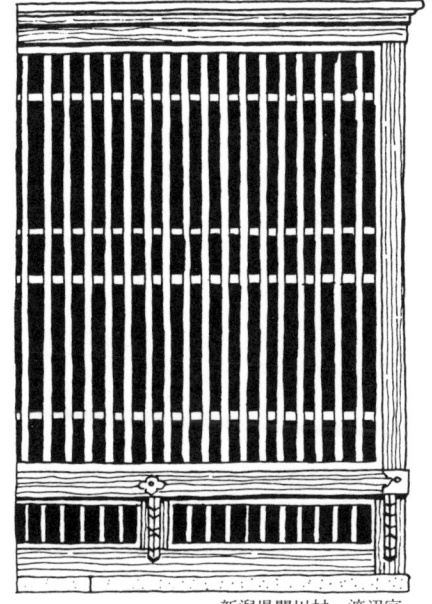

新潟県関川村　渡辺家　　　　　　金沢市東山　　　　　　　　　　　　　　　　　　奈良市

目板格子（竪子猿戸・簾戸・大阪格子）　　細目（さざめ）格子　　　　　　炭屋格子

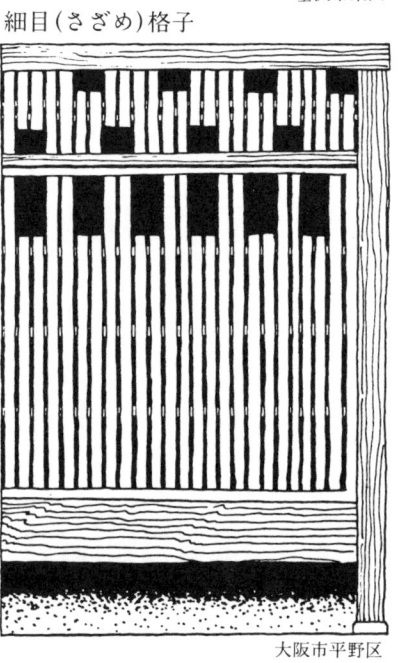

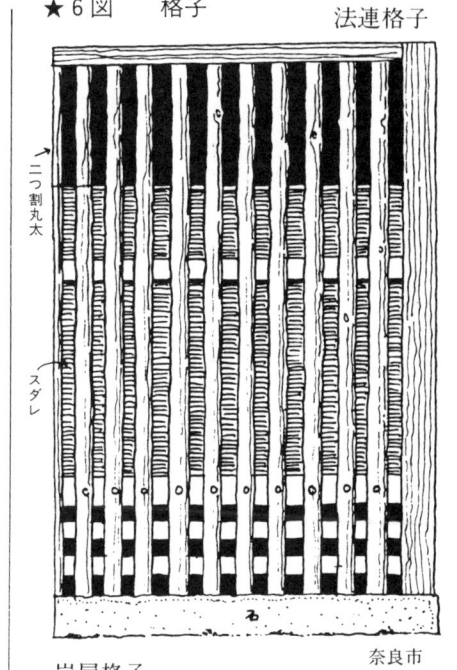

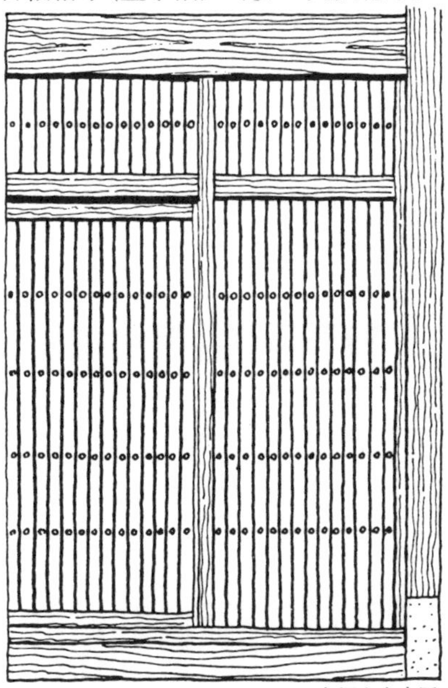

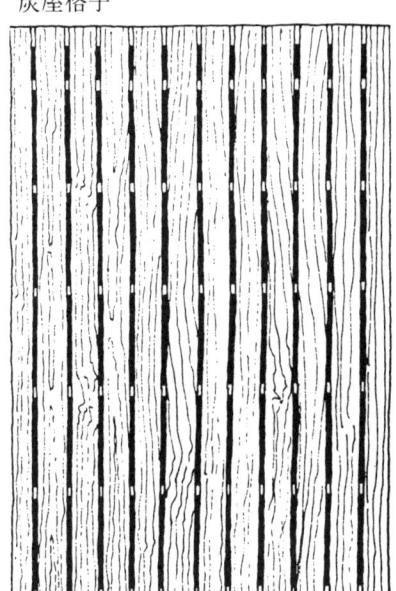

京都市中京区　　　　　　　　　　大阪市平野区　　　　　　　　　　　京都市

　　　　　　　　　　　　　　　　台格子（太格子）

無双丸太格子

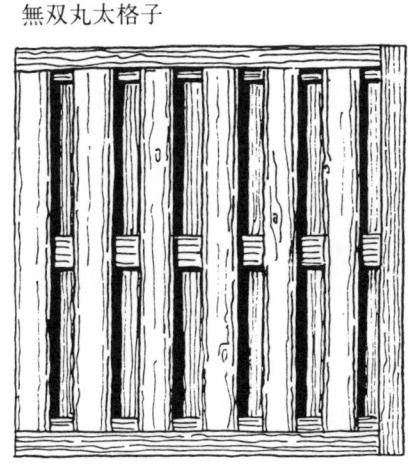

大阪市　　　　　　　　　　　奈良県今井町

59

★7図　格子　　親子格子の旋律（京格子）

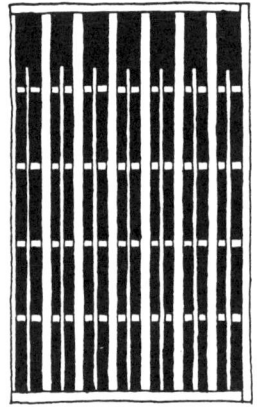

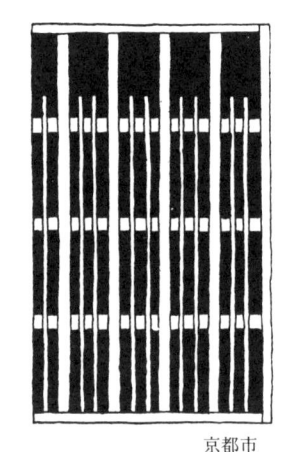

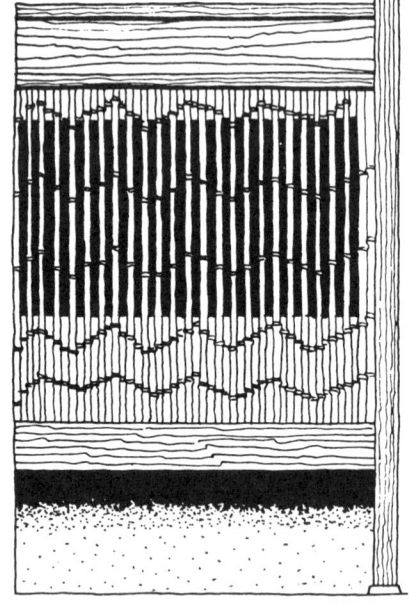

京都市

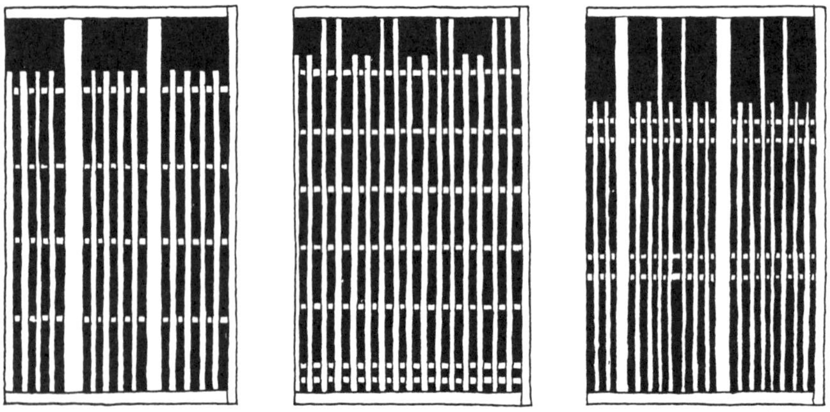

京都市

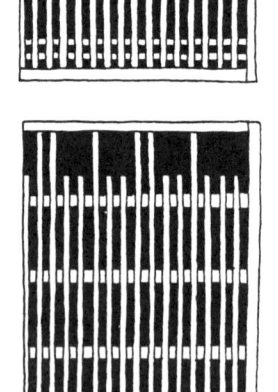

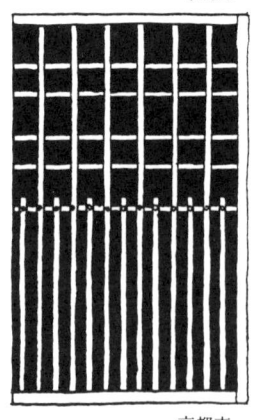

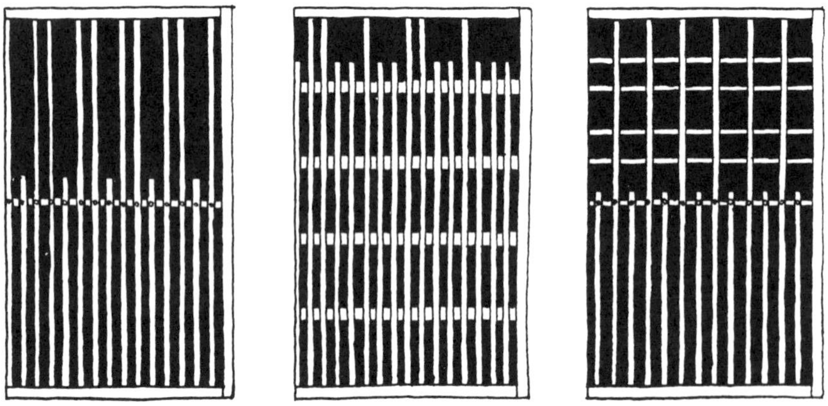

高山市　　　　　　　　　　　　京都市

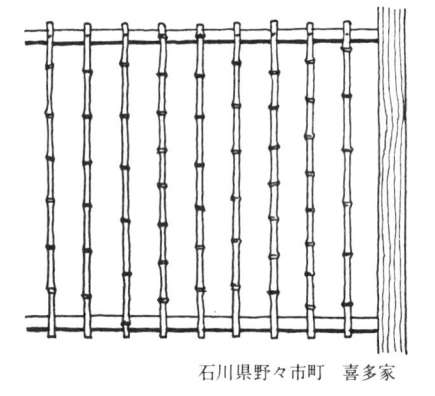

★8図　格子

竹格子

京都市

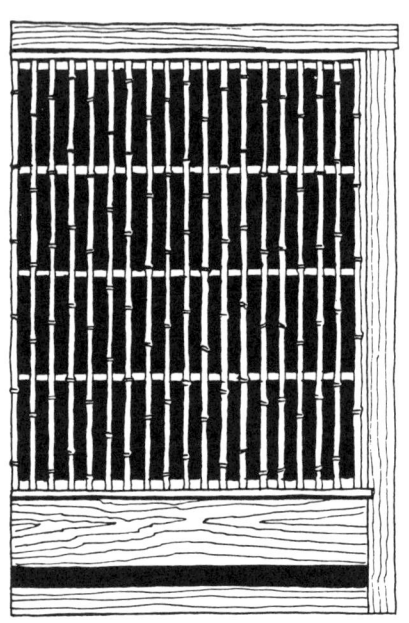

石川県野々市町　喜多家

下地窓

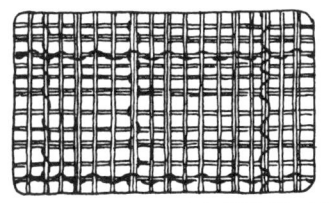

新潟県関川村　渡辺家 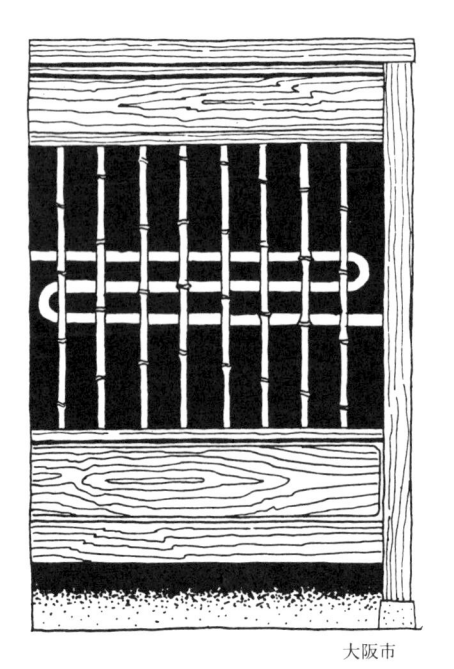　　　　　　　大阪市　　　　　　　京都市

駒寄せ
KOMAYOSE

道路沿いの町家などで、建物と道路ぎわの溝石までの軒下に設ける柵のことである。「犬垣」「犬矢来」ともいう。商家に荷を運んできた牛馬をつなぐ「駒繋ぎ」がその原型であろう。通行人がむやみに自家の軒下に立入るのを防ぐ柵である。柵のように低いものと、大阪出格子といって人の背丈より少し高いものとの二種がある。1メートルばかりの低い駒寄せは主として京都以東、大阪出格子は大阪より以西に主として分布している。1図上は駒繋ぎ、中段は低い駒寄せ、下は大阪出格子を示したものである。材料はいかめしい感じを避けるために、海布丸太（径3センチばかりの杉の小丸太）名栗棒（栗材の細いものをちょうなで六角形に仕上げたもの）、白竹など、茶席建築に用いられるような柔い感じのものが好んで用いられる。大阪出格子では内側に簾垂れを吊して、内部がうかがえないようにすることもある。京都では駒寄せの足元を、ボールトとして腐朽を防ぐ工夫も見られる。太い下框や布石をめぐらすこともある。2図つばどめは京阪地方に多いもので、軒下に唾を吐かれるのを防ぐための、唾止めである。建物に寄せかけて作るもので、割竹や細い桟木を打ち並べたもので、割竹を用いたものは、ゆるく孤状に反りをつける。

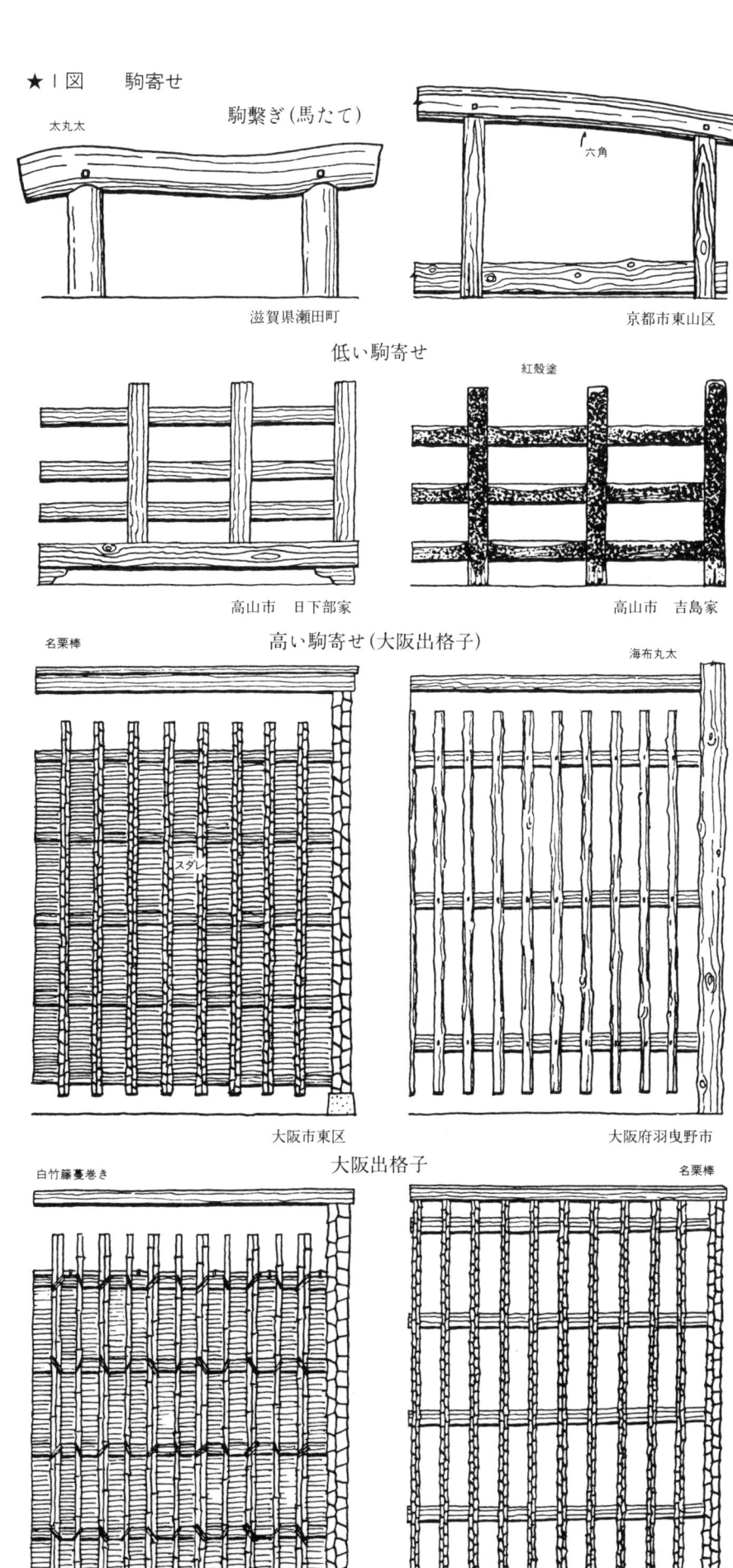

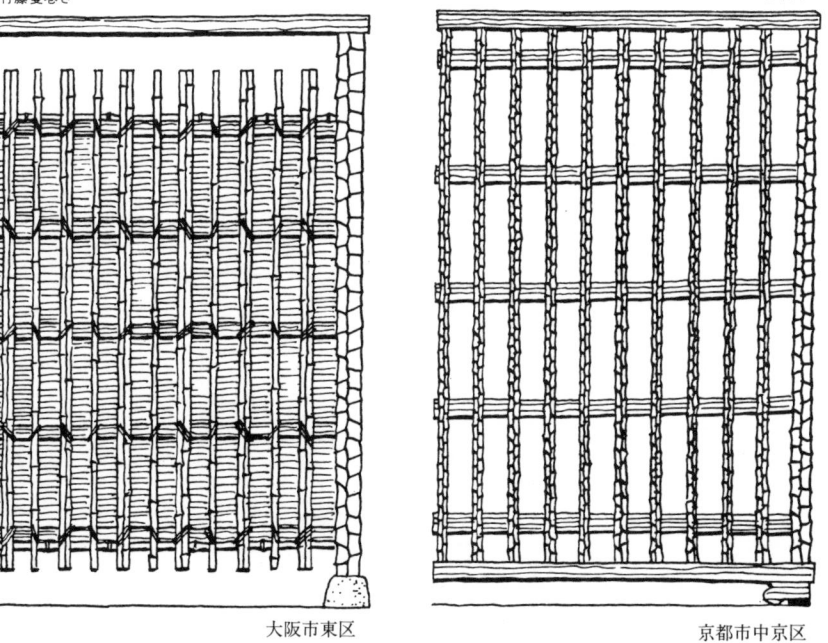

★1図　駒寄せ

駒繋ぎ（馬たて）

滋賀県瀬田町　　　　　京都市東山区

低い駒寄せ

高山市　日下部家　　　高山市　吉島家

高い駒寄せ（大阪出格子）

大阪市東区　　　　　　大阪府羽曳野市

大阪出格子

大阪市東区　　　　　　京都市中京区

★1図のつづき

錆丸太	面取角桟		名栗棒	
大阪府柏原市(農家)	京都市中京区		京都市下京区 輪違屋	京都市下京区 角屋

	白竹	六角名栗棒	丸太と白竹
京都市	京都市上京区	京都市下京区麸屋町	京都市下京区綾小路

名栗棒	面皮棒	六角名栗棒	出節丸太
京都市上京区	京都市中京区	京都市上京区西陣	京都市上京区西陣

杉丸太	名栗棒
京都市伏見区寺田屋	京都市上京区 千家

★2図　駒寄せ

つばどめ

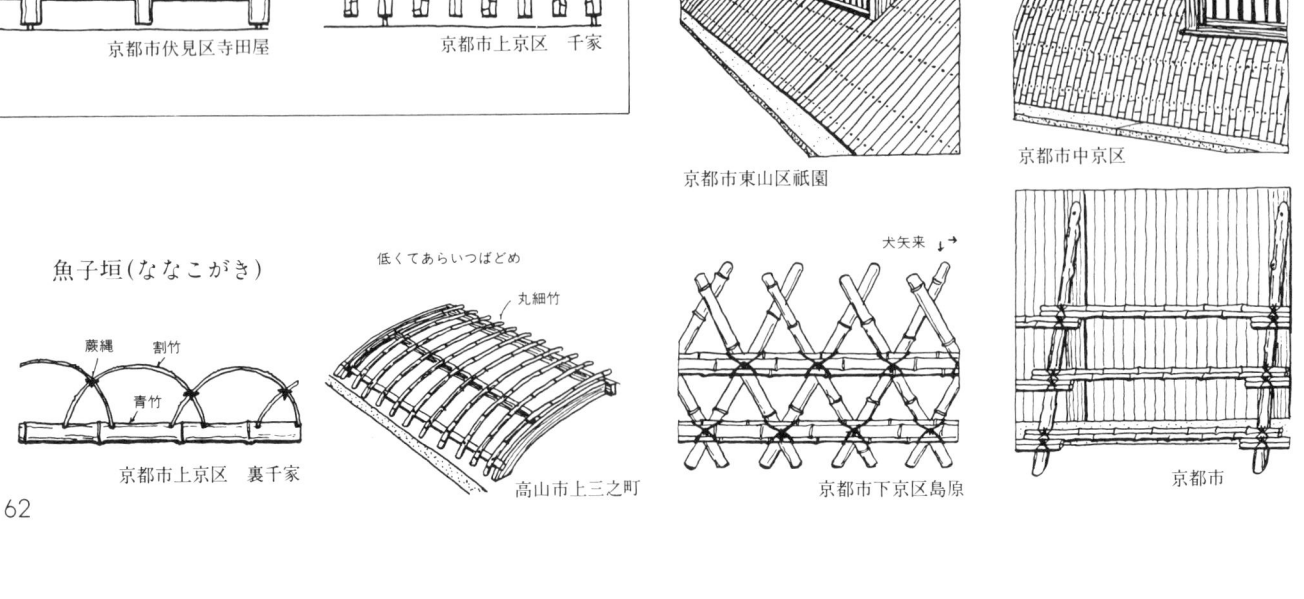

桟木鋲止め	割竹弧形
京都市東山区祇園	京都市中京区

魚子垣(ななこがき)

藤縄　割竹　青竹

京都市上京区　裏千家

低くてあらいつばどめ

丸細竹

高山市上三之町

犬矢来

京都市下京区島原　　京都市

妻壁飾り
TSUMAKABEKAZARI

切妻造りの塗家では妻の三角部分の壁面が大きく、風雨の当りが強い。従って漆喰に亀裂ができたり剝落を起こすことが多い。これを防ぐために、大きな壁面を小区劃に区切って収縮を少なくし、水平に幾つかの小庇をつくって、壁面が直接雨に叩かれるのを防ぐ。この簡単なものは漆喰でつくりだしたもので、「雨押え」といい、これに瓦を載せたものを「水切り瓦」という。腕木と出し桁で本格的に庇としたものは「水切り庇」という。これらはいずれも壁面の保護を目的としたもので、その下に窓があるなしにかかわらずつくられる。窓の上部につける小庇は特に「眉庇」とか「窓庇」という。

大阪府の摂津、河内、和泉の各地方には大和棟やその変化した瓦葺の切妻造りが多い。1図上はそのような家の妻壁に設けられた水切庇である。下は貼瓦で全面を覆った下田の町家である。2図上の右と中は泉州の大和棟造りの水切庇、他は土佐の水切瓦である。台風の通路にあたる土佐湾の東南海岸では、都鄙を問わず、しっかりとした塗家造りが多く、壁面に幾重にも水切瓦をめぐらし、特有の造型を見せている。

3・4図は漆喰細工の模様を浮彫りとした各地の妻壁の意匠である。瀬戸内の花柄貼瓦はとくに美しい。

★1図　　妻壁

水切庇
大阪府八尾市

違鷹
水切庇
大阪府南河内郡

なまこ壁の妻
伊豆下田市

大阪府柏原市

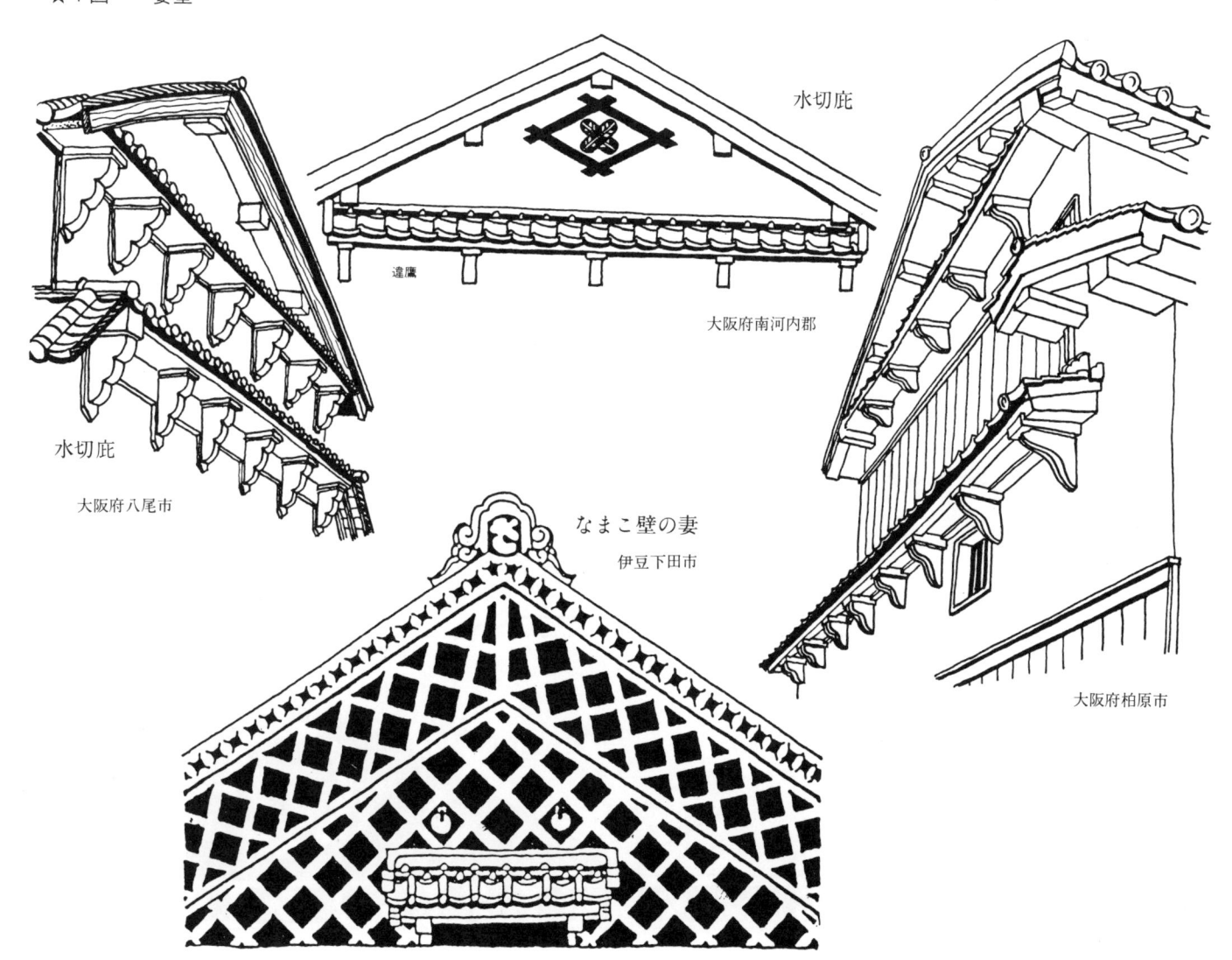

★2図　妻壁

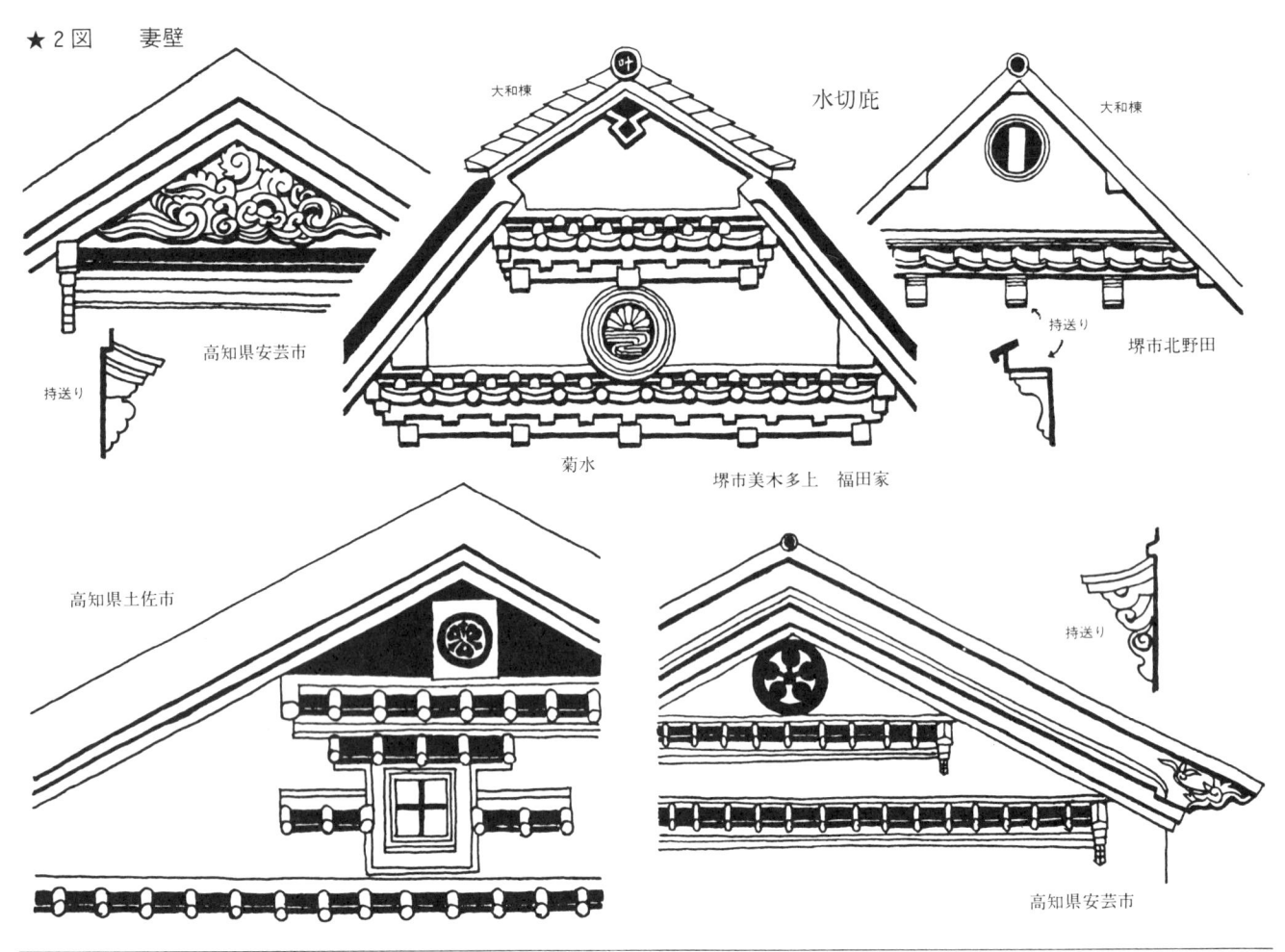

高知県安芸市
持送り
大和棟
菊水
堺市美木多上　福田家
水切庇
大和棟
堺市北野田
持送り

高知県土佐市
高知県安芸市
持送り

★3図　妻壁（漆喰薄肉）

鬼蔦　福山市華内
梅鉢　長野県上水内郡牟礼
腰化粧なまこ　岡山県成羽町
下図共
唐草　千葉県勝浦市
高知県安芸市
広島県田島　下り藤
抱茗荷　広島県田島

64

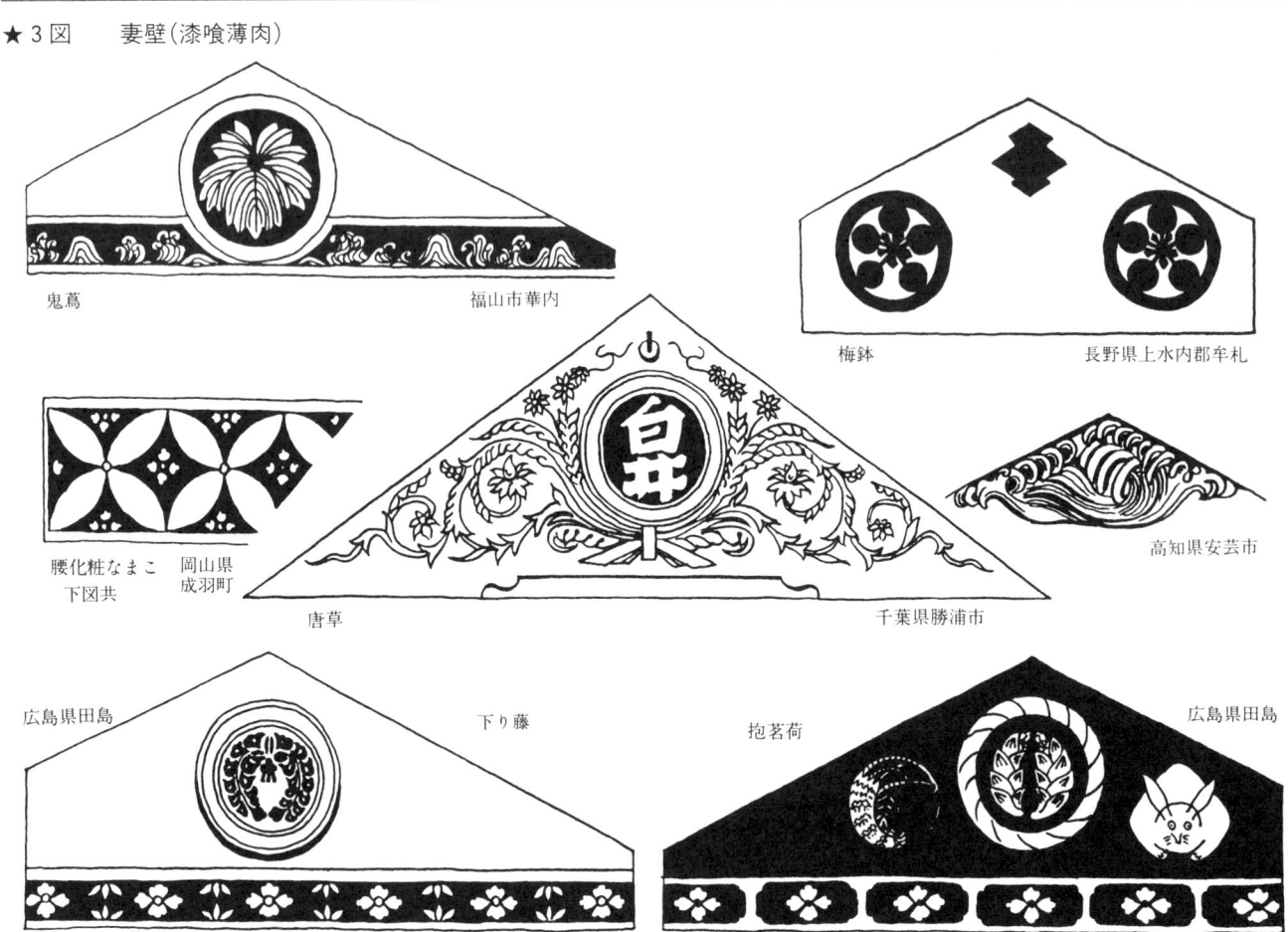

★4図　妻壁飾り

滋賀県水口町

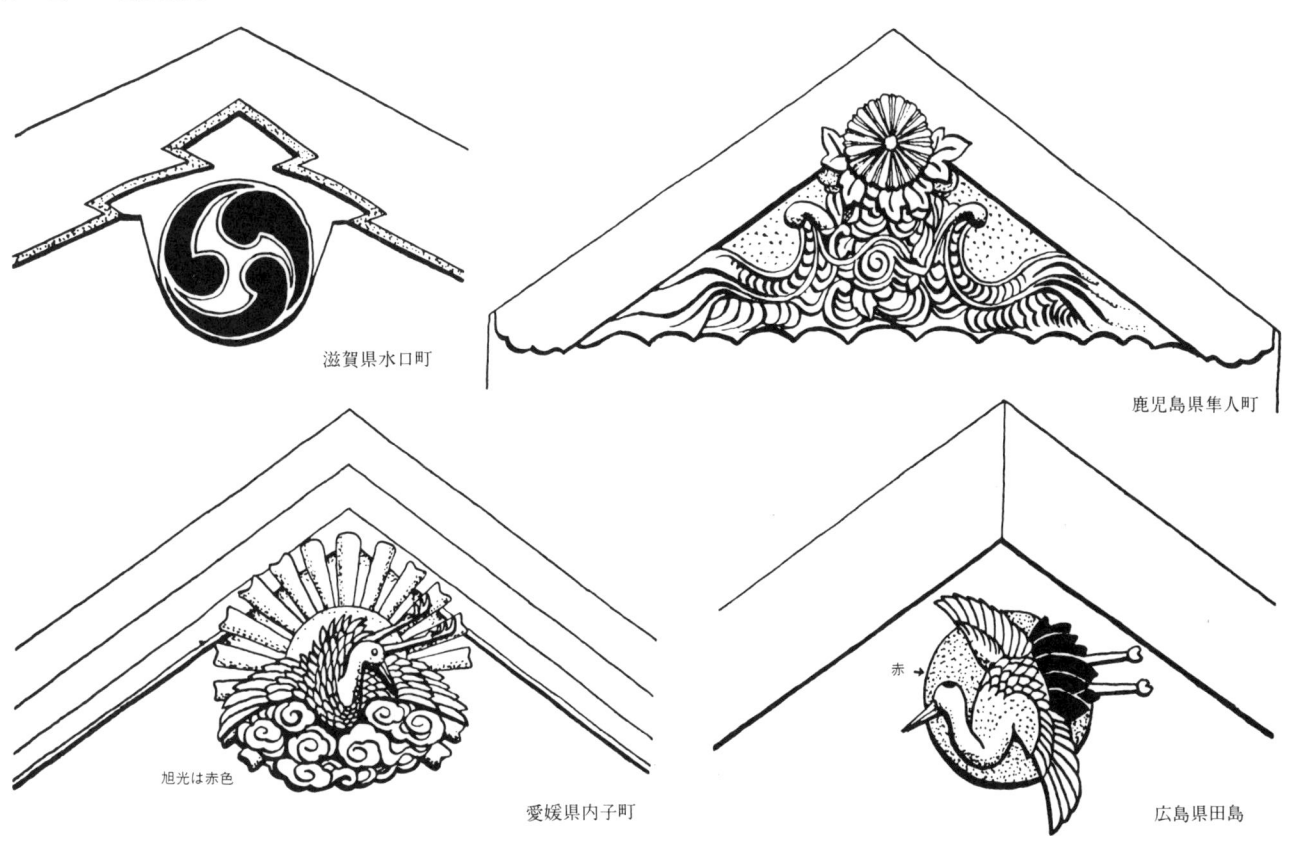

鹿児島県隼人町

旭光は赤色

愛媛県内子町

赤→

広島県田島

★5図　大分県の漆喰細工 妻壁飾り
5〜8図 資料提供　季刊銀花　文化出版局

牡丹に唐獅子

恵比須・大黒

浦島太郎

65

★6図　　大分県の漆喰細工　妻壁飾り

鶴に波頭

高砂 尉と姥

大分県の漆喰細工

別府市に住む写真家の藤田洋三氏は，久しく大分県下に残る漆喰細工の「鏝画」を撮り続けておられ，その一部を「季刊・銀花」に発表された。決して巧緻とはいえないが，酒脱で民家のデザインとして誠にふさわしいものとしてここにとり上げた。妻壁飾り以外に戸袋や胴間飾りにもこの鏝画があるが，すべて同氏の採集によるものである。

★7図　　大分県の漆喰細工　妻壁飾り

恵比須

宝船

宝珠をうばう勇者

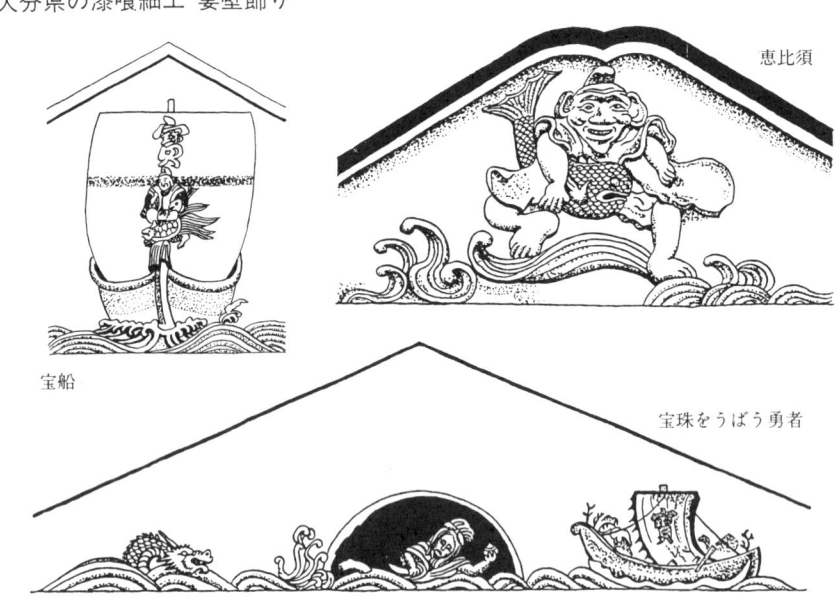

★8図　　大分県の漆喰細工　妻壁飾り

大黒天

帆船

龍

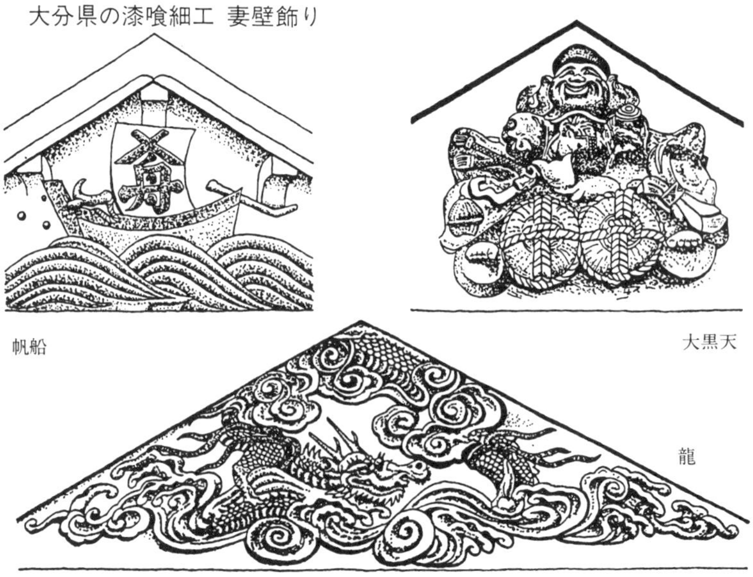

妻飾りと胴の間飾り
TSUMAKAZARI・DŌNOMAKAZARI

妻飾りというのは、1図右上に示したように、古い手法では屋根を受ける地棟が、妻壁の面より突出したので、それを整えるために円形や多角に仕上げたものである。それが発達していろいろの文様で飾ることとなった。今では工法がすすんで別に突出させる必要もないのだが、昔通り壁面より突出させて作る。胴の間飾りは町家の低い厨子二階の壁面に商標などを漆喰細工で施し飾りとするものである。いずれも家紋や吉祥文を主としたものであるが、胴の間飾りにはむしこ窓が変形したようなものもある。

1図下段左右の、雷様の太鼓のようなもの、道とも読めそうなもの、意味は判らないが面白いデザインである。

2図は上下段が屋号や家紋、中段は吉祥文の薄肉彫りの凝ったものを示した。

3図も同様の配置であるが、下段中央は伊豆大沢温泉の、生子壁の古民家依田家のもので、これは伊豆の長八作と伝えられている。4図は異型の妻飾り、中央の京北町のものは丹波の草深い山村にあったものだが、左官が水ではありきたりだから、英語にしましょうと学のあるところを示したものである。左下の逆さ大は、これを大入りと読むのだそうである。

5図は低い厨子二階造りの二階胴の間の壁面飾りである。上段は間口一杯の壁面に、牡丹に唐獅子、竹に虎を一面に薄肉彫り彩色したもので、技術は拙いが珍しい例である。特に頼まれもせぬのに腕の見せ所と張切った左官の職人魂が見られる。下は奈良県に古い町並みを残す今井町のものである。6図上段は商標や看板で店の目印、関中町以下は変形むしこ窓で、黒く塗った部分は中空で通気を兼ねている。

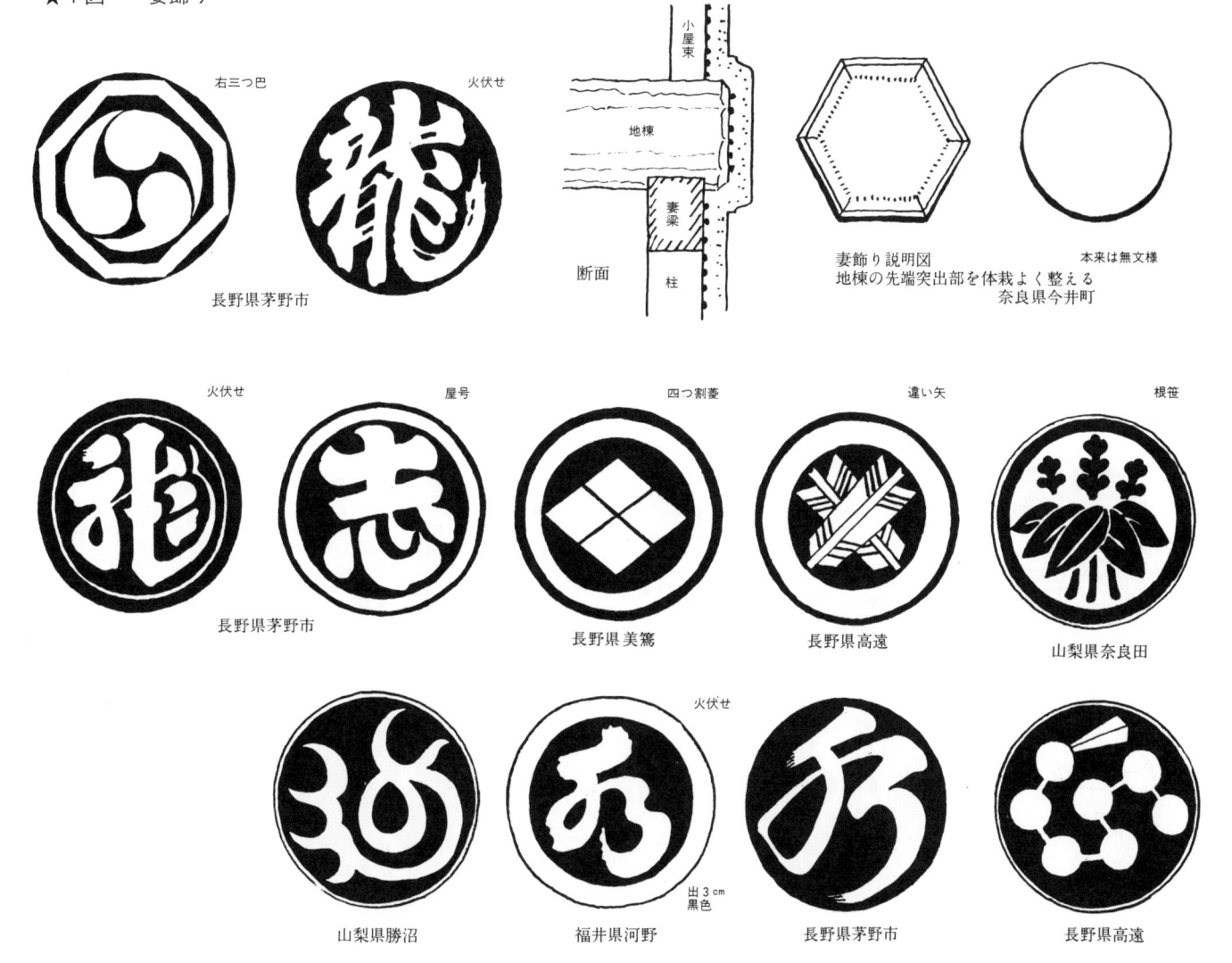

★1図　　妻飾り

★2図　妻飾り

抱鹿角	中輪抱沢瀉	立沢瀉	角輪違	屋号
長野県	長野県	長野県	長野県	埼玉県

鯉の滝上り	鶴亀	龍
埼玉県	米子市	長野県茅野市

丸に三つ柏	屋号	右三つ巴	家に横木瓜	屋号
山梨県	諏訪市	滋賀県	長野県	長野県

★3図　妻飾り

瓜に蔦	七本骨扇	瓜に唐花	三階松	梅鉢
京都市	宮城県	山形市	鳥取県	山形市

立浪	大黒天		浪に千鳥	亀
長野県	高知県	長野県	長野県	長野県

下り藤		橘		一文字
群馬県	大阪府	伝長八作　伊豆大沢温泉	大阪府太子町	佐賀県

★4図　妻飾り

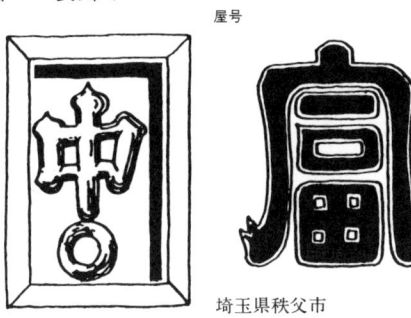

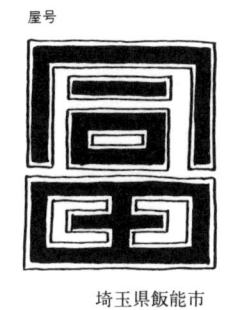

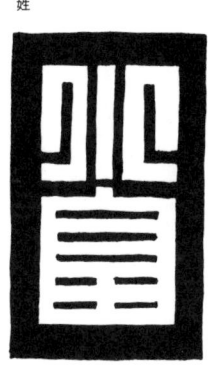

屋号　　　　　　　屋号　　　　　　　火伏　　　　　　　姓

埼玉県秩父市　　　埼玉県飯能市　　　大阪府池田市　　　京都府京北町

火伏

京都府京北町

鶴に立梶の葉　長野県

逆さ大　　　　　　　　　　　　火伏　　　　　　違い山形
　　　　　　　　　　　　　　　福井県　　　　　　土佐市　　　　　剣片喰
福岡県

★5図　胴の間飾り

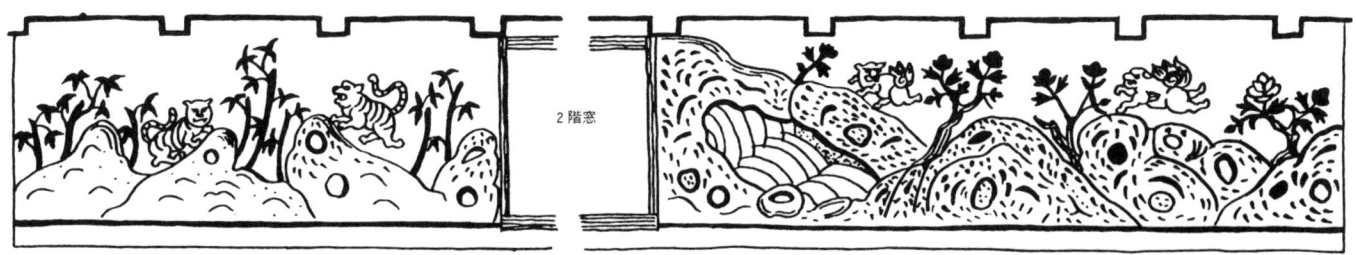

2階窓

二階胴の間壁面薄肉彫り　牡丹に唐獅子　竹に虎　　　　　　　　　　奈良県大和郡山市白土

むしこ窓　　　　　　　　　　　　　　　　　　　　　木瓜型三巴
　　　　　　　　　　　　　　　　　　　　　　　　　黒色

二階胴の間飾り　　　　奈良県今井町　木屋　豊田家

今井町　豊田家

(改修前)

今井町　今西家

69

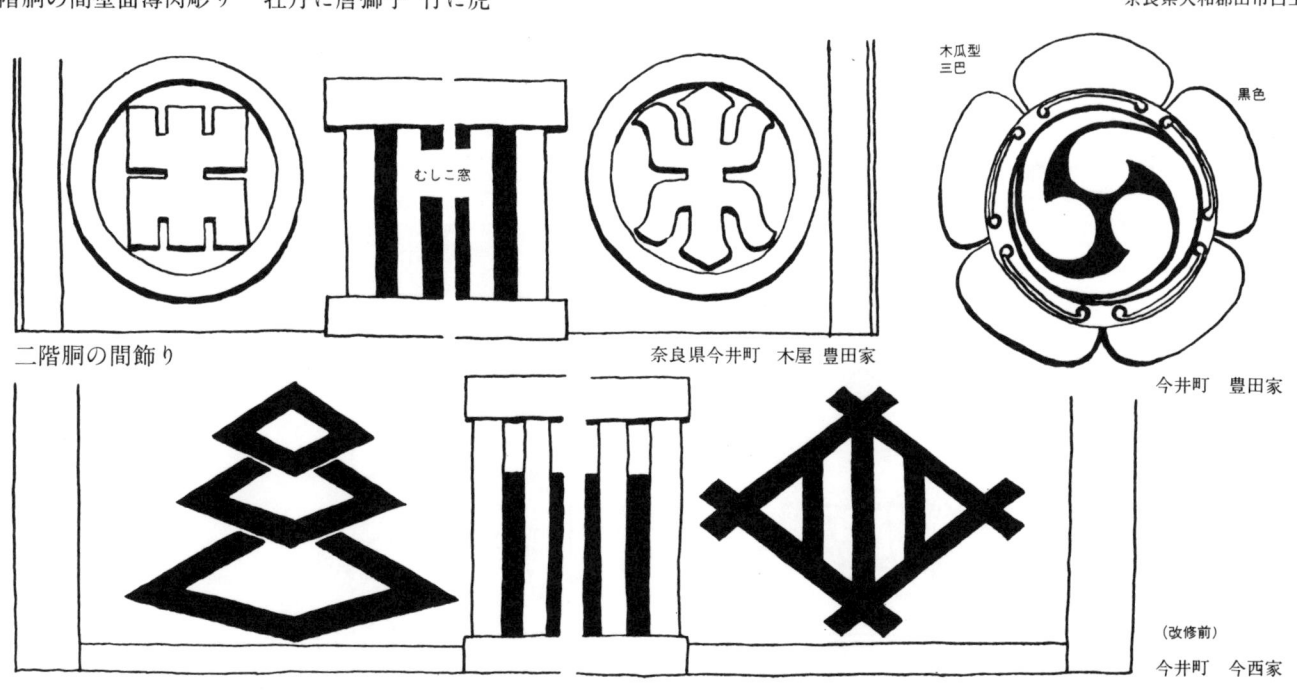

★6図　胴の間飾り

二階胴間飾り

京都市　一保堂

商標　松本市

商標　兵庫県竜野市

商標　三重県伊賀上野市

長野県平沢

京都市

宝珠　三重県関中町

大阪府池田市　変形むしこ窓

一引　奈良県今井町

二引　堺市

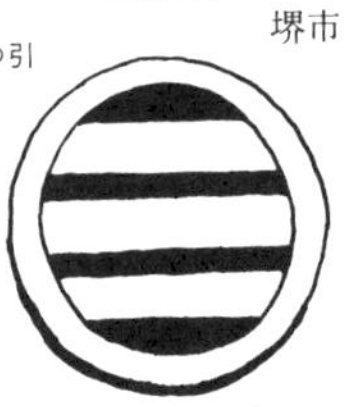

三つ引　奈良県今井町

★7図　胴の間飾り　大分県の漆喰細工　二階胴の間飾り　資料提供　季刊銀花　文化出版局

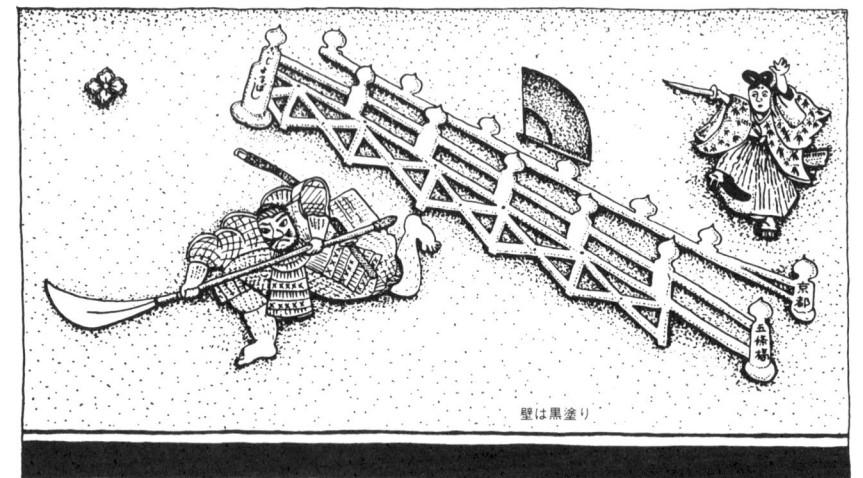

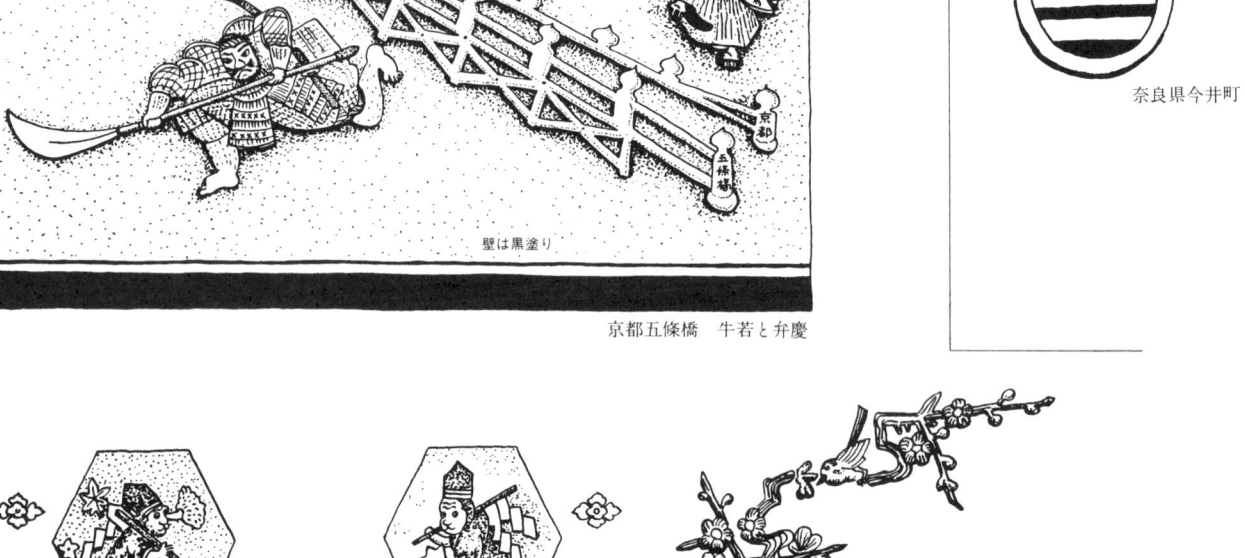

壁は黒塗り

京都五條橋　牛若と弁慶

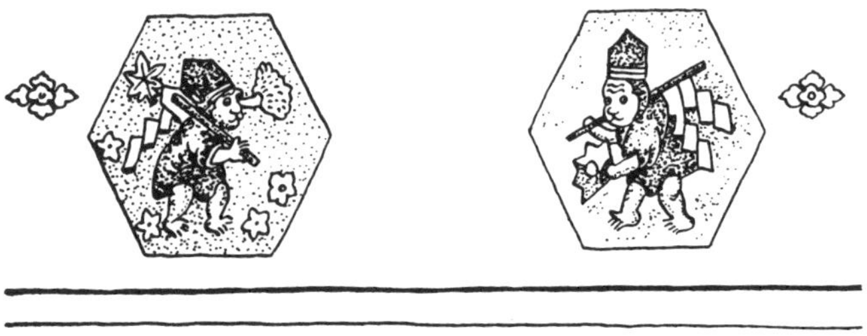

猿芝居

梅に鶯

高砂　尉と姥

釈迦とその弟子

むしこ窓
MUSHIKOMADO

　商家や農家を漆喰で塗りごめとした塗家造りは、関西方面に多い。従ってこのむしこ窓も関西のもので、関東や東北ではほとんど見ることがない。関西には瓦葺きの農家が多く、そのほとんどが中二階風の建て方で、その屋根裏を「厨子二階」とか「藁二階」あるいは「小二階」などという。その屋根裏部屋の通気窓がむしこ窓である。虫籠・虫稲などの字を当て、土塗格子のことである。4センチに6センチ位の角材を芯にして、ぐるぐると「縄巻き」をして土を塗りつけたもので、京都の町屋のものがよく知られている。

　関西の商家では道路に面して低い厨子二階をもつ店舗の棟を建て、その奥に本二階造りの居住棟を建てる形式がある。この店棟を「おもてや」(表家)といって、その中二階には例外なくむしこ窓がついている。そうしてこの造りを「おもてや造り」とか「おもて造り」という。このむしこ窓も今では補修が大変だし、火災時の脱出が困難なので、硝子窓にあらためることが多い。

　1図右上の木爪型、その下の入角型がもっとも多い型である。黒壁に黒色のむしこ窓、あるいは白壁に黒の窓枠、その逆に黒壁に白の輪郭などそれぞれに美しい。中央の扇型や太鼓型は大阪・堺方面に好んで用いられる意匠である。京や大阪の古い裏露路では、おもてやの下を潜って入る形式が多いが、その二階部分には菱形のむしこ窓をつけて、この下に露路ありの標識としている。

　左の鞆のものは組子を四五度捻っている。入隅の内角が鋭い切味を見せている。下の池田のものは鉄格子で、むしことはいえないが、むしこ窓の発達したものであろう。輪郭の曲線が面白い。以下いろいろ意匠の変化を見て頂きたい。3図右上及び左は京都の町家のもので、輪郭がなく壁に直接組みこまれているのが特徴である。短冊型の「きりつけ」(直角に角をたてること)が美しく、嫌味のない上品さがある。右下の赤穂、有松のものは一部を表したもので、ともに広い間口一杯に連続していてちょっとした壮観である。有松のものは東海道名所図絵にもでているものである。

　4図中央内子のものは木格子であるが、輪郭は黒、鼠、白の三色で、方立(柱型)や台座に細い彫刻が施してある。左上の菱型は北九州地方に多い意匠で、これもいろいろの変化がある。大和の今井町や五条、その他中国・四国などの古い町なみが残っている所では、軒並みにさまざまの意匠のむしこ窓を連ねていて、特有の景観を見せている。

★1図　　むしこ窓

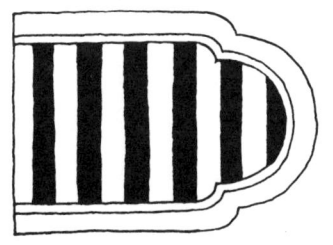

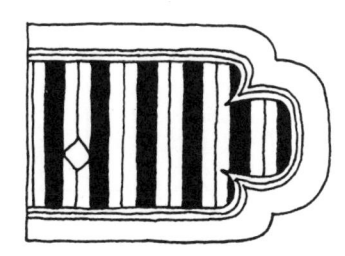

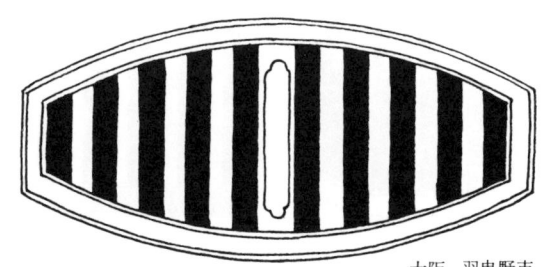

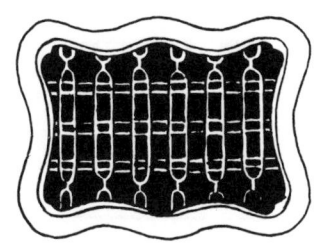

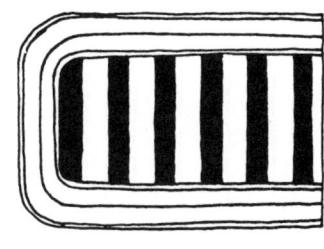

京都市下京区　　　　大阪　泉南市　　　　奈良県今井町

広島県鞆　　　　大阪　羽曳野市　　　　京都市桂

鉄格子　　徳島県阿波池田　　　大阪市南区　　　堺市　　　奈良市

★2図　むしこ窓

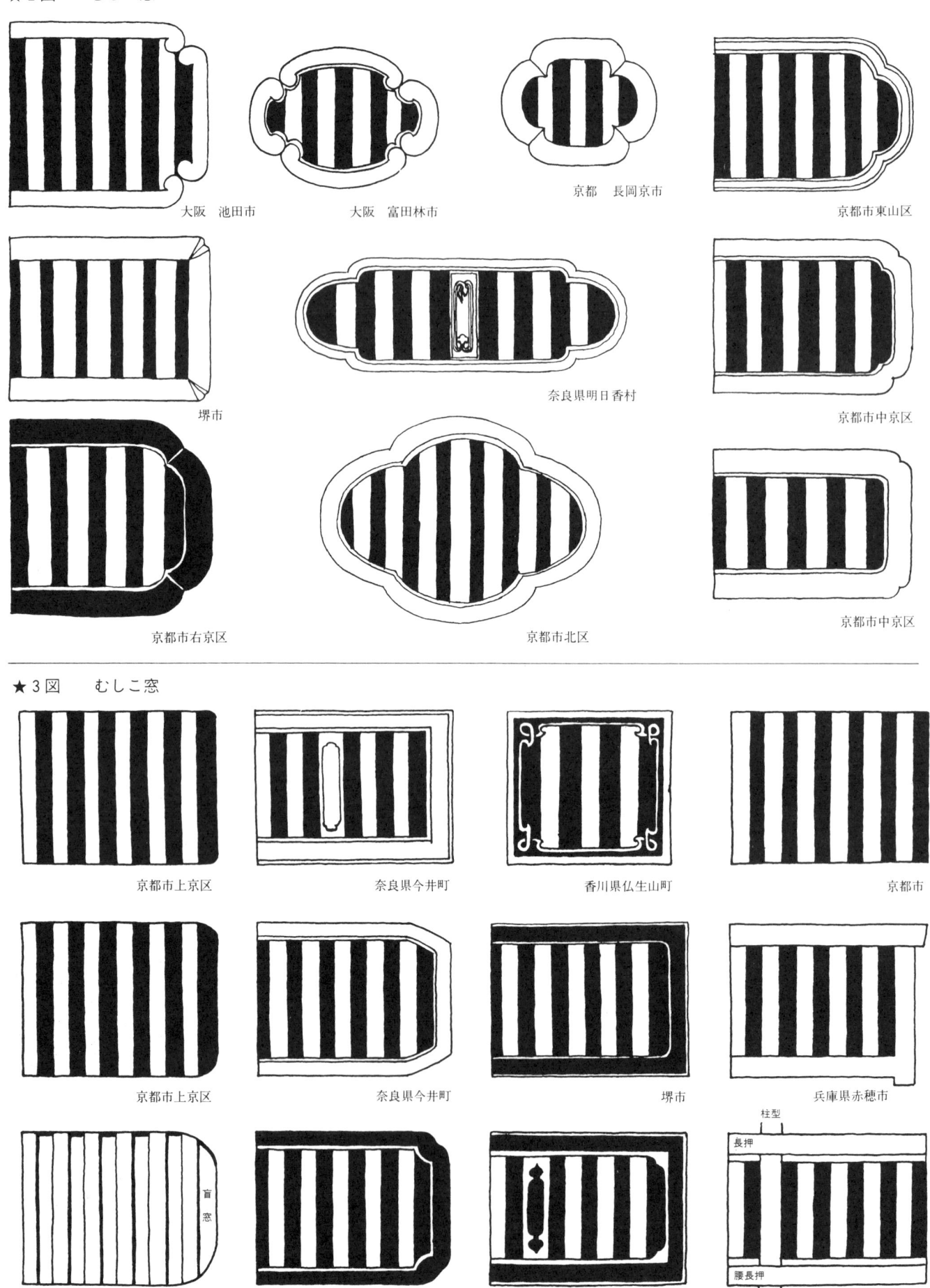

大阪　池田市　　　　大阪　富田林市　　　　京都　長岡京市　　　　京都市東山区

堺市　　　　　　　　奈良県明日香村　　　　　　　　　　　　　　京都市中京区

京都市右京区　　　　京都市北区　　　　　　　　　　　　　　　　京都市中京区

★3図　むしこ窓

京都市上京区　　　　奈良県今井町　　　　香川県仏生山町　　　　京都市

京都市上京区　　　　奈良県今井町　　　　堺市　　　　　　　　　兵庫県赤穂市

京都市中京区　　　　兵庫県赤穂市　　　　奈良県明日香村　　　　名古屋市有松

柱型
長押
腰長押

★4図　むしこ窓

山口県上関

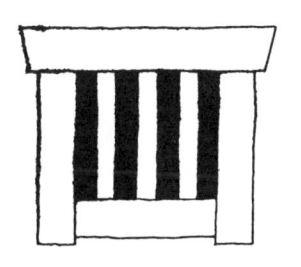

大阪　富田林市

木格子

愛媛県内子町　本芳我家

和歌山県粉河

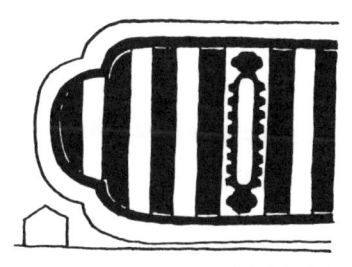

奈良県桜井市

高山市

奈良県五条市

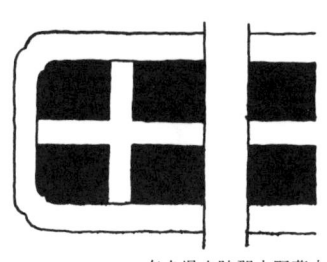

奈良県宇陀郡吉野葛本

★5図　むしこ窓

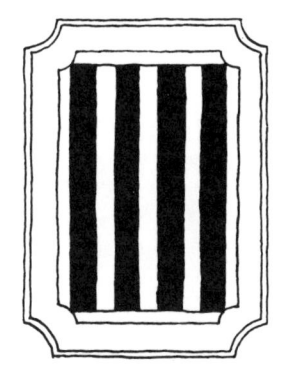

愛媛県内子町　大村家

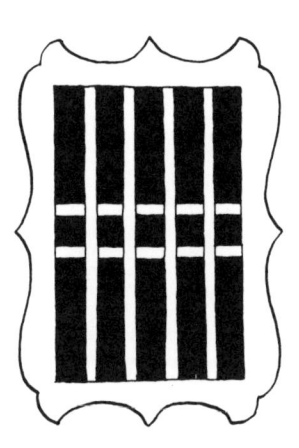

愛媛県内子町　上芳我家

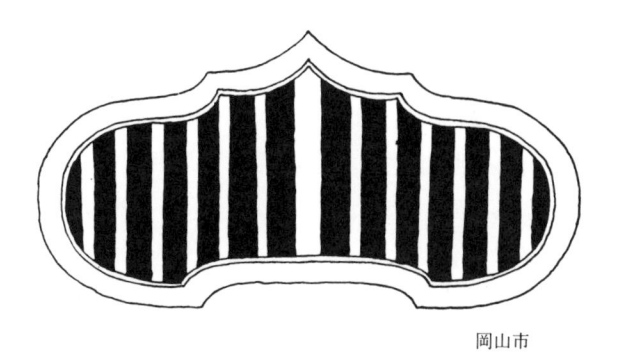

岡山市

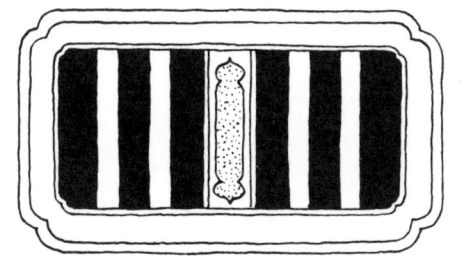

奈良県今井町　豊田家

広島県竹原市　松坂家

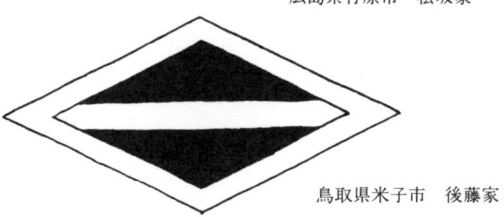

鳥取県米子市　後藤家

73

生子壁
NAMAKOKABE

セメントなどを用いない、昔ながらの漆喰で塗りかためた土蔵造や塗家造りの家では、風化によって土や漆喰の粘り気がなくなると容易に剥落する。とくに風雨が吹きつける建物の隅や腰、庇の上の部分などは著しく、これらの部分を補強するために、瓦を貼ることが工夫され、これを一般に「なまこ壁」という。強い潮風があたる海岸地方では、家全体に貼りめぐらせたものもあるが、普通は腰の部分だけに貼ることが多い。

なまこ壁の名は、瓦と瓦の隙間（目地）に蒲鉾型に盛り上げた漆喰の断面が、海鼠型になっているところから名付けられたものである。しかし古い手法では1図左下、左中のように、丁度タイルを貼るように目地を凹めて貼ったのであるから、なまこ壁というよりは古い呼名の「瓦下見」の方が適切である。この古いやり方では、目地から水が浸透して瓦の裏面に水が回り剥落を早めるので、左のように目地を斜めにして水はけをよくした。それでも剥落を防げないので、現在のように目地を盛り上げる方法に改められたのであった。こうした壁貼りに用いる平たい瓦を「貼り瓦」あるいは「竪瓦」といい、目地に盛り上げた漆喰を「生子漆喰」という。なまこ壁は全国各地に見られるが、伊豆半島や瀬戸内海沿岸、特に下田や倉敷の町がよく知られている。

1図下中は竪横の目地が格子状になったもので、これを芋目地という。右下は竪目地をずらせたもので馬乗目地という。いずれも横目地が水平なので、雨水が入り易い。そこで瓦を斜めに貼って、目地の水はけをよくしたのが、「四半貼り」で一般型として普及した。しかし何といっても土壁に漆喰だけで貼り付けるのでは、剥落は防げない。そこで瓦の中央に穴をあけ、竹串や大釘で壁に差し込み、その頭を塗り被せたのが1図右中のものである。その頭は丸形に限らず、種々の花型に塗り上げて装飾とする。比較的新しいやり方としては土壁の上に桟木を組み、木の下地をつくって瓦の四隅を釘で止め、生子漆喰を施す方法で、これでまず剥落を防ぐことができるようになった。2図はその四隅の釘を隠すいろいろの意匠である。

おいおいと技術が進むにつれて、いろいろの型瓦を用いて亀甲模様や青海波模様とするものも表われた。また目地自体にも筋を入れたりなどして、その豪華さを競うようになった。広島県を中心とする瀬戸内沿岸には美しい花模様の貼瓦が多く見られる。

なまこ壁を塗る　静岡県加茂郡松崎町

★1図　　生子壁

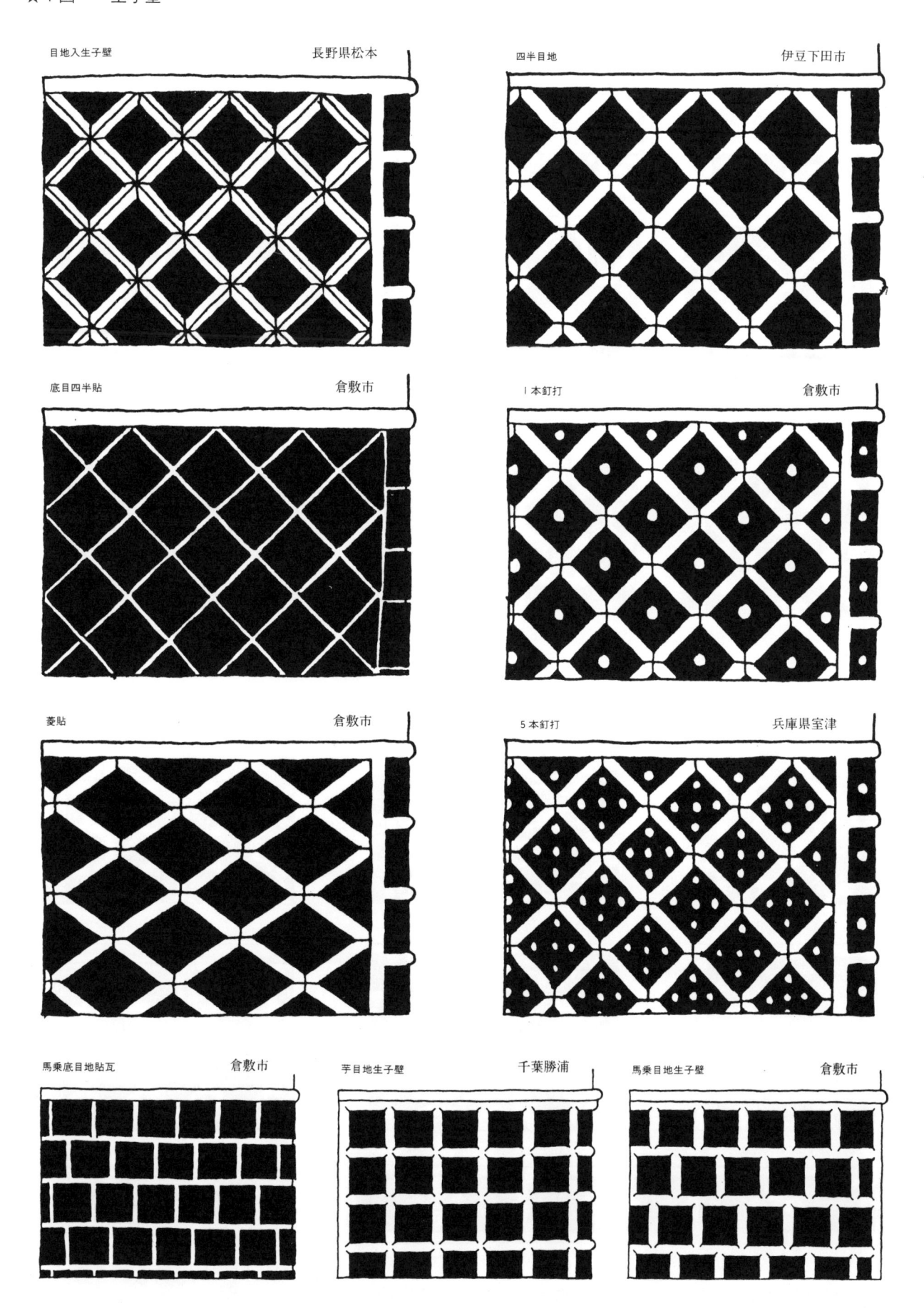

目地入生子壁　　　　　　　　　長野県松本　　　　　　四半目地　　　　　　　　　　　伊豆下田市

底目四半貼　　　　　　　　　　倉敷市　　　　　　　　1本釘打　　　　　　　　　　　倉敷市

菱貼　　　　　　　　　　　　　倉敷市　　　　　　　　5本釘打　　　　　　　　　　　兵庫県室津

馬乗底目地貼瓦　　　倉敷市　　　芋目地生子壁　　　千葉勝浦　　　馬乗目地生子壁　　　倉敷市

★2図　生子壁

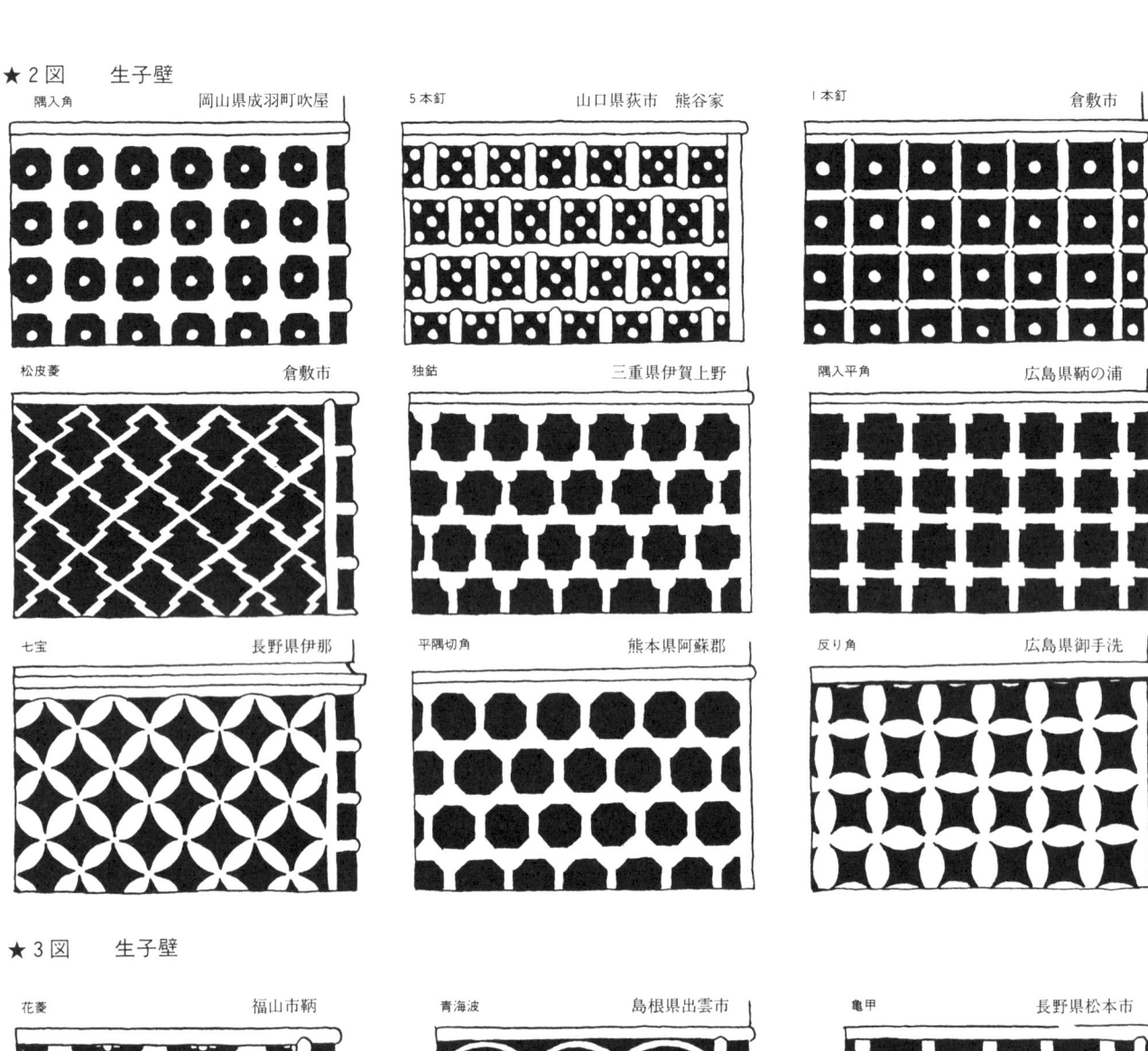

隅入角　岡山県成羽町吹屋	5本釘　山口県荻市　熊谷家	1本釘　倉敷市
松皮菱　倉敷市	独鈷　三重県伊賀上野	隅入平角　広島県鞆の浦
七宝　長野県伊那	平隅切角　熊本県阿蘇郡	反り角　広島県御手洗

★3図　生子壁

| 花菱　福山市鞆 | 青海波　島根県出雲市 | 亀甲　長野県松本市 |
| 花目地　香川県丸亀市 | 星付七宝　倉敷市 | 福岡県柳川市白秋生家 |

花菱

四つ割菱　広島県内海町

目板瓦竪貼　熊本県日奈久

換気孔
KANKIKŌ

　妻壁の上部に穿たれた換気孔は、切妻や入母屋造りの塗家が多い関西地方のものである。寄棟造りの多い関東、東北地方には見られない。これらの地方は、塗家造りも少なく、また屋根裏の換気を計らねばならぬほど暑くもないからであろう。

　大和棟と呼ばれる奈良盆地の切妻造りの妻壁には、一様にこの換気孔がついており、さまざまな意匠を競っている。なかには丸穴をいくつか並べてあけ、内部に棚を作って鳩の住まいとしている家もある。鳩型の鳥衾をつけた棟とともに、この換気孔は大和地方の風物である。円型を基準としたものが多いが、松型や扇型、菱型、宝珠型といろいろの変化が見られる。1図左の巻唐草をあしらったものは、特異な例で、他は単純素朴なものが多いが、民家にふさわしいデザインを見せている。換気孔の上に小庇をつけてこれを「眉庇」というが、2図左などはまさに眉というにぴったりである。その下の法華寺のものは大きな分銅型が朱色に塗られており右下の斑鳩のものとともに日本的というより何か大陸的なものを感じさせる。

　4図5図は、大阪府下のもので、一般には大和棟と呼ばれているが、奈良のものとは一味違った造りで、私は奈良のものと区別するために「河内棟」と呼んでいる。大和棟との相違は図を見て頂ければ一目瞭然である。5図中下は土蔵の換気孔で、幾重にも凹めた同心円が美しい。6図中下は下地窓を換気孔としたものでいかにも京都らしい。何れも入母屋造りの妻にあるものである。次は瓦製の換気孔で、屋根上に付くものは醬油や酒、酢などの醸造倉につくものである。裾は瓦型になっており屋根瓦に馴染みよくしてある。その左は木製で、厨子二階や便所などの通気窓である。上の菱窓は佐賀県に多いタイプで、これもいろいろ変化したものが見られる。

　床下換気孔は主として縁側の下部や、土間に面した上り框の下などに見られるものである。上り框の下は、また抽出しとして履物などの収納にあてることもある。農家では通常縁下は空け放しが多く薪などを積んでその隙間から通風を計っているような例が多い。従ってこのような意匠に富んだものは、宿場や町家が主となっている。欄間の意匠と共通するものがあるが、一層素朴で面白い。中でも有松の大小の円形を散らしたものなどは秀逸である。

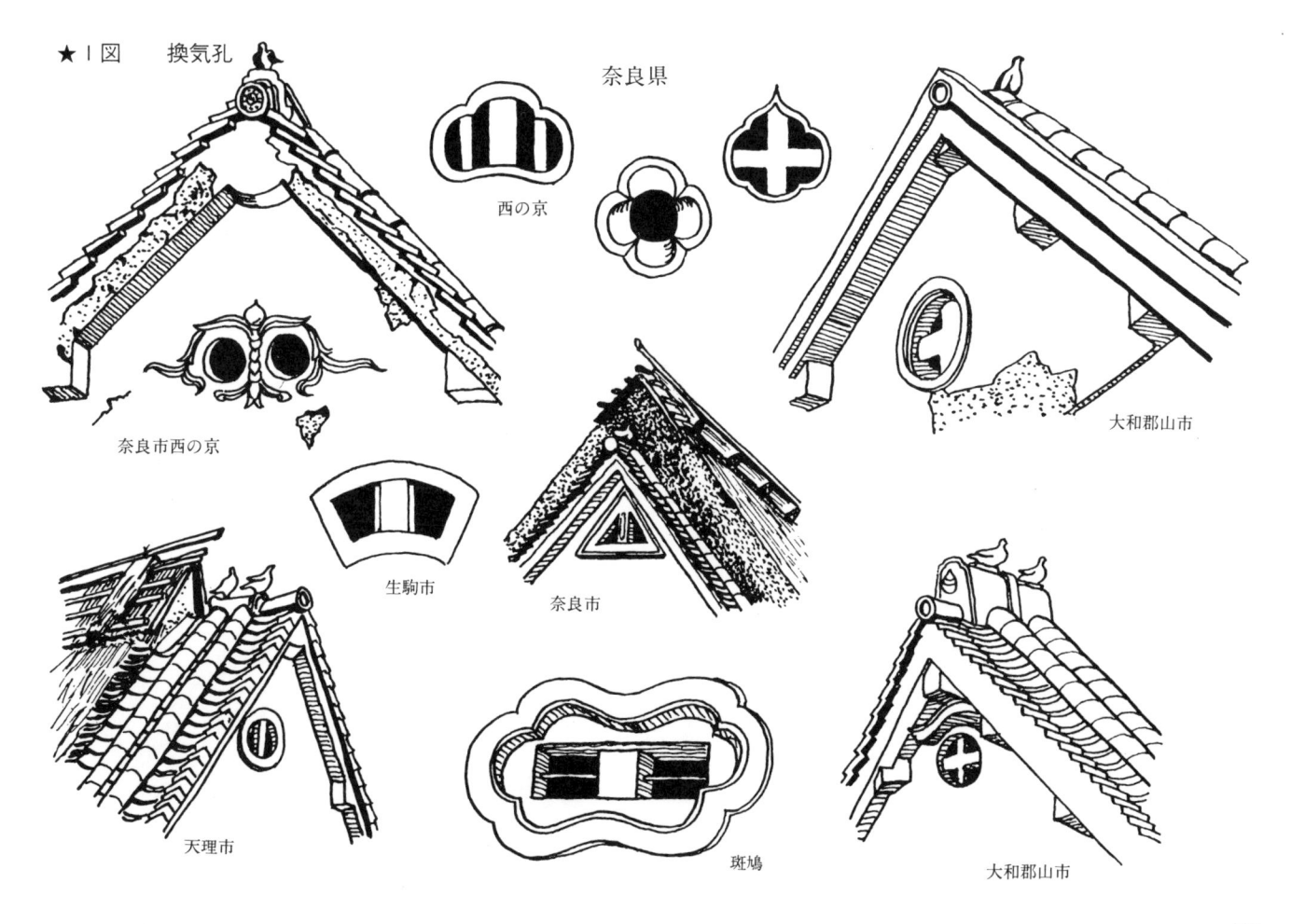

★1図　　換気孔　　　　　　　　奈良県

奈良市西の京

西の京

生駒市

奈良市

天理市

斑鳩

大和郡山市

大和郡山市

★2図　換気孔　奈良県

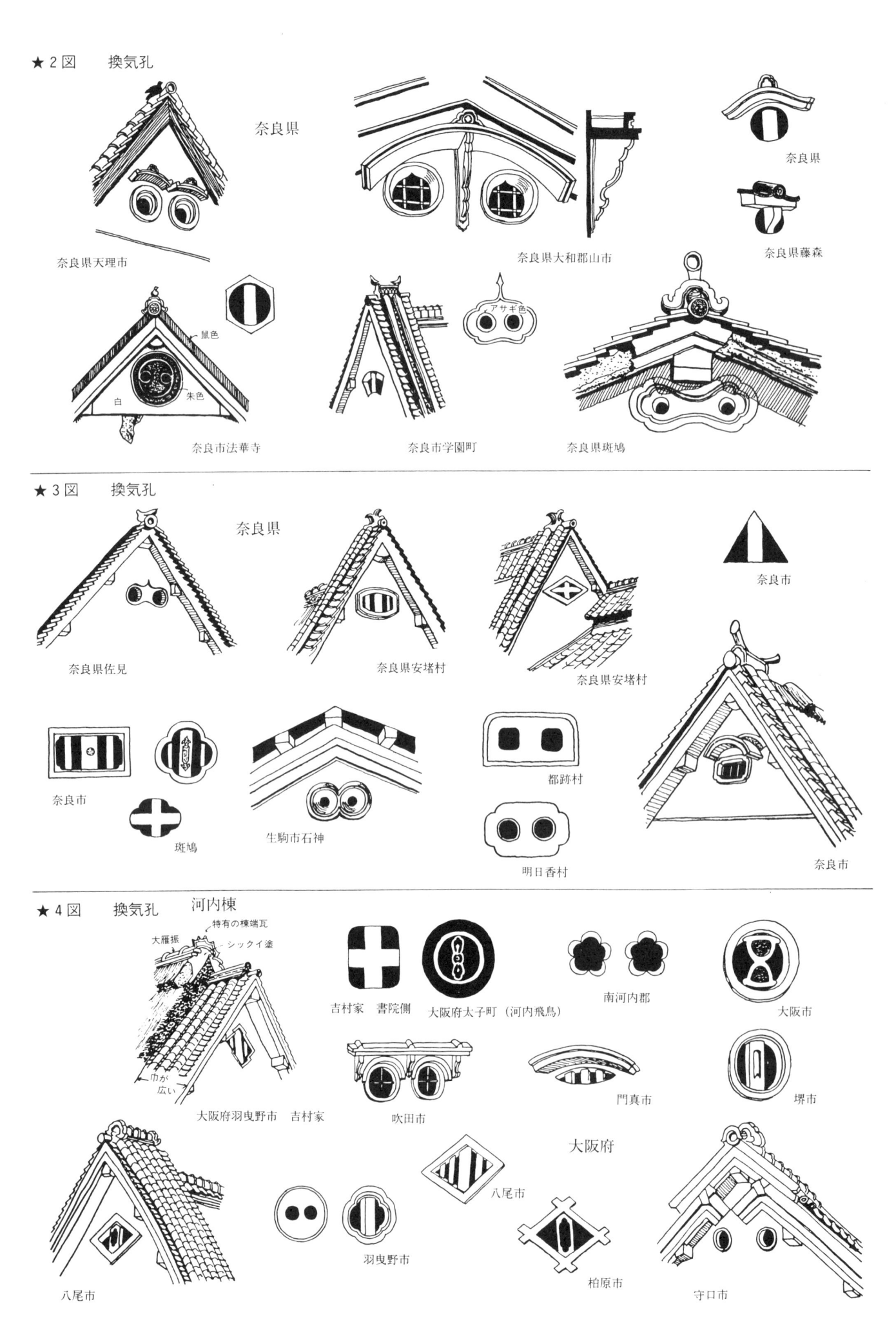

奈良県天理市　　奈良県大和郡山市　　奈良県藤森

奈良市法華寺　　奈良市学園町　　奈良県斑鳩

★3図　換気孔　奈良県

奈良県佐見　　奈良県安堵村　　奈良県安堵村　　奈良市

奈良市　斑鳩　　生駒市石神　　都跡村　明日香村　　奈良市

★4図　換気孔　河内棟

大阪府羽曳野市 吉村家　　吉村家 書院側　大阪府太子町（河内飛鳥）　南河内郡　　大阪市

吹田市　　門真市　　堺市

八尾市　　羽曳野市　　八尾市　柏原市　大阪府　守口市

78

★5図 換気孔

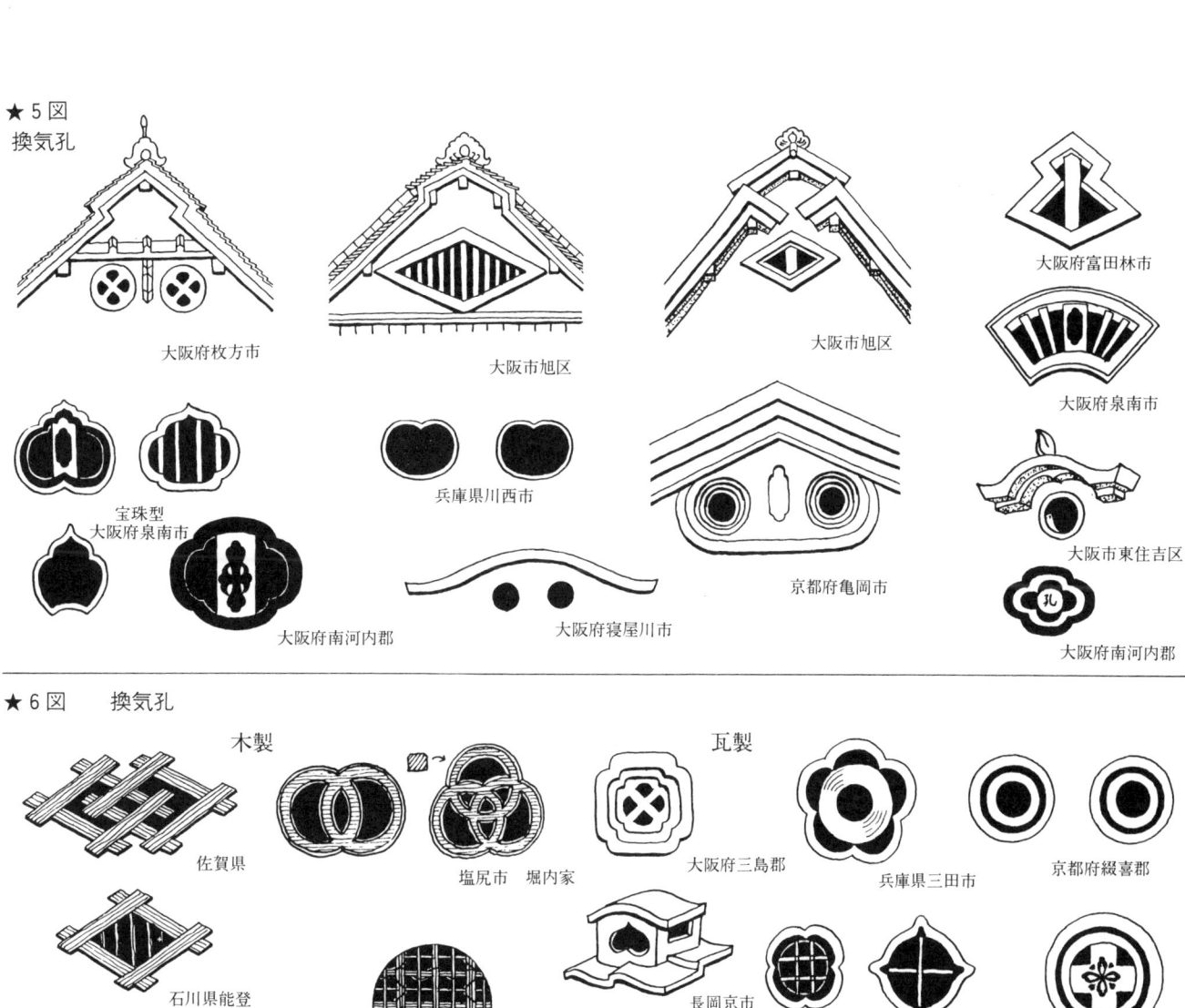

大阪府枚方市　　大阪市旭区　　大阪市旭区　　大阪府富田林市

宝珠型
大阪府泉南市　　兵庫県川西市　　　　　　　　大阪府泉南市

大阪府南河内郡　　大阪府寝屋川市　　京都府亀岡市　　大阪市東住吉区

大阪府南河内郡

★6図　換気孔

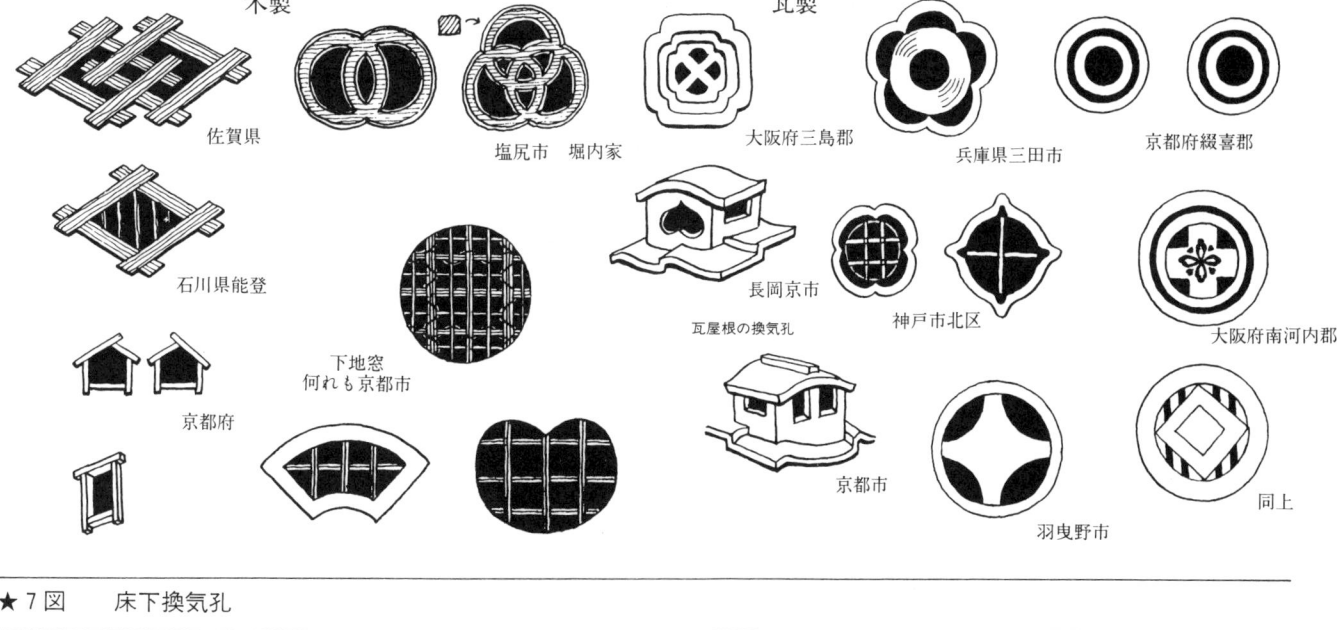

木製　　　　　　　　　　　　瓦製

佐賀県　　塩尻市 堀内家　　大阪府三島郡　　兵庫県三田市　　京都府綴喜郡

石川県能登　　下地窓 何れも京都市　　長岡京市　　神戸市北区　　大阪府南河内郡

京都府　　　　　　　　　　瓦屋根の換気孔
　　　　　　　　　　　　　京都市　　羽曳野市　　同上

★7図　床下換気孔

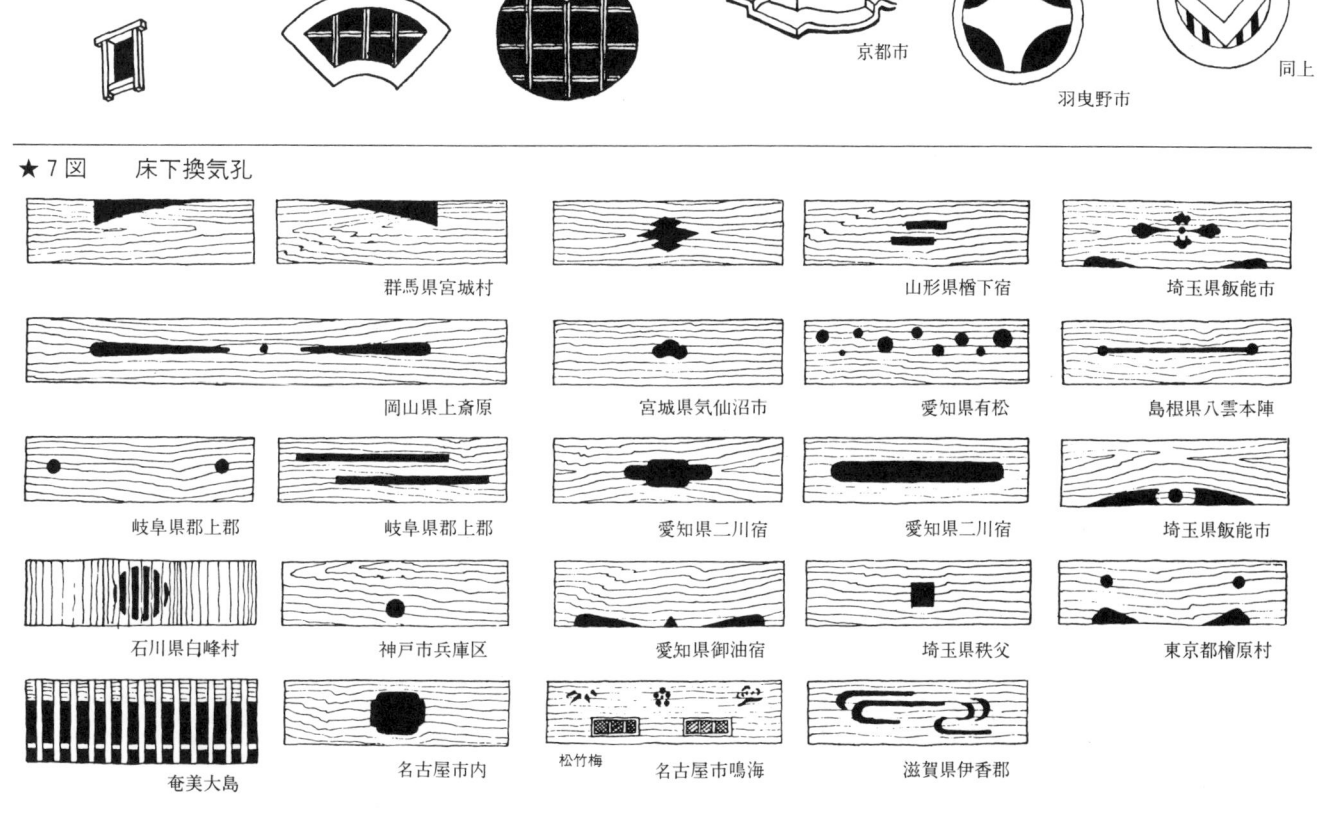

群馬県宮城村　　　　　　山形県楢下宿　　埼玉県飯能市

岡山県上斎原　　宮城県気仙沼市　　愛知県有松　　島根県八雲本陣

岐阜県郡上郡　　岐阜県郡上郡　　愛知県二川宿　　愛知県二川宿　　埼玉県飯能市

石川県白峰村　　神戸市兵庫区　　愛知県御油宿　　埼玉県秩父　　東京都檜原村

奄美大島　　名古屋市内　　松竹梅
　　　　　　　　　　　名古屋市鳴海　　滋賀県伊香郡

懸魚
GEGYO

　切妻屋根や入母屋型の屋根では、屋根の傍軒（そばのき）の木口（こぐち）が見える。この部分を建築用語で螻羽（けらば）という。けらばの体裁を整えるために破風板を打ちつけるが、それでも棟木や軒桁の木口が1図右上のように見える。木の木口は水を吸いやすく腐朽も早いので、漁村などの汐風の強いところでは、この木口に堅板を貼りつけたりするのが見られる。これが懸魚の発生的なものであって、それが追々と装飾的に発達したものが懸魚である。

梅鉢型はもっとも単純な形であるが、厳格な社寺建築でもこの形が多く用いられる。このほか鏃（やじり）を形どった鏑・蕪（かぶら）懸魚、唐花懸魚、三つ花懸魚などの形式がある。1図右中段は三つ花懸魚の正規の比例を示したものであるが、これは標準的なもので懸魚にはいろいろと自由な意匠がある。上部の中心に付いている飾りを六葉といい、更に菊座がつき樽の口という栓状の凸起がある。桁の小口を覆うものを脇懸魚あるいは縋り懸魚といい、棟の懸魚と関連のある意匠とする。

　懸魚は元来社寺建築の意匠として発達したもので、民家に用いられるものもそれに準じたものが多いが、松や鶴亀などの吉祥文様、火伏せのまじないに水を図案化したものなどが用いられる。懸魚はそうした権威をもつものなので、一般百姓の住まいには用いられず、庄屋、地主などの上級民家あるいは本陣などに用いられる。2図は屋根の形態にともなう懸魚の変化を示したものである。右上下は玄関構えに多い唐破風用の懸魚である。中段は屋根に反り（照りという）のある、千鳥破風用のものである。左は信州に多い本棟造りのもので、勾配のゆるい板屋根用のものである。下段は瓦屋根の棟に取付られるもの、草屋根の入母屋造りに用いられるのは、単純な形の猪の目懸魚（5図左）などが多い。

　こうした懸魚の本体の両側につく彫刻を鰭といい、全体を鰭付懸魚という。鰭付懸魚の巾は、その上部にある鬼瓦、この場合は同じく鰭付鬼板の巾と揃える。本棟造りの場合は棟の雀踊りの巾と同じくするのが普通である。鰭と本体を別の木で作るものと、3図左下のように一木で作るものとがある。3図のものは瓦葺きの民家や、土蔵の妻を飾る懸魚である。

　長野県に多い本棟造りは、格式のある民家形式で、懸魚もまた立派である。宿場の本陣や問屋では唐草紋や雲紋、水紋などの形式張ったものが多いが、4図左下の平出や開田では、松や亀をあしらった民家的な意匠となっている。5・6図はそうした自由な意匠を集めたもので、六葉にもいろいろ変化が見られる。また左右の対称を破るものもある。6図は唐破風、起（むく）り破風用のもので、この種のものは六葉をつけないことが多い。門や玄関構え、屋根看板や土蔵の窓庇などに、唐破風を構えることが多い。

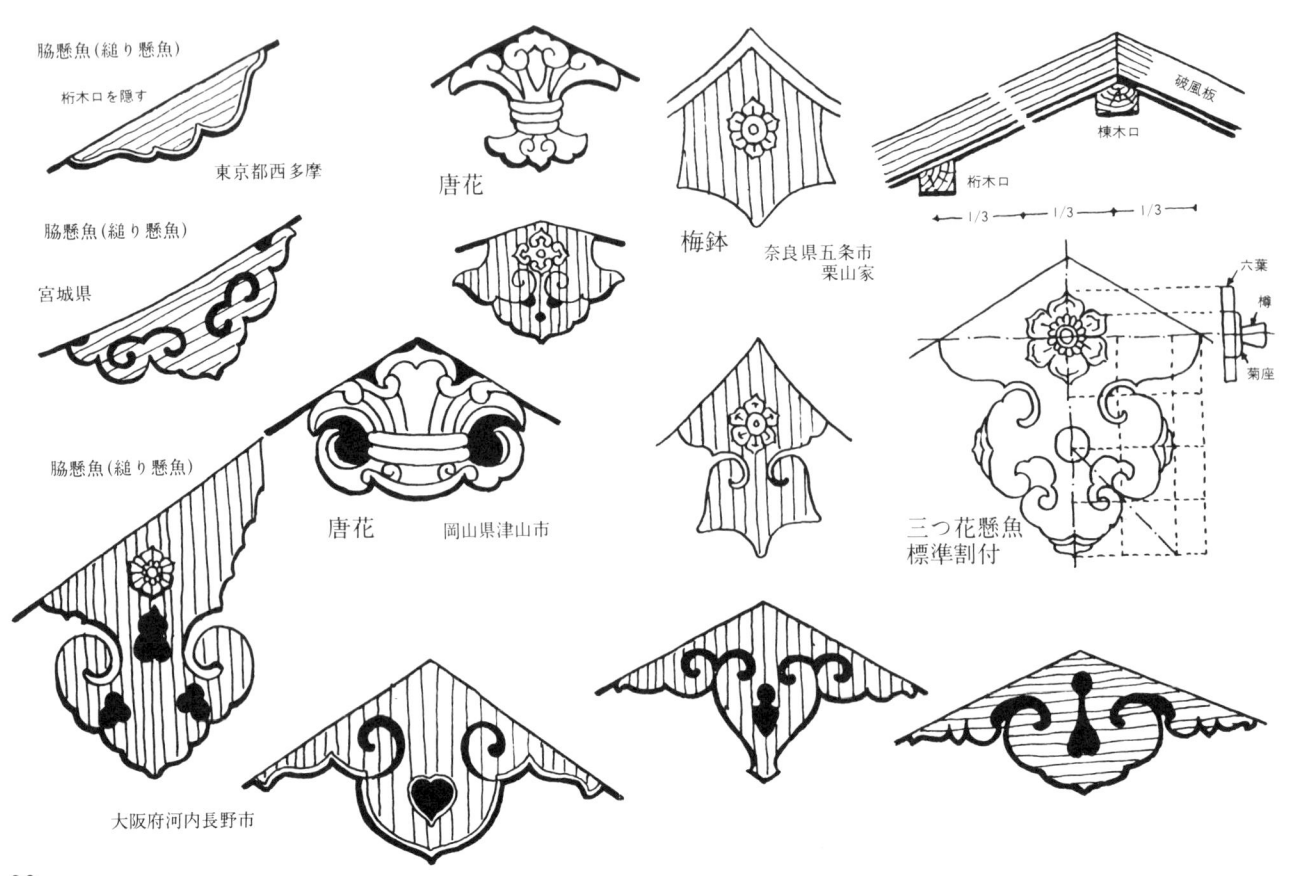

★1図　　懸魚

★2図　懸魚

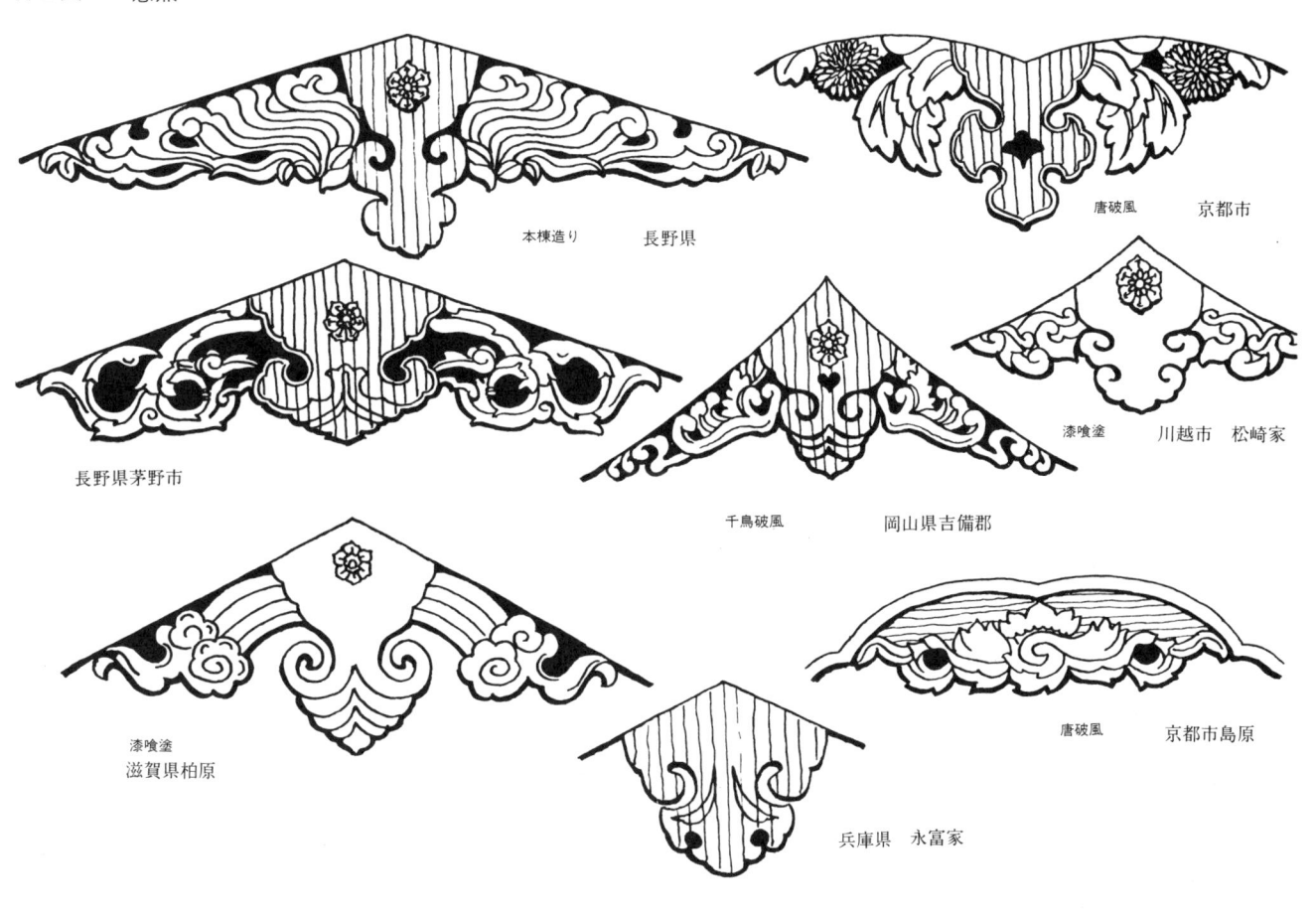

本棟造り　長野県

唐破風　京都市

長野県茅野市

千鳥破風　岡山県吉備郡

漆喰塗　川越市　松崎家

漆喰塗
滋賀県柏原

兵庫県　永富家

唐破風　京都市島原

★3図　懸魚

京都市北区

千葉県浦安町

京都府京北町　小畠家

大阪府池田市

大阪市

京都府京北町

秋田県　角館

大分県中津市

滋賀県柏原

大阪市

81

★4図　本棟造り懸魚

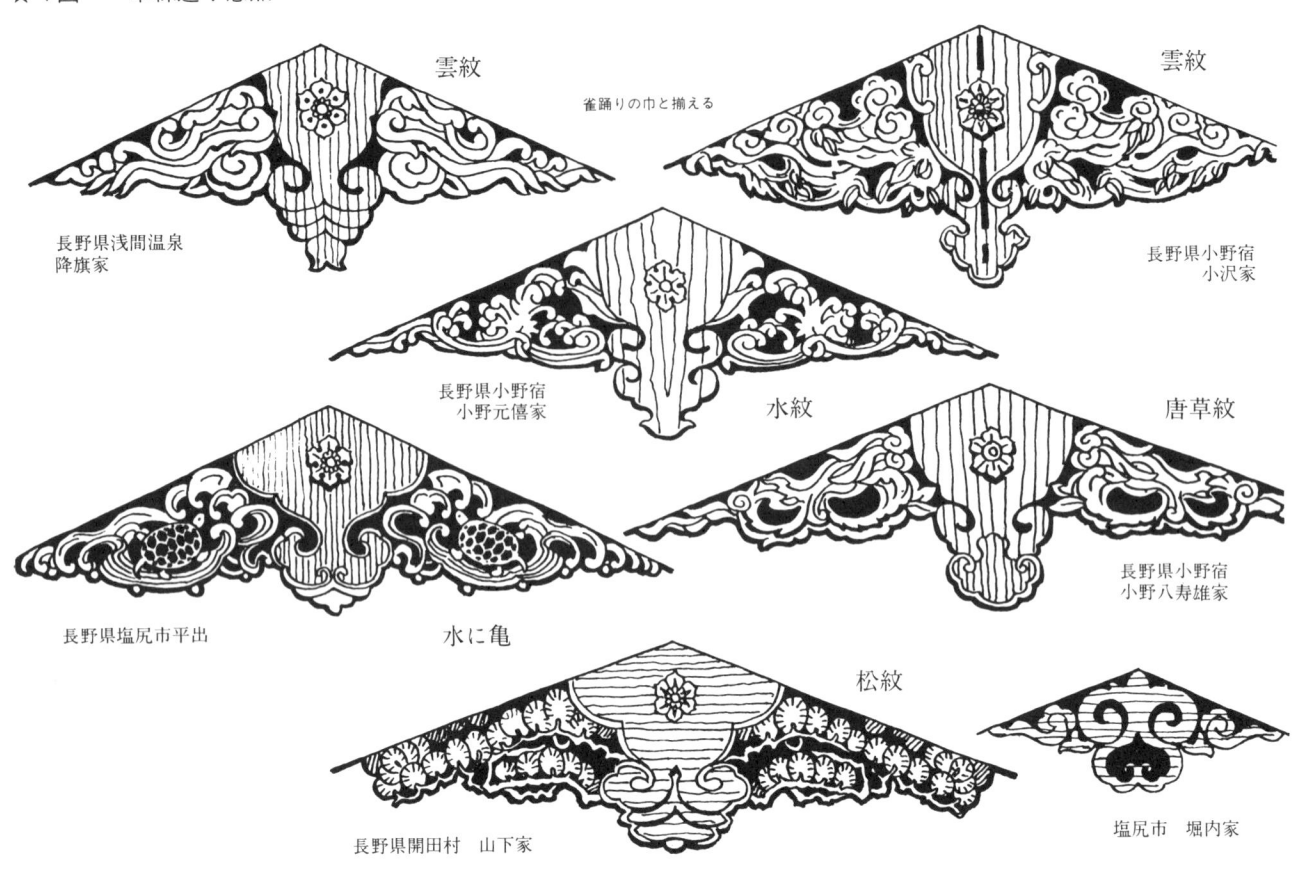

雲紋

雀踊りの巾と揃える

雲紋

長野県浅間温泉
降旗家

長野県小野宿
小沢家

長野県小野宿
小野元僖家

水紋

唐草紋

長野県塩尻市平出

水に亀

長野県小野宿
小野八寿雄家

松紋

長野県開田村　山下家

塩尻市　堀内家

★5図　懸魚

千鳥破風
鰭付懸魚

奈良県　今西家

滋賀県　梅の木本陣

鰭

猪の目

東京都
江戸川区
田島家

京都府丹波

鰭付三花懸魚

東京都秋川　大久保家

奈良県橿原市　今西家

富山県砺波市

東京都檜原村　武田家

82

★6図　唐破風の懸魚

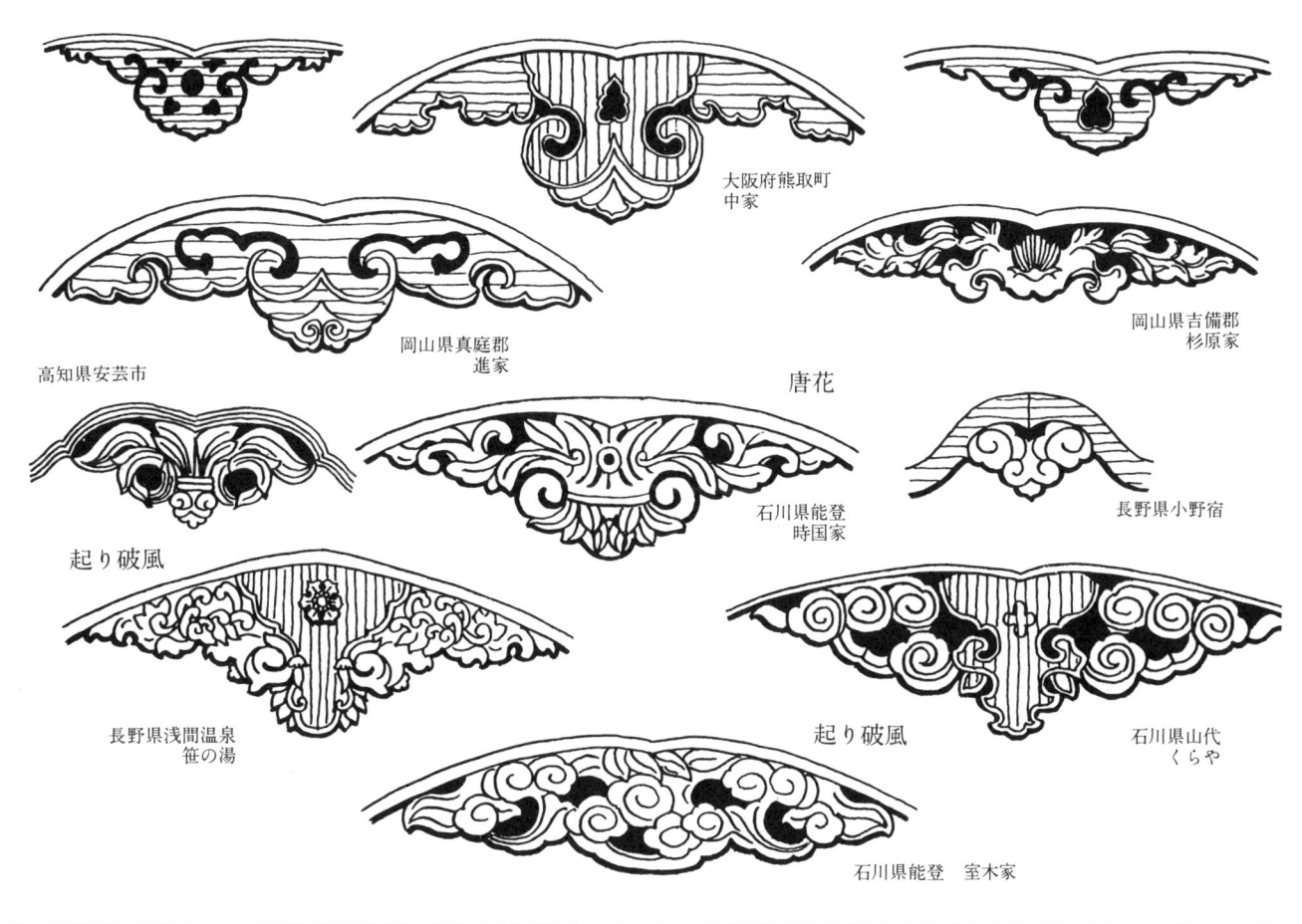

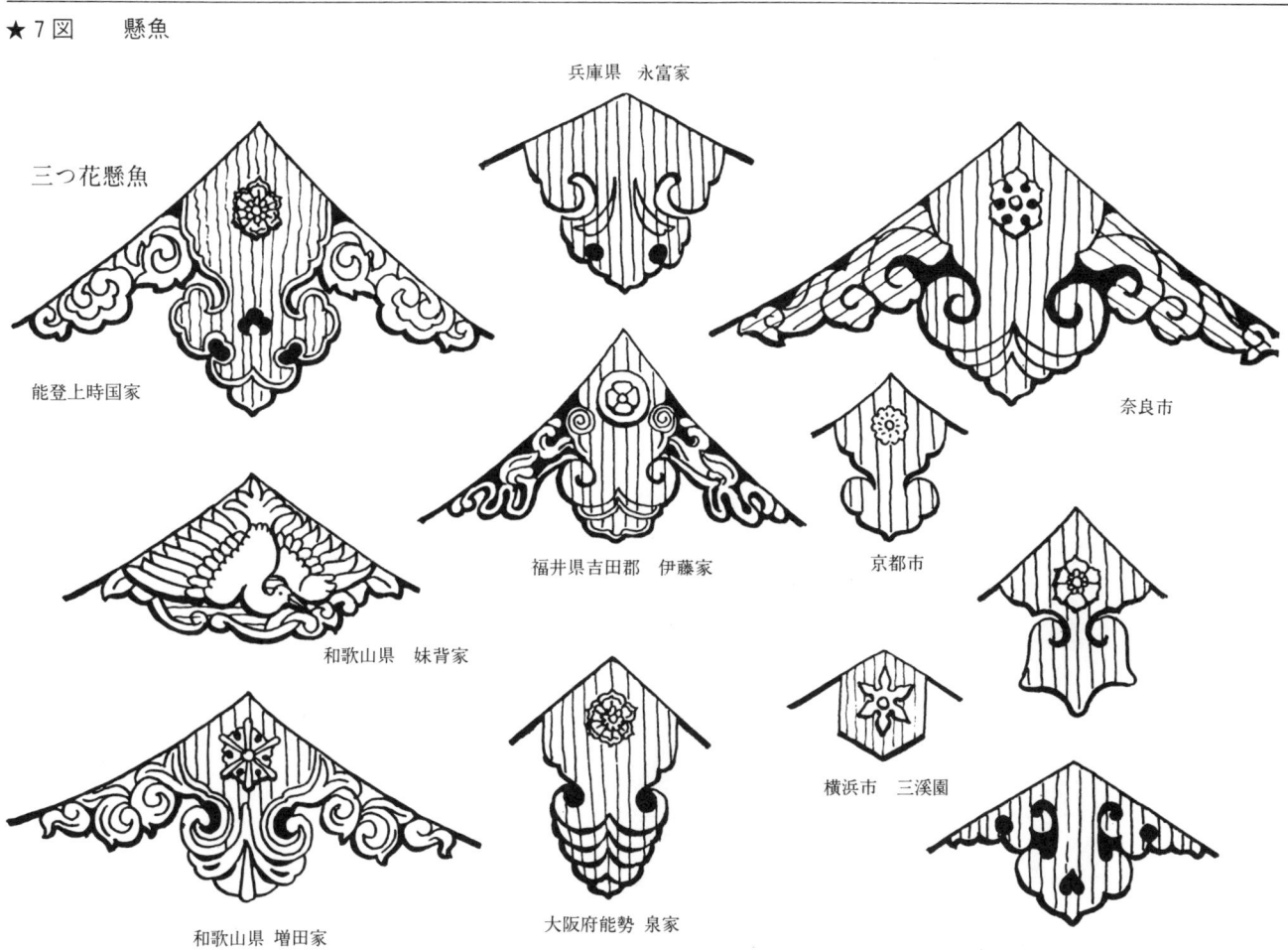

大阪府熊取町
中家

岡山県吉備郡
杉原家

高知県安芸市

岡山県真庭郡
進家

唐花

石川県能登
時国家

長野県小野宿

起り破風

長野県浅間温泉
笹の湯

起り破風

石川県山代
くらや

石川県能登　室木家

★7図　懸魚

兵庫県　永富家

三つ花懸魚

能登上時国家

奈良市

福井県吉田郡　伊藤家

京都市

和歌山県　妹背家

横浜市　三溪園

和歌山県　増田家

大阪府能勢　泉家

83

戸袋
TOBUKURO

漆喰細工戸袋

雨戸を仕舞う戸袋を漆喰塗として、装飾や看板に利用することがある。戸袋は一般に家の端にあり、隣家からの類焼を慮ってのことであろう。袖壁は勿論延焼を遮ぎるのが第一の目的であるが、これは往還からよく目につく位置にあるためにまた看板に利用される。これらに誌された文字は、土地の有識者が書いたものを原稿としたのであろうが、いずれも優れたものである。中には達筆といい難いものもあるが、字体に特有の捻りがあって面白く、著しく民芸的な味わいがある。

文字を底面から蒲鉾型に盛り上げるのは、比較的安易なやり方で、未熟者でもやり易い。底面から直角に文字を浮出させるのには、高級な技術を要する。文字の出は3センチもあるものもあって、字画の間の狭い底面も他の広い底面と同一面に仕上げることは、仲々容易なことではない。文字のかすれた部分などは幅1ミリ位、その間隔も同様で、それを3センチも盛り上げるのは、どのようにしてやるのだろうか。特種な鏝をつかってもこの細い隙間を塗ることは至難の業である。一見すれば何とも感じない人もあろうが、こういった所に職人芸の発露があるる。おそらく毎日少しづつ盛り上げては乾燥を待ち、又次に盛り上げを繰り返すのだろうと思う。こういう仕事をする場合は、急激な乾燥でひび割れを防ぐ上からも、日覆いの幕を張って仕事をするから、その業は秘密である。

1図は松や鶴、蔓草などの紋様をあしらったものと、文字の看板である。と園屋、鯉川魚屋のいずれもやの字に特有の捻りが見られる。2図上は越後街道にあったものだが、今はそっくり取外されて、山形市の県立博物館に保存されている。3図は今は荒物屋専業で温泉旅館はやめているようだが、荒物屋が内湯を兼業するなど、いかにも鄙びた温泉地のありさまがうかがえる。文字も上手ではないが、味のある面白さがある。

左下は内子町八日市町の芳我(はが)家の戸袋である。この町は白亜の漆喰造りの家が多く、生子壁やむしこ窓、妻飾り、戸袋、持送りなど漆喰細工のきわめて巧緻なものが見られる。

木製戸袋

4図上は木製の上部を漆喰塗とし、文様を色違いに浮き出させたもの、下は吹寄桟、黒部杉ののね板貼り、それに袋とはなっていない、上下枠のみで開放されたものである。6図は戸袋の支持形式を示したもので、妻板持送り建て、柱建て、落縁建て、腕木建ての各形式を示した。出格子や出窓にも同様の形式がある。7図には戸袋の羽目板の諸形式を表わした。戸袋の意匠で凝った細工が見られるのは、中部地方と東北地方のものである。8・9図にそれらのものを示した。最後のものは、鏡板貼りの戸袋を看板としたものである。

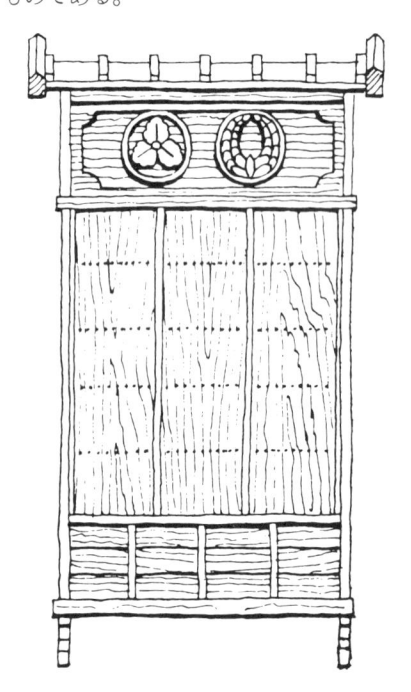

★1図　戸袋

松に鶴　　　　　　　　　　　　　　　　　　　★2図　戸袋

大分県日田市　　　　　　　　　　　　奈良県当麻町
　　　　　　　　　　三階松

　　　　　　　　　　　　　　　　　　　　　　山形県越後街道今泉

茨城県筑波町 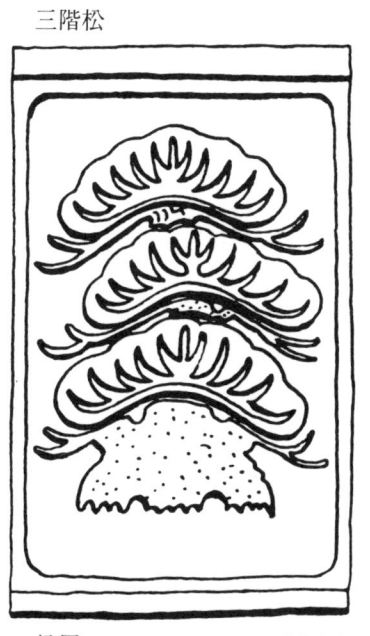 　　　松屋　　　福岡県太宰府　　　見角屋　現県立博物館

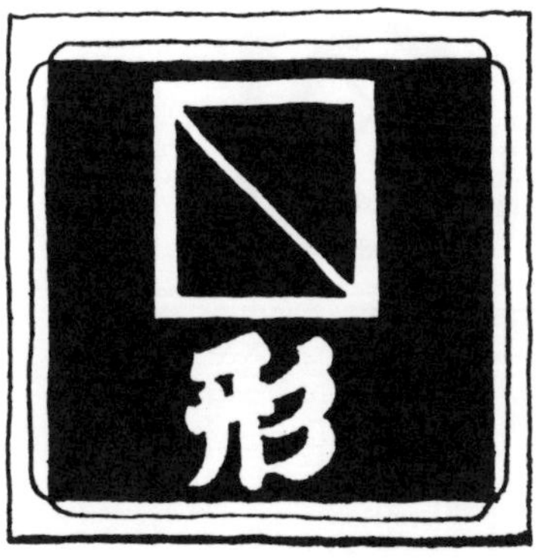

　　　　　　　　長野県軽井沢

　　　　　　　　　　　　　　　　　　　　　　福島県塔寺宿

★3図　戸袋

長野県木曽福島　いわや

久喜屋

福島県湯本宿

★4図　戸袋

愛媛県内子町

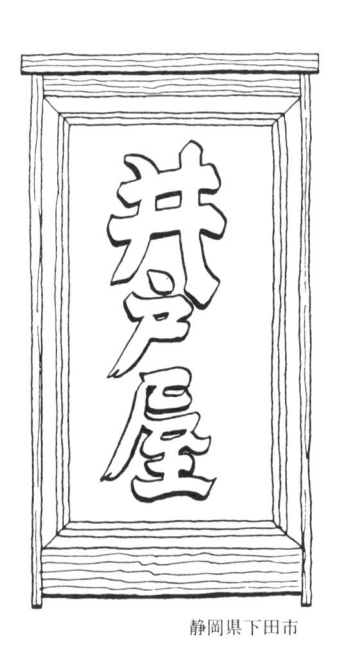

静岡県下田市

秋田県仙北郡　相馬家

杉皮葺

漆喰

雨戸

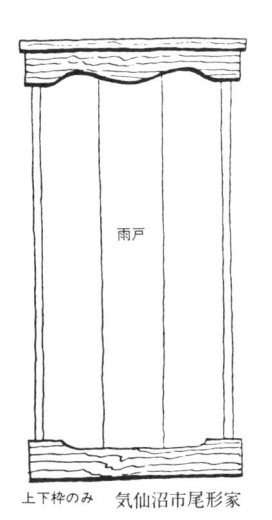

上下枠のみ　気仙沼市尾形家

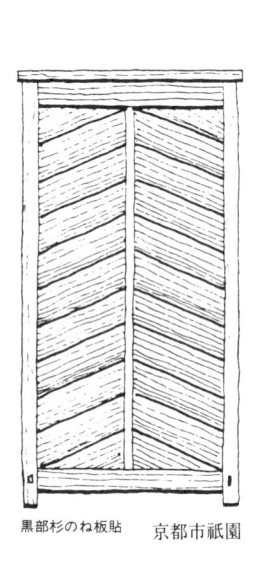

黒部杉のね板貼　京都市祇園

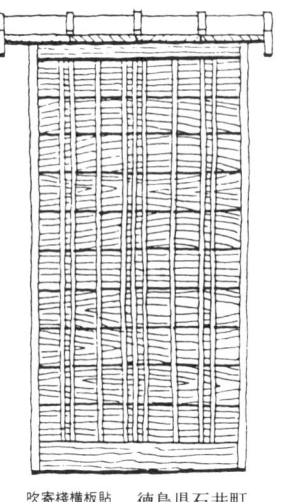

吹寄桟横板貼　徳島県石井町

軒の持送り

漆喰

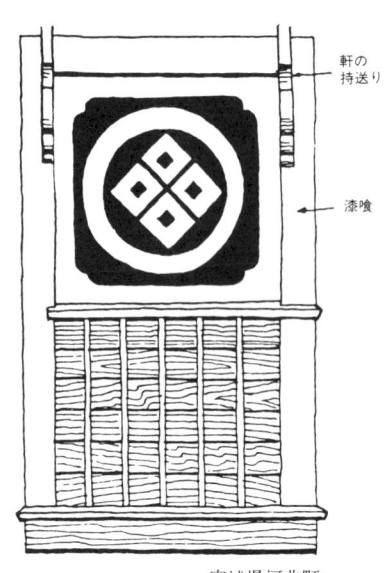

宮城県河北町

86

★5図　戸袋　　　　　　　　大分県の漆喰細工　　　　資料提供　季刊銀花　文化出版局

高砂　尉と姥 　　　　　　　　　松に鷹

雨に雁 　　　　竹に虎 　　　　鶴に乗る寿老人

布袋和尚 　　　福禄寿と大黒の床屋 　　　大国主命

87

★6図　戸袋

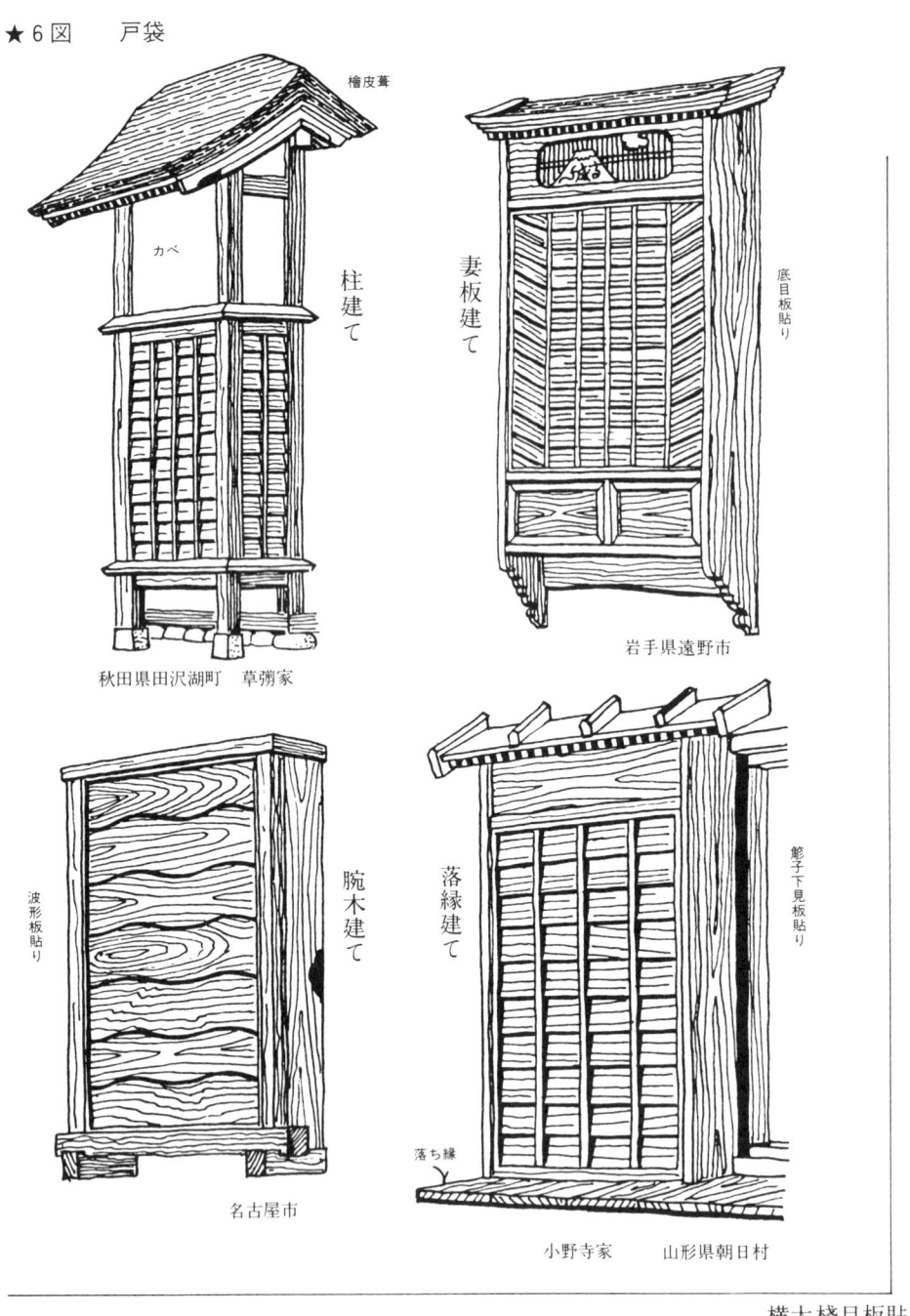

柱建て　檜皮葺　カベ
秋田県田沢湖町　草彌家

妻板建て　底目板貼り
岩手県遠野市

腕木建て　波形板貼り
名古屋市

落縁建て　簓子下見板貼り　落ち縁
小野寺家　山形県朝日村

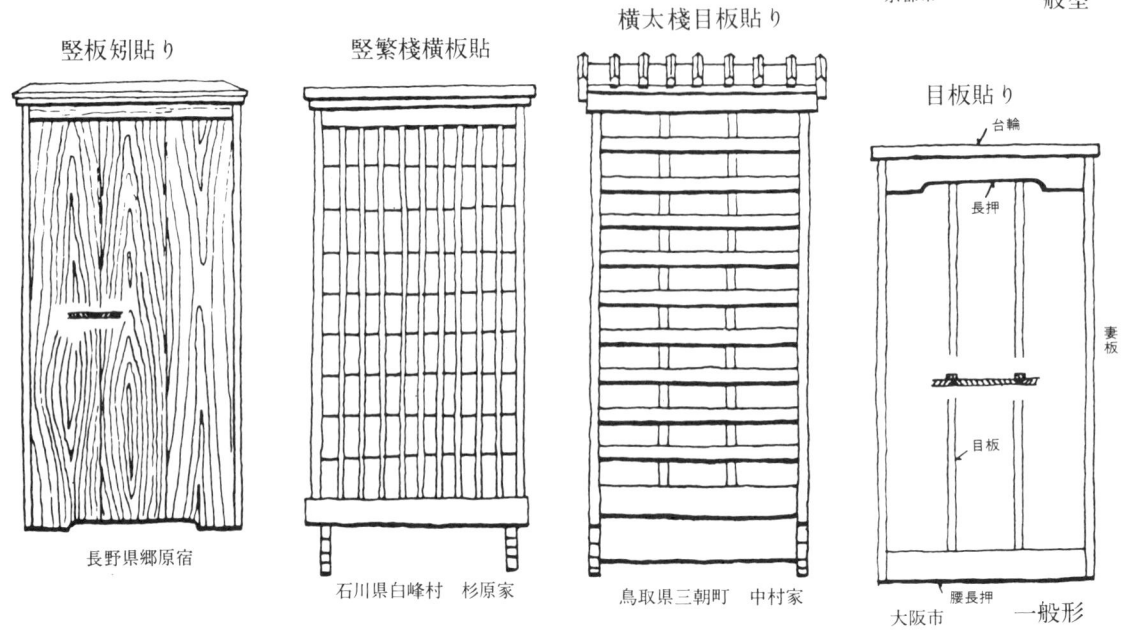

竪板矧貼り
長野県郷原宿

竪繁桟横板貼
石川県白峰村　杉原家

横太桟目板貼り
鳥取県三朝町　中村家

★7図　戸袋

鏡板貼　ケヤキ玉杢板
伊勢市

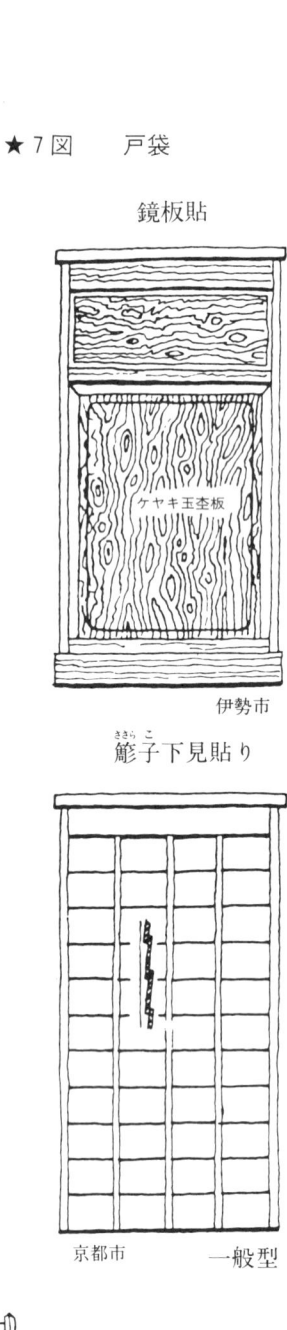

簓子（ささらこ）下見貼り
京都市　一般型

目板貼り　台輪　長押　妻板　目板　腰長押
大阪市　一般形

★8図　戸袋

福島県塔原宿

山形県楢下宿

岩手県遠野市千葉家

妻板持送り

岩手県雫石町中屋敷家

長野県塩尻市　堀内家

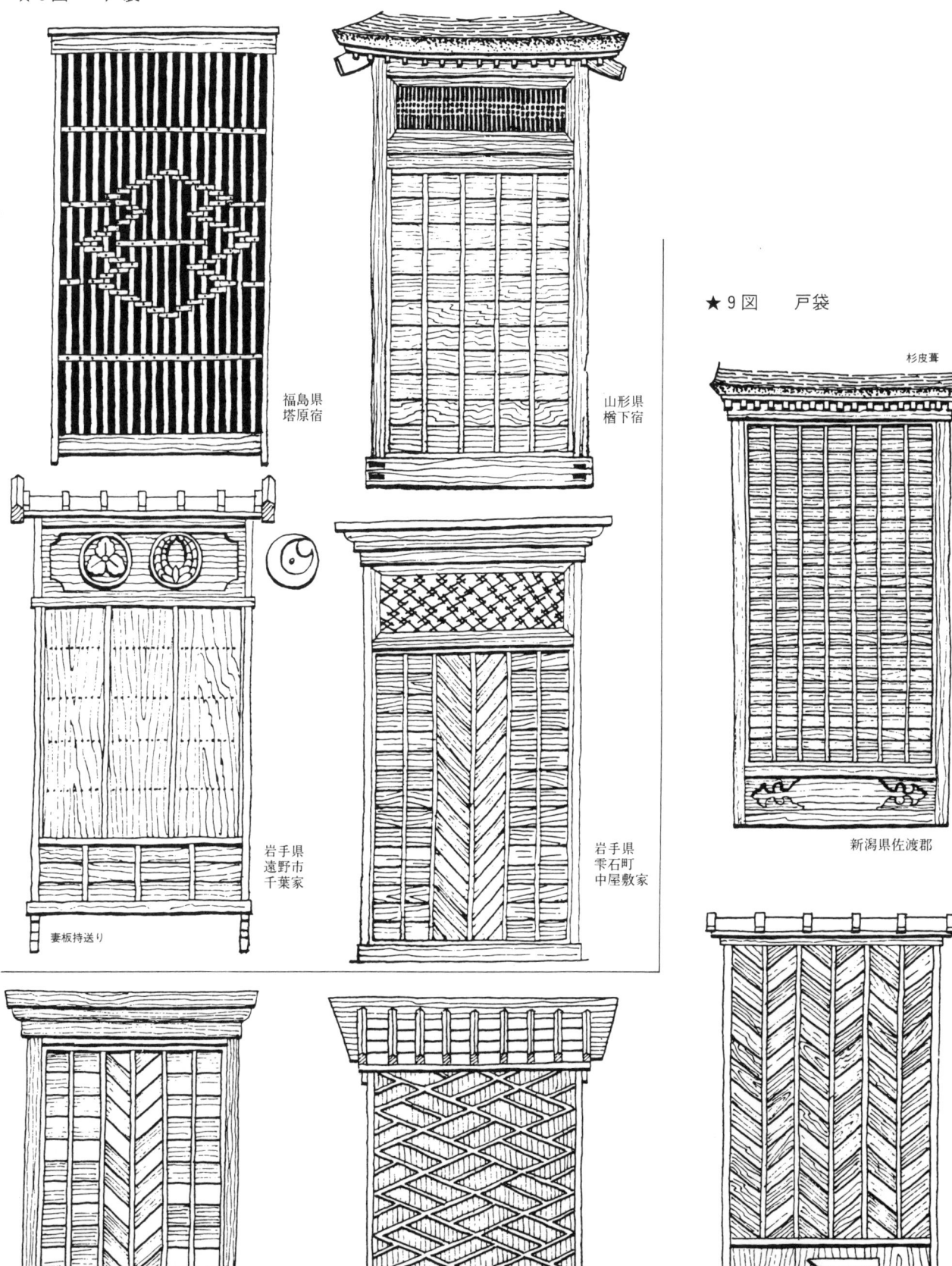

長野県茅野市　湯川

★9図　戸袋

杉皮葺

新潟県佐渡郡

新潟県佐渡郡

89

★10図　戸袋

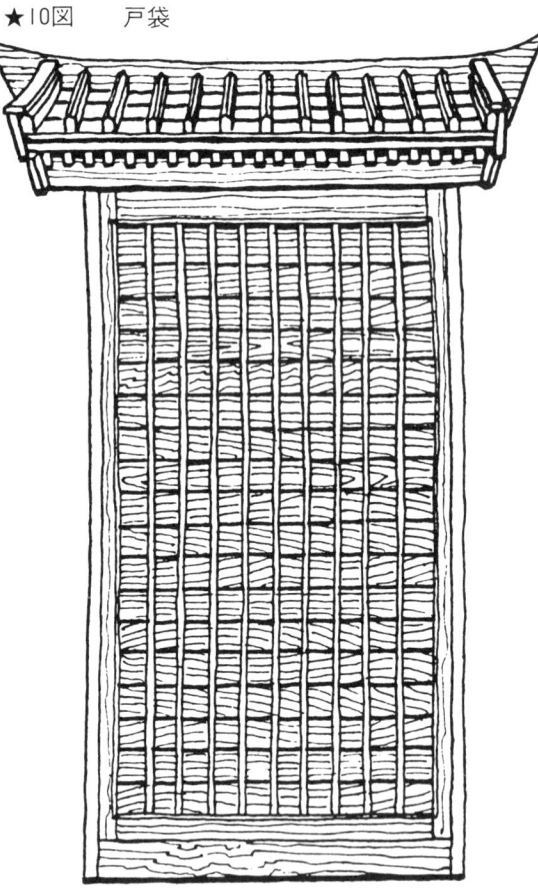

長野県茅野市柏原　両角家

山形県白布高湯

持送り
MOCHIOKURI

　持送りというのは、柱から外に突出した部分を受ける、突っ張りの支え板のことである。軽微な小庇などは柱から水平に突き出した腕木だけで受ける。この場合は「下げ鎌」という柄（ほぞ）で柱に深く喰い込ませ、楔（くさび）を打って固める。それより重い物を受けるためには、柱から斜めに突張る斜材を入れる。これを方杖（ほうづえ）という。この直線の方杖では余り素気ないので、これに繰形を加えたのが、1図右下段倉敷民芸館の例である。このような方杖の意匠化が進み一層装飾化したものが持送りと呼ばれるものである。

　通常階下の戸口前などの大庇を受けるためのものが多いが、群馬県や長野県の宿場の建物では、二階の床を張り出させた「せがい造り」とするので、1図左上や5図に示したような大がかりなものとなる。そのほかに大屋根の軒を支えるものや、井戸の釣瓶の滑車を吊るためのものなどもある。また小さな板庇を直接支えるもの、戸袋の妻板を持送り状としたもの、出窓を支えるための持送りなどがある。装飾のための彫刻は絵様繰形といい、社寺風の装飾の影響をうけたものが多いが、民家にはやはりそれらと一味違った趣きのものも多い。2図上段は雪除け庇の持送りである。積雪の多い所では、入口の上部に切妻型の庇を設けて、大屋根の落雪を被らないような工夫がされる。雪の重みに耐えるために頑丈な大型のものが用いられる。用材は欅が多い。左土淵のものは海岸の港町なので、それ

らしく波頭が彫刻されている。中の龍の丸彫りなどは手の込んだ立派なものである。

4・5図長野県地方のものは、他地方のものにくらべると、凹凸の刳りが深くて雄渾である。また持送りのみでなく上部に張り出した腕木の木鼻の彫刻が立派である。6図白川郷のものは、輪廓に沿って細い線で唐草や渦巻を浮彫りとするのが特徴である。

7図右は重文大角家、和中散本舗の店先の大軒を支えるもので、持送りというよりはむしろ腕木に肘（ひじ）木を添えた格好となっている。桁の下にも肘木が添えられている。8図右の丸田家のものは土蔵の前庇をうけるもので、極めて大型で長さは1.5メートル位もある。龍門のものは渦巻きの木の葉模様の彫刻が見事である。左の宗檜村のものは杉の曲り根を利用した簡素なもので、1図永富家のものとともに、近畿ではこうした意匠のものが多く見られる。9図京大阪地方のものは他府県と違った感触のものである。10図下津井のものは大きな花柄を彫るところに特徴がある。左の帆船を彫ったものは、11図の家号を彫ったものとともに、民家らしい意匠となっている。一見して余り地方色がないようであるが、仔細に見るとそれぞれに特徴があって面白い。ドイツの木造民家は切妻造り妻入で、二階三階がそれぞれに持ち出しになった、せがい造りとなった外観のものがある。そこにつけられた持送りは、驚く程日本のものとよく似ている。それに彫られている文様はいささか異るが、中には日本と同じ渦巻き文様が彫られているものもあった。13図に示したのがそれである。

★ 1図　　持送り

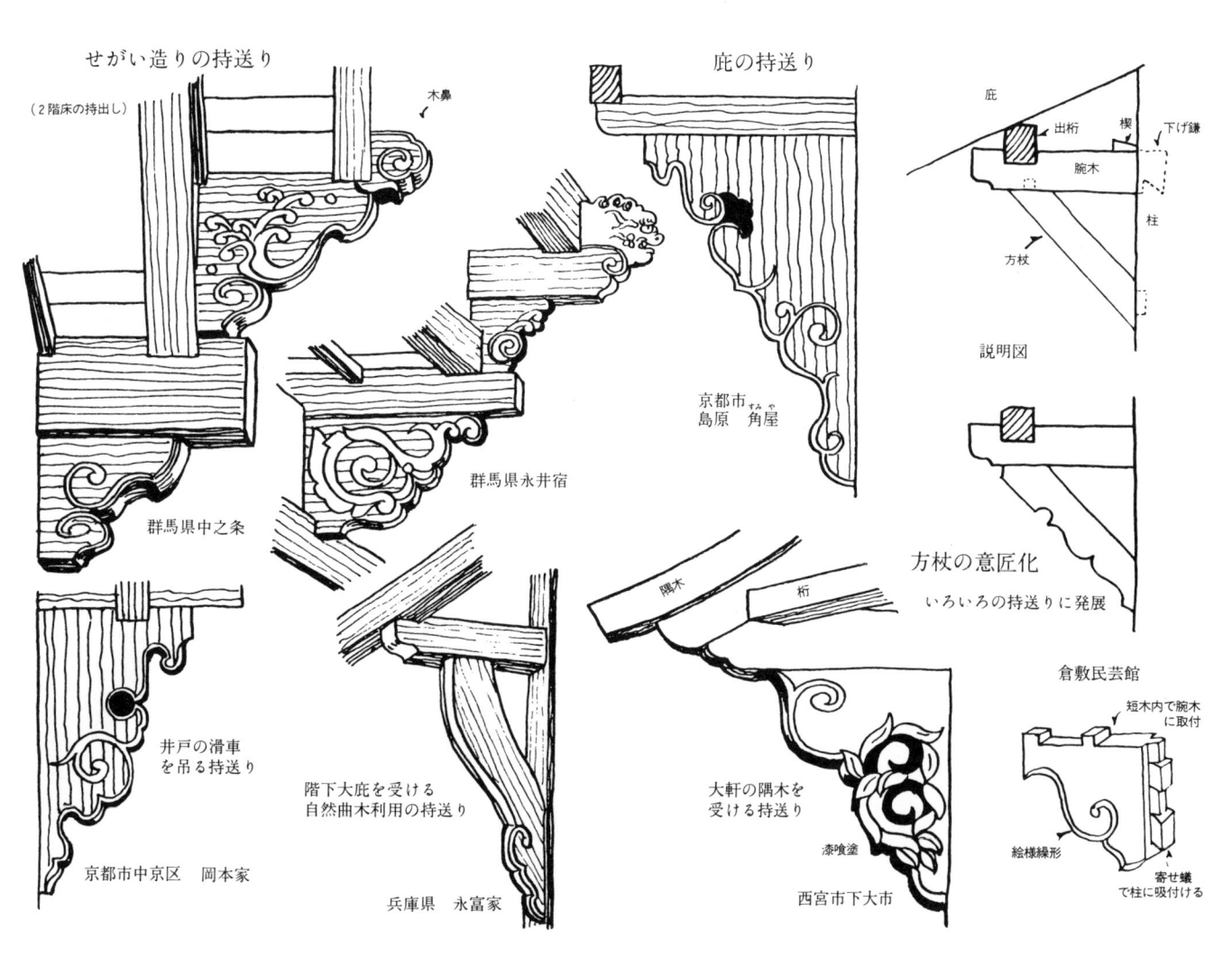

91

★2図　持送り

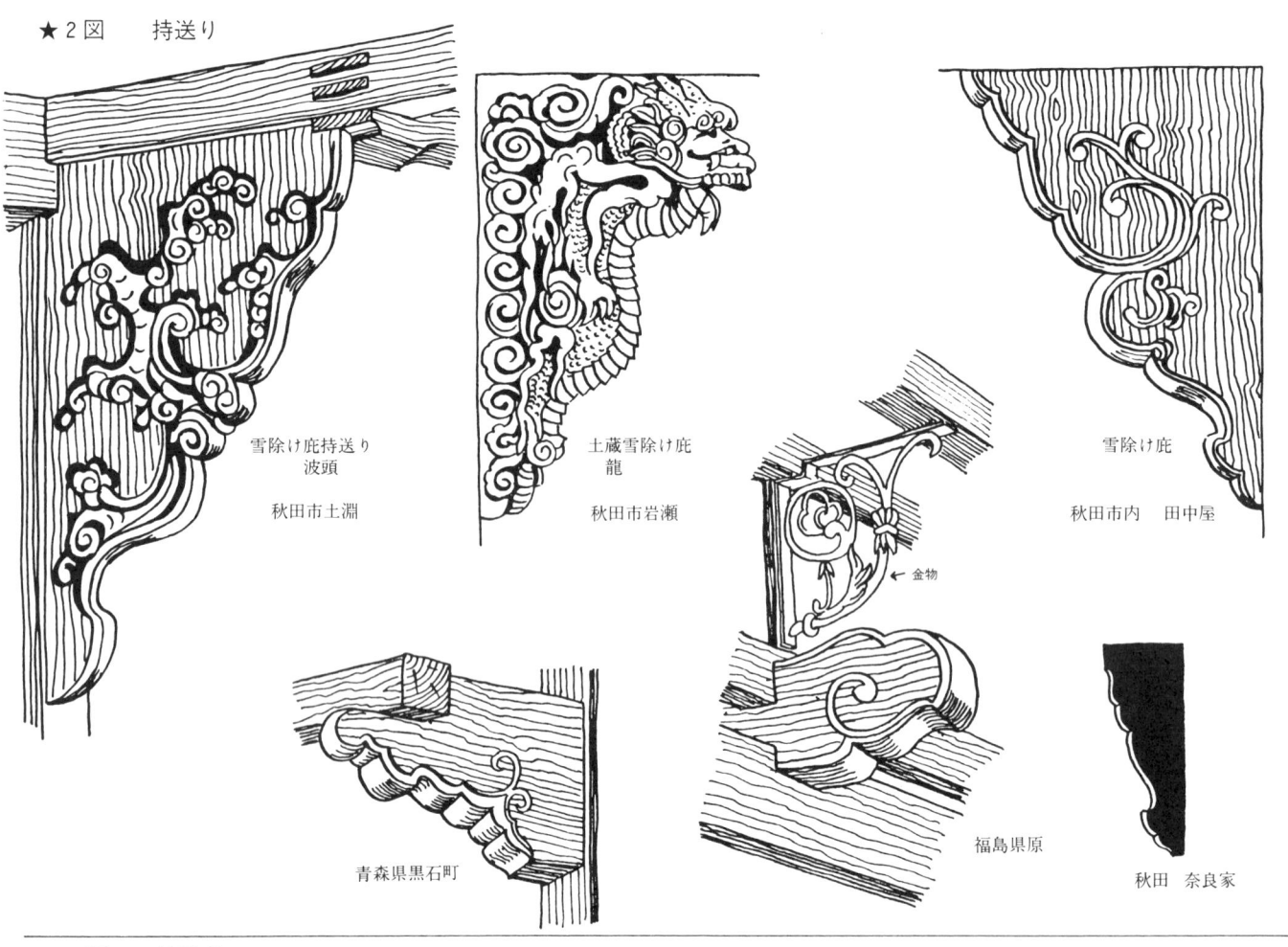

雪除け庇持送り
波頭

秋田市土淵

土蔵雪除け庇
龍

秋田市岩瀬

←金物

雪除け庇

秋田市内　田中屋

青森県黒石町

福島県原

秋田　奈良家

★3図　持送り

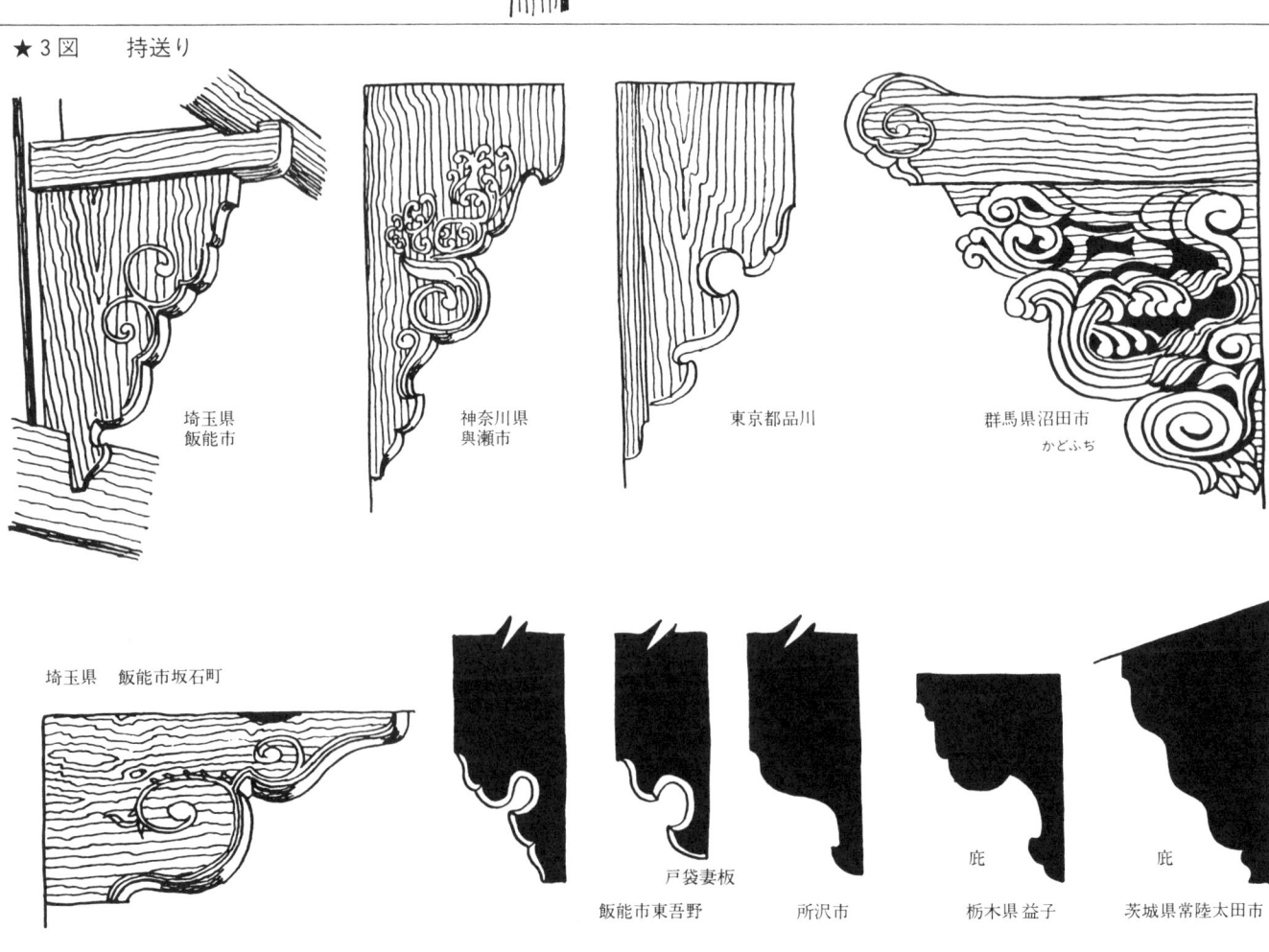

埼玉県
飯能市

神奈川県
與瀬市

東京都品川

群馬県沼田市
かどふぢ

埼玉県　飯能市坂石町

戸袋妻板

飯能市東吾野　　所沢市

庇

栃木県　益子

庇

茨城県常陸太田市

★4図　持送り

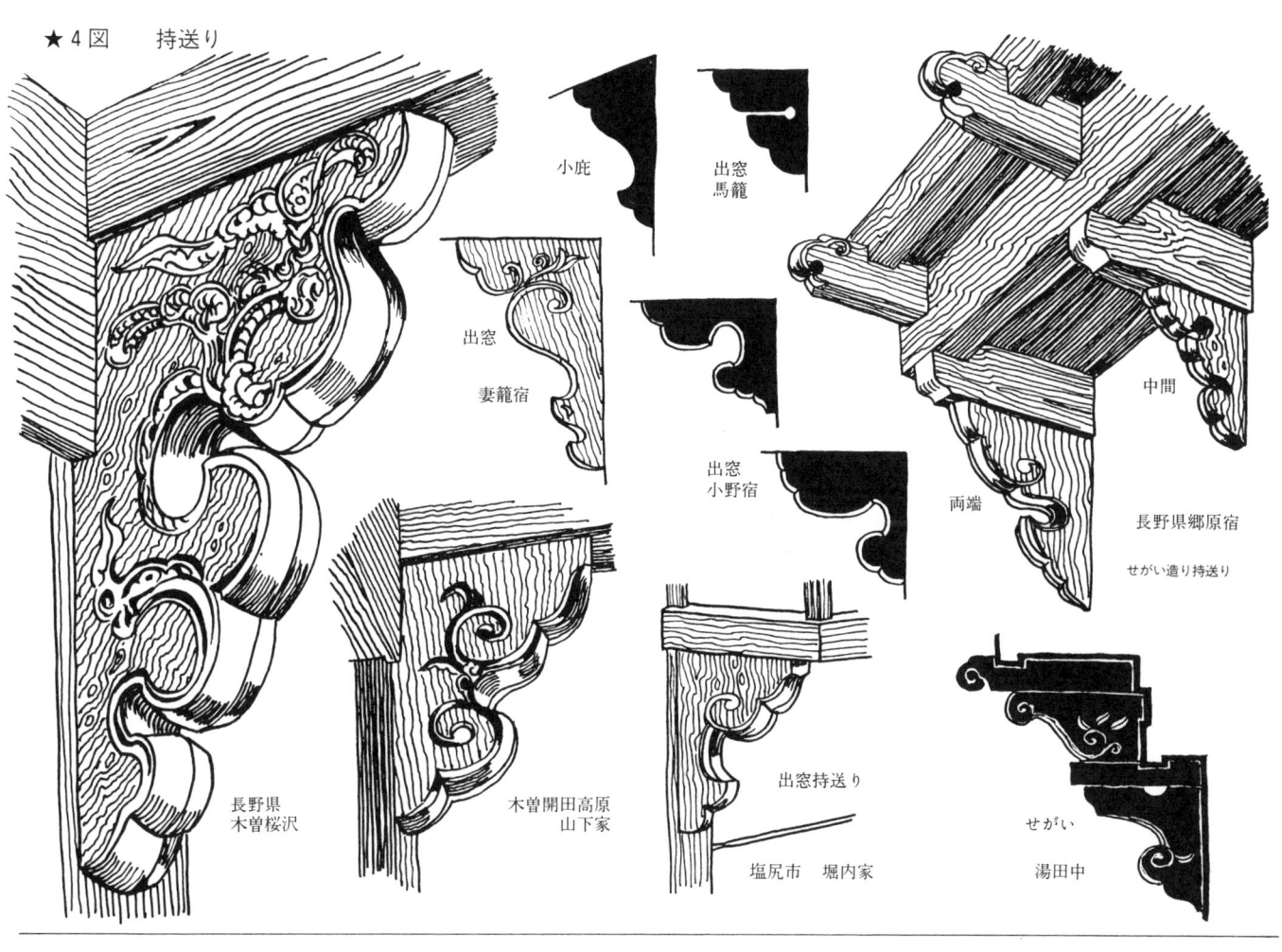

小庇

出窓 馬籠

出窓 妻籠宿

出窓 小野宿

中間

両端

長野県郷原宿

せがい造り持送り

長野県 木曽桜沢

木曽開田高原 山下家

出窓持送り

塩尻市　堀内家

せがい

湯田中

★5図　持送り

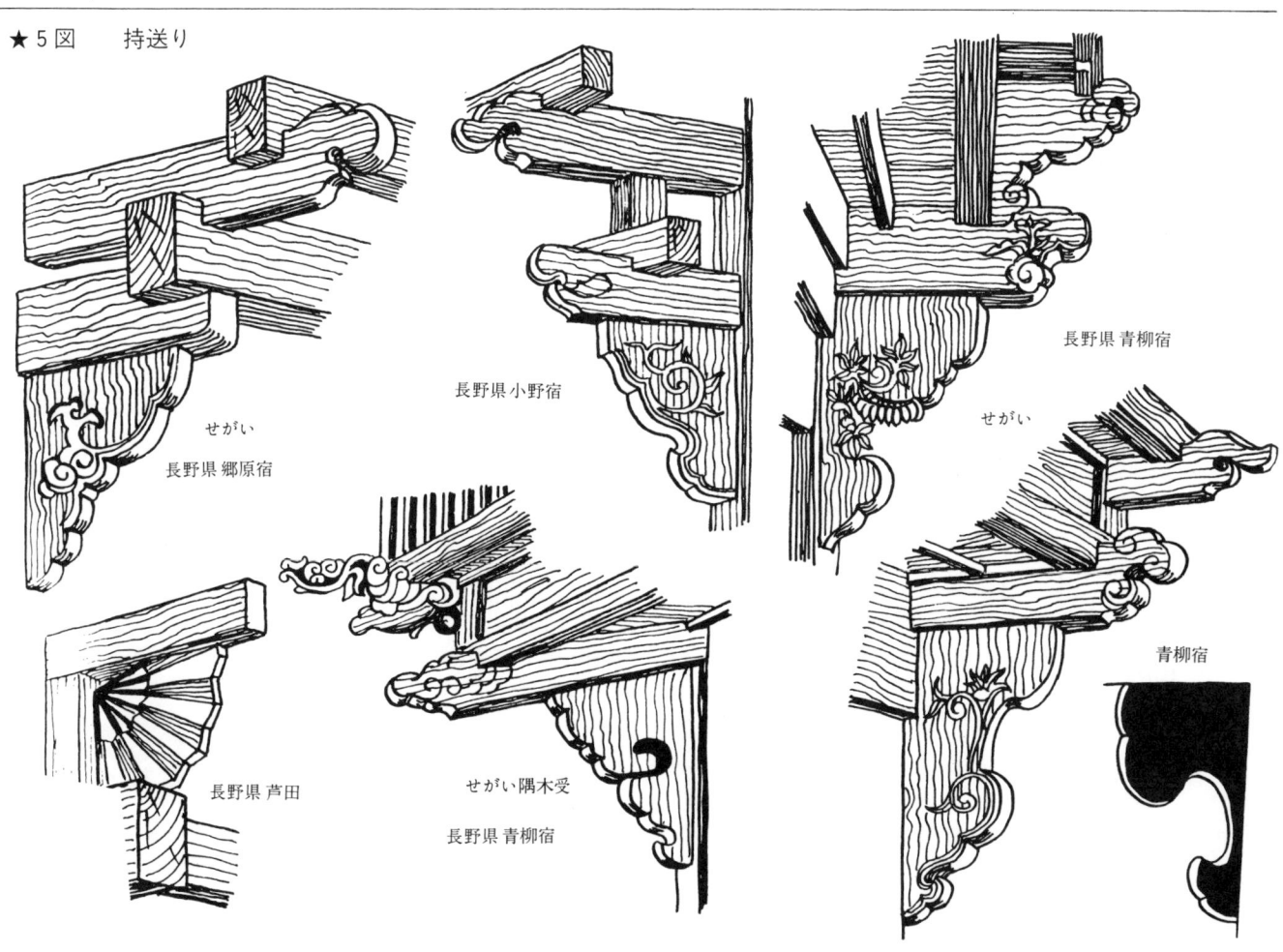

せがい

長野県 郷原宿

長野県 小野宿

長野県 青柳宿

せがい

長野県 芦田

せがい 隅木受

長野県 青柳宿

青柳宿

93

★6図　持送り

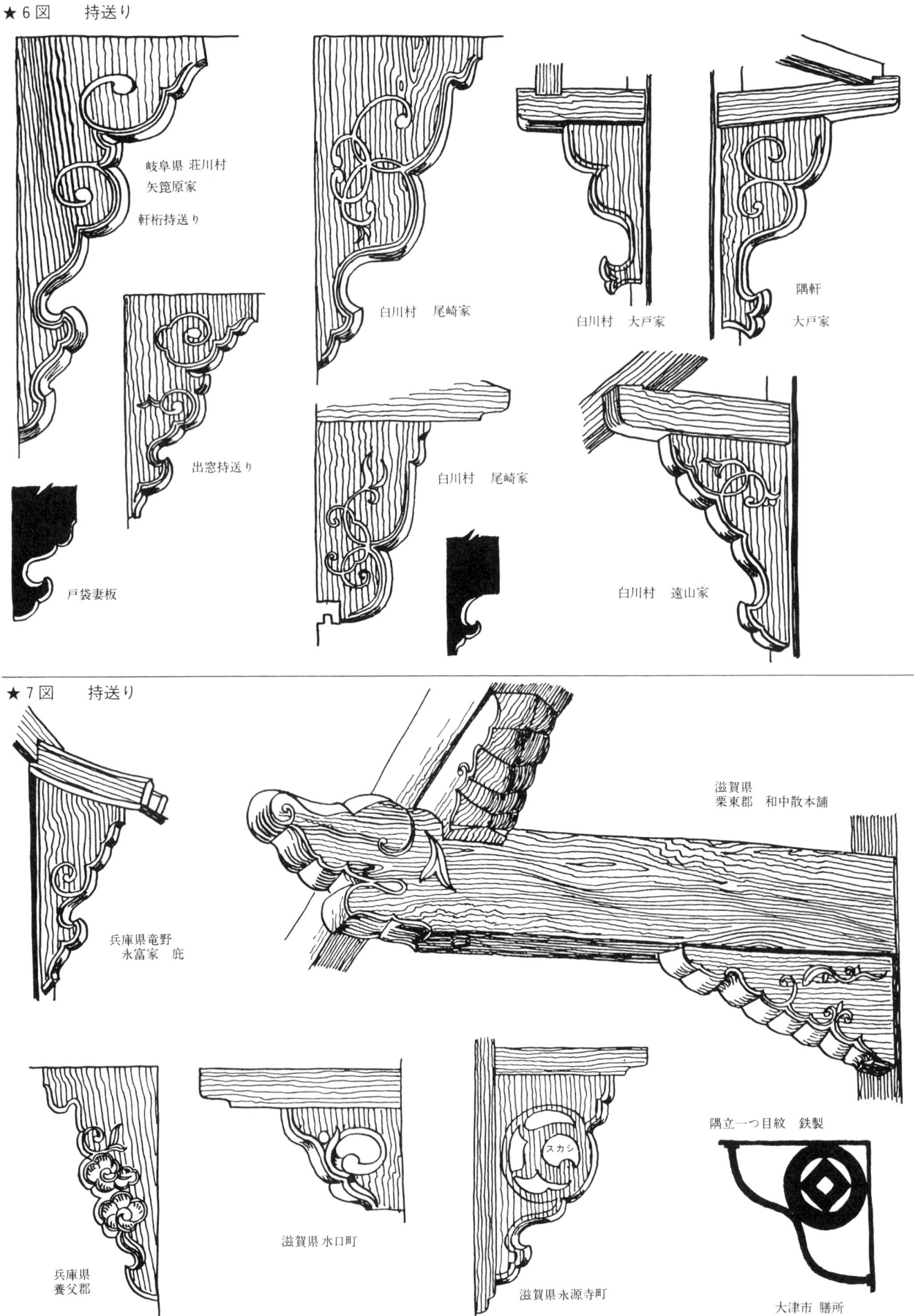

岐阜県 荘川村
矢篦原家

軒桁持送り

出窓持送り

戸袋妻板

白川村　尾崎家

白川村　尾崎家

白川村　大戸家

隅軒
大戸家

白川村　遠山家

★7図　持送り

兵庫県竜野
永富家　庇

滋賀県
栗東郡　和中散本舗

兵庫県
養父郡

滋賀県 水口町

スカシ

滋賀県 永源寺町

隅立一つ目紋　鉄製

大津市　膳所

★ 8図　　持送り

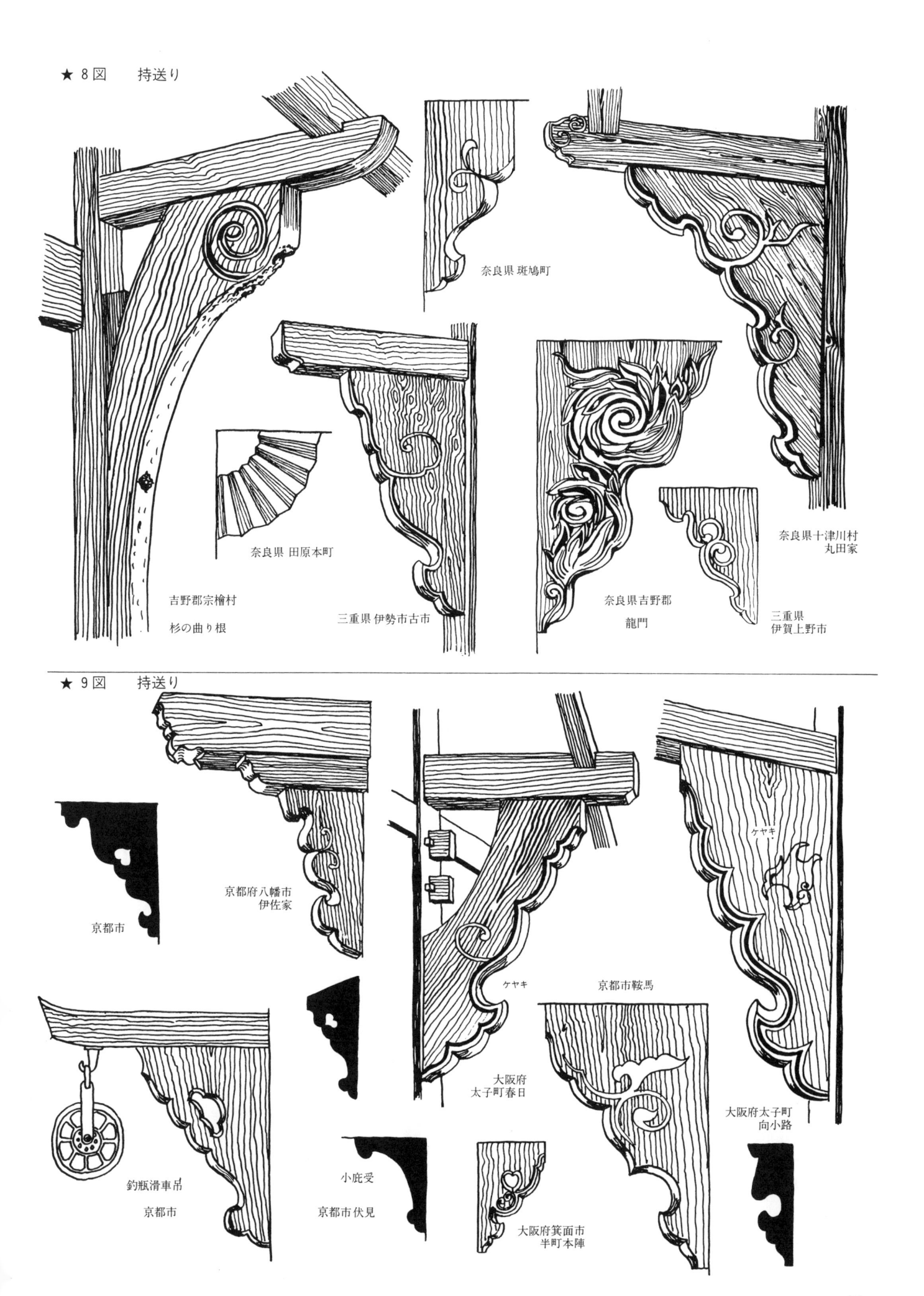

奈良県 斑鳩町

奈良県 田原本町

吉野郡宗檜村
杉の曲り根

三重県 伊勢市古市

奈良県吉野郡
龍門

奈良県十津川村
丸田家

三重県
伊賀上野市

★ 9図　　持送り

京都市

京都府八幡市
伊佐家

ケヤキ

ケヤキ

京都市鞍馬

釣瓶滑車吊
京都市

小庇受
京都市伏見

大阪府
太子町春日

大阪府箕面市
半町本陣

大阪府太子町
向小路

★10図　持送り

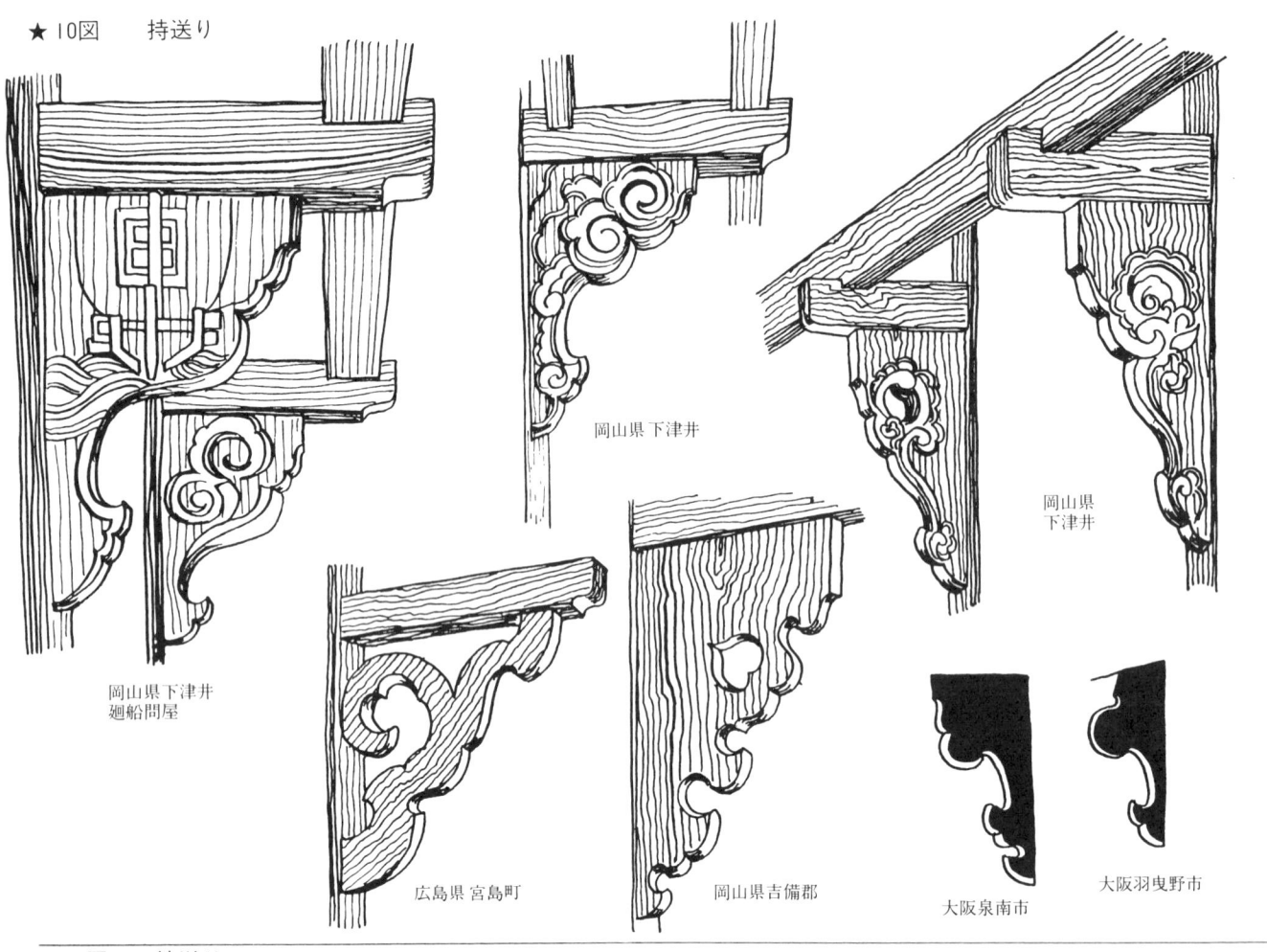

岡山県下津井

岡山県
下津井

岡山県下津井
廻船問屋

広島県 宮島町

岡山県吉備郡

大阪泉南市

大阪羽曳野市

★11図　持送り

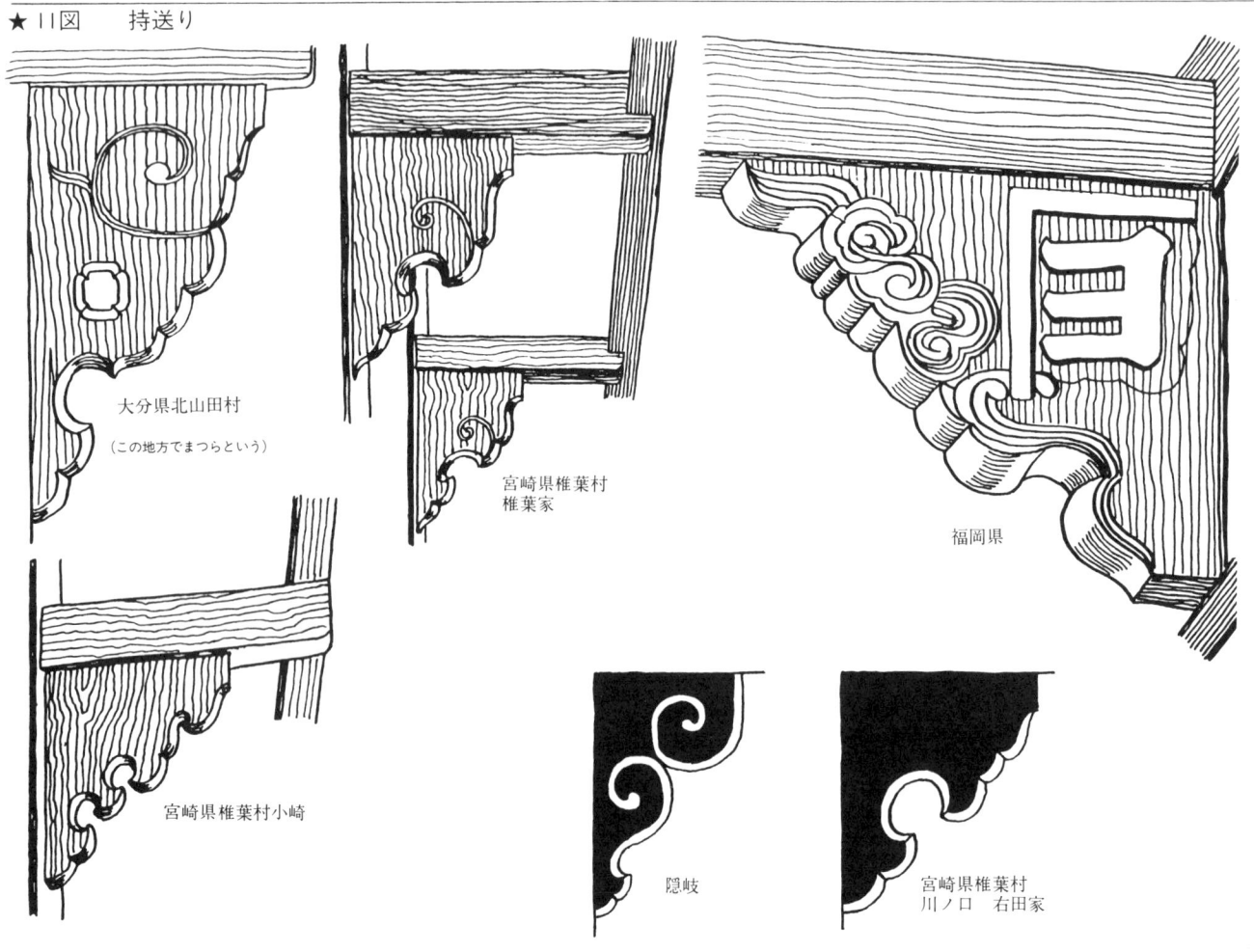

大分県北山田村
（この地方でまつらという）

宮崎県椎葉村
椎葉家

福岡県

宮崎県椎葉村小崎

隠岐

宮崎県椎葉村
川ノ口　右田家

★ 12図　　持送り

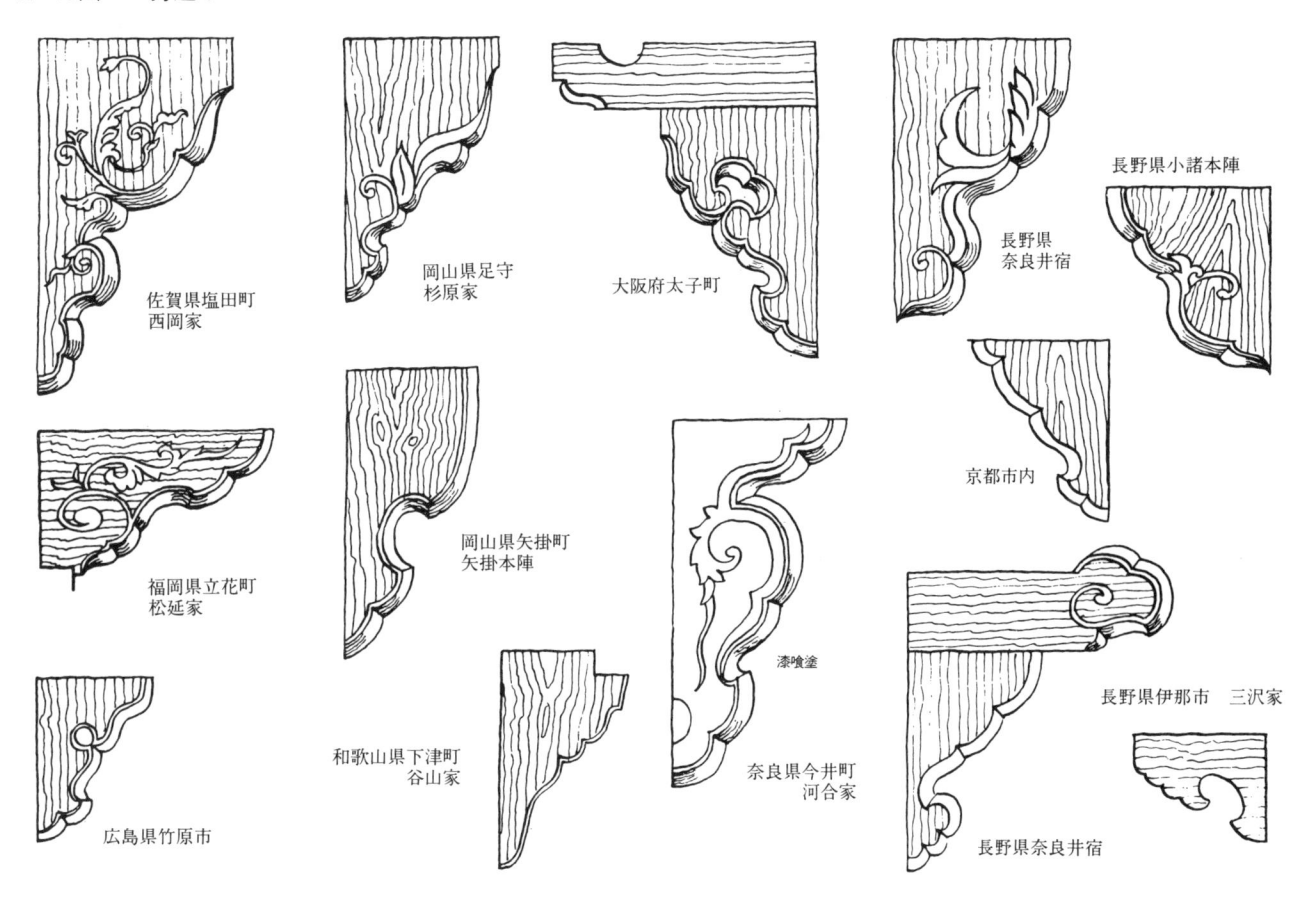

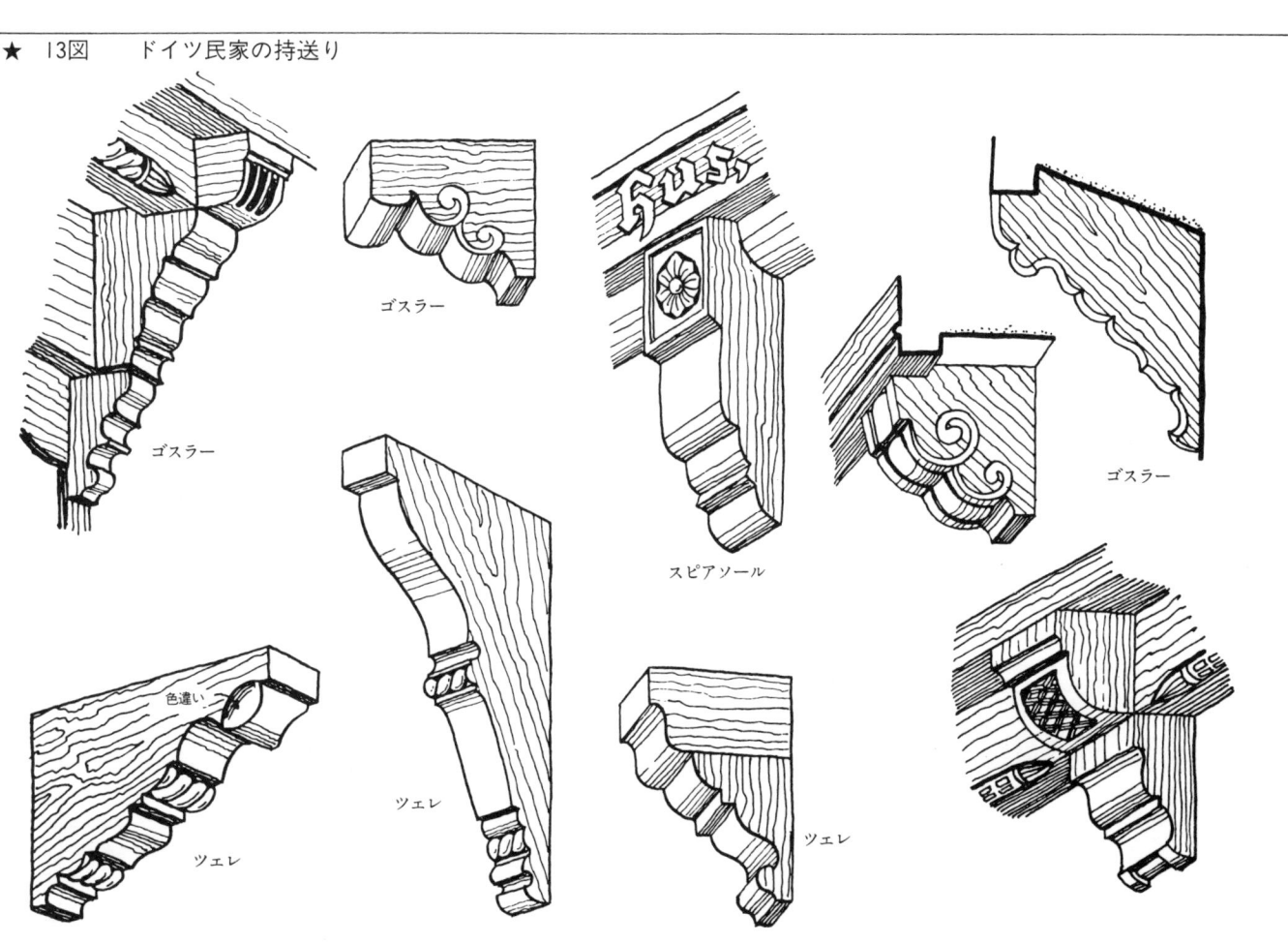

佐賀県塩田町　西岡家

岡山県足守　杉原家

大阪府太子町

長野県奈良井宿

長野県小諸本陣

福岡県立花町　松延家

岡山県矢掛町　矢掛本陣

漆喰塗

京都市内

広島県竹原市

和歌山県下津町　谷山家

奈良県今井町　河合家

長野県伊那市　三沢家

長野県奈良井宿

★ 13図　　ドイツ民家の持送り

ゴスラー

ゴスラー

スピアソール

ゴスラー

ツェレ

ツェレ

色違い

ツェレ

97

手摺
TESURI

　手摺には二階手摺、階段手摺、縁側手摺、窓手摺などがある。二階手摺は農家では1図のように、木曽谷の本棟造り以外にはほとんど用いられない。街道沿いの商家やはたごやなどには、手のこんだ細工の二階手摺が多い。二図上は薄肉彫りで竹に虎を表わしたもの。下は透し彫りで渦潮を表わしたもので、ともに四国の例である。手摺は転落防止の柵のようなものであって、同じ目的のもので橋などでは「欄干」、社寺のものは「勾欄」と呼ぶ。手を摺る上部の横木を「笠木」それを支える竪木を「手摺子」、それを繋ぐ横桟を「貫」、最下部の貫を「茶盌止め」とか「水繰り貫」という。水繰り貫には「平桁」という笠木をつけたり、丸竹を被せることもある。手摺子は普通の場合75センチ毎（一間半四つ割）あるいは90センチ毎（一間二つ割）に建てることが多い。手摺の高さは大体75センチ位である。肘掛窓用では40センチ位とする。手摺の末端や隅に建つ柱は「親柱」といって、特別に装飾をつけることが多い。橋の場合は擬宝珠をつけたりする。民家でもそれを象った形としたものが多い。くだけた感じをだすために、材料も丸太や名栗棒、竹などをあしらうことも多い。3図にはそれらの例を示した。また貫は巾広の板を用い、透し彫りの装飾をつける。4図5図はそのような例である。6図上は和洋折衷の明治期の旅館建築のもので、新庄市のものは笠木、手摺子は洋風じみているが、下部の持送りの木鼻は全くの在来様式の社寺風であるのが面白い。木曽福島のものは、手摺子に鋳鉄製の飾り金物をつけているが、周辺は全くの日本式である。7図には縁側手摺と、肘掛窓用の手摺を示した。8図は二階手摺各部の名称と、中庭に面する渡り廊下の手摺、9図には階段手摺のいろいろを示した。

　スイスではカットに示した本棟造りに似た木造の民家が多く見られる。それらには一様に二階手摺がめぐらされていて、その意匠がまことに美しい。手摺子は厚板を連らねたもので、花型や瓶型トランプ模様などを、透し彫りとして意匠は千変万化で興味をひく。彫られた板の部分、切り抜いた空間の部分、その何れの形も美しく多彩な趣がある。

　12図の下半はインドネシアのマカッサル式と呼ばれる民家のものである。この地方は2メートル以上もある高床式の民家で、窓にはすべて手摺がついている。オランダ統治時代のヨーロッパ風や、イスラム教の影響をうけた尖頭アーチ型や三日月型の意匠が見られる。

★1図　　手摺

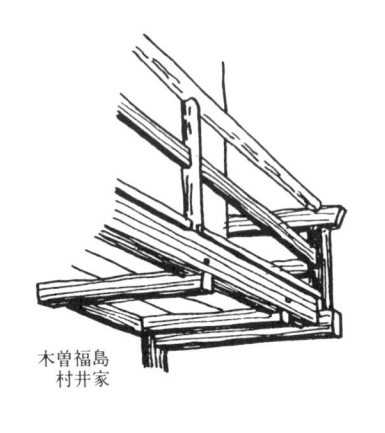

手摺のある家

木曽福島　村井家

木曽上松　大村家

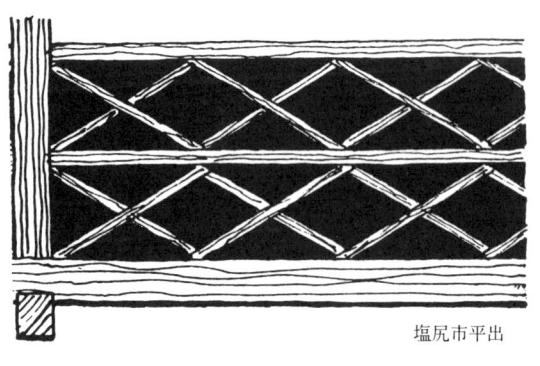

塩尻市平出

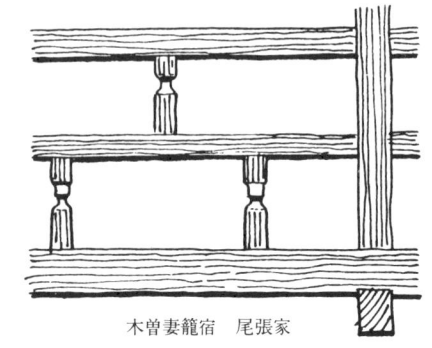

木曽妻籠宿　尾張家

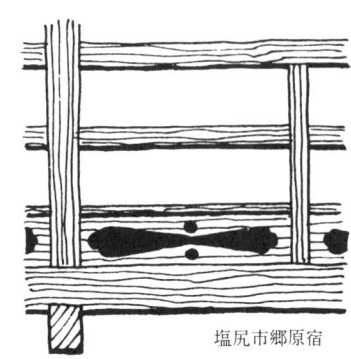

塩尻市郷原宿

★2図　二階手摺

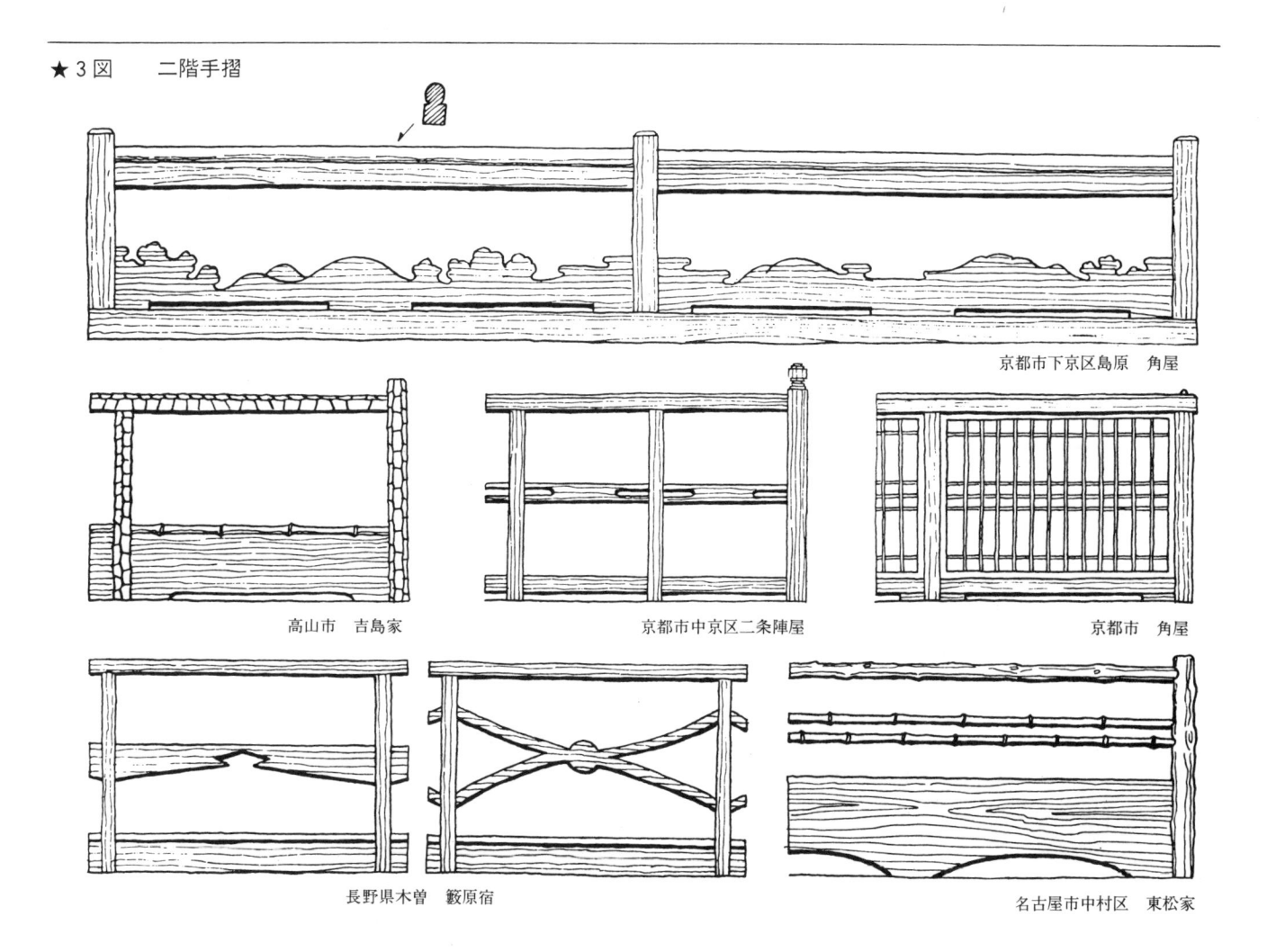

竹に虎　　　　　　　　　　　　　　　　　　　　　　　　香川県琴平町　虎屋そば店

瀬戸の渦潮　　　　　　　　　　　　　　　　　　　　　　愛媛県　道後温泉

★3図　二階手摺

京都市下京区島原　角屋

高山市　吉島家　　　　　京都市中京区二条陣屋　　　　京都市　角屋

長野県木曽　籔原宿　　　　　　　　　　　　　　　　　名古屋市中村区　東松家

99

★4図　二階手摺

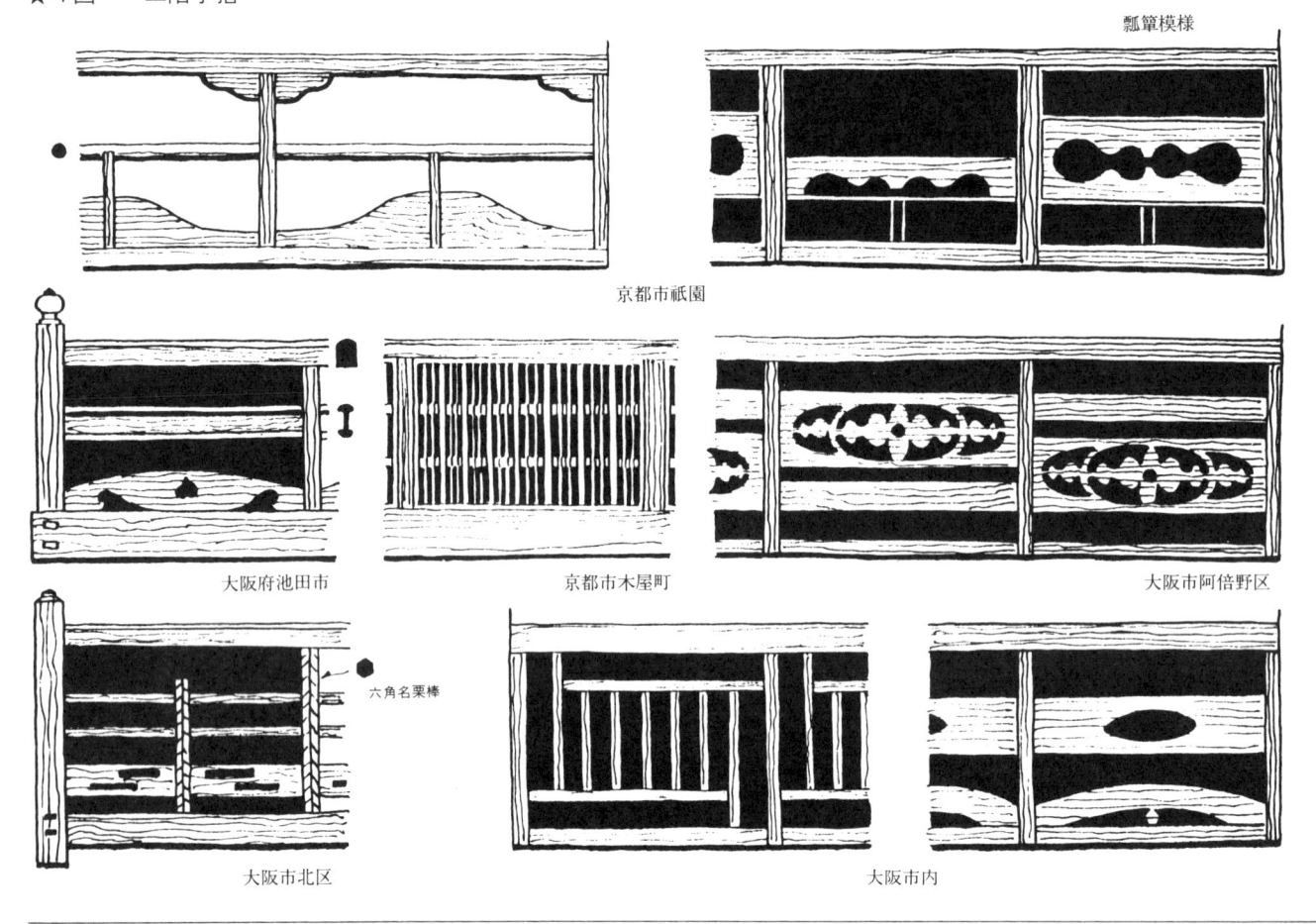

瓢箪模様

京都市祇園

大阪府池田市　　　京都市木屋町　　　大阪市阿倍野区

大阪市北区　　　　大阪市内

六角名栗棒

★5図　二階手摺

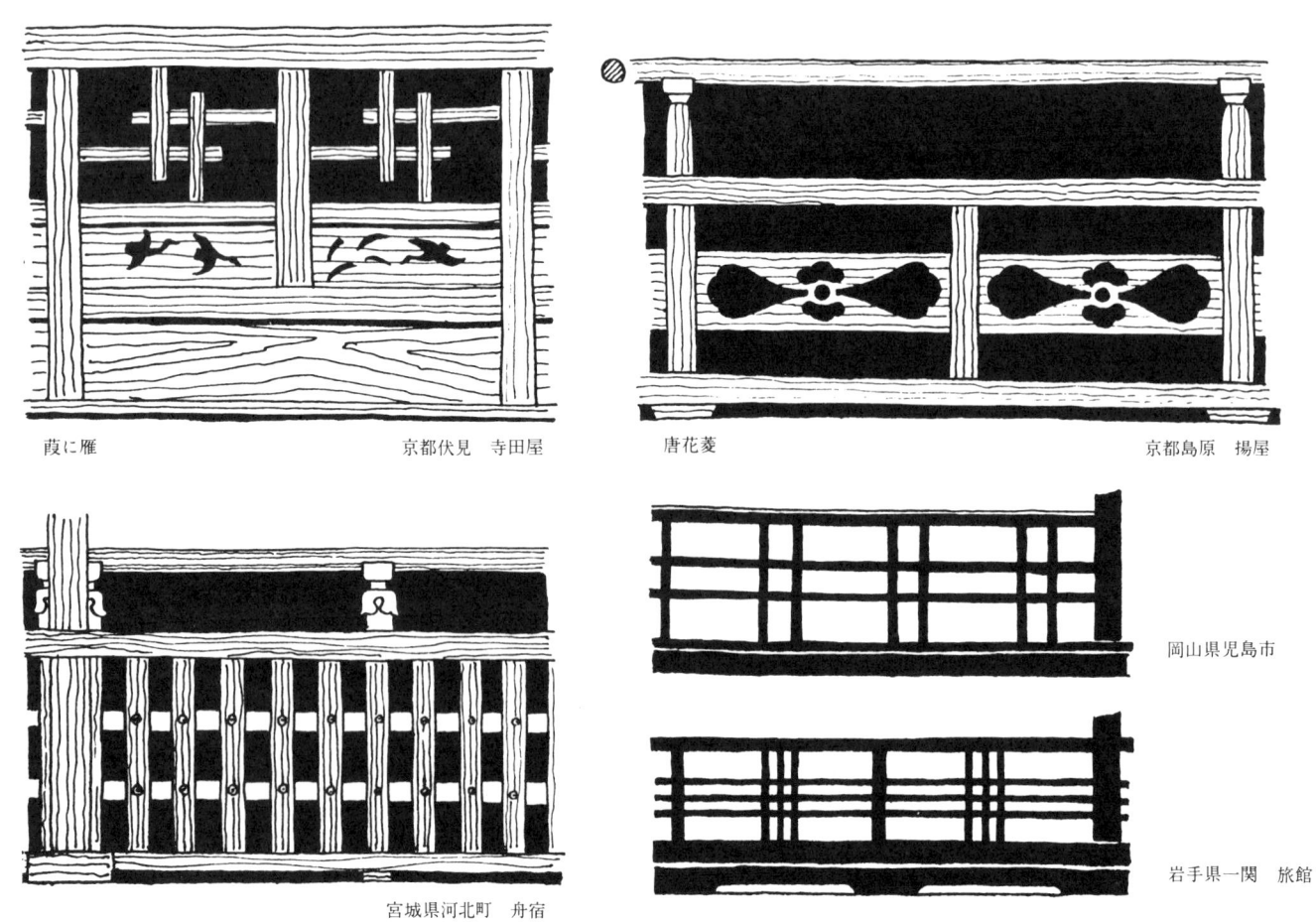

霞に雁　　　京都伏見　寺田屋　　　唐花菱　　　京都島原　揚屋

宮城県河北町　舟宿

岡山県児島市

岩手県一関　旅館

100

★6図　二階手摺

和洋折衷式

鋳鉄製白ペンキ　　　　　　木曽福島　旅館

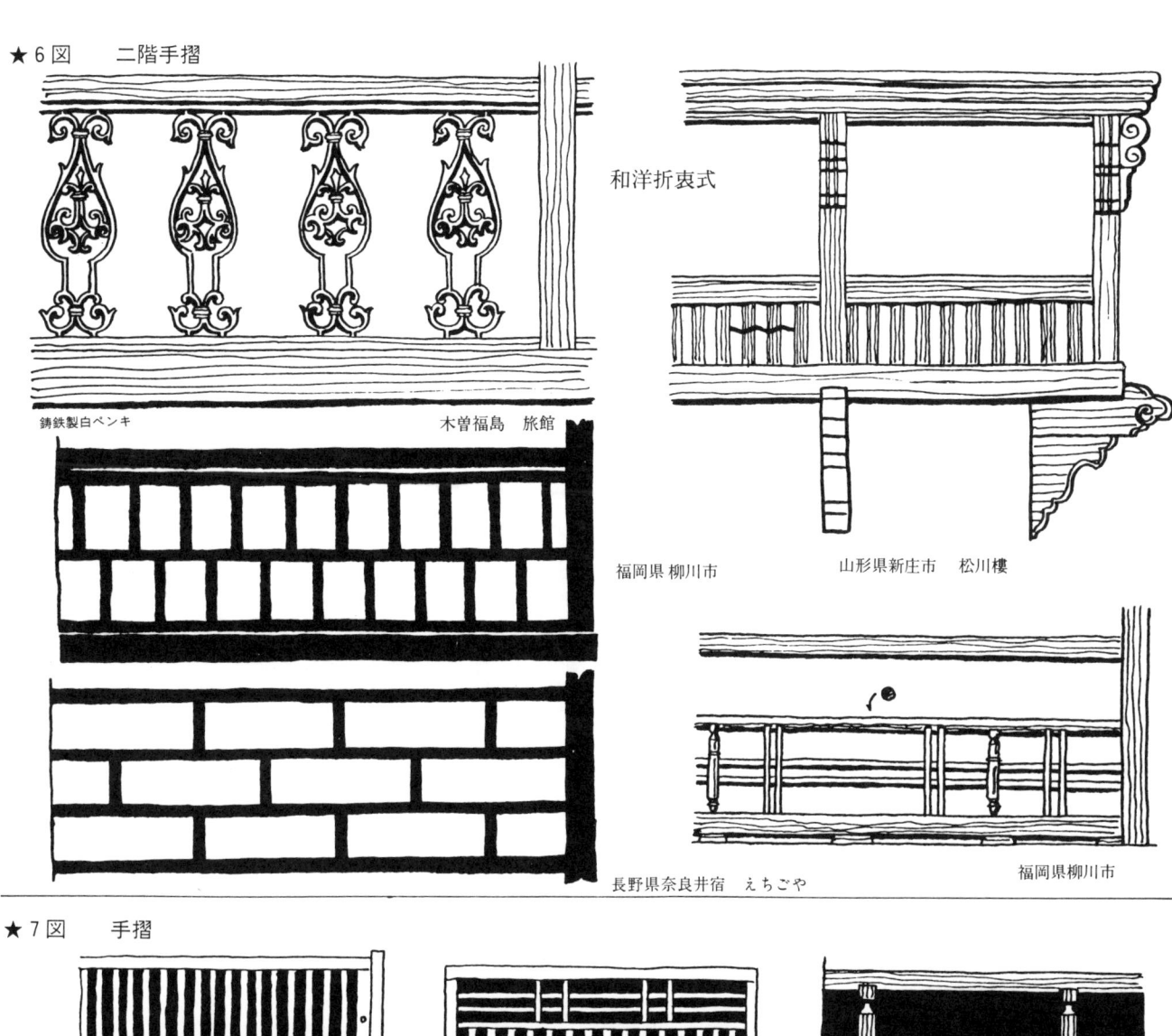

福岡県 柳川市　　　　　　山形県新庄市　松川樓

長野県奈良井宿　えちごや　　福岡県柳川市

★7図　手摺

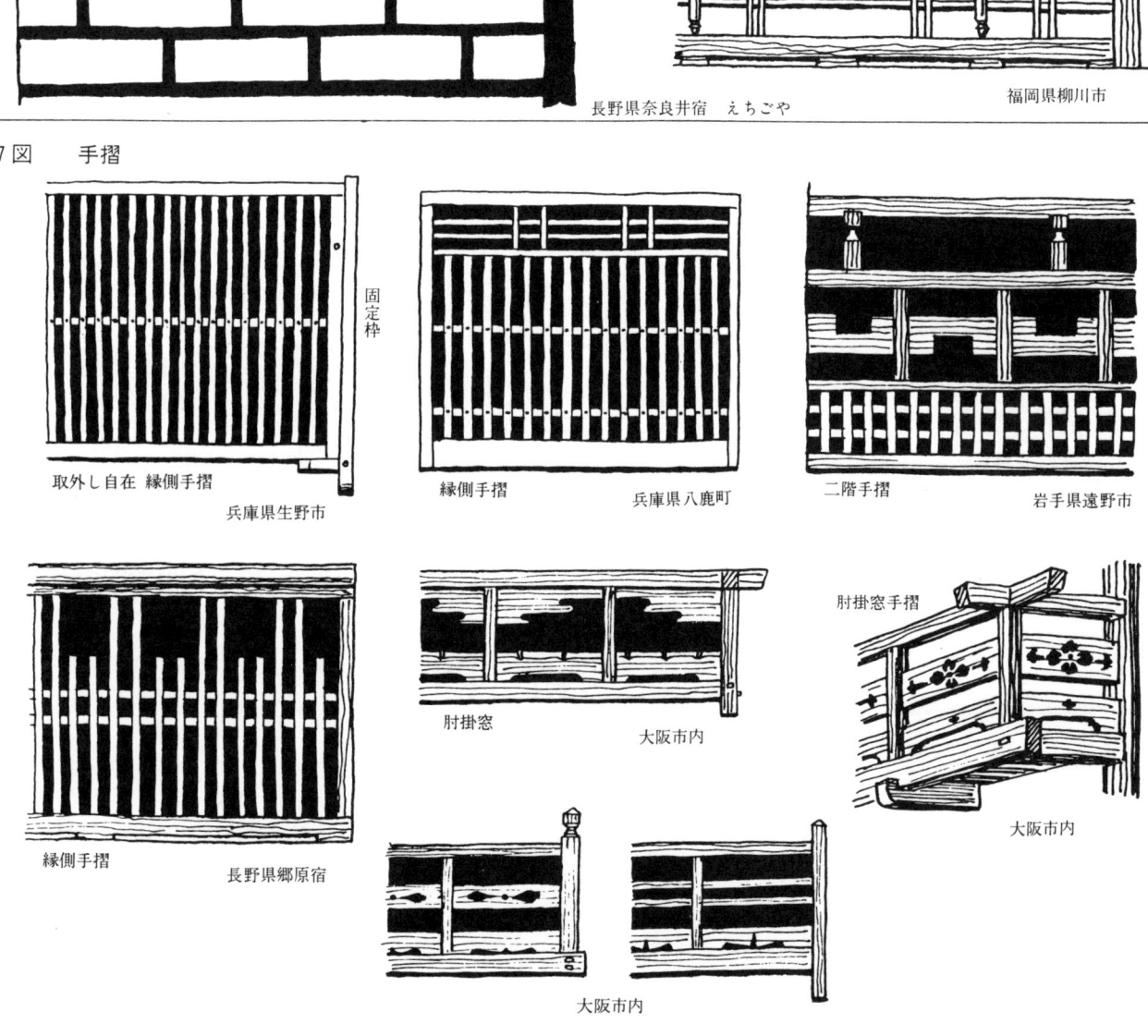

固定枠

取外し自在 縁側手摺
兵庫県生野市

縁側手摺
兵庫県八鹿町

二階手摺
岩手県遠野市

縁側手摺
長野県郷原宿

肘掛窓
大阪市内

肘掛窓手摺
大阪市内

大阪市内

101

★8図　二階手摺

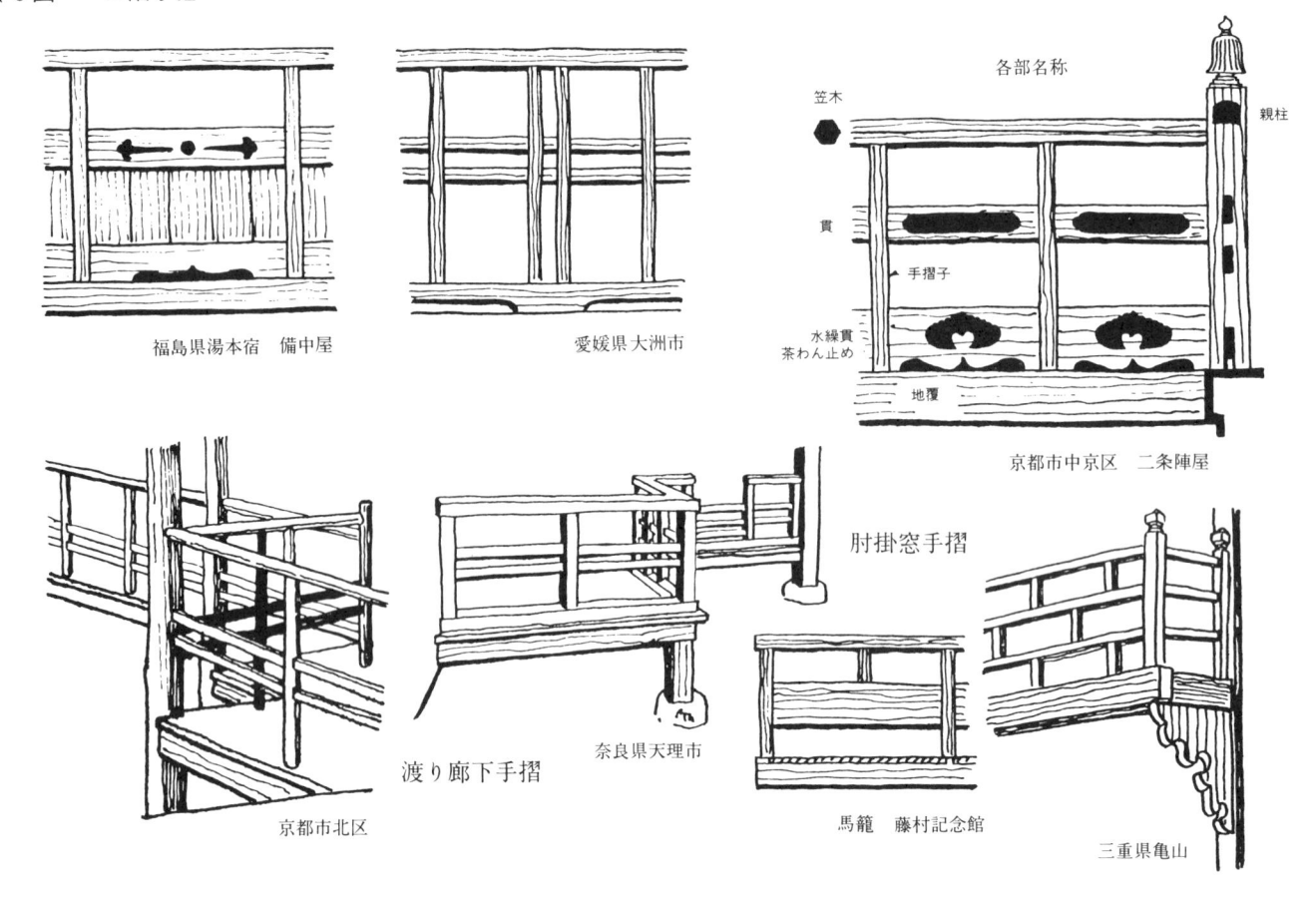

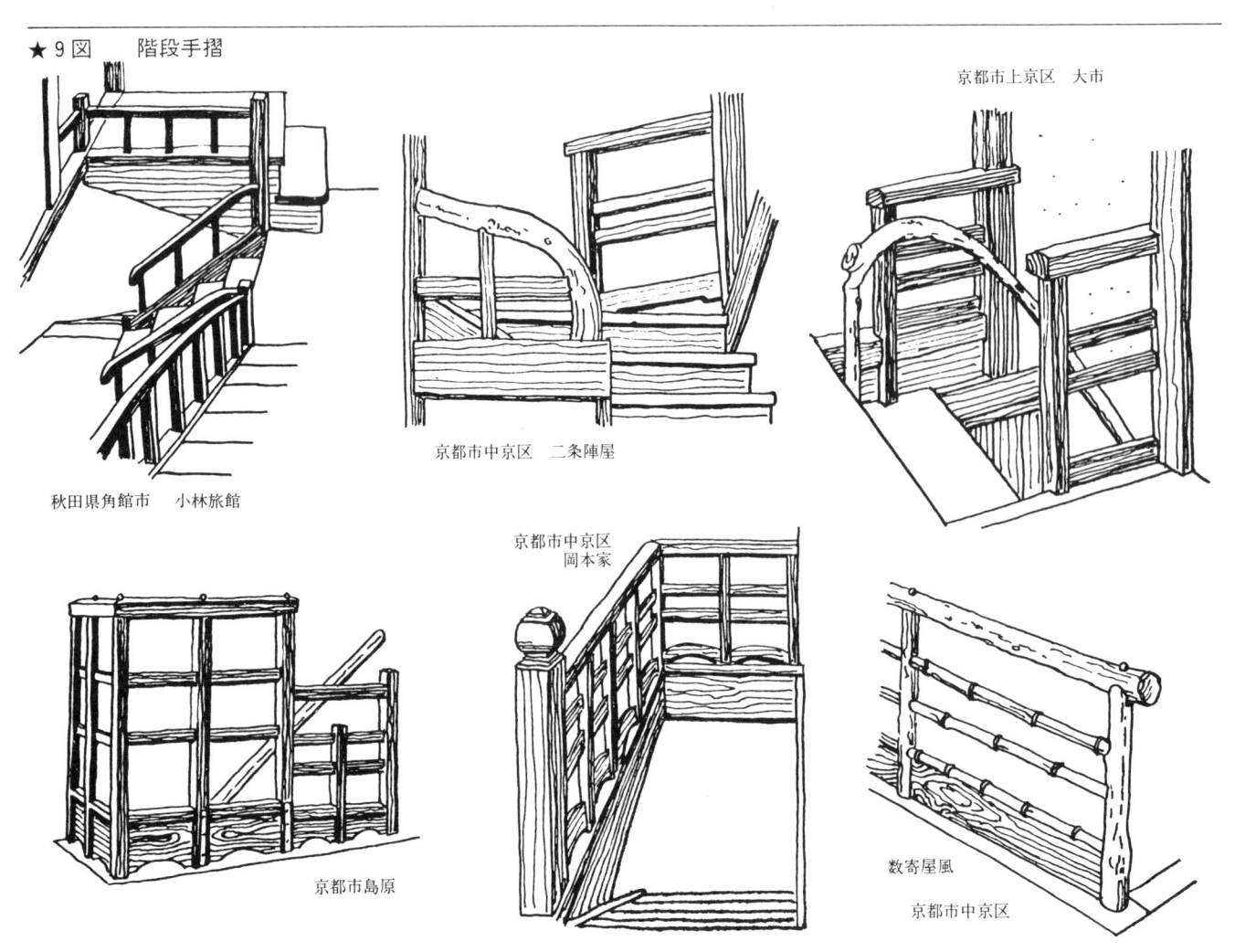

福島県湯本宿　備中屋

愛媛県大洲市

各部名称
笠木
貫
手摺子
水繰貫
茶わん止め
地覆
親柱

京都市中京区　二条陣屋

京都市北区

渡り廊下手摺

奈良県天理市

肘掛窓手摺

馬籠　藤村記念館

三重県亀山

★9図　階段手摺

京都市上京区　大市

秋田県角館市　小林旅館

京都市中京区　二条陣屋

京都市中京区
岡本家

京都市島原

数寄屋風

京都市中京区

★10図　ヨーロッパの二階手摺

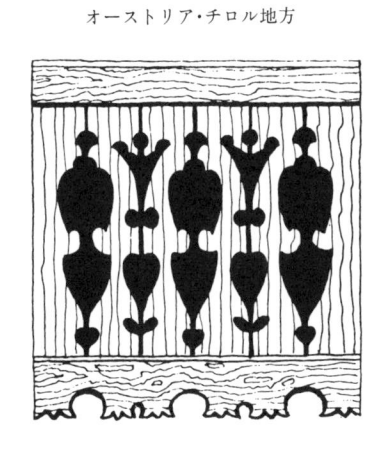

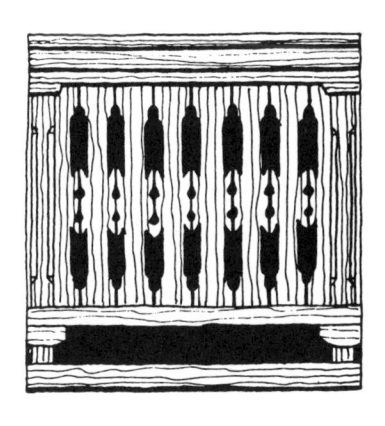

オーストリア・チロル地方

丸太

★11図　ヨーロッパ民家の手摺

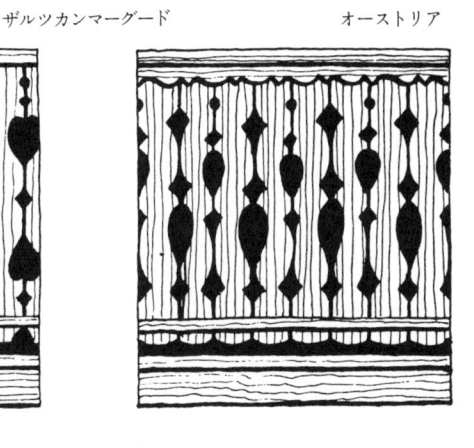

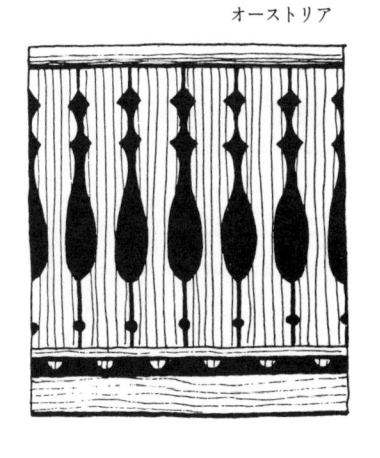

スペイン　　　オーストリア　　ザルツカンマーグード　　オーストリア

スイス　　　　スイス　　　　　　　　　　　　オーストリア

103

★12図　外国民家の二階手摺

スイス

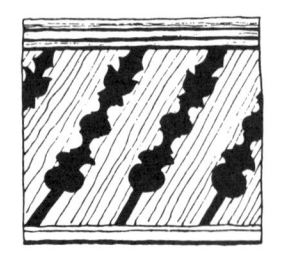

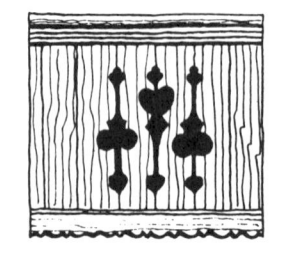

インドネシア

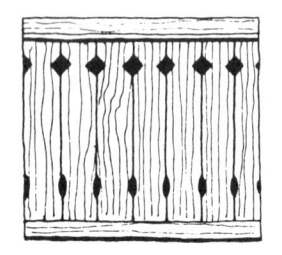

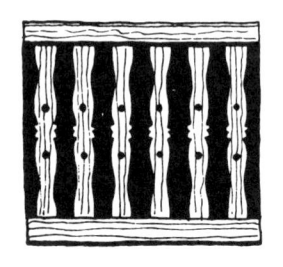

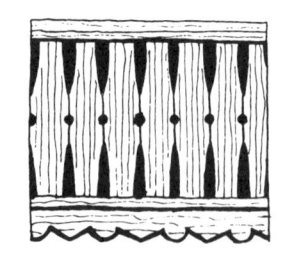

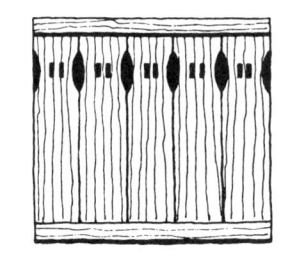

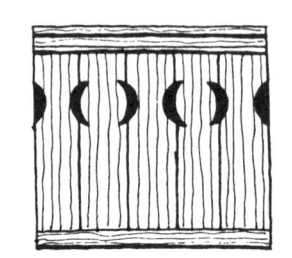

呼樋
YOBIDOI

　呼樋というのは、軒先の樋と壁についた竪樋とを結ぶ斜めになった樋をいう。頂部の角張った漏斗状の部分を溜桝（ためます）ともいう。軒樋は両端に鉄線を巻き込んだ金属板を半円型に丸めたものが普通であるが、角型やそのほか変型も多い。昔は二つ割りの丸太を刳（えぐ）ったものや竹などが多く用いられた。そうした式のものは呼樋も板で箱型につくったものが用いられた。材料は上等品は銅板製で、とくに昔の素封家などは、手伸べの厚銅板の厚1.5ミリから2ミリものもあって、こうなれば永代物である。亜鉛渡鉄板ができてからは、ほとんどがこれになった。コールタールやペンキを塗って用いる。これは錆びやすいので、今は塩化ビニール製品が全盛である。塩ビ製は鉄型の押し出しであるが、以前の金属板製はすべて手作りであった。こうした仕事をするのは錺（かざり）工である。錺工は普通ブリキ屋と呼ばれたが、ブリキとは薄鉄板に錫鍍金をしたもので鑵などには用いられたが、建築用材にはつかわれなかった。樋などに用いられるのは亜鉛渡鉄板で、俗にトタンと呼ばれるものである。トタンはポルトガル語の亜鉛という言葉が訛ったものである。

　溜桝や呼樋の大体の形は全国的にほゞ共通していて、格別の変わった地方色というのは見られない。しかし溜桝部分には紋所や屋号を入れ、細部の意匠は千差万別でなかなか面白いものがある。とくに今氏が採集された木曽地方の蝶型やつばめ型その他は面白い。京都では漏斗状の溜桝が、軒樋より上方についていて、溜桝の用をなさず、単なる装飾となってしまっている。

　二階部分の竪樋が、一階庇の上では庇の勾配状に流れる樋となる。これを匍樋（はいどい）という。匍樋から一階の軒樋に流入するところには溢れ易くまた樋の隅部分も同様なので、こうしたところには溢れ止めの幕板がつく。6図はその意匠を示したものである。

★1図　呼樋

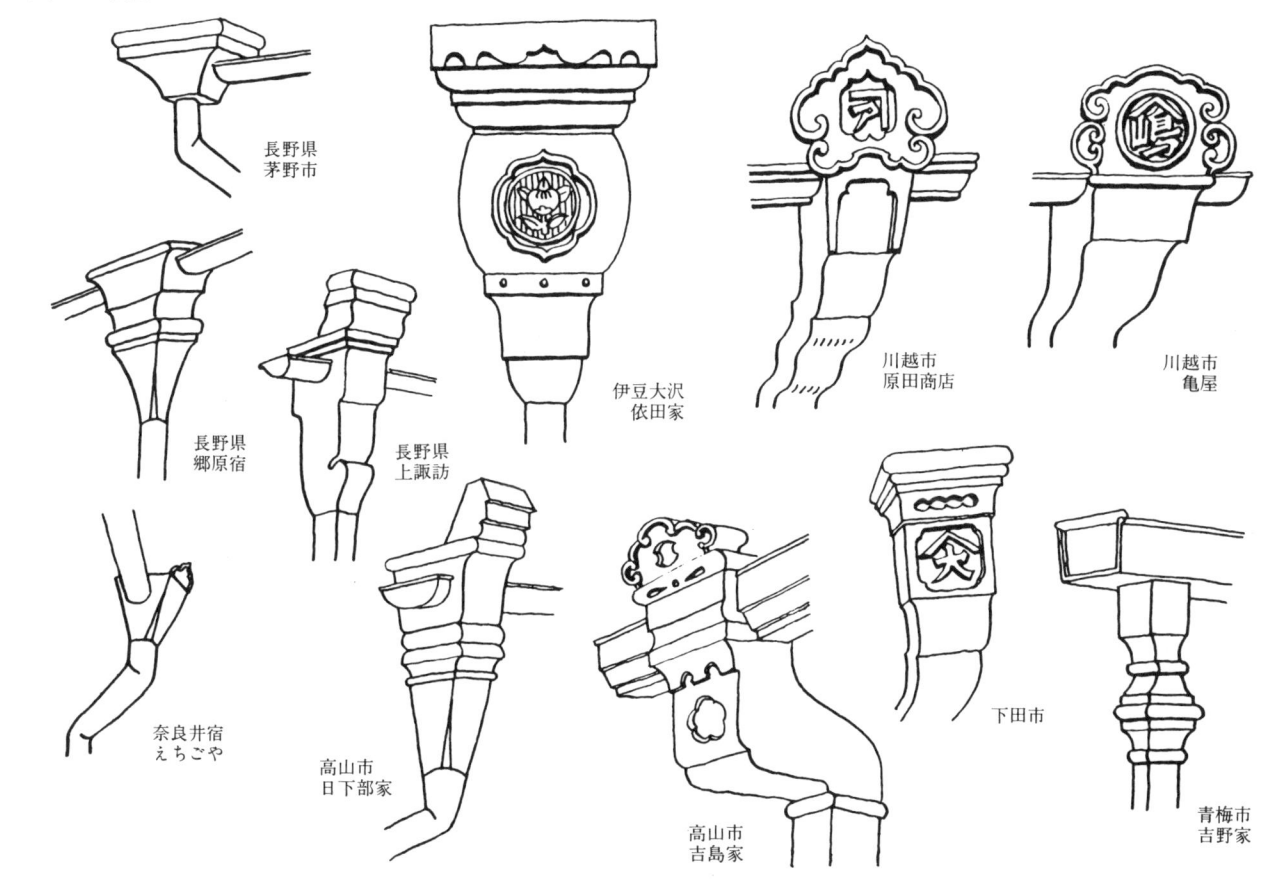

長野県茅野市
長野県郷原宿
長野県上諏訪
伊豆大沢依田家
川越市原田商店
川越市亀屋
奈良井宿えちごや
高山市日下部家
高山市吉島家
下田市
青梅市吉野家

★2図　呼樋

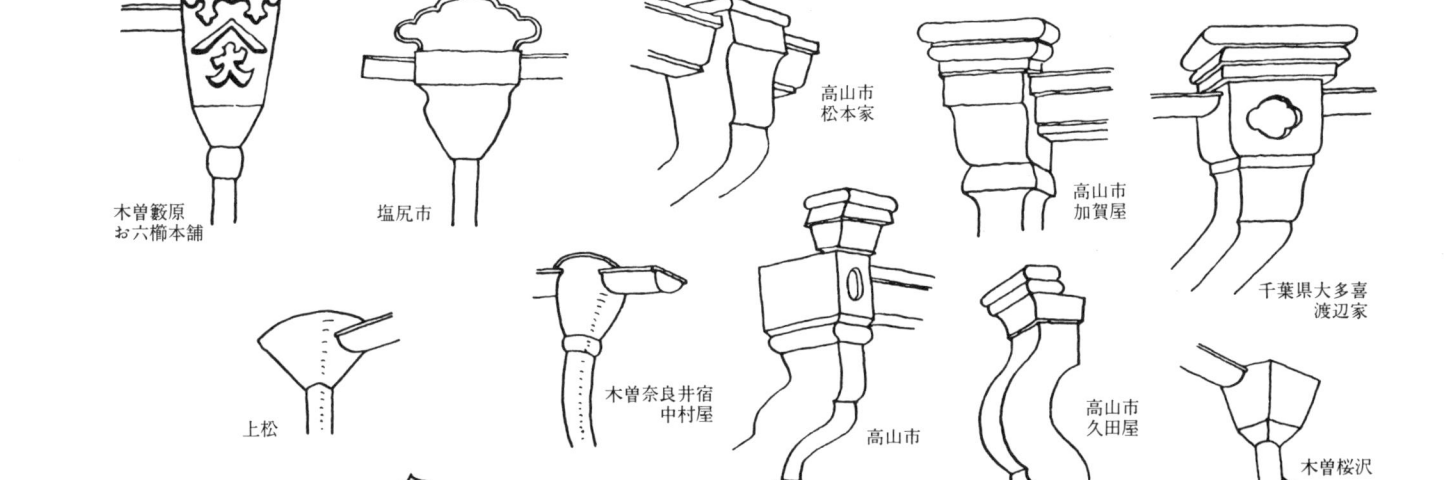

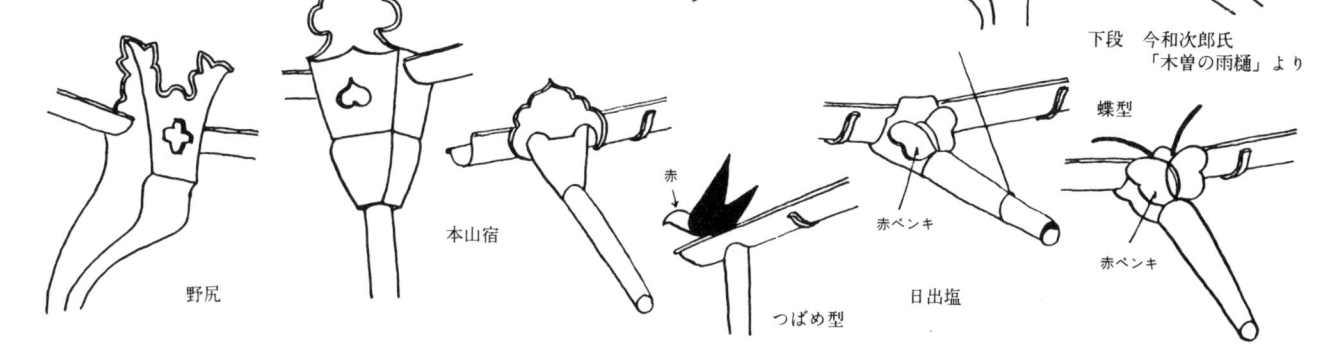

木曽籔原お六櫛本舗
塩尻市
高山市松本家
高山市加賀屋
千葉県大多喜渡辺家
上松
木曽奈良井宿中村屋
高山市
高山市久田屋
木曽桜沢
野尻
本山宿
つばめ型
赤
赤ペンキ
日出塩
赤ペンキ
蝶型

下段　今和次郎氏「木曽の雨樋」より

105

★3図　呼樋

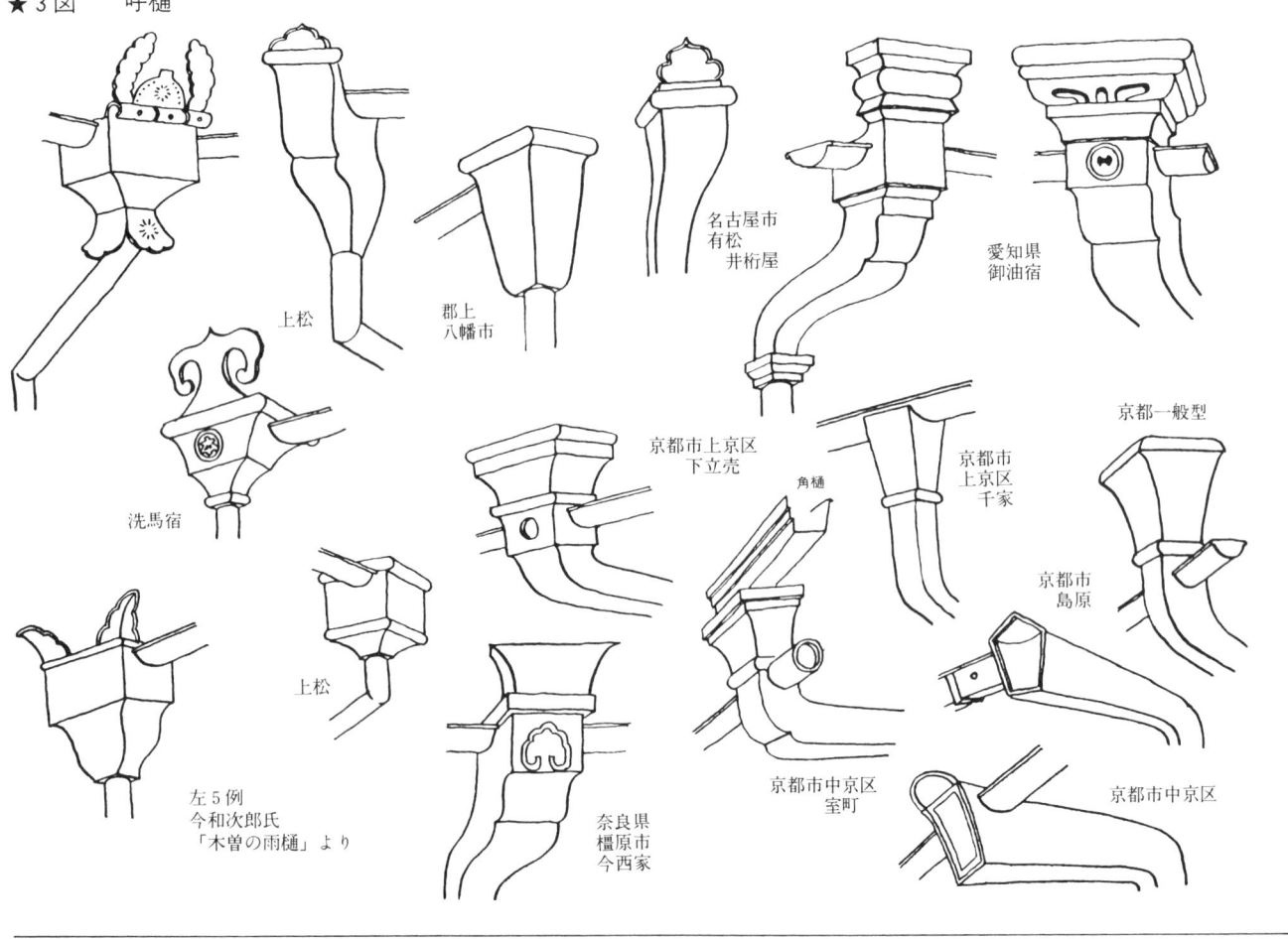

上松

郡上
八幡市

名古屋市
有松
井桁屋

愛知県
御油宿

洗馬宿

京都市上京区
下立売

角樋

京都市
上京区
千家

京都一般型

京都市
島原

上松

左5例
今和次郎氏
「木曽の雨樋」より

奈良県
橿原市
今西家

京都市中京区
室町

京都市中京区

★4図　呼樋

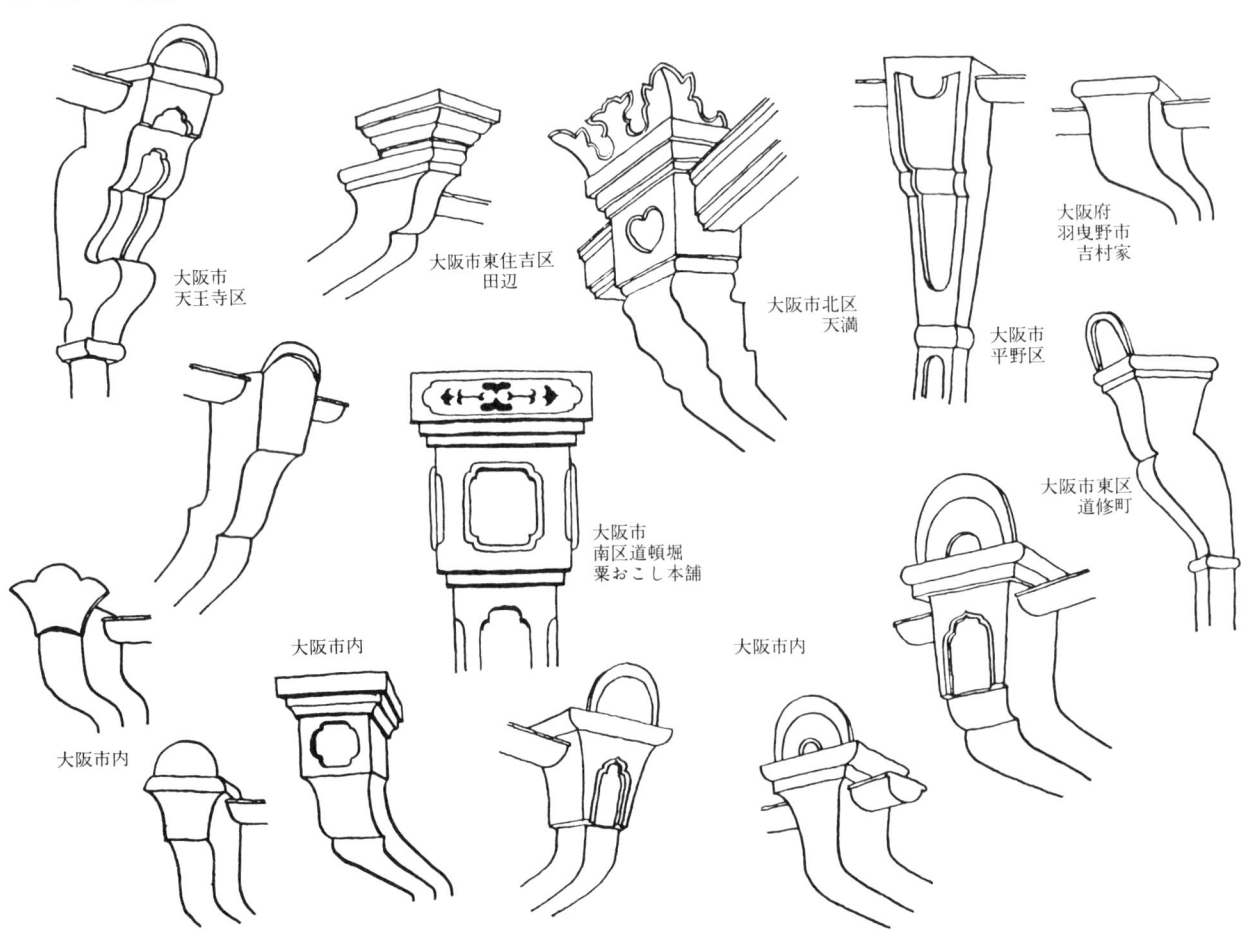

大阪市
天王寺区

大阪市東住吉区
田辺

大阪市北区
天満

大阪府
羽曳野市
吉村家

大阪市
平野区

大阪市
南区道頓堀
粟おこし本舗

大阪市東区
道修町

大阪市内

大阪市内

大阪市内

106

★ 5図　呼樋

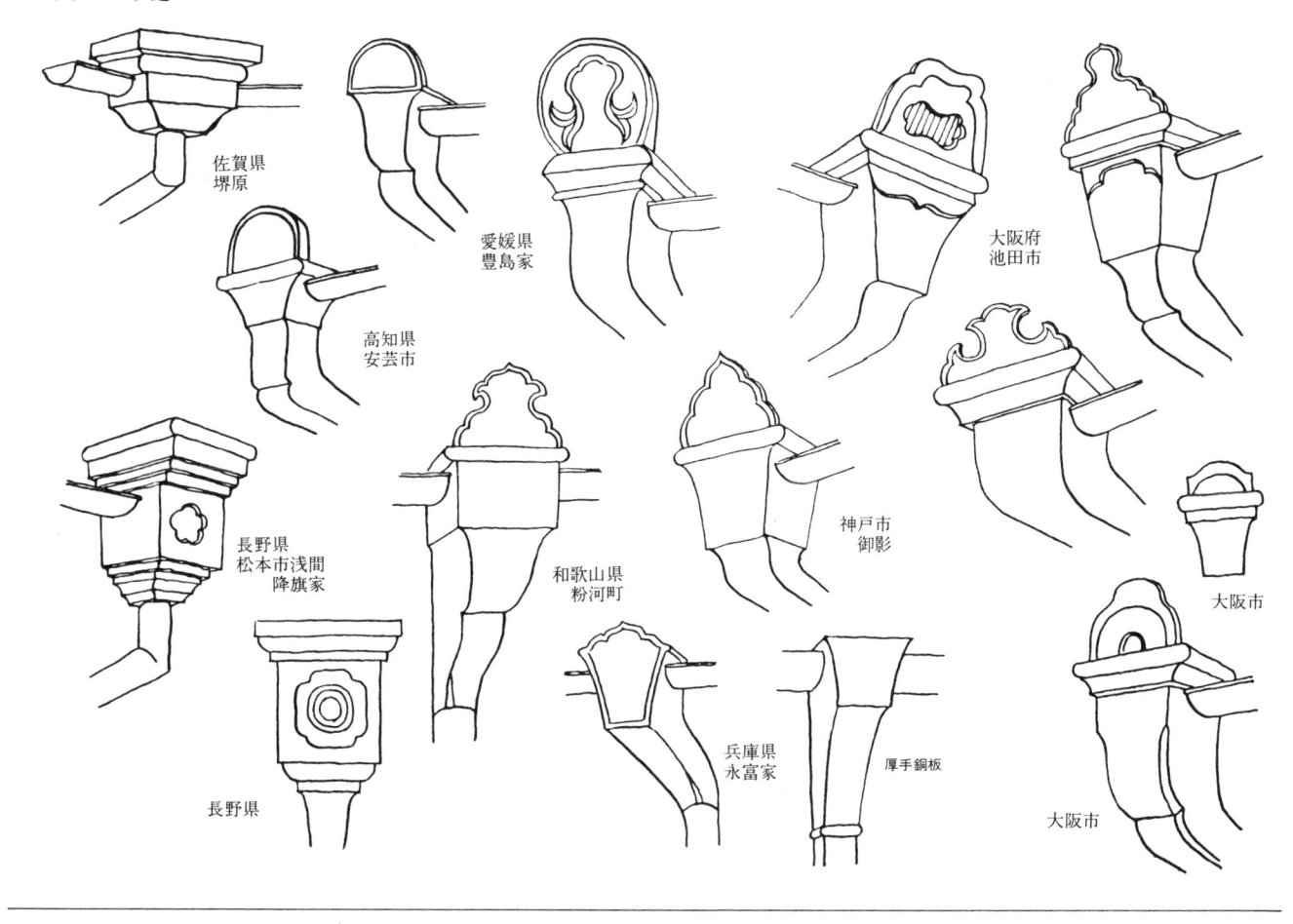

佐賀県堺原
愛媛県豊島家
大阪府池田市
高知県安芸市
長野県松本市浅間降旗家
和歌山県粉河町
神戸市御影
大阪市
長野県
兵庫県永富家
厚手銅板
大阪市

★ 6図　樋の溢れ止め

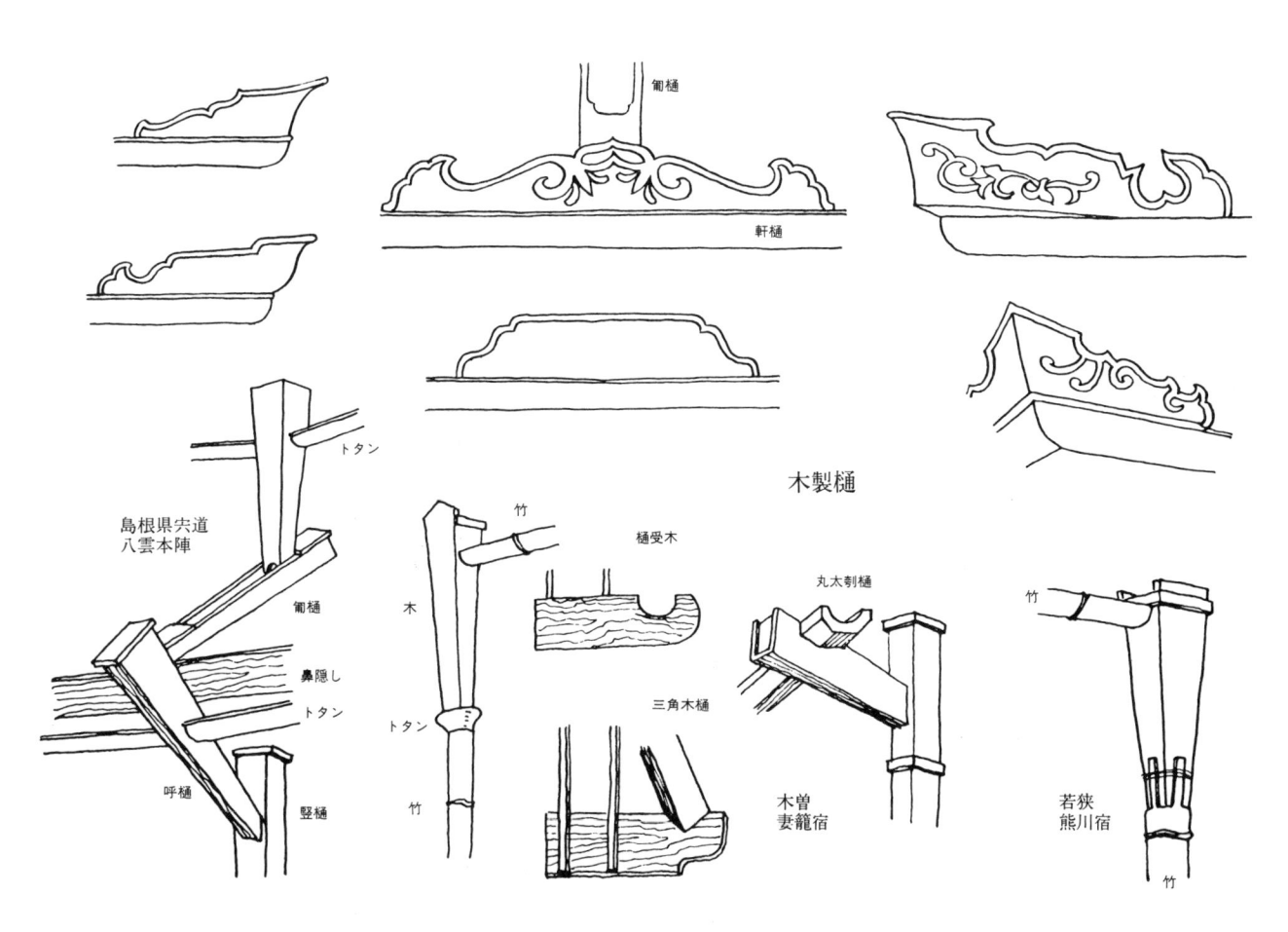

箱樋
軒樋
木製樋

島根県宍道八雲本陣
トタン
箱樋
鼻隠し
トタン
呼樋
竪樋
竹
木
トタン
竹
樋受木
丸太刳樋
三角木樋
木曽妻籠宿
竹
若狭熊川宿
竹

107

鉄物
KANAMONO

　民家に用いられる鉄物は錬鉄製が多く、したがってこれは鍛冶屋の手になるものである。扉の掛金や把手・飾り鋲など、門扉には八双金物という肘鉄物が用いられる。八双は発草に通じ、草の二葉を表わしたもので、将来の発展を意味するものである。1図右上の長崎市の例はやや洋風じみたものである。

　2図框鉄物は、縁側や出窓の框、あるいは手摺や駒寄柵の継手や隅の合せ目を補強するための鉄物である。場所柄人目につきやすいので、なかなか凝ったものが見られる。3図は鐶（かん）類で、くらの扉の把手や駒繋ぎである。街道筋の商家や問屋などでは、牛馬を繋ぐために駒繋ぎの鐶が必要なものであった。奈良県橿原市今井町のものは、座金が20センチ角以上もある大型のものである。ヨーロッパの古い町にも、馬頭をかたどった鉄物に鐶をつけたものなどが見られる。

　4図は井戸の吊瓶釣と軒桁の持送り金物と飾り金物を示した。飾り金物は主として箪笥などの家具類に用いられるものである。

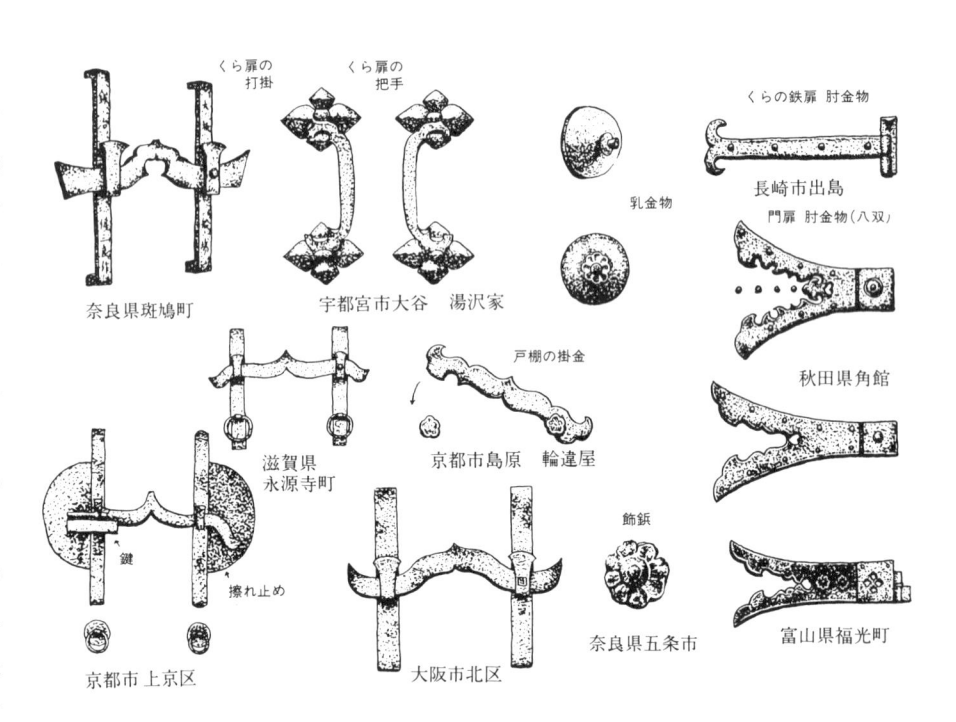

★1図　　鉄物（かなもの）

★2図　　框鉄物

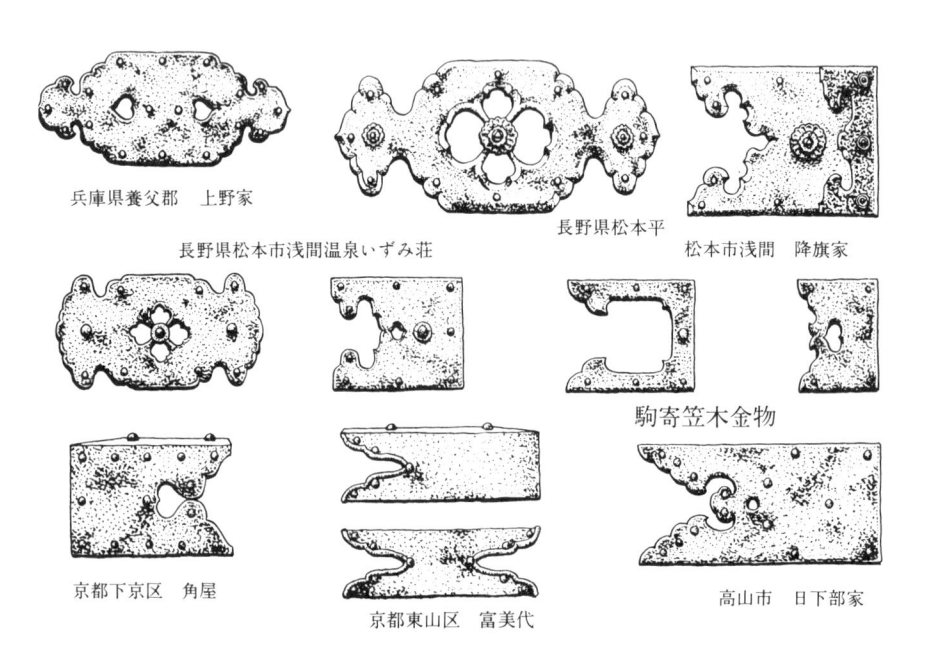

★3図　鐶 鉄物

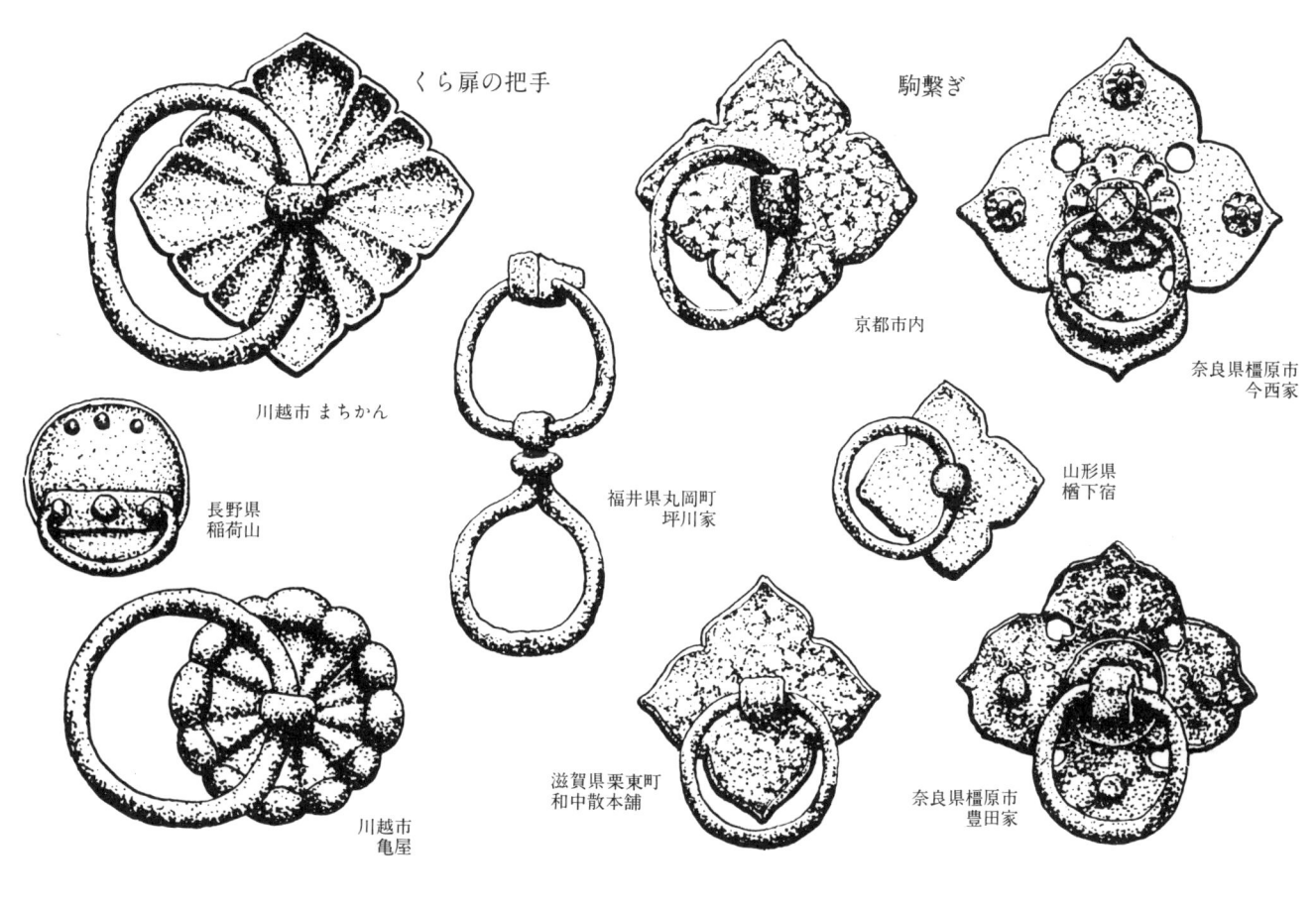

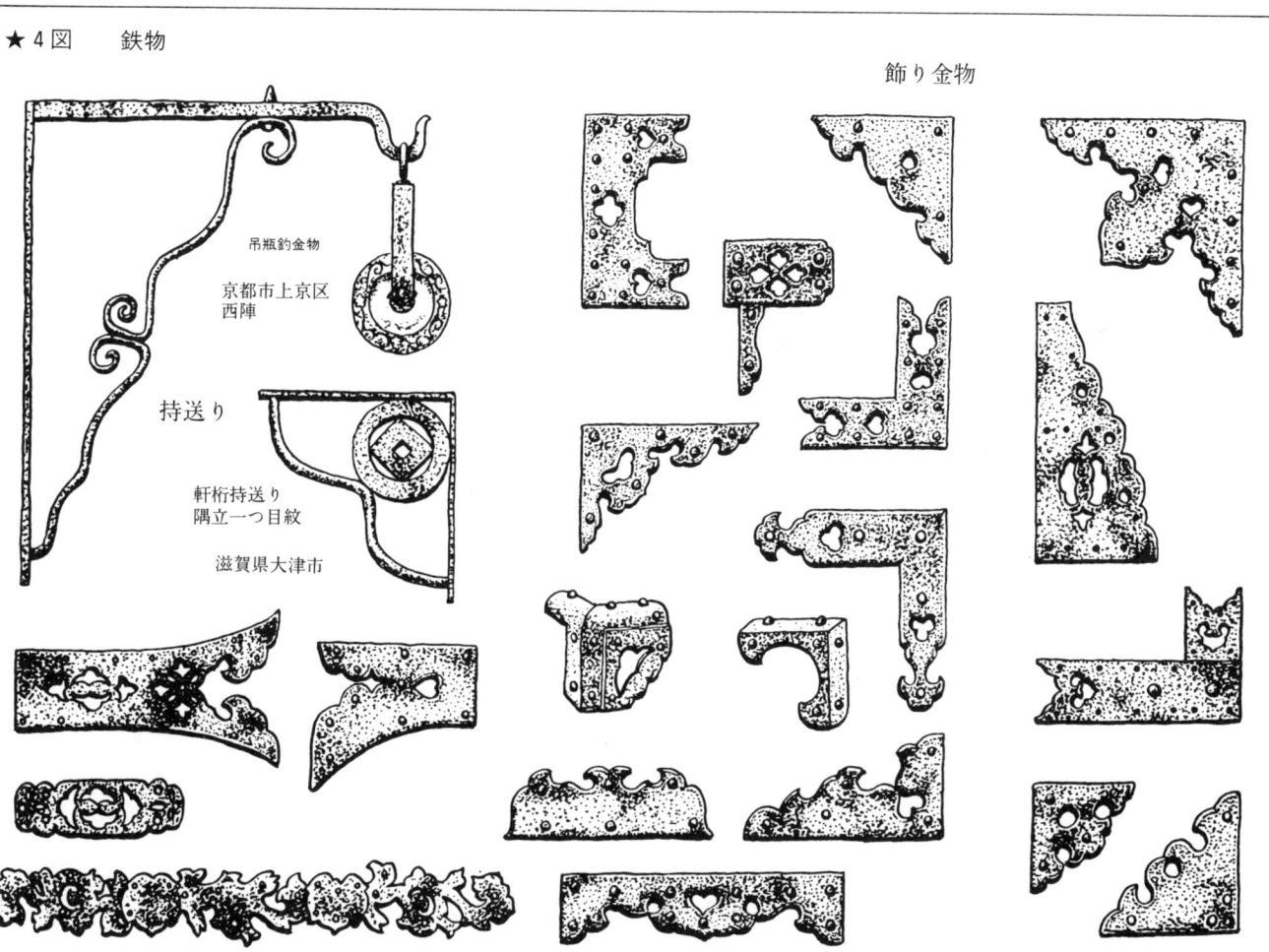

くら扉の把手　　　　　　　駒繋ぎ

川越市 まちかん

長野県
稲荷山

福井県丸岡町
坪川家

京都市内

奈良県橿原市
今西家

山形県
楢下宿

川越市
亀屋

滋賀県栗東町
和中散本舗

奈良県橿原市
豊田家

★4図　鉄物

飾り金物

吊瓶釣金物
京都市上京区
西陣

持送り

軒桁持送り
隅立一つ目紋

滋賀県大津市

109

••建具••

戸口障子
TOGUCHI-SHOJI

　戸口障子は腰を板貼り、上部を紙貼りとした腰高障子が主流であるが、なかには腰なしの水障子型のものや、低い腰の腰障子もある。商家では紙の部分に屋号や家紋を画いて看板代りとする。水障子の場合は桐油を塗った油障子とすることが多い。関東では3尺巾のものが多いが、関西では真中（まなか・3尺巾）以上とすることが多い。奈良盆地から河内にかけては6尺巾の大障子がある。これは戸を重くしてわざと開け難いようにするのである。音もなくするする開くのでは要慎が悪いからである。戸口障子では障子の一駒を板貼りとして穴をあけ、引手とする。3図はその引手のさまざまである。いずれも日本的で身近かな親しさを感じさせるものが多い。畿内には4図のような二段構えのものが多いが、これは上段を高持百姓（自作農）下段は小作農や出入り商人、その他身分の低いものと、身分差別をしたものである。塩尻の堀内家では表戸口は三段構えで、上段は庄屋・地主層、中段は自作農、下段は小作農となっている。勝手口は二段構えでこれは上位層は勝手口を用いないからである。そのほか武士階級は式台のついた玄関を用いるので、戸口障子には関係がない。上段はいろいろの意匠とするが、下段は丸型の穴が多い。これを上段は観賞用、下段を実用と見る人もあるが、実際はやはり身分差別のためである。4図左中は角型に割付けた場合の引手、下段は間内（まうち・室内）障子の引手で、これは紙を二重貼りとして補強し、中に押葉や色紙を挿んで模様としたもの。これも日本的で、まことに雅趣に富んだものであるが、このような手間のかかる風習もおいおいとすたれてきたようである。

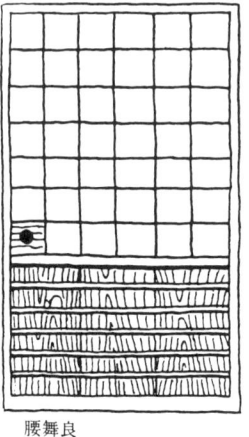

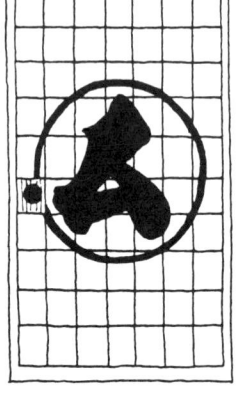

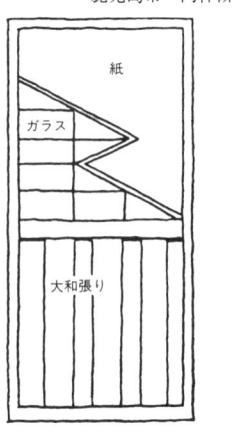

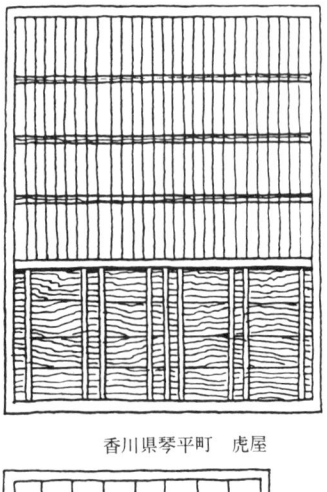

★1図　　戸口障子

京都嵯峨　平野屋
滋賀県栗東町　大角家
長野県妻籠宿　上さが屋

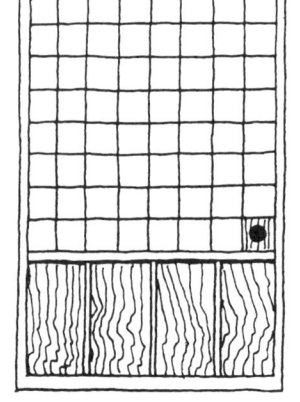

腰舞良
腰無（水障子型）

広島市　小原家
岡山県矢掛町　石井家
倉敷市　外村家

鹿児島市　両棒餅
香川県琴平町　虎屋
愛媛県松豊町　竹葉

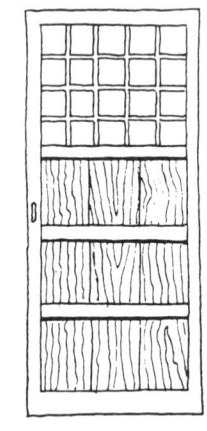

紙
ガラス
大和張り

★2図　戸口障子

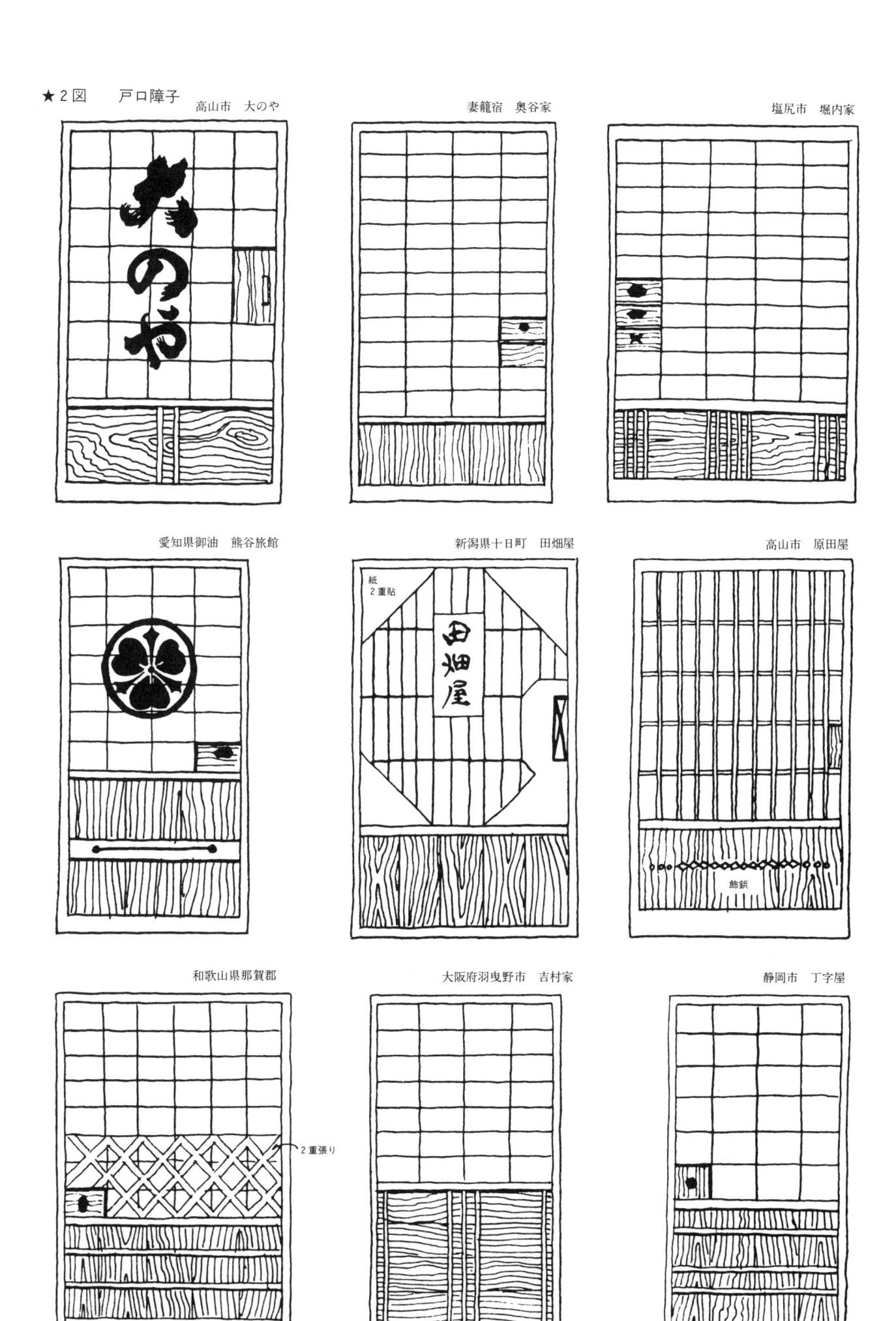

高山市　大のや　　　　　妻籠宿　奥谷家　　　　　塩尻市　堀内家

愛知県御油　熊谷旅館　　新潟県十日町　田畑屋　　高山市　原田屋

紙2重貼

飾鋲

和歌山県那賀郡　　　　大阪府羽曳野市　吉村家　　静岡市　丁字屋

2重張り

★3図　戸口障子　障子の手引

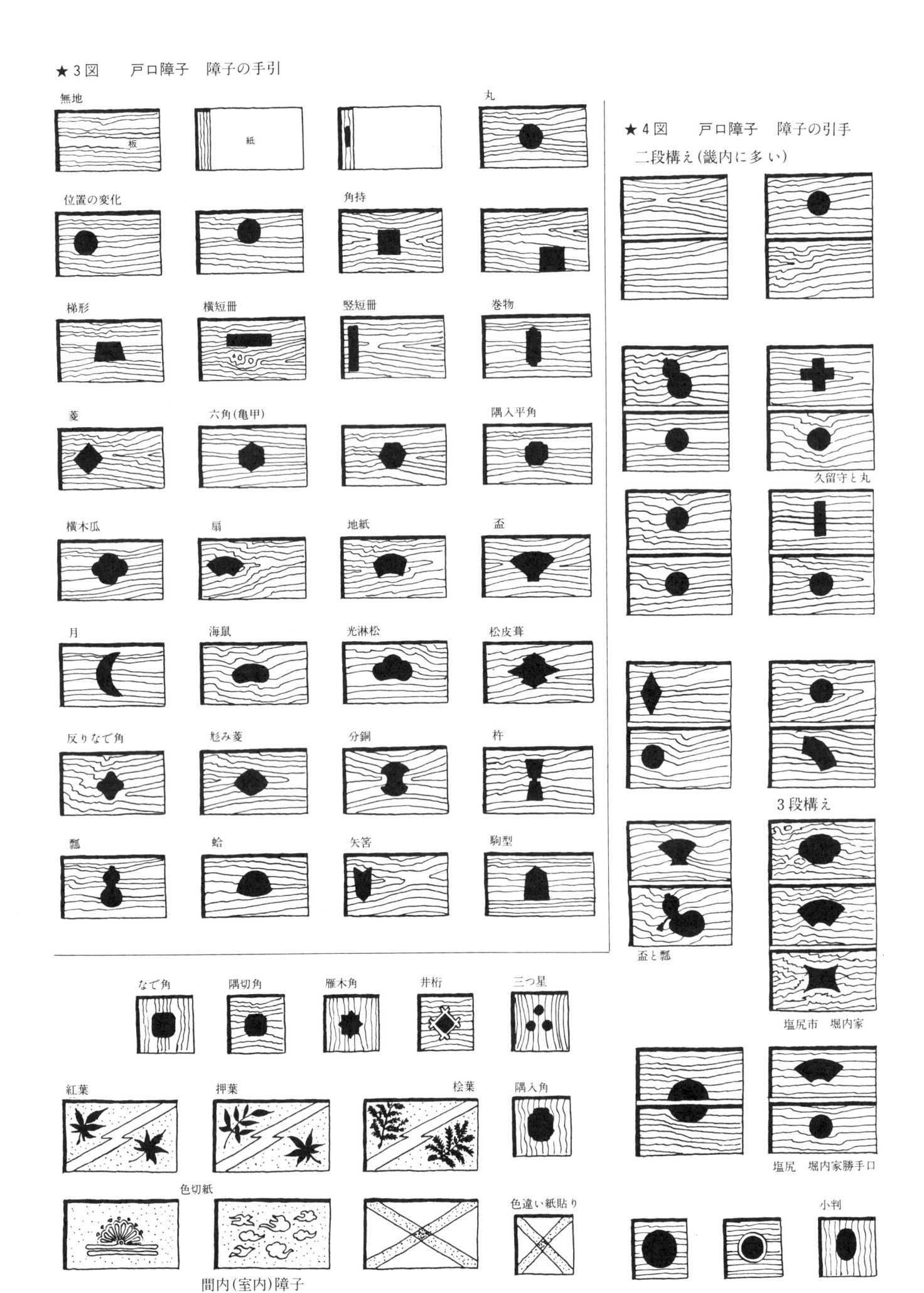

| 無地 | 紙 | | 丸 |
| 板 | | | |

位置の変化　　　　　　　　　　　　　角持

梯形　　横短冊　　竪短冊　　巻物

菱　　六角(亀甲)　　隅入平角

横木瓜　　扇　　地紙　　盃

月　　海鼠　　光淋松　　松皮菱

反りなで角　　杉み菱　　分銅　　杵

瓢　　蛤　　矢筈　　駒型

なで角　　隅切角　　雁木角　　井桁　　三つ星

紅葉　　押葉　　桧葉　　隅入角

色切紙

間内(室内)障子

色違い紙貼り

★4図　戸口障子　障子の引手
二段構え(畿内に多い)

久留守と丸

3段構え

盃と瓢

塩尻市　堀内家

塩尻　堀内家勝手口

小判

112

板戸
ITADO

1図初めの5例は「やまと」と呼ばれる雪国の雨戸で、冬は雨戸が閉じ切りとなるので、上部に明り取りの障子や無双戸を嵌めこんだものである。次は框戸でこのように枠を太くして、漆で仕上げるのは東国の風である。杉戸は広縁の端にある妻戸で、図は芭蕉を浮彫りとしたものだが、花鳥などの彩色画を施したものもある。画を描いた妻戸を一般に杉戸と呼ぶ。次の板戸は煤竹を割ったものを襷掛けとしたもので、枠も細く京都風の洒落れた意匠のもの。2図黒漆塗りの帯戸は厳格なもので、居間と座敷を区切る戸で、黒不浄（服喪の人）赤不浄（月厄の婦人）身分の低い者などは、これより上（かみ）には入られぬという標示である。その他意匠は変わっても、帯戸のもつ意味は同格である。舞良戸は繁く桟を入れた板戸で、竪舞良と横舞良がある。粗らく入れたもの繁く入れたもの、吹寄せに入れたものなどの変化がある。蔀組戸も厳格なもので、玄関などに用いる。桟戸は比較的粗末な下（しも）廻りの部屋に使われる。4図唐戸は門や玄関などの外戸に用いる。中門というのは、表庭と座敷前の庭園を区切る塀に設けた門のことである。

5・6図中障子は板戸の中間部に障子を嵌め込んだもので、民家の居間廻りに多く用いられる。茶の間とでいの仕切りなどに多い。図に示す通りいろいろのデザインが見られるが、最後の日下部家のものは桝型の桟に紙を桟の裏表に交互に貼ったもので、これだけのことで非常に変わったものとなる。高山市付近に見られる手法である。

★1図　　板戸

山形県　小野寺家　　秋田県角館　　能登　上時国家　　能登　桜井家

京都下京区　木村家　　山口県　　山形県田麦俣　渋谷家　　秋田県

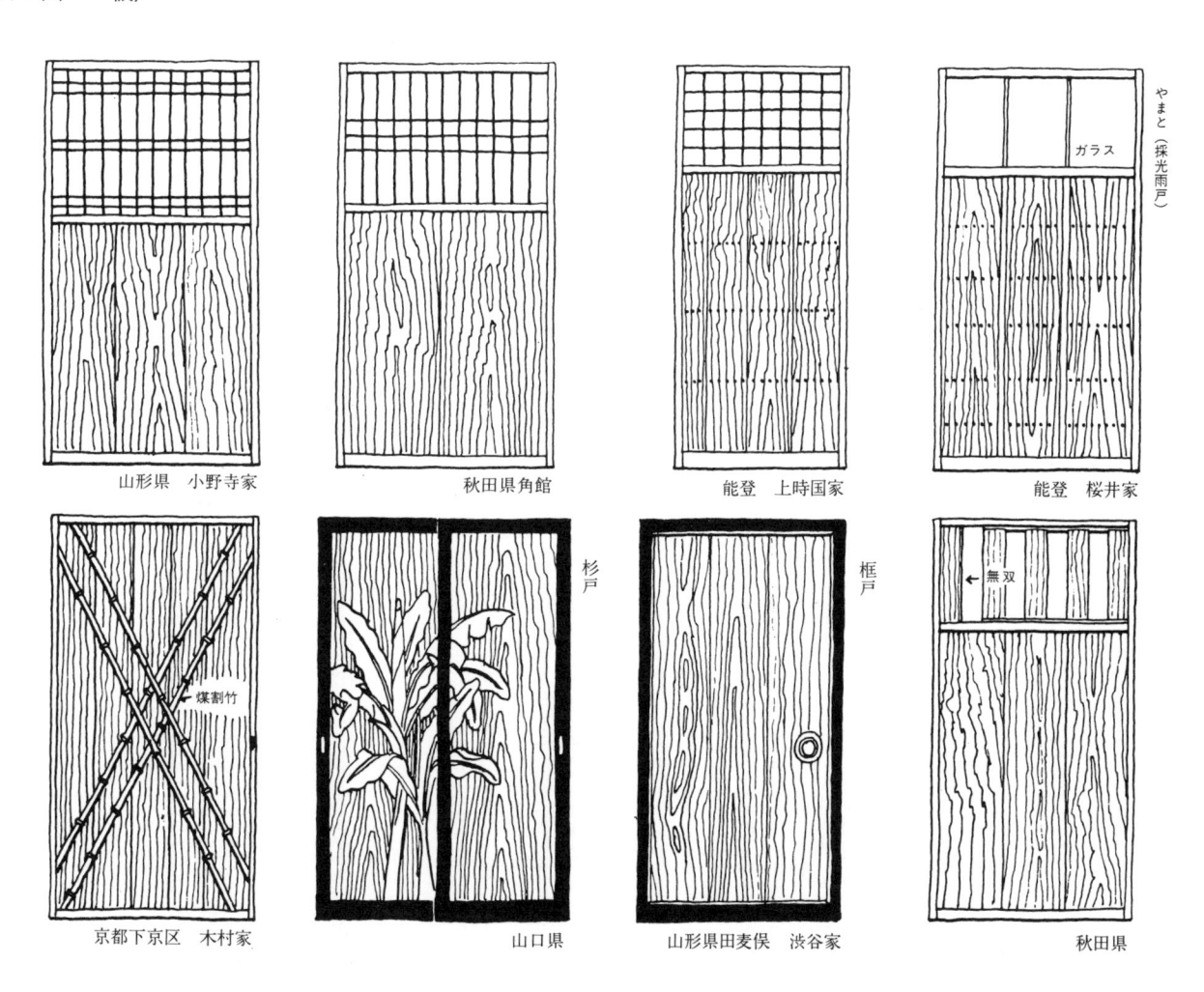

★2図　板戸

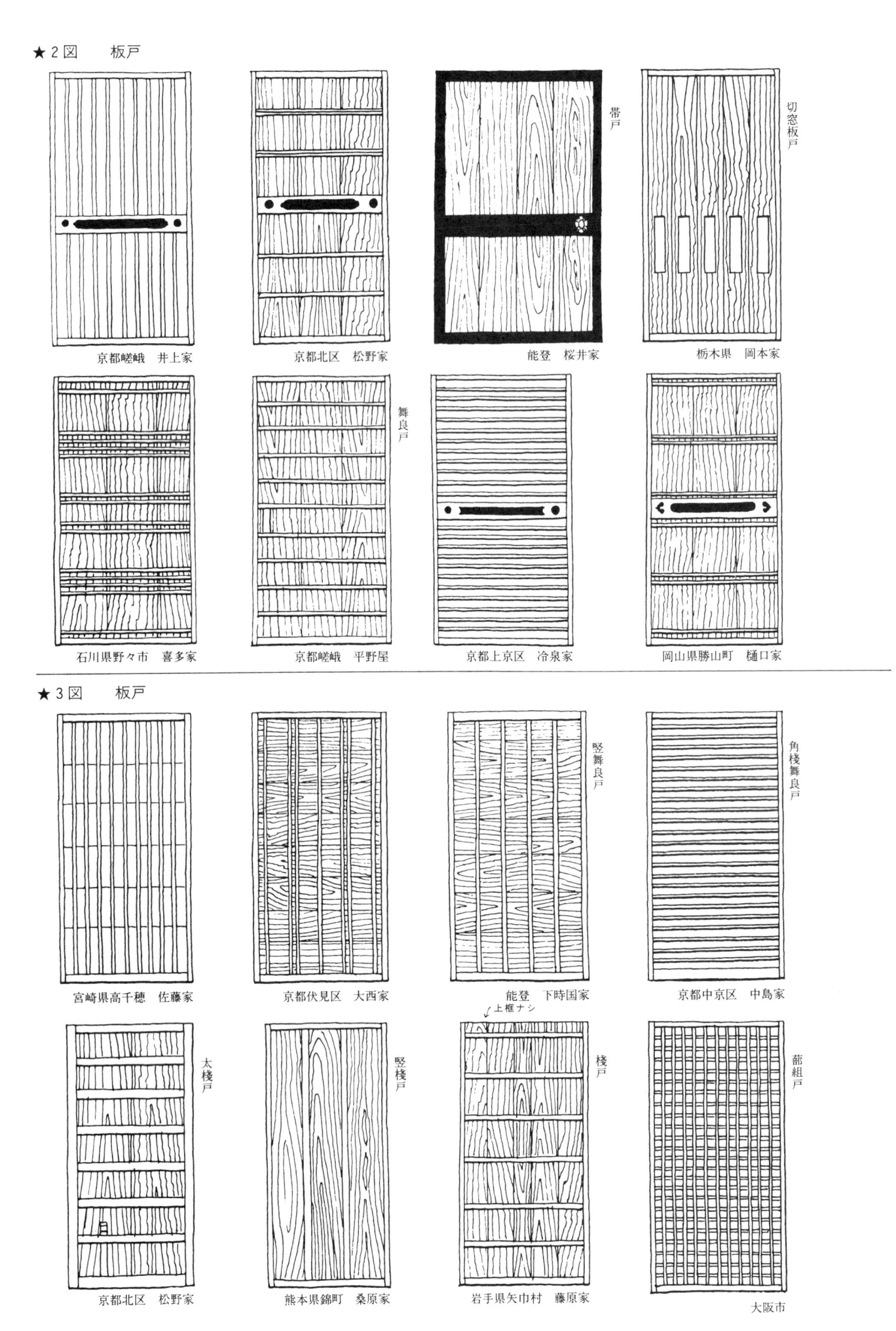

| 京都嵯峨　井上家 | 京都北区　松野家 | 能登　桜井家（帯戸） | 栃木県　岡本家（切窓板戸） |

| 石川県野々市　喜多家 | 京都嵯峨　平野屋（舞良戸） | 京都上京区　冷泉家 | 岡山県勝山町　樋口家 |

★3図　板戸

| 宮崎県高千穂　佐藤家 | 京都伏見区　大西家 | 能登　下時国家（竪舞良戸） | 京都中京区　中島家（角桟舞良戸） |

| 京都北区　松野家（太桟戸） | 熊本県錦町　桑原家（竪桟戸） | 岩手県矢巾村　藤原家（桟戸・上框ナシ） | 大阪市（蔀組戸） |

★4図　板戸

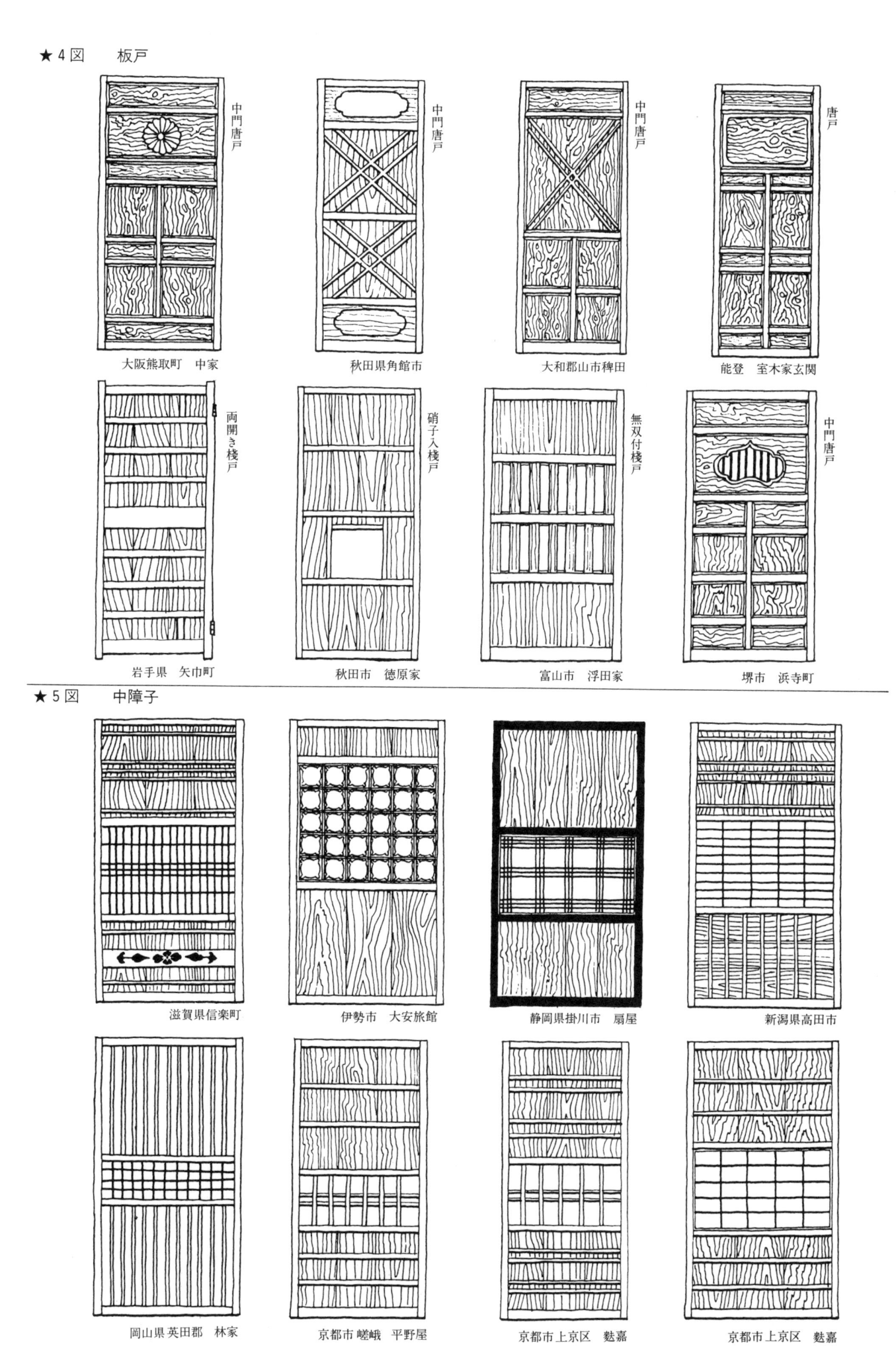

中門唐戸　　中門唐戸　　中門唐戸　　唐戸

大阪熊取町　中家　　秋田県角館市　　大和郡山市稗田　　能登　室木家玄関

両開き桟戸　　硝子入桟戸　　無双付桟戸　　中門唐戸

岩手県　矢巾町　　秋田市　徳原家　　富山市　浮田家　　堺市　浜寺町

★5図　中障子

滋賀県信楽町　　伊勢市　大安旅館　　静岡県掛川市　扇屋　　新潟県高田市

岡山県　英田郡　林家　　京都市　嵯峨　平野屋　　京都市上京区　麩嘉　　京都市上京区　麩嘉

115

★6図　中障子

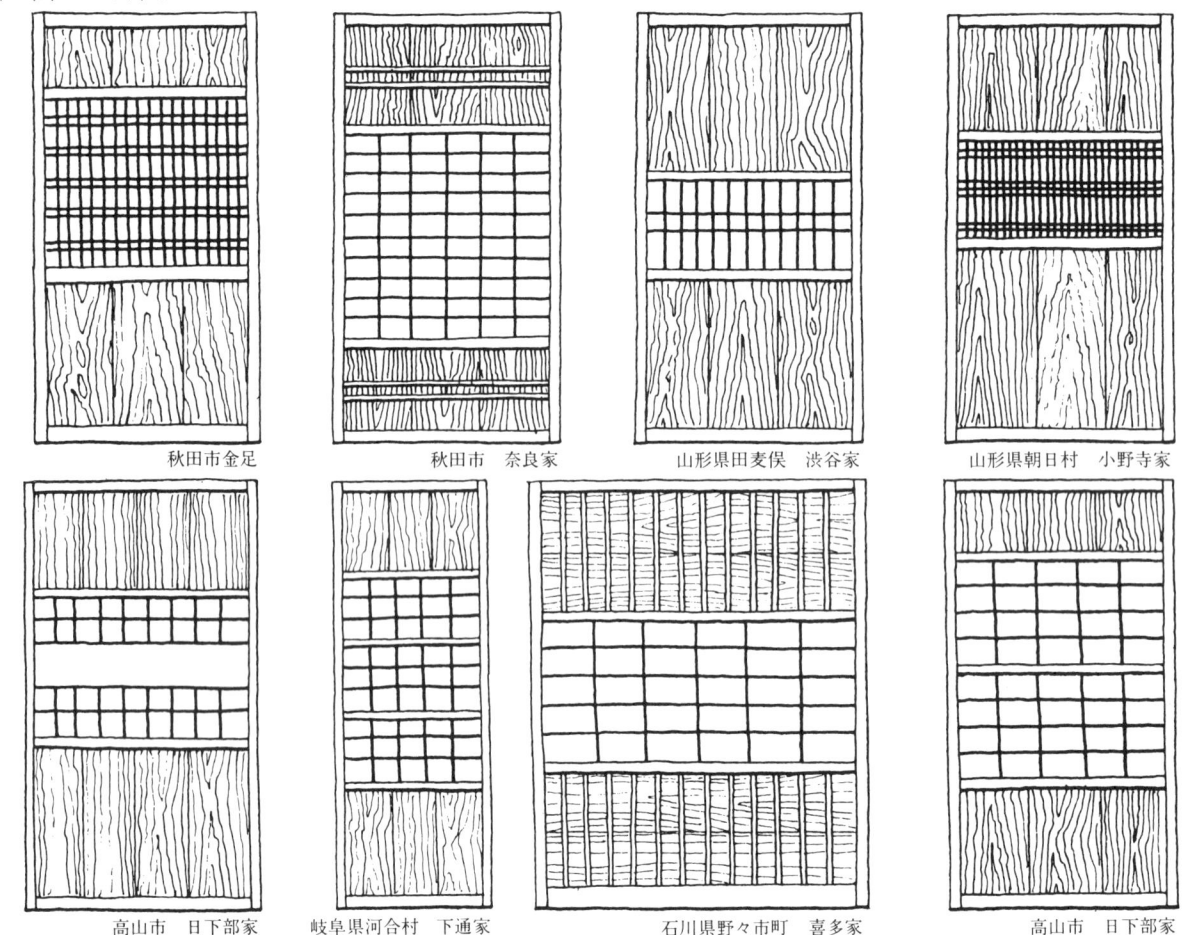

秋田市　金足　　　秋田市　奈良家　　　山形県田麦俣　渋谷家　　　山形県朝日村　小野寺家

高山市　日下部家　　岐阜県河合村　下通家　　　石川県野々市町　喜多家　　　高山市　日下部家

障子
SHŌJI

障子の腰の板の部分が、大およそ40センチより高いものを腰高障子、40センチ前後のものを腰障子、板の部分がなく下まで紙貼りのものを水障子という。腰高障子は部屋の間仕切り、あるいは雪の多い地方の縁側障子などに用いられ、どちらかというと古い形式のものである。腰高障子の腰の板の部分は前項の板戸に準じたもので、竪板貼、舞良、太桟、帯桟などがある。京都あたりの数寄屋がかったものには、黒部杉ののね板（黒みがかった杉の柾目に楔を入れ、滝に打たせて引き割った薄板）を半割の竹で押えた風雅なものもある。上の紙貼りの部分は3尺幅で竪四つ割を標準とし、竪繁の場合はその間に1本あるいは2本を余計に入れる。白川村や五箇山の合掌造りには竪繁桟の意匠が多い。

腰障子の桟割には、貼る紙によって美濃判と半紙判割りとがある。建具の全長は5尺8寸を基準とし、腰高1尺3寸、残りの4尺5寸を十割とすれば一駒4寸5分、幅は3尺四つ割で7寸5分、四駒分で9寸の1尺5寸の美濃紙の1枚分となる。半紙判では4尺5寸を十二割とし、竪四つ割で四駒分で約8寸の1尺5寸の半紙1枚分とするのが標準的な桟の割付けである。横繁や竪繁の場合は間に任意に桟を増す。これは現在の巻紙のようになった良い障子紙の場合である。古いしきたりのものは、一定の長さの紙を竪桟に関係なく、貼り継ぐ。この場合は竪桟と貼り合わせ目とが白く乱模様になって面白い。これを石垣張りという。茶席や御所などの古式を重んじる障子に用いられる。

水障子は下方の箒の当る部分などを、桟を繁くして補強することが多い。用材は通常杉を用い、上等品は杉の赤味の柾目のものである。また厳格なものでは檜の枠を漆塗りとすることもあるが、関西では余り好まれない。標準割の横桟を1本抜いた、四角割のものを「間抜き障子」といい、その簡潔な美しさから近代和風建築によく用いられる。

障子とは遮ぎるものという意味で、昔は板戸も襖もすべて障子と呼ばれていた。現在の障子は詳しくいえば「紙障子」あるいは「明り障子」と呼ばれるもので、室町時代以後に普及した。しかし白くて薄い紙はまだまだ貴重品で一般の民家には縁遠いものであった。現在残っている古い民家では、障子は座敷だけに用いられ、それも一間の間口に対して板戸が2枚、障子は1枚で昼間は3尺だけが明り障子となっているような家が多い。一般の民家に明り障子が普及したのは江戸中

期以後のことである。

　ともあれ日をうけた紙障子が深い軒の影を落して白く輝いている風景は日本民家の象徴である。紙を透した室内のやわらかな拡散光は、硝子やカーテンなどを通したものとはくらべものにならない特有の感触がある。月夜の夜など肌寒さに障子をしめると、ほのかな月光が障子にさし、さやさやと風に動く木影が映って見える。また陽の昏れはてた旅の夜道を急ぐとき、民家の障子に一家団らんのさまが、影絵のように映ってにぎやかな笑い声が聞こえるなどは障子のもつ詩情であろう。このように障子は家の内外を隔てながらも、サッシュのような断絶性が

なく、内外の息づかいが通う有機的な自然との結びつきがあるのは、日本民家のもつ特性である。

　硝子ができてからは障子の一部に硝子を入れて外を見る雪見障子ができた。これは中央に硝子をはめこんだ、富士見障子、硝子の内側に小障子を引き違いとした猫間障子(関東式)、硝子の内側に小障子を上げ下げする摺り上げ障子（関西式)、あるいは硝子だけのはめ込み式などがある。

　襖の一部に紙障子を組みこんだものを襖障子という。これにもいろいろの意匠があるのは図の通りである。8図の段襖は京都の大名宿のもので、障子に板戸や

襖を建てこんで刺客などに備える特殊なものである。

　窓障子では京都島原の揚屋、角屋のものが定規を破った奇抜な意匠で有名であり、これもよく近代和風建築に利用されている。

　10図は床脇の書院障子で、場所柄特に凝った意匠のものが好まれる。

★1図　　障子

腰高障子

| 富山県上平村　江間家 | 愛媛県松山市　豊島家 | 奈良県今井町　今西家 | 新潟県　笹川家 |

| 京都祇園　富美代 | 岐阜県白川村　尾崎家 | 神戸市北区　箱木家 | 高山市　日下部家 |

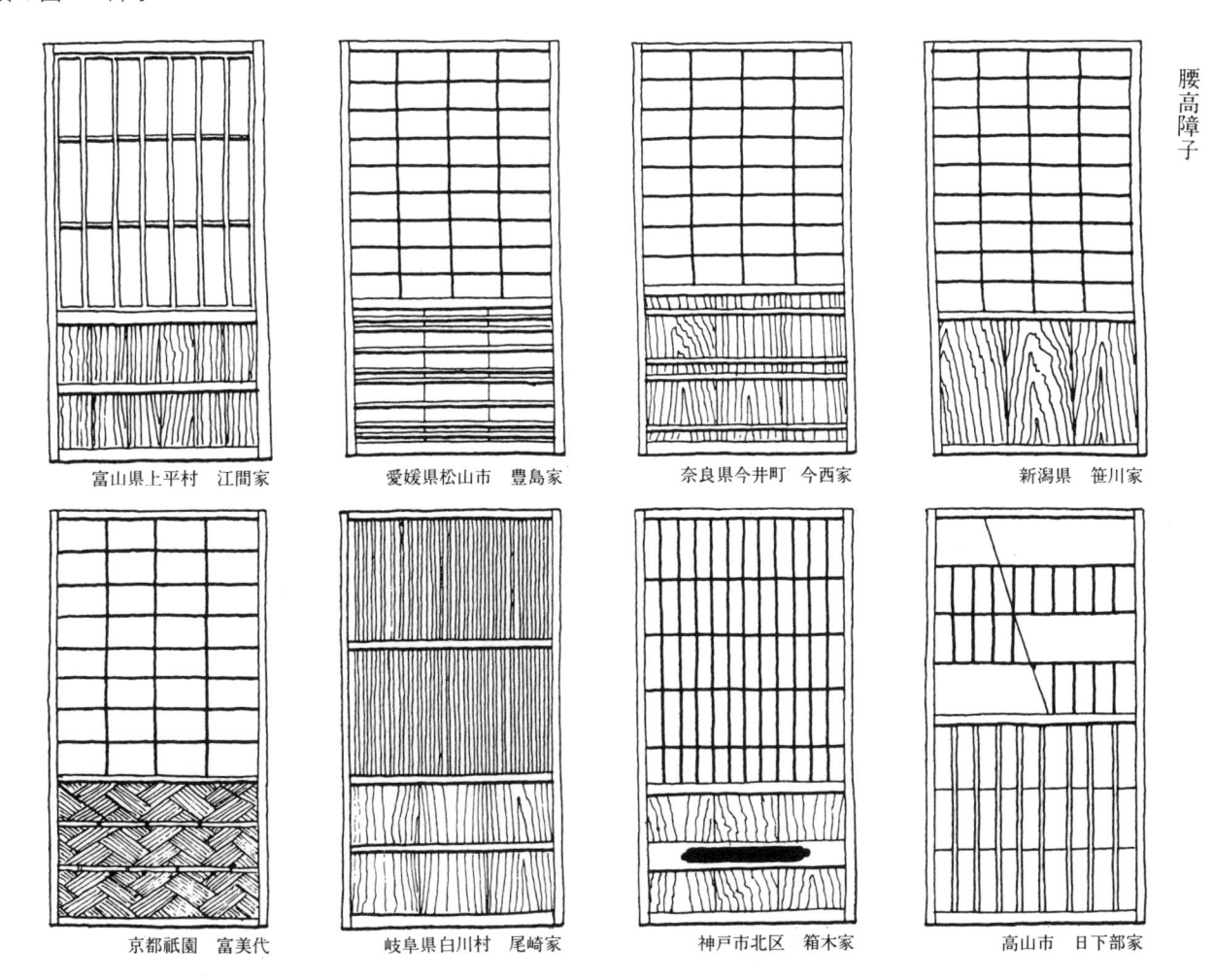

★2図　障子

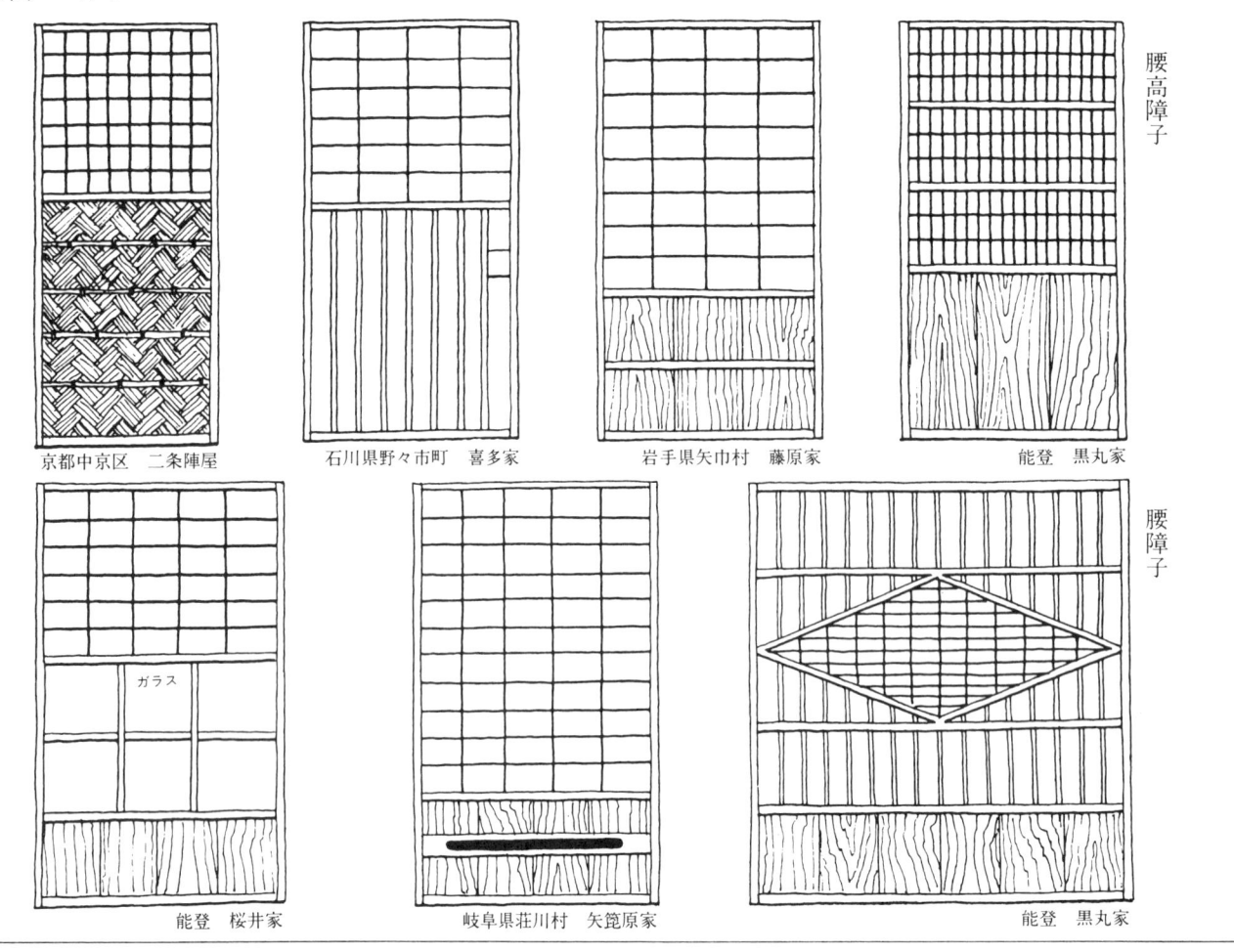

京都中京区　二条陣屋　　石川県野々市町　喜多家　　岩手県矢巾村　藤原家　　能登　黒丸家　　腰高障子

能登　桜井家　　岐阜県荘川村　矢箆原家　　能登　黒丸家　　腰障子

★3図　障子

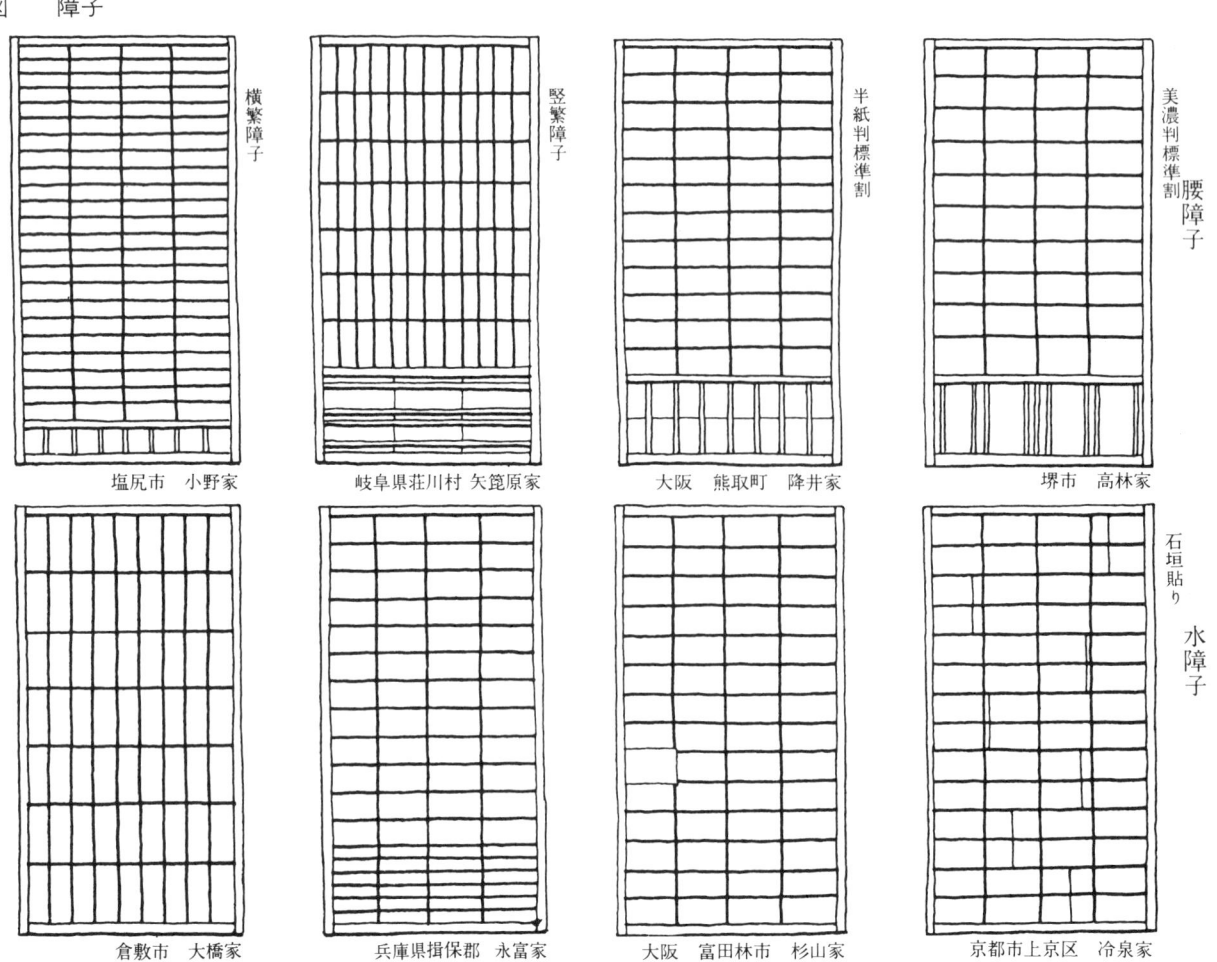

塩尻市　小野家（横繁障子）　　岐阜県荘川村　矢箆原家（竪繁障子）　　大阪　熊取町　降井家（半紙判標準割）　　堺市　高林家（美濃判標準割・腰障子）

倉敷市　大橋家　　兵庫県揖保郡　永富家　　大阪　富田林市　杉山家　　京都市上京区　冷泉家（石垣貼り・水障子）

118

★ 4図　障子

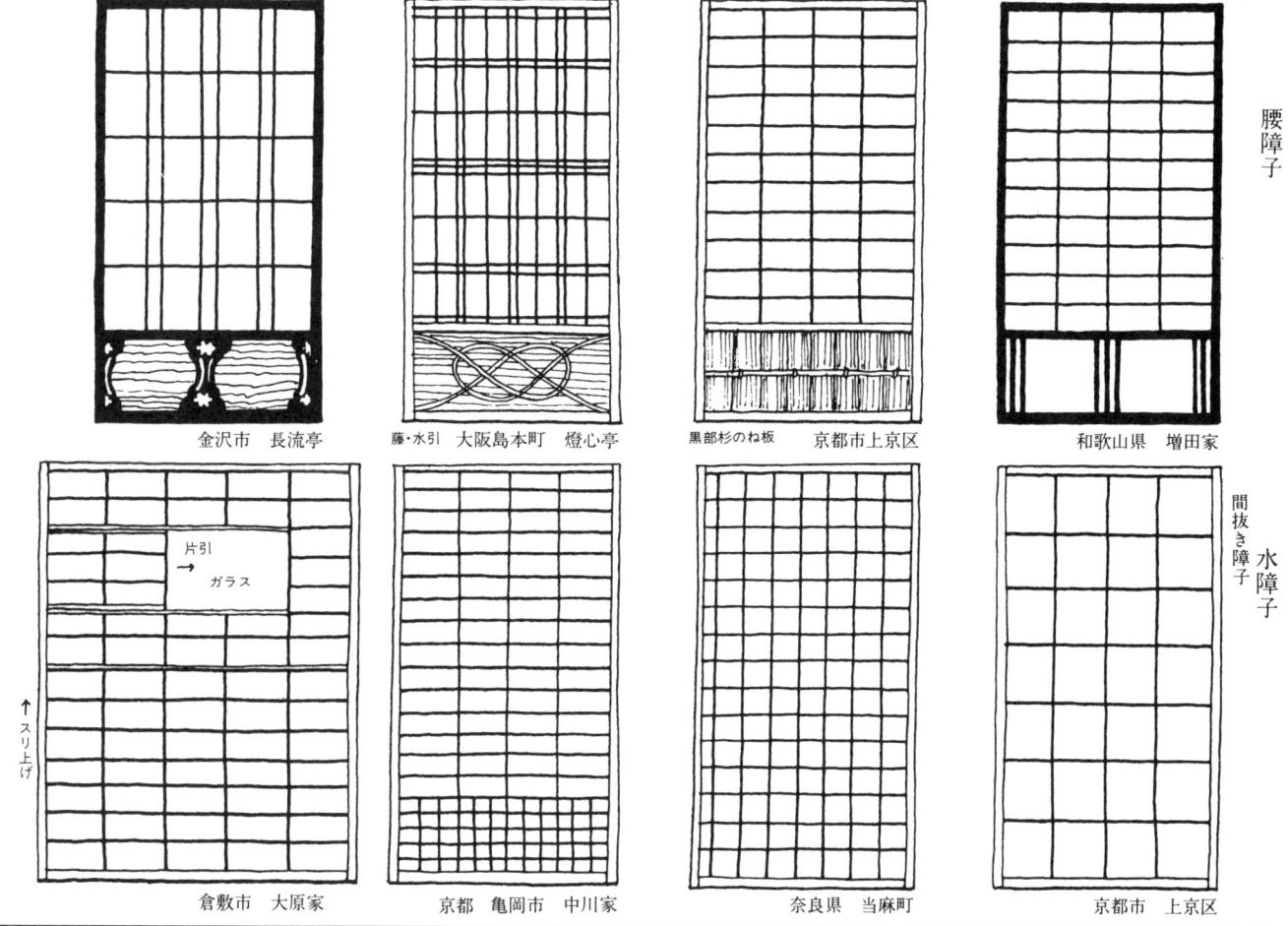

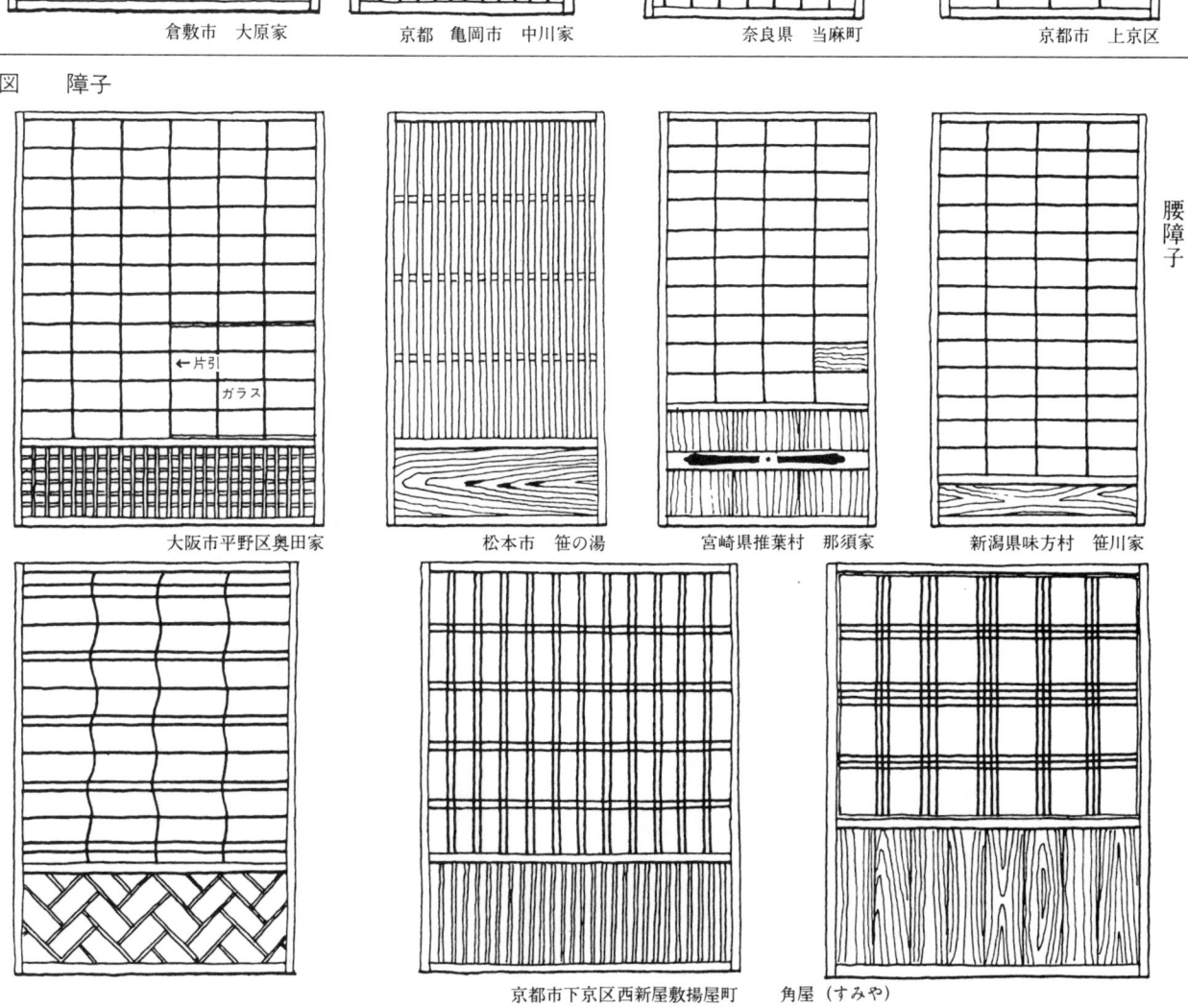

金沢市　長流亭　　藤・水引　大阪島本町　燈心亭　　黒部杉のね板　京都市上京区　　和歌山県　増田家

倉敷市　大原家　　京都　亀岡市　中川家　　奈良県　当麻町　　京都市　上京区

腰障子

水障子

間抜き障子

★ 5図　障子

大阪市平野区奥田家　　松本市　笹の湯　　宮崎県推葉村　那須家　　新潟県味方村　笹川家

腰障子

京都市下京区西新屋敷揚屋町　角屋（すみや）

119

★6図　障子

雪見障子

富士見障子（関東式）

塩尻市　堀内家　　　遠野市　千葉家　　　角館市　太田家　　　秋田市　奈良家

猫間障子（関東式）　　摺り上げ障子（関西式）

小障子

函館市　大刀川家　　酒田市　鐙屋　　　東京都台東区　　　大阪市阿倍野区

★7図　障子

関西式雪見障子　　腰高雪見障子　雪見障子

スリ上げ↑　　　　内子

京都祇園　富美代　　京都島原　輪違屋　　京都上京区　杉浦家　　佐賀県神野町　小部家

襖障子

能登　黒丸家　　　和歌山　紀州本陣　　京都上京区　杉浦家　　佐賀　神野町　小部家

★8図　障子　　　　　　　　　　　襖障子

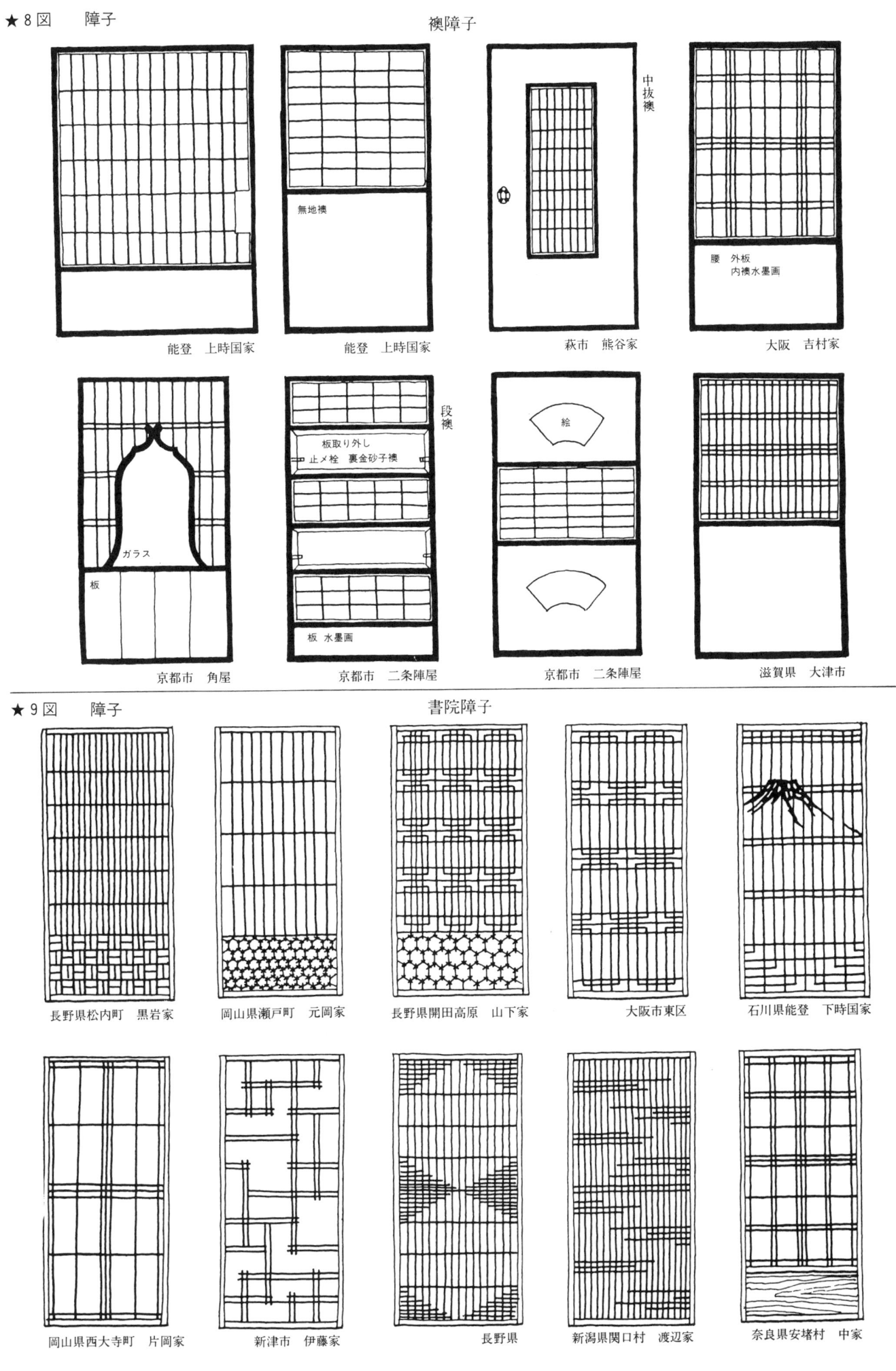

		中抜襖	
能登　上時国家	能登　上時国家 無地襖	萩市　熊谷家	大阪　吉村家 腰　外板 内襖水墨画

	段襖		
京都市　角屋 ガラス／板	京都市　二条陣屋 板取り外し／止メ栓　裏金砂子襖／板　水墨画	京都市　二条陣屋 絵	滋賀県　大津市

★9図　障子　　　　　　　　　　　書院障子

長野県松内町　黒岩家	岡山県瀬戸町　元岡家	長野県開田高原　山下家	大阪市東区	石川県能登　下時国家

岡山県西大寺町　片岡家	新津市　伊藤家	長野県	新潟県関口村　渡辺家	奈良県安堵村　中家

★10図　障子

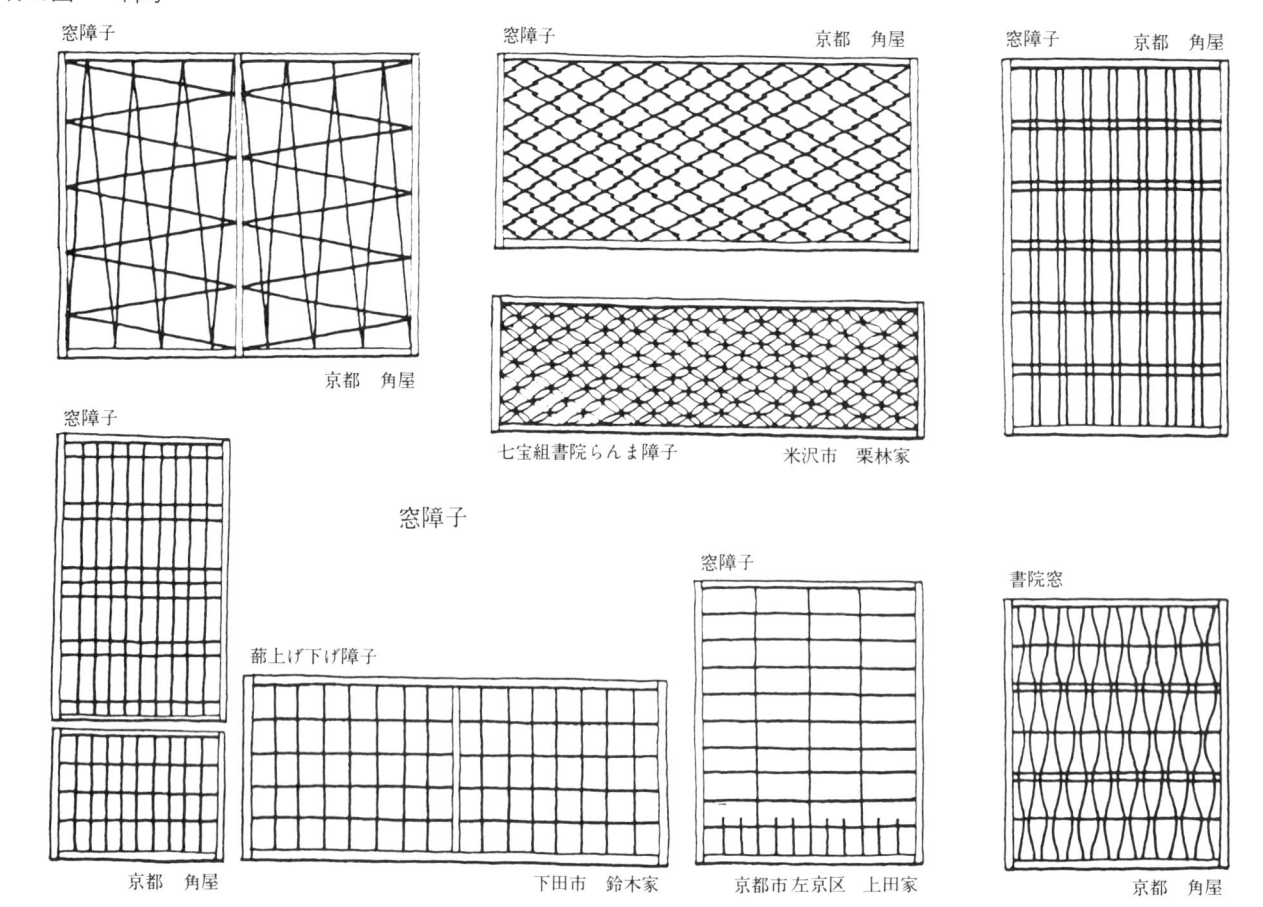

窓障子　京都　角屋

窓障子　京都　角屋

窓障子　京都　角屋

七宝組書院らんま障子

窓障子　米沢市　栗林家

窓障子　京都　角屋

蔀上げ下げ障子　下田市　鈴木家

窓障子　京都市左京区　上田家

書院窓　京都　角屋

3
民家の内部

欄間
RANMA

板欄間

欄間は鴨居または長押（なげし）と天井との間の壁面を飾るものである。襖や障子をしめたとき上部の通気をはかるもので、湿度の高いわが国の住まいには適したものである。欄間は部屋続きの間仕切の上にあるもの、縁側との境に設けられるもの、書院窓の上につけるものなどがある。間仕切欄間には板欄間、組子欄間が用いられ、縁境には障子欄間、書院には両者が混用して用いられることが多い。

画は彫刻を施した板面のみのデザインである。板の周囲には巾4センチ位の枠がつけられ、枠の内側には覆輪面あるいは几帳面をつけ、この面だけまたは枠全体を漆塗りとするのが通常である。板欄間には丸彫り、薄肉彫り、透かし彫りの三種がある。板は杉、桐、肥松（根に近い脂気の多い赤味の松）などの厚1.2センチ位のものが多い。丸彫りには欅や楠を用い厚みも物によっては15センチ位のものもある。

封建時代には一般百姓の家では座敷を設けることが禁じられていたので、欄間もなかった。欄間があるような家は、従って上級の民家で、地主、庄屋、あるいは本陣などの家である。しかし時代が下がるとそのような禁もゆるみ、割合と粗末な民家でも欄間が設けられるようになる。こうしたものは野菜や果物、身辺の風景など身近かなものをモチーフにしたものが多く、民家に特有なデザインとなっている。

1図上は山口県萩市にある重文熊谷家のもので、堅木を用いた丸彫りで、雄渾精緻、活きいきとした萩にちなんだ鯉の彫物である。下はいわゆる桃山風のもので、滋賀県の梅の木本陣（重文）の玄関構え上部の欄間である。民家としては第一級のもので、厚板に鶴亀に松竹梅の吉祥文様がこれも雄渾なタッチで丸彫りにされている。この種のものでは、二条離宮とか東照宮その他の神社仏閣では、極彩色の豪華絢爛なものが見られるが、民家では至って例が少ない。

2図は丸彫り、薄肉彫りの例で、本陣、土地の素封家、豪族の館などのものである。3図上は重文奥家のもので民話を主題とした民家にふさわしいもの、下は末拡がりの縁起で扇を主題としたものなどである。4図は透かし彫りの例でいずれも民家特有のデザインとなっている。中でも上段の森口多里氏の採集になるものは稚気があって面白い。左は台所流しの採光窓上部の欄間で、大杯に盛った二尾の鯛を中心に、右に菊水と兎、左に三つ重ねの酒杯と大入叶の文字、飯を盛った椀、大根と瓢箪を透かし彫りとし、裏に白紙を貼っている。鯛の目と流水の上の紅葉は赤紙である。右は座敷の書院欄間で、細かな組格子の中央に香狭間（こうざま）を設け、中に近江八景の文字、周囲には草書体の文字で八景の名称を入れている。中央下部に「堅田の落がん」「唐崎の松」などが見える。下の富嶽や波頭は北斎の絵を見るようだし、右の松竹梅や渓流の図柄なども、民家に限って見られる意匠である。

5図は重文吉村家の座敷欄間「七宝に剱菱模様」中段は入側欄間で各種の紋様、下段は植物の茂る中の流水を表わしたもので、いずれも透かし彫りの傑作である。6図も透かし彫りで、上は元白川村にあった大戸家で蕪と葡萄、中段は横浜三渓園に移築された、荘川村の矢篦原（やのはら）家で、荘川の舟便を表わした碇

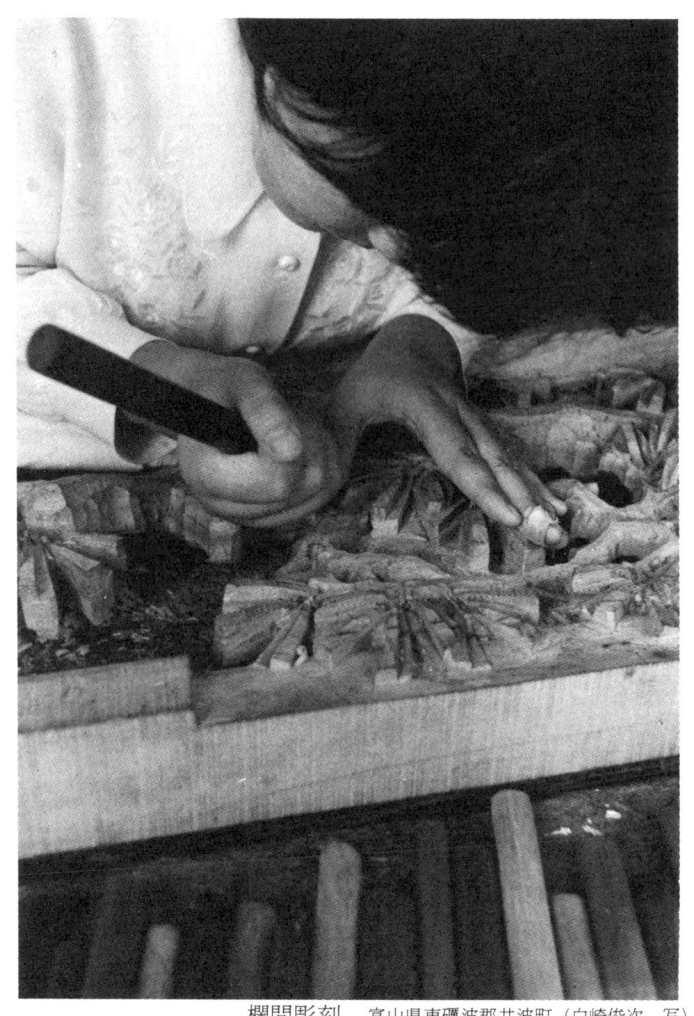

欄間彫刻　富山県東礪波郡井波町（白崎俊次　写）

と櫂、その下は扇形を象った薄肉彫り、下段は越後の重文笹川家のへちまの透かし彫りで、身近なものをテーマとした意匠である。

7図上段と右下は書院欄間で、上段は整った定石的なものであるが、下段はとぼけた民家らしさがある。中段は鯉の薄肉彫りで、他面にある網代（あじろ）木を象ったものと組みになり、巨椋（おぐら）池畔の半漁農村の生活を表わしている。左下はいずれも透かし彫りで、松の幹や波の躍る線に、力強い独創性が見られる。

8図上段星島家のものは蕪一個を大胆に図案化したもの、右は元妻籠城にあったものを下賜されたという、「館らんま」と呼ばれる精巧なもの、中段は蔓葡萄に栗鼠と蝶、下段は遠山を表わした透かし彫りである。

9図上段は大阪府の降井家で、この家の主屋は既になく、書院のみが残されている。いずれも整った品格のある意匠、中段中村家は中国山脈の山家で、太鼓橋と鳥居、飛鳥に森をあしらった風景、奈良家は菊水にとんぼ、流水が勢よく杭に当ってしぶきを上げているさま、右の二つは松の表現が面白い。下段山本家のものは仏壇上部の欄間である。青木家の葡萄の影彫りの線彫りは形が適確に捉えられている。

10図上中段は古い採集で、出所は忘れてしまった。11～13図は透かし彫りと丸彫り・薄肉彫りのいろいろである。11図豊島家の軍配と羽扇は類を見ない変わった意匠である。右の松や竹の透かし彫りは余り上手なものではないが、民家にはふさわしいものといえる。下の吉川家、12図の野村家、13図の菊野家の例は丸彫りに近い薄肉彫りの精巧なもので、この手のものは井波で造られることが多い。井波彫刻は200年以上の歴史があり、1774年に井波別院瑞泉寺が再建された時、京都の宮大工が伝えたものといわれる。板欄間は富山県井波が最大の産地で、次いで大阪市である。12図尾形家、銘苅家13図渡辺家などは何れも民家に特有のデザインで、どちらかというとトボケた味がある。14図は社寺の庫裡や客殿などの住居用の建物のもので、純粋な民家のものではなく、それだけ整ってはいるものの、くだけた面白味はない。

組子欄間・障子欄間

組子欄間は、細い桟をいろいろの形に組み合わせた幾何学模様のものである。障子欄間は主として、座敷と縁側境に用いられるもので、組子欄間よりは桟をより細くして紙貼りとしたものである。15図の竹の節欄間は、広縁の仕切りなどに用いられるもので、欄間の発生形ともいわれている。その下の筬欄間は厳格な座敷には共通して用いられ、極細の桟をこまかく組んだものである。左の永富家の七宝模様などは、極薄のへぎ板を曲げて組んだものである。障子欄間も同様精粗いろいろの組模様を楽しんで頂きたい。

★1図　板欄間

丸彫り

遊鯉

山口県　熊谷家

中央

鶴亀
松竹梅

滋賀県
梅の木本陣
（大角家）

桃山風

★2図　板欄間　　　　　　　　　　　　　　薄肉彫り

紅葉に鳳凰　　　　　滋賀県　大角家 　　　芦原の鴨　　　　　　滋賀県　大角家

丸彫り

花鳥

山形市　高橋家

薄肉彫り

松竹梅

岡山県
片岡家

能登
上時国家

★3図　板欄間　　　　　　　　　　　　　　薄肉彫り

因幡の白兎　　　　　　　　　　　　　　　　　　　　　　大阪府泉佐野市　奥家

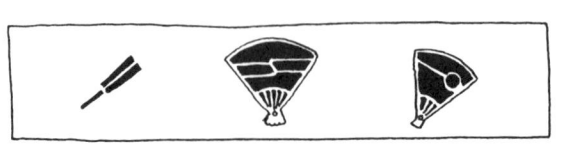

扇面　　　　　　　　　　　　　　　　　　　　　　　　　堺市　高林家

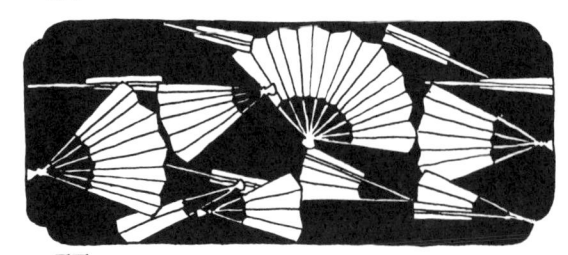

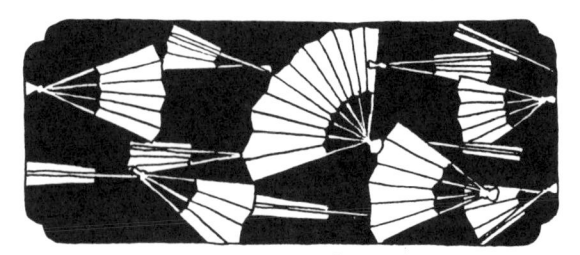

扇面　　　　　　　　　　　　　　　　　　　　　　香川県　金刀比羅神宮客殿

扇子 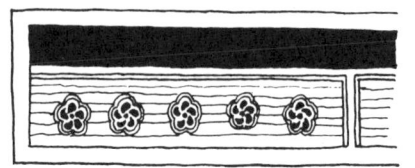　　　　　　　　　　　　　　　　　捻り梅　　　　　　京都　二条陣屋

126

★4図　板欄間　　　　　　　　　　　　　　　透かし彫り

農村の生活　岩手県胆沢郡　　　　　　森口多里氏による　　　　　　近江八景　岩手県気仙郡

菊　　　　　岩手県軽米町 　　　　　　　　　　唐花菱　　　　　　　薄肉彫り

富嶽　　　　開田高原　山下家 　　　　松竹梅　　　　　　　　岐阜県

波頭　　　　　　　　　長野県 　　　　渓流　　　　　　　　　倉敷市

★5図　板欄間

大阪府羽曳野市　吉村家

透かし彫り

鳥取県羽合町　尾崎家

★6図　　板欄間

葡萄とかぶら　　　　　　　　　透かし彫り　　　　　　　　　岐阜県白川村　大戸家

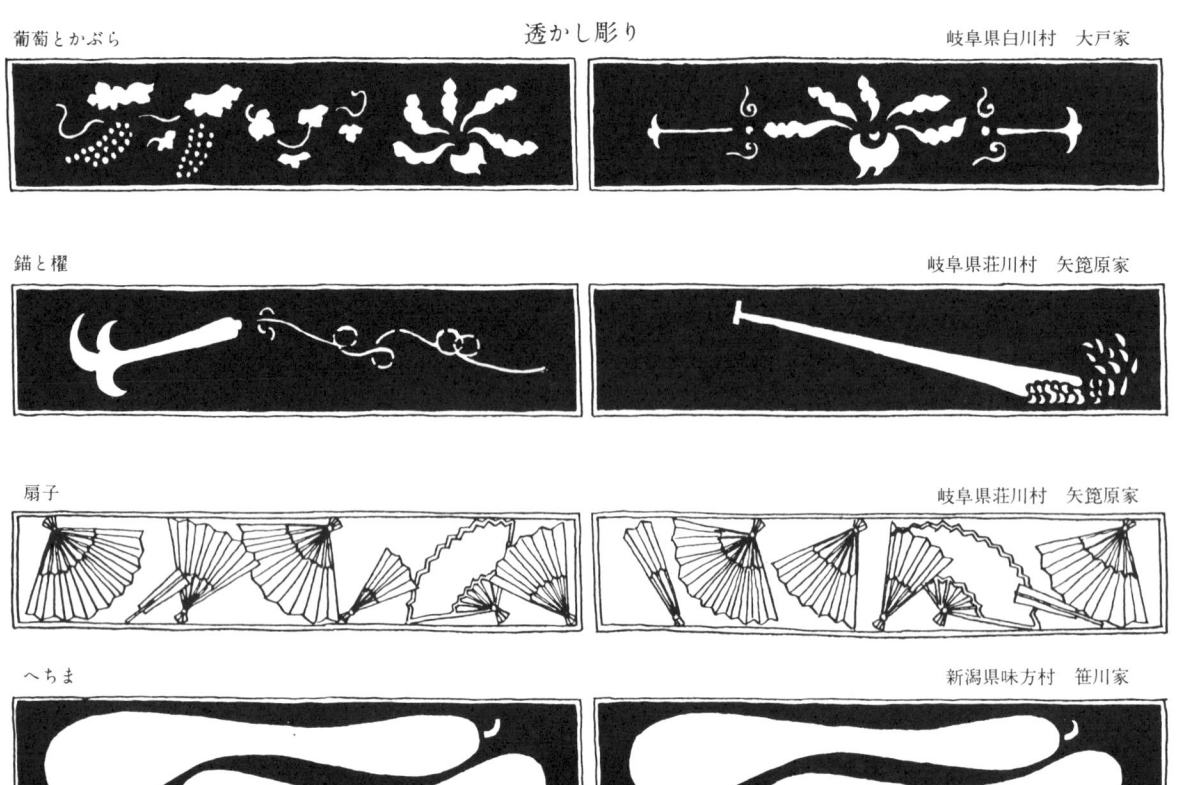

錨と櫂　　　　　　　　　　　　　　　　　　　　　岐阜県荘川村　矢箆原家

扇子　　　　　　　　　　　　　　　　　　　　　　岐阜県荘川村　矢箆原家

へちま　　　　　　　　　　　　　　　　　　　　　新潟県味方村　笹川家

★7図　　板欄間

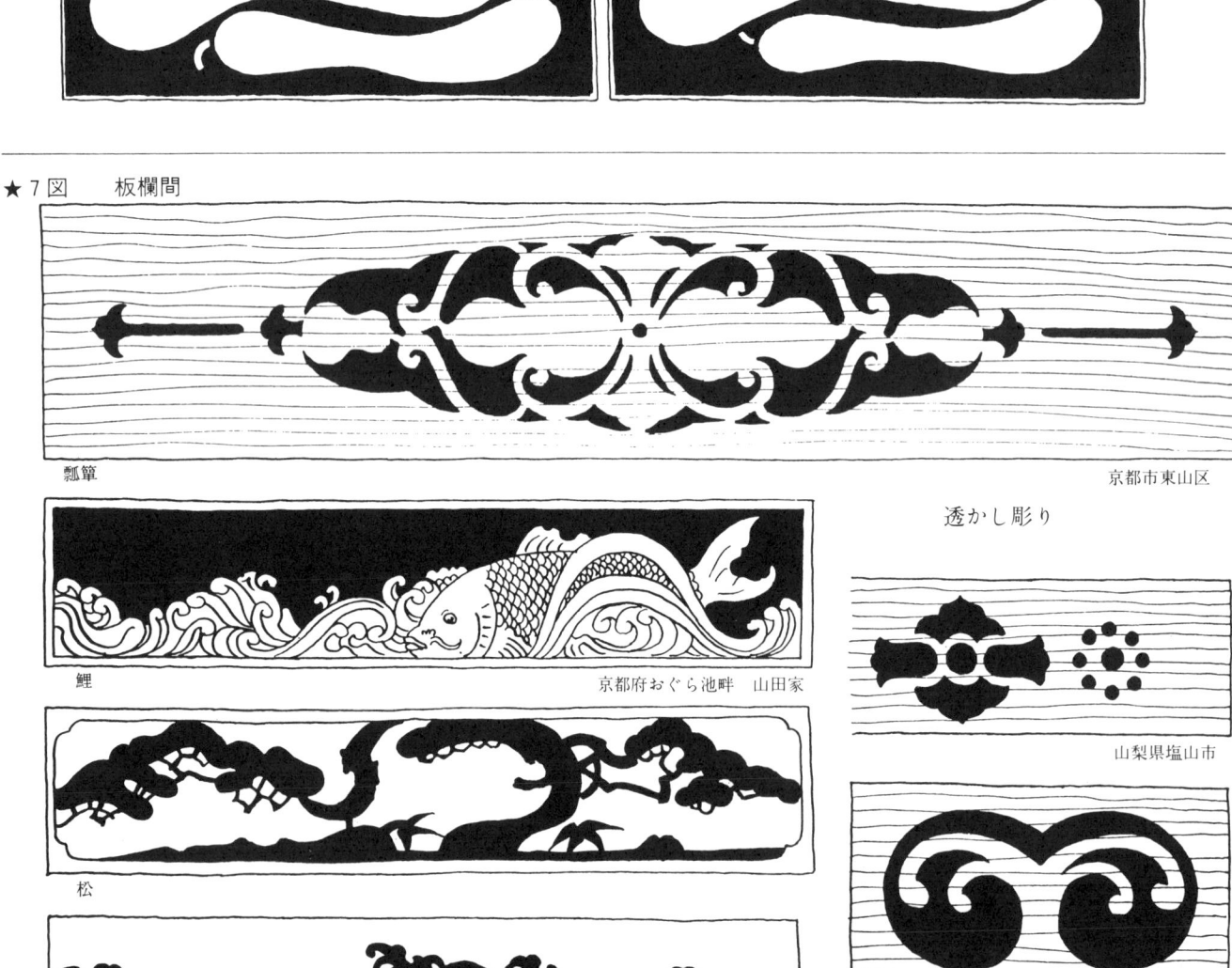

瓢箪　　　　　　　　　　　　　　　　　　　　　　　　　　　　京都市東山区

透かし彫り

鯉　　　　　　　　　　　京都府おぐら池畔　山田家

松

山梨県塩山市

波頭

横浜市　三溪園

高知市

128

★8図　板欄間

かぶら　　　　　　　　　　　　　岡山県　星島家

透かし彫り

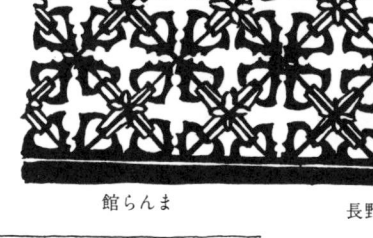

館らんま　　　　　　　　　　長野県妻籠　脇本陣

ぶどうとりす　　　　　ぶどうと蝶

岡山県　矢掛本陣

遠山
岡山県　星島家

★9図　板欄間　　　　　　　透かし彫り

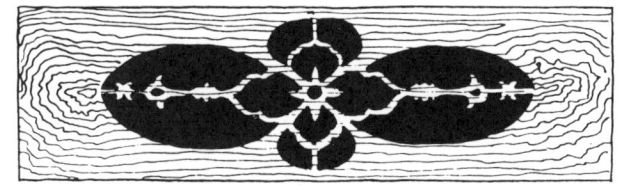

大阪府熊取町　降井家　　　　浮雲　　　　　　　　　　　降井家

お宮　　　　　鳥取県木地山　中村家　　　老松　　　　　　　倉敷市　楠戸家

とんぼ
秋田市　奈良家

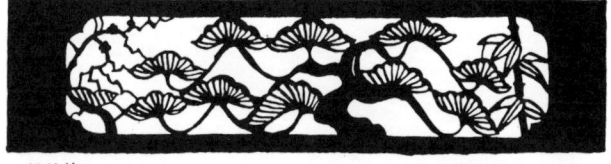

松竹梅　　　　　　　　　岡山県　元岡家

大阪府河内長野市　山本家

ぶどう（部分）

本陣
石川県　青木家

129

★10図　板欄間　　　　　　　　透かし彫り

吉祥文様 　　　　千鳥

青海波

菊　　　　　　　　　　　　　　　　　　　香川県
　　　　　　　　　　　　　　　　　　　　金刀比羅宮客殿

★11図　板欄間　　　　　　透かし彫り・薄肉彫り

軍配と羽扇　　　愛媛県松山市　豊島家 　　松に竹　　和歌山県野上町　柳瀬家

輪違い　鳥取県八東町　矢部家 　　京都市 　　竹　　長野県伊那市　小池家

大阪府豊中市　今西家 　　　　　　　　大阪府羽曳野市森田家

松に鷹 　　　　　　　　　　　　　　大阪府狭山町　吉川家

130

★12図　板欄間　　　　　　　　　透かし彫り・薄肉彫り

水に紅葉　　　　　　　　山形県上山市　尾形家 　　　　　　　　　　　　　　　　　　　　長野県

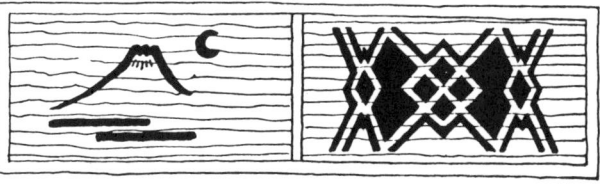

　　　　　　　　　　　　　　　　　　　　　　　　　　　　　　　沖縄県伊是名島　銘苅家

松竹に鶴 　　　　　　　　　　　　　　　　　　　　　　　　滋賀県伊香郡柏原　野村家

あやめと鳩 　　　　　　　　　　　　　　　　　　　　　　　滋賀県伊香郡祝山　辻家

★13図　板欄間　　　　　　　　　透かし彫り・薄肉彫り

　　　　　　新潟県関川村　渡辺家

野の花 　　　　　　　　　　　　　　　　　　　　　　　　　　静岡県下田市　鈴木家

松に鷹 　　　　　　　　　　　　　　　　　　　　　　　　　富山県井波町　菊野家

菊 　　　　　　　　　　　　　　　　　　　　　　　　　　　富山県井波町　菊野家

131

★14図　板欄間　　　　　　　　　　　　透かし彫り

　　　　　　　　　　大阪府河内長野市　　　　　　　　　　　　　　　　　長野県大桑村

　　　　　　　　　　宇治市　　　　　　　　　　　　　　　　　　　　　　長野県大桑村

　　　　　　　　　　石川県羽咋市　　　　　　　　　　　　　　　　　　　石川県羽咋市

　　　　　　　　　　石川県羽咋市　　　　　　　　　　　　　　　　　　　石川県羽咋市

★15図　組子欄間

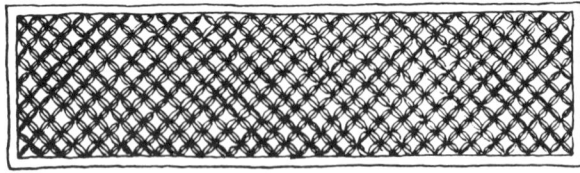

兵庫県揖保郡　永富家　　　　　　　　　　竹の節らんま　新潟県味方村　笹川家

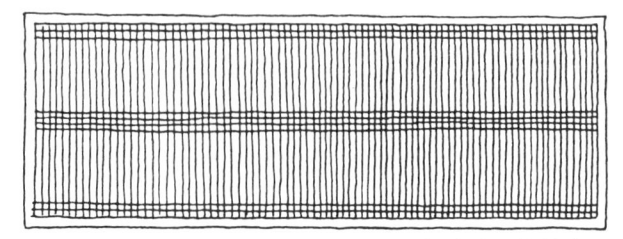

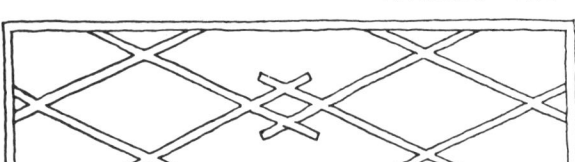

兵庫県揖保郡　永富家　　　　　　　　　　筬(おさ)らんま　山形県東田川郡　小野寺家

岡山県津山市　立石家

長野県上諏訪　　　京都島原　角屋　　　　　　　　　　　　岩手県遠野市　千葉家

★16図　組子欄間

長野県山内町　黒岩家

大阪府泉佐野市　奥家

大阪府寝屋川市　竹川家

香川県木田郡　山田家

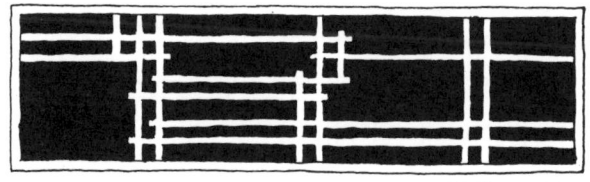

茨城県常陸大宮市

長野県　長窪宿

京都府久世郡　山田家

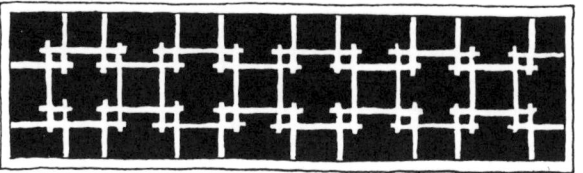

京都市伏見区　乾家

★17図　組子欄間

徳島県祖谷村　善徳家

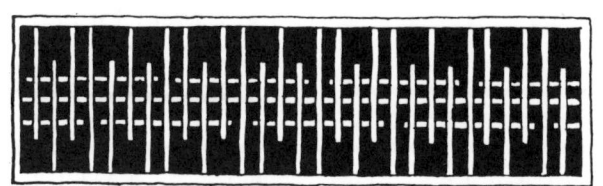

東京都青梅市　吉野家

和歌山県粉河町

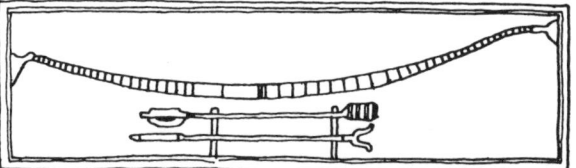

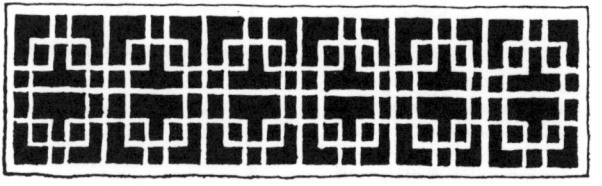

弓矢　　　東京都町田市　青木家

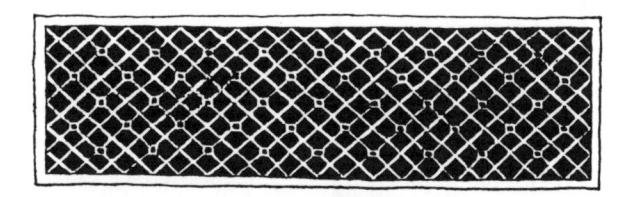

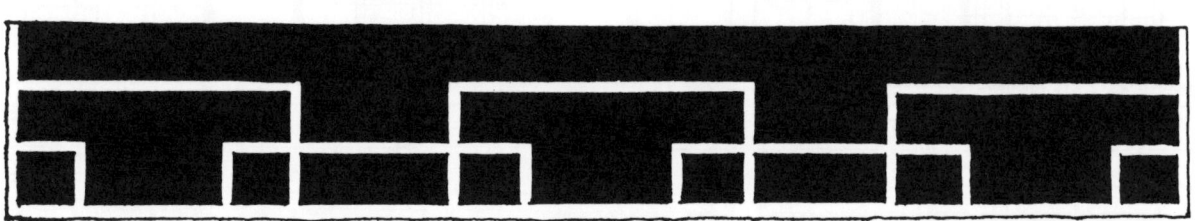

京都市島原　すみや

岡山市足守　杉原家

133

★18図　組子欄間

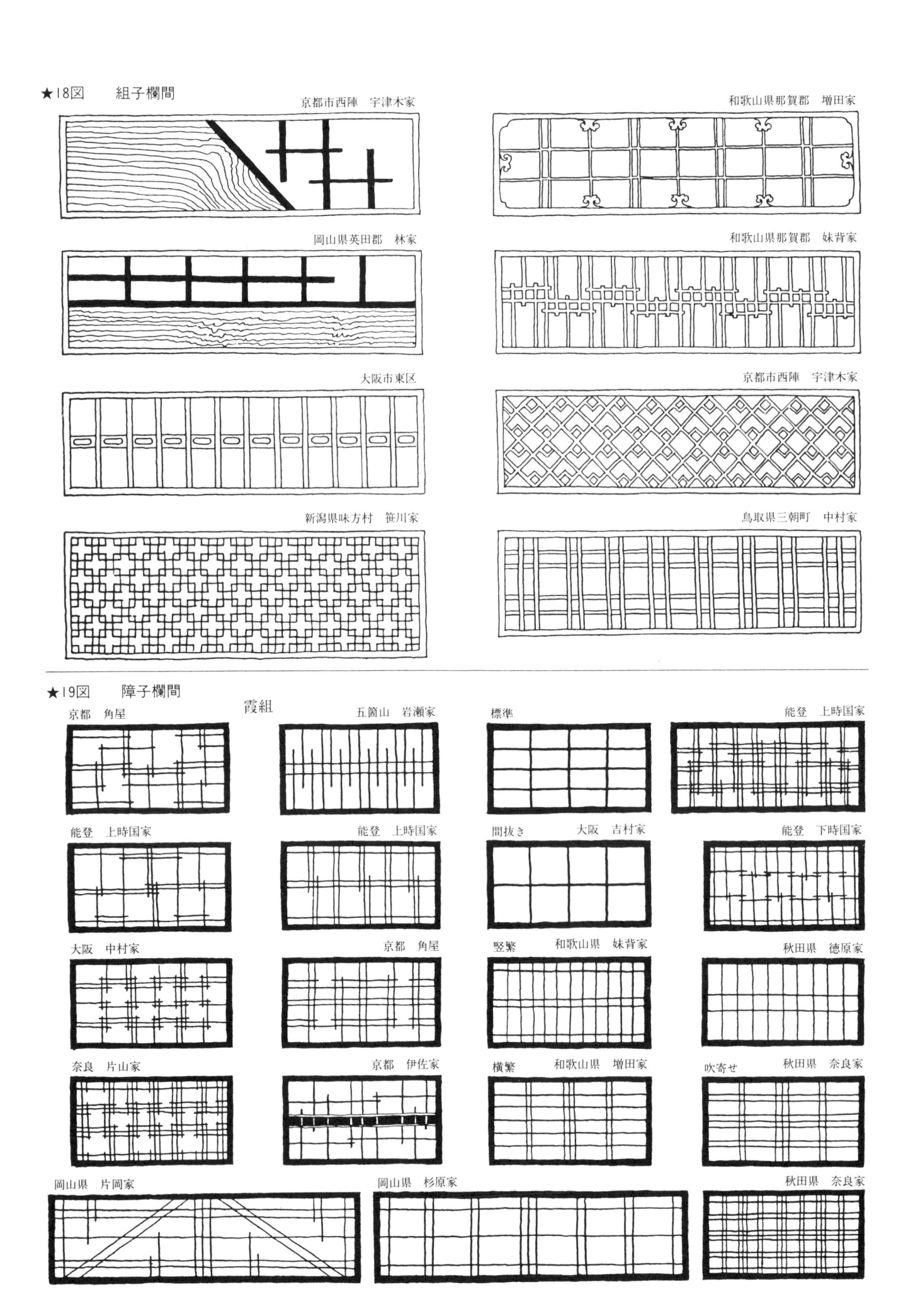

京都市西陣　宇津木家　　　　　　　　　　　　　　　和歌山県那賀郡　増田家

岡山県英田郡　林家　　　　　　　　　　　　　　　　和歌山県那賀郡　妹背家

大阪市東区　　　　　　　　　　　　　　　　　　　　京都市西陣　宇津木家

新潟県味方村　笹川家　　　　　　　　　　　　　　　鳥取県三朝町　中村家

★19図　障子欄間

京都　角屋（霞組）	五箇山　岩瀬家	標準	能登　上時国家
能登　上時国家	能登　上時国家	間抜き　大阪　吉村家	能登　下時国家
大阪　中村家	京都　角屋	竪繁　和歌山県　妹背家	秋田県　徳原家
奈良　片山家	京都　伊佐家	横繁　和歌山県　増田家	吹寄せ　秋田県　奈良家
岡山県　片岡家	岡山県　杉原家		秋田県　奈良家

134

★20図　障子欄間

京都　角屋	菱井桁	菱組　　　　倉敷　大橋家
京都　角屋		吹寄
京都　角屋	角館　小林家	菱蜻蛉
京都　角屋		奈良県　片山家
新潟県　渡辺家	紋様の変化	松皮菱　兵庫県　永富家
大阪　中家	飛騨　矢箆原家	子持菱　京都
京都宇治	京都	大阪　中村家

自在鉤その他
JIZAIKAGI

　いろりは昔の民家にとっては欠くことのできない設備で、原始の頃から住まいにはつきものであった。自在鉤は今では一部の好事家の間では民芸品扱いをされているが、これは民家の建物とは切っても切れない関係のもので、独立した民芸品ではない。今でいえば厨房設備や照明器のようなもので、家と切り放しては存在しないものである。ここでは自在鉤を中心に、いろりのまわりの諸道具のデザインを集めてみた。

　1図は自在鉤を吊る親鉤で、また、空（そら）鉤、鉤づる、親愛をこめておかぎさん、おかげなどとも呼ばれる。勾玉形に曲った戎型と、頭布を被った大黒型とがある。また自然の変木を利用したものもあって、これなどは鉤蔓の名がふさわしい。北陸地方では、中央船岡家の例のように、中太の美しい飾り縄で吊ることがある。

　自在鉤が名の通り自在に高さを調節できるのは、小猿という横木に吊り綱を通しその摩擦を利用して、小猿の位置を固定し綱の長さを伸縮できる工夫からである。この短冊型の横木を水平にすると吊り綱は容易に上下するが、手を放せば横木は傾き綱はこじれて動かなくなる。先端の鉤は火に近くしても焦げないように鉄製となっている。この横木は小猿のほかに手遊び、こざらなどの名がある。粗末な農家では、単なる棒切れや板切れに過ぎないものであるが、次第に装飾化されて立派なものになった。自在鉤にとって小猿は機能上もっとも重要な部分であり、いろりに坐れば目の前の位置にあるので、意匠的にも工夫が加えられた。その形の面白さが賞讃されて民芸品視されることになったものと思われる。その形に魚型、水型などの火伏の意味をこめたもの、末拡がりの運を願った扇型、打出の小槌、熨斗や一文字の吉祥文などがある。

　2図は魚型で、鯛や鯉、鮒それに鮎などがある。これを木鯛、北向き鯛、上り鯉、入り鯛などという。頭は家の奥の方に向ける習慣があり、鉤は家の入口の方に向けるので「出鉤入り魚」などという。上り鯉は滝上りの威勢のよさをかったもので、鯉幟と同じ意味である。松板を用いた素朴なものから、欅や樫の堅木を丸彫りとしたものなどがある。

　3図水の字はいうまでもなく火伏せであって、これに菊をあしらって菊水としたり、魚型と抱き合わせて水中魚などという。4図は打出の小槌や結び熨斗の縁起物、5図は末拡がりの家運を祈った扇型や一文字型、6図は金属製のもので、太いパイプに内接した細いパイプの鉤が上下するようになっている。錬鉄製や真鍮製の精巧なものがある。刀の鍔を利用したものや、草彅家の宝船など面白いものがある。

　7図は自在鉤以前の炉鉤で、段々鉤とかがんだ鉤と呼ばれるもの。もっとも原始的なものは、ほどよい枝をもった木を切り落して、梁や棟木からぶら下げたもので、いまでも履物や手袋などを乾かすのに用いられ隅の鉤ともいわれる。岩手県ではこれをまつかぎというが、なかには鹿の角を利用したものもある。これらは高さの調節ができない不自在鉤である。この発想に改良を加えたのが段々鉤あるいはがんだ鉤と呼ばれるものである。厚板に歯刻みをつけ（奇数とすることが多い）その段の数だけ鍋の位置を上下できる。絵のように上向刃と下向刃の二種がある。アイヌの炉鉤スワツも同様のものである。下段は炉の廻りの道具のデザイン。

　8図も同様金物類のデザイン。北陸地方や飛騨地方では、自在鉤を用いないので鉄製の頑丈な五徳を用いる所がある。これは鉄輪（かなわ）かなご、単にかねといったりする。石川県の喜田家では、左下のように炉の灰を禅寺の砂庭のように、美しく掻き均してデザインとする。上はその灰均しの鏝である。下中は炉縁の組み方のデザインである。火箸のデザインも、これを見て昔はこんなのが家にもあったと懐かしがる人もありそうだ。

★1図　自在鈎　　　　　大黒型　　　　　　　　　　　大鈎(空鈎)　　　　　　　戎型

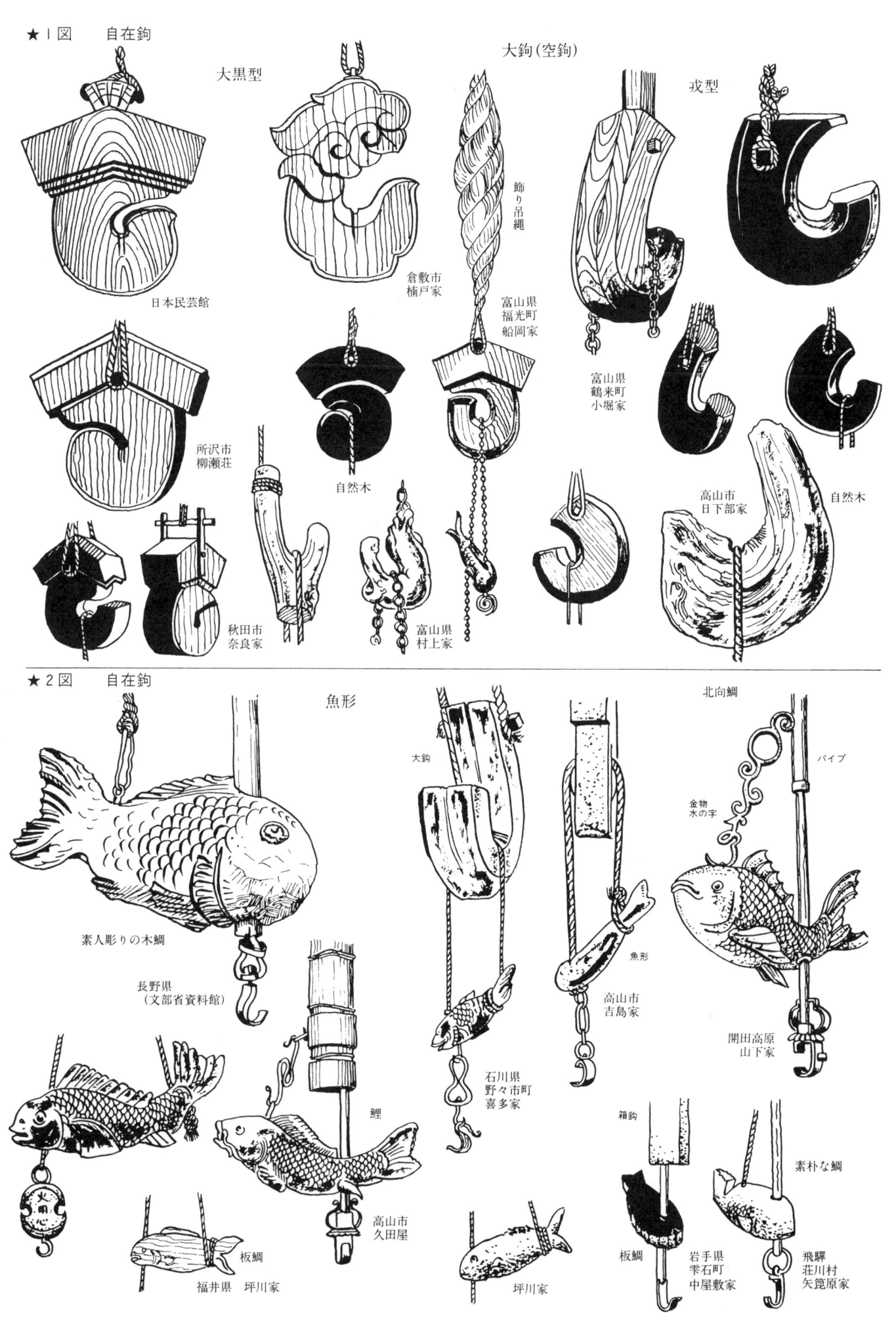

日本民芸館　　倉敷市楠戸家　　飾り吊縄　　富山県福光町船岡家　　富山県鶴来町小堀家

所沢市柳瀬荘　　自然木　　富山県村上家　　高山市日下部家　　自然木

秋田市奈良家

★2図　自在鈎　　　　魚形　　　　　　　　　　　　　　　　　　　北向鯛

素人彫りの木鯛　　長野県（文部省資料館）　　大鈎　　　　　　　　　　　　パイプ

金物 水の字

魚形　高山市吉島家　　開田高原山下家

鯉　高山市久田屋　　石川県野々市町喜多家

板鯛　福井県 坪川家　　坪川家　　板鯛　　箱鈎　岩手県雫石町中屋敷家　　素朴な鯛　飛騨荘川村矢箆原家

★3図　自在鉤

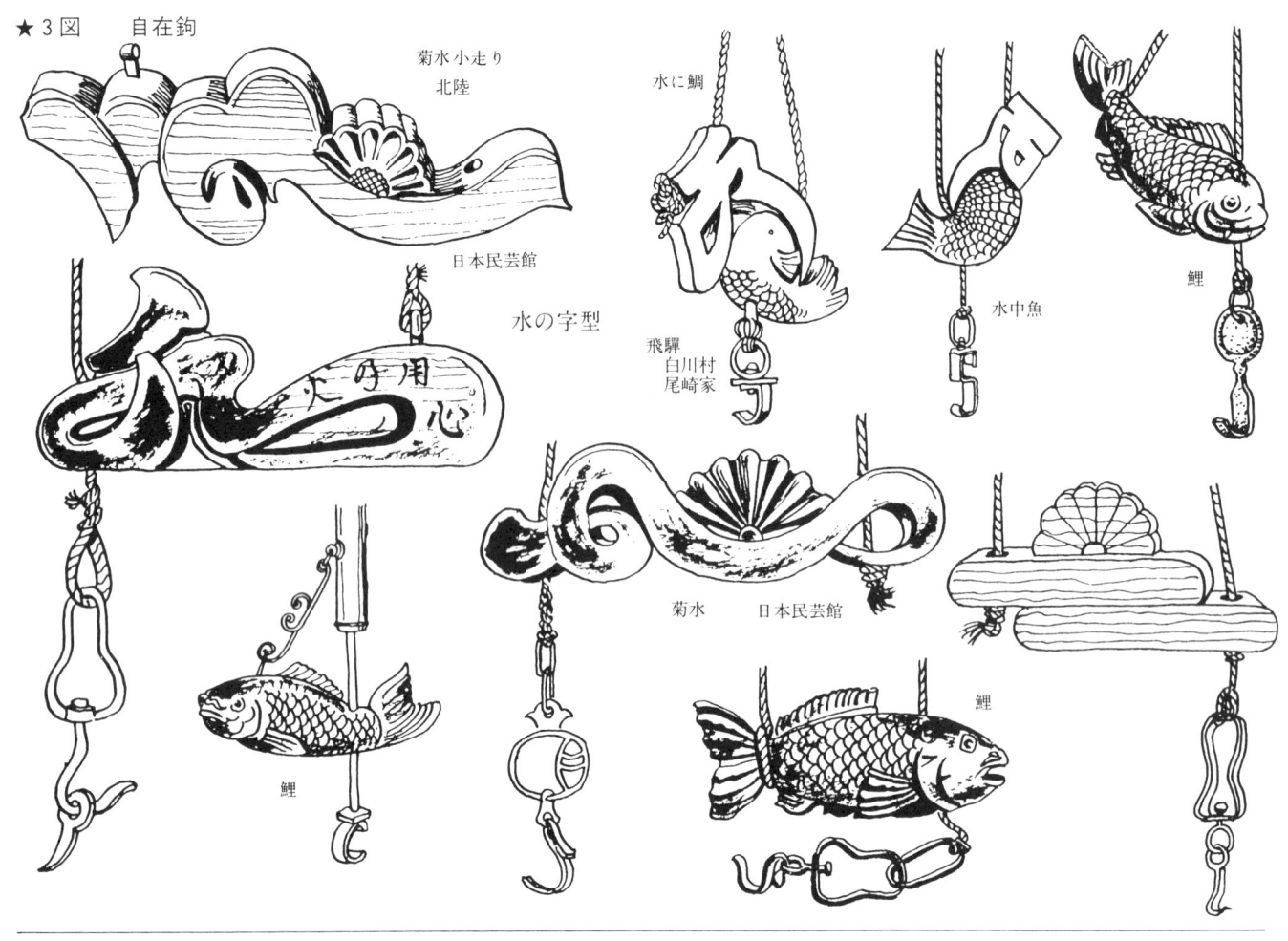

菊水小走り
北陸

水に鯛

飛騨
白川村
尾崎家

水中魚

鯉

日本民芸館

水の字型

鯉

菊水　日本民芸館

鯉

★4図　自在鉤

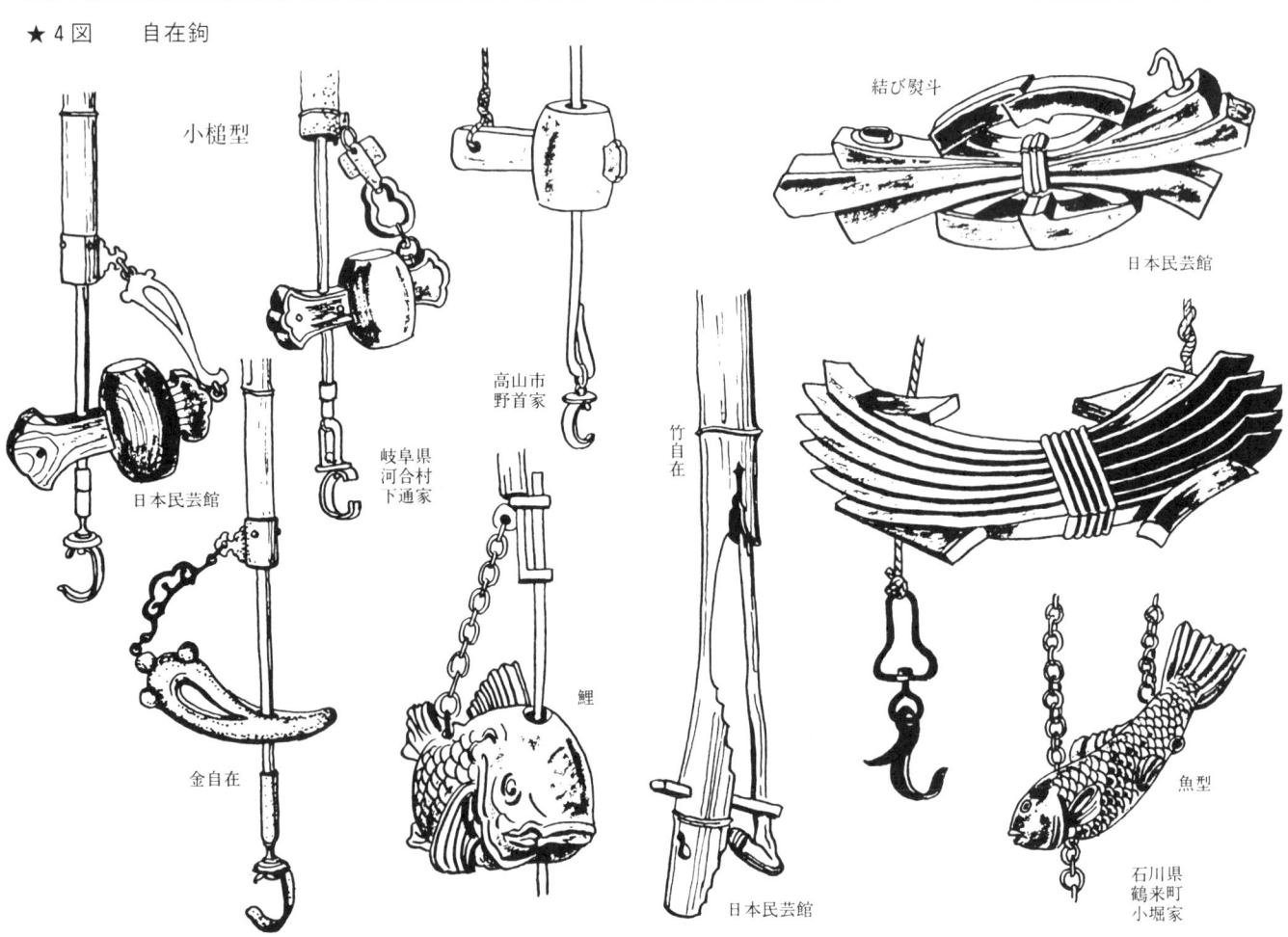

小槌型

結び熨斗

日本民芸館

日本民芸館

岐阜県
河合村
下通家

高山市
野首家

竹自在

金自在

鯉

日本民芸館

魚型

石川県
鶴来町
小堀家

138

★5図　自在鈎

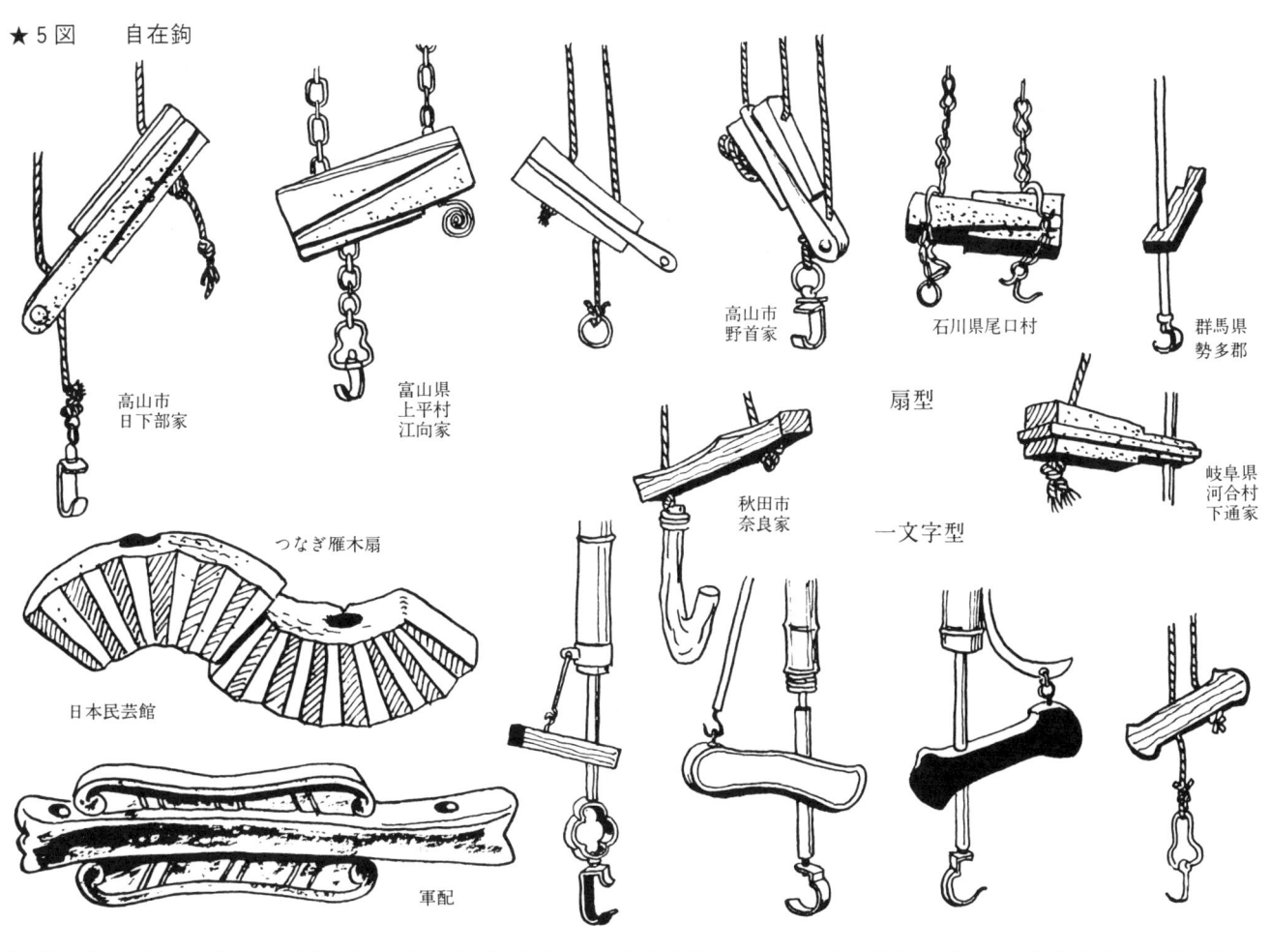

高山市
日下部家

富山県
上平村
江向家

高山市
野首家

石川県尾口村
扇型

群馬県
勢多郡

岐阜県
河合村
下通家

秋田市
奈良家

一文字型

つなぎ雁木扇

日本民芸館

軍配

★6図　自在鈎　　　　　　　金属製

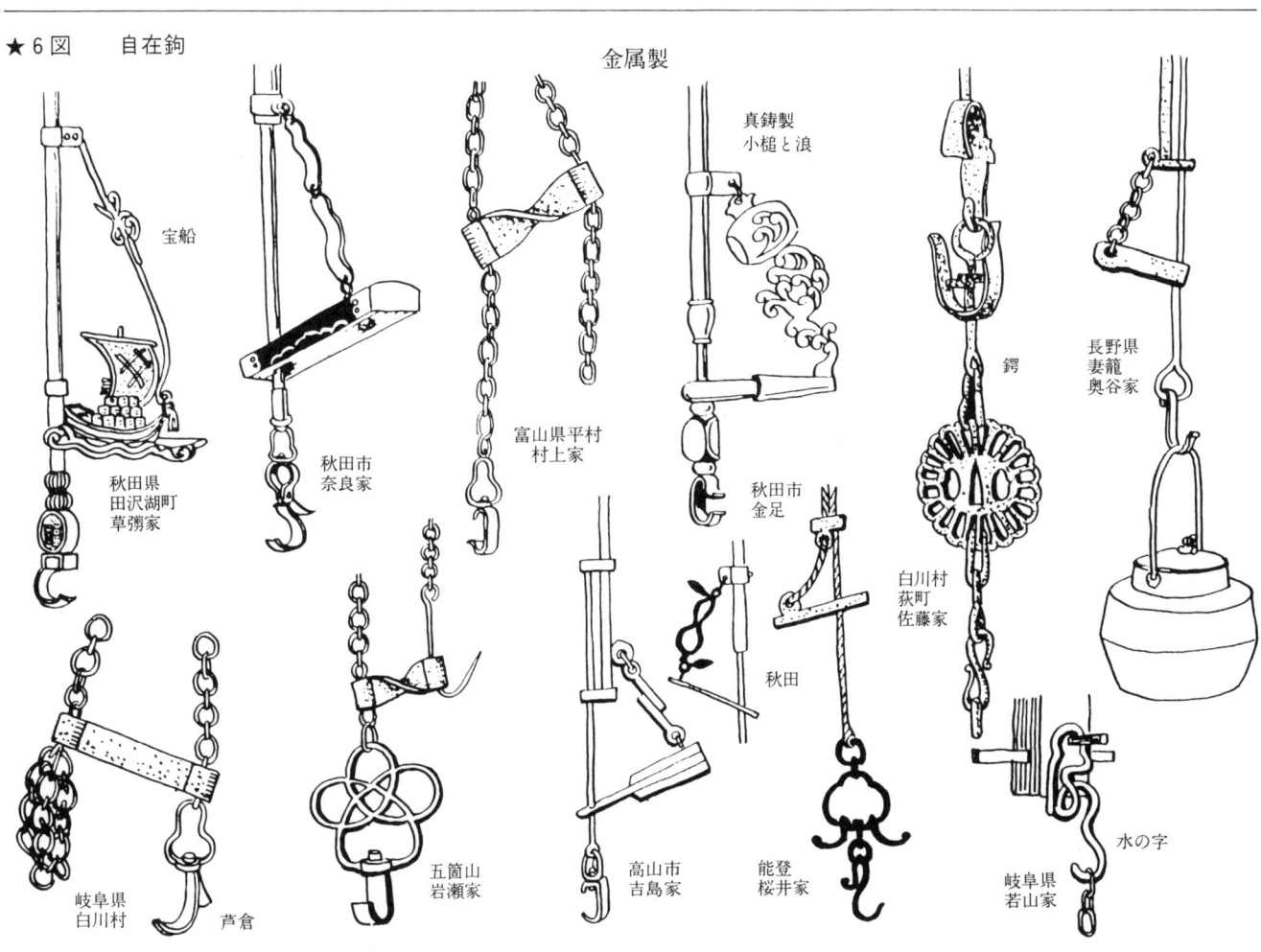

宝船

秋田県
田沢湖町
草彅家

秋田市
奈良家

富山県平村
村上家

真鍮製
小槌と浪

秋田市
金足

鍔

白川村
荻町
佐藤家

長野県
妻籠
奥谷家

岐阜県
白川村

芦倉

五箇山
岩瀬家

高山市
吉島家

秋田

能登
桜井家

岐阜県
若山家

水の字

★7図　自在鉤その他

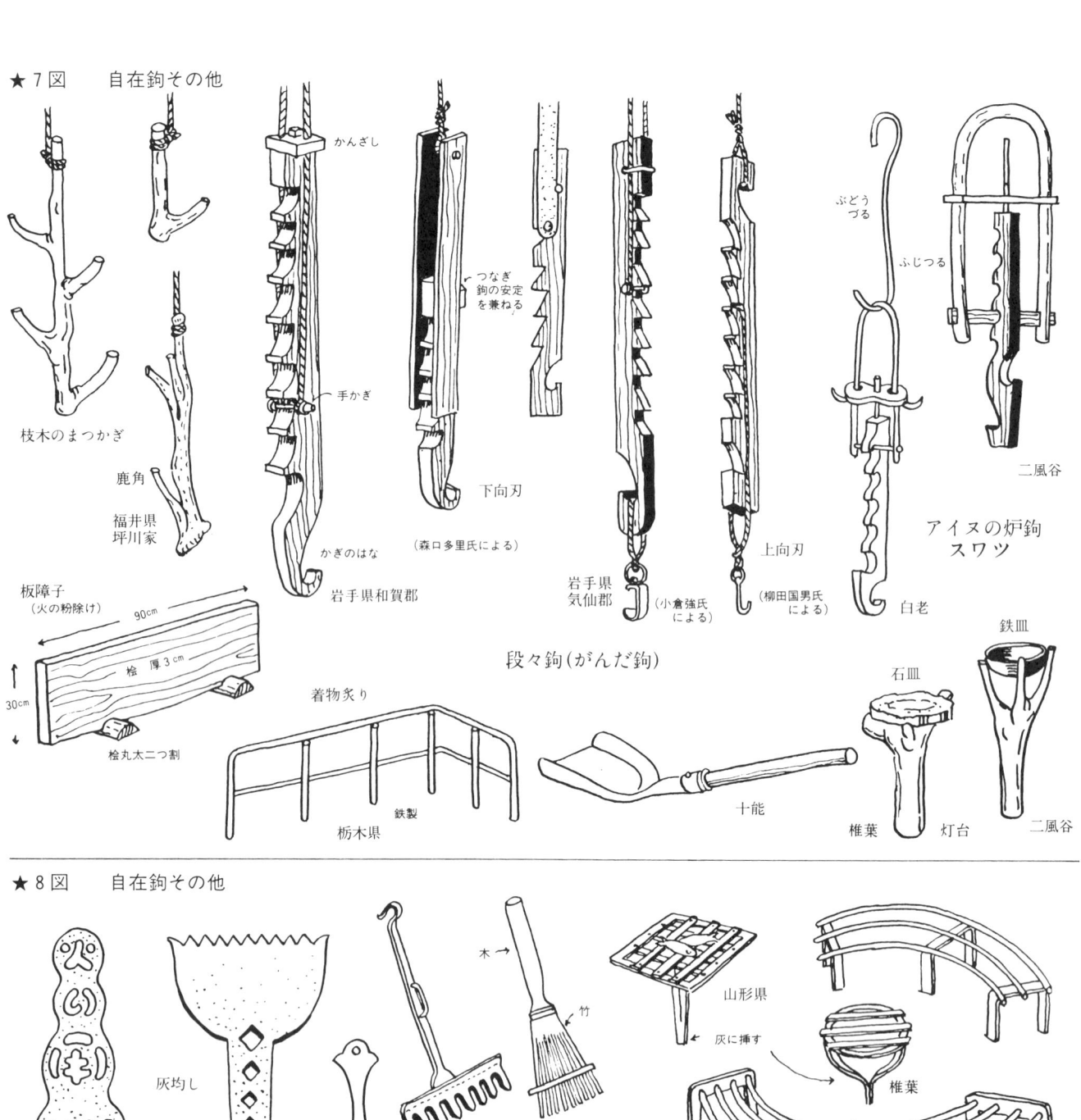

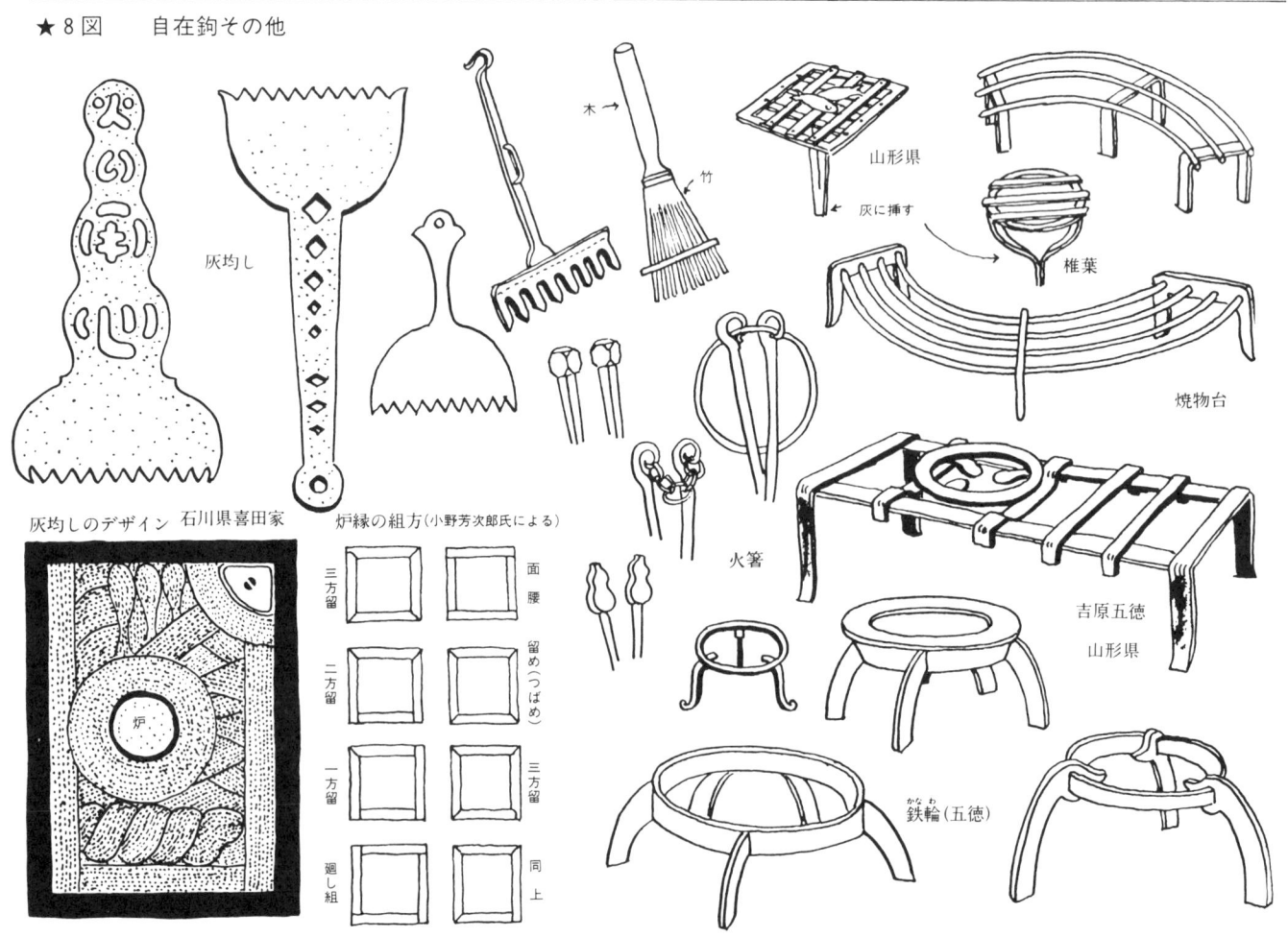

おくどさん
OKUDO

　おくどさんとは、関西地方でのかまどの愛称である。かまどは南支の方から伝わったとされ、いろりに較べると南方的な性格をもった火所である。いろりは採暖、照明、乾燥、調理と多目的であるのに対して、かまどの用途は調理にかぎられている。

　かまどは粘土や石で周囲を囲って風をよけ、火の粉が散らぬよう、焰が正しく鍋底に集中して、少ない燃料で効率のよいように工夫されたもので、古くは弥生時代からあった。それにつれて鍋釜も鍔をつけて、すっぽりとかまどにはめこみ、火力を逃さぬ「つばがま」もできた。かまどは藁や松葉のような火力の弱いものでも用が足せるので、燃料に乏しい水田地帯の農家では特によろこばれる。

　かまどは「へっつい」と呼ばれ、普通には「くど」と呼ぶ地方が多い。滋賀県では「ふど」というが、くどもふども火所を表わすほどと同意語である。

　くどは京都や奈良など畿内の地方に特に立派なものが見られ、築かれている土間を「かまや」と呼ぶ。畿内のくどは特有の美しいふくらみを持った勾玉形の平面をしており、漆喰で丹念に仕上げられている。小さいものは飯釜、菜鍋、茶釜の三口であるが、大きなものは十一もの焚口をもったものもあって、大きい順にぐるりと円弧状に連なって、その中心に座して一人で管理できるようになっている。

　そのうち一つはきわだって大きく造られていて、特に「おかまさん」などと、敬愛の念をこめて呼ばれる。平素は使用することなく、松や榊の枝を飾り荒神などのかまど神を祀る。年に一度の餅搗きの時や味噌豆を煮るとき、あるいは晴の儀式のときだけ使用される。このおかまさんはくどと離れて一基だけ別に築かれることがある。1図はそうした祭祀用の大かまどである。地方によって上に常灯明や香箱を置いたり、いろいろな祭具を置いて毎日灯明を献じて祭る。京都地方ではかまどとかまどの間に蛇籠のようなものを挿むが、これはかまどの土が湿り黴が生えたりするのを防ぐものだと思われる。

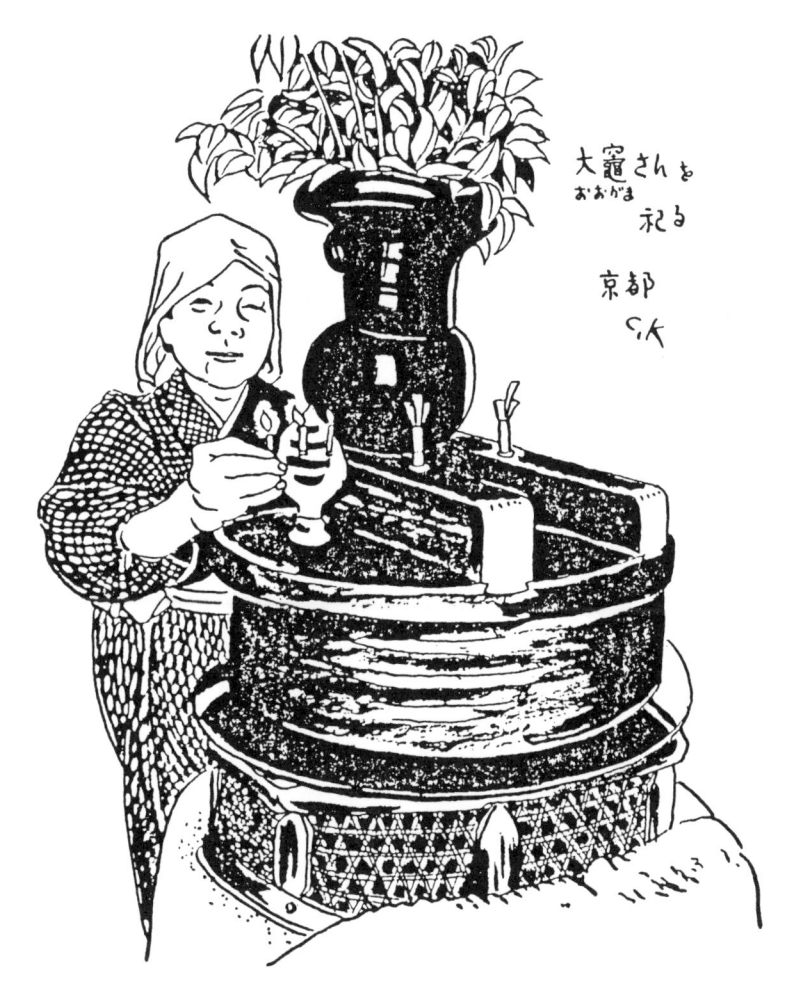

　二つくどは三つくどを簡略化したもので、平常は飯釜と菜鍋を兼用して使う。他の一つは大釜で多人数の来客時とか、図のように井籠を積んで餅米を蒸したりするのに用いる。くどは土間に築く「にわくど」が普通であるが、寒い洛北地方や京都の由緒ある大家では台所の板間に設けることもある。これを「あげにわくど」という。三つくどは飯釜、菜鍋、大釜の三つで、くどの定形である。古い形式では3図右下のように土間を掘り凹めて築き、人は土間にねこだなど敷いて坐って焚く。4図は洛北のあげにわくどを示したもので、この地方では図のように、いろりと併用することもある。

　四つくど以上になると大釜と菜鍋の間に、斗釜という一斗以上炊ける中釜がつく。そして大釜と斗釜は一段高くつくる。5図はそうしたもので、白黒を問わず美しく鏝光りがしている。これは丹念に鏝で仕上げた後に、椿の葉で磨くということである。左上の黒い中の三角型はタイルをはめこんだもので、裾は土間の湿気に害われないように瓦を貼っている。6図はともに五つくどであるが、吉村家では緩い弧形で上端が水平であるのに対して、京都の例は弧形が強く、上端が上手に段違いに高くなっている。7図はかま

やの内部とくどの実測図。くどの上部には土塗りのフード状の天蓋が下がっていて排煙を便にしている。奈良盆地では一般の土間とかまやの境には煙返しという大梁があり、その上は壁となっていて、煙が他の部分にゆかないようにする。右下は直列、鍵型、孤型などくどの平面を示したもの。8図は京都のくどと、兵庫県の石を用いたくど。これは特産の竜山石を用いている。右上の主婦の坐っている腰掛けのようなものを「わらとん」という。藁とんは藁を横に一間ばかり並べ、足で踏み締めながら両端を編み、帯状のものを作る。それをぐるぐる巻き、外側を固く縄で締め付けて仕上げる。近頃は民芸品として洋間の小椅子代わりにも売られている。

9図は町家のくどである。京大阪の町家は「片側住居」といって、家の片側は前から裏までずっと通り庭となっている。すまいの中程はだいどこという茶の間になっていて、それに対する土間にくどが築かれている。右上は京の商家の土間で、手前から井戸、はしり（流し台）、くどとなっている。いきおいくどは直列で、大釜と斗釜は土間に、他は台の上に載っている。台の下は戸棚や薪入れとなっている。

かまぶた

釜蓋のデザインも集めて見ると、中々に面白い。大釜の蓋は大きいので、厚板を三枚程接ぎ合わせて作る。それを二本の蟻付吸付桟で一枚に固定する。蒸気にむされて反ったり歪んだりしないためである。通常はこの吸付桟が把手代わりとなるが、その上に飾りのついた把手をつけることもあり、その意匠が日本的で気が利いていて民芸的である。これは蓋の重みを増す上も必要なものである。茶釜蓋は小さいので多くは一木の厚板で、把手は中央につく。茶釜蓋の方が一体に凝った意匠が多い。このような釜蓋は誰が作るのであろうか。大工でも指物師でもない。恐らく木地屋の系統の人達であろう。木地師はろくろを挽くだけでなく、農具の柄を作ったり、牛馬の鞍や、製糸の糸枠や糸車なども作る。釜蓋もこれら木地師の所産によるものと考えている。

★1図　　おくどさん

おかまさん
京都市上京区

ひとつかまど
祭祀用大かまど

常灯明

おうかまさん　滋賀県永源寺町

おくどうさま　岡山県矢掛町石井家

香川県丸亀市

142

★2図　おくどさん

ふたつくど

神奈川県秦野市　北村家

京都市

秋田市　奈良家

滋賀県永源寺町

富山県上平村　江向家

★3図　おくどさん

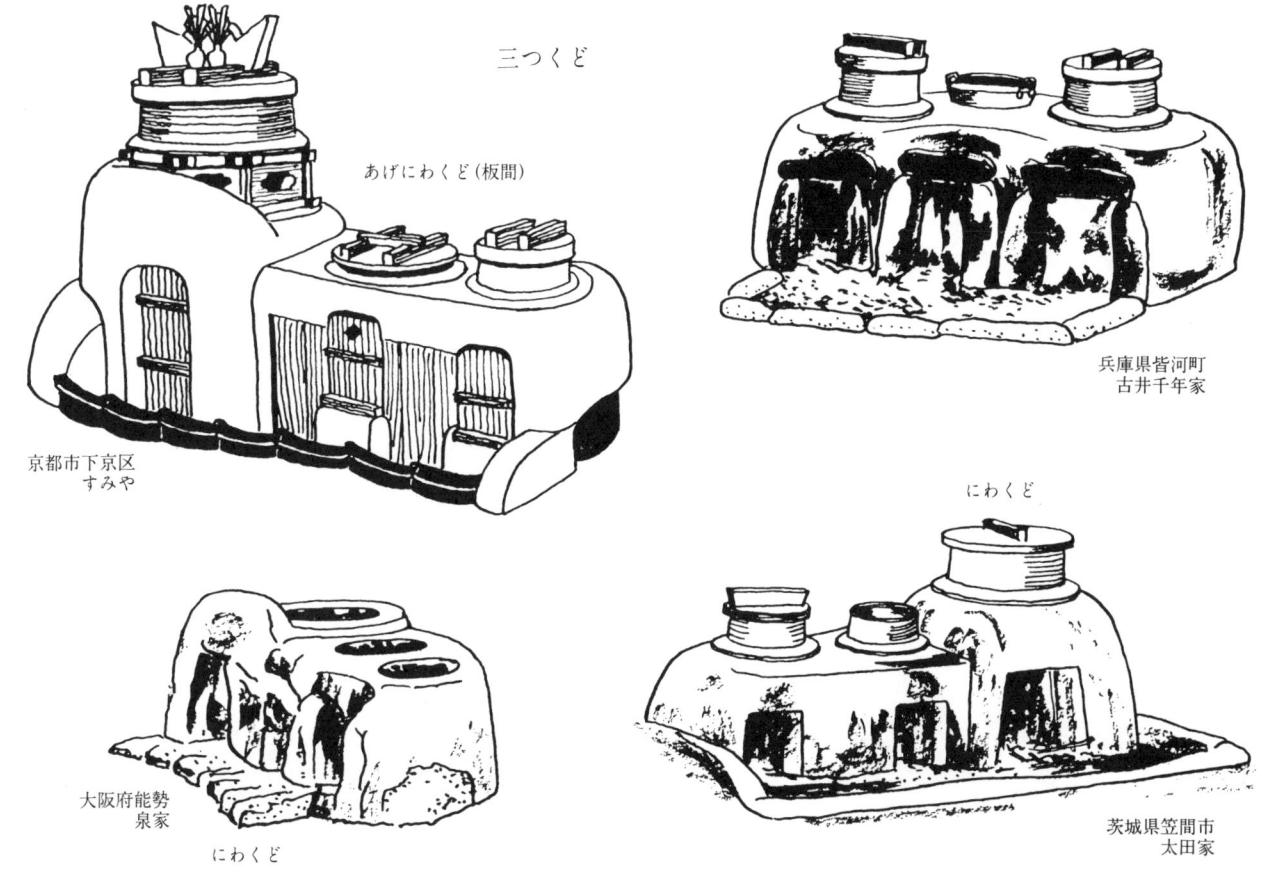

三つくど

あげにわくど（板間）

京都市下京区
すみや

兵庫県皆河町
古井千年家

にわくど

大阪府能勢
泉家

にわくど

茨城県笠間市
太田家

★4図　おくどさん

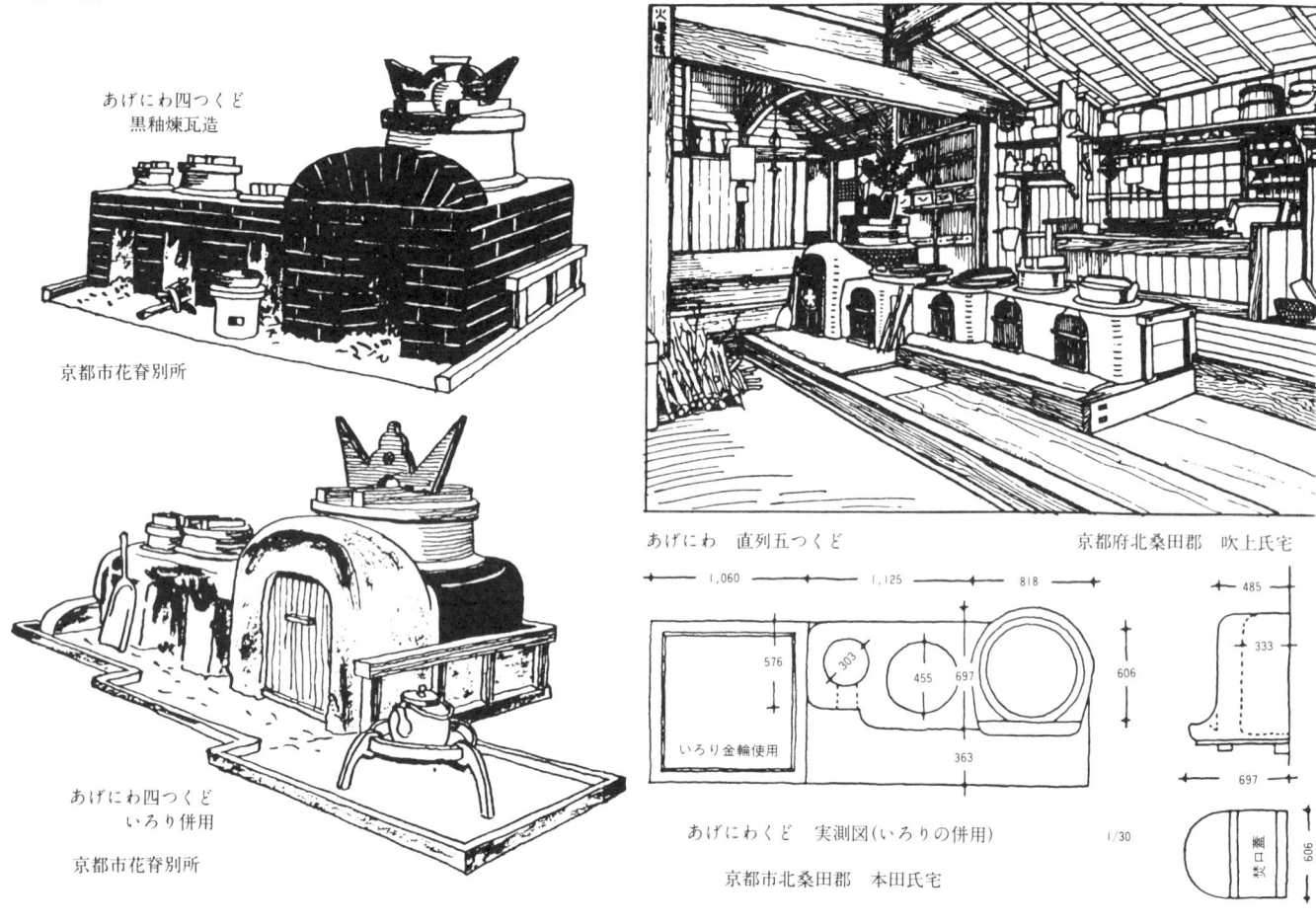

あげにわ四つくど
黒釉煉瓦造

京都市花脊別所

あげにわ　直列五つくど　　　　　　京都府北桑田郡　吹上氏宅

あげにわ四つくど
いろり併用

京都市花脊別所

あげにわくど　実測図(いろりの併用)　　1/30

いろり金輪使用

京都市北桑田郡　本田氏宅

★5図　おくどさん

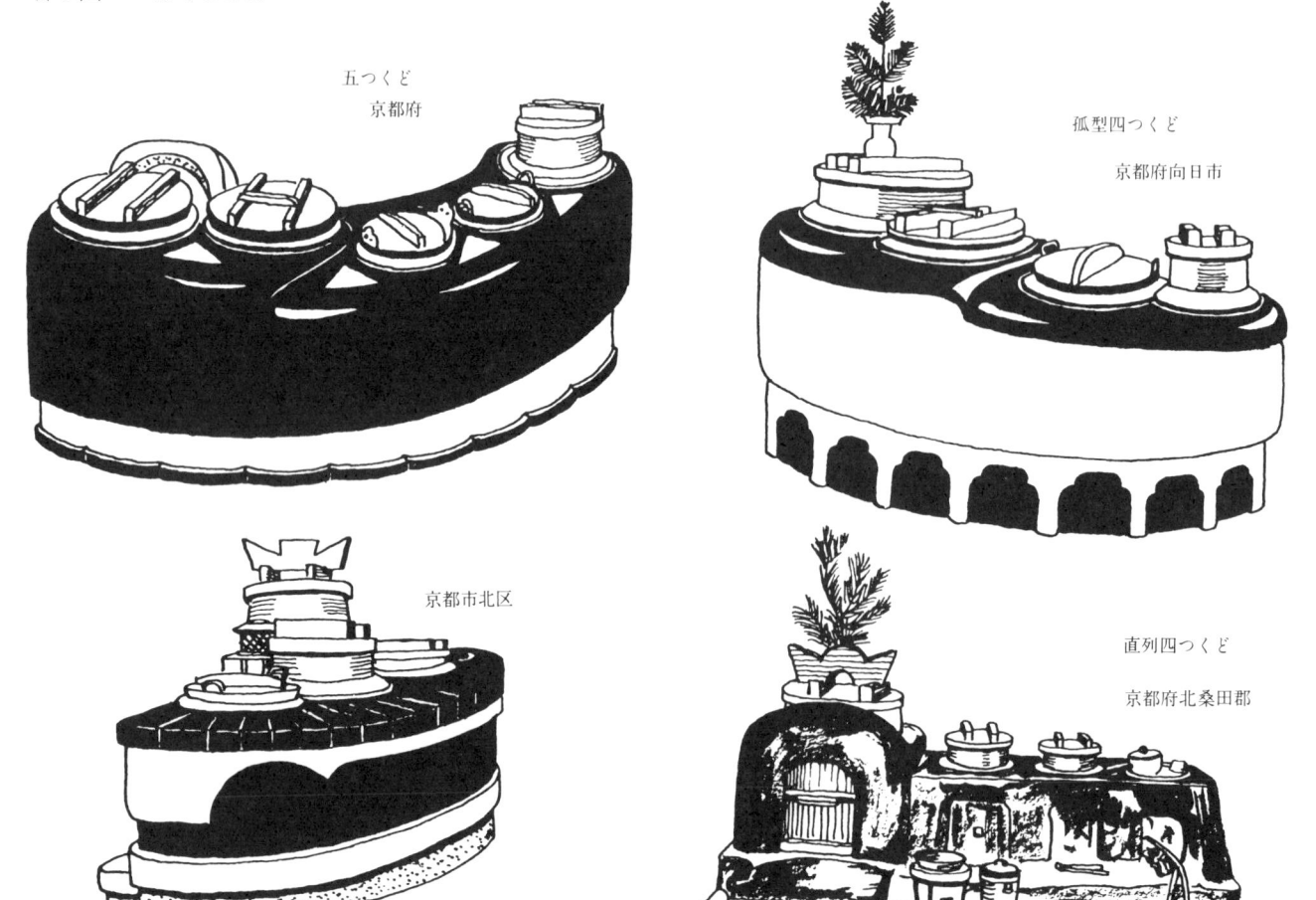

五つくど
京都府

弧型四つくど
京都府向日市

京都市北区

直列四つくど
京都府北桑田郡

144

★6図　おくどさん

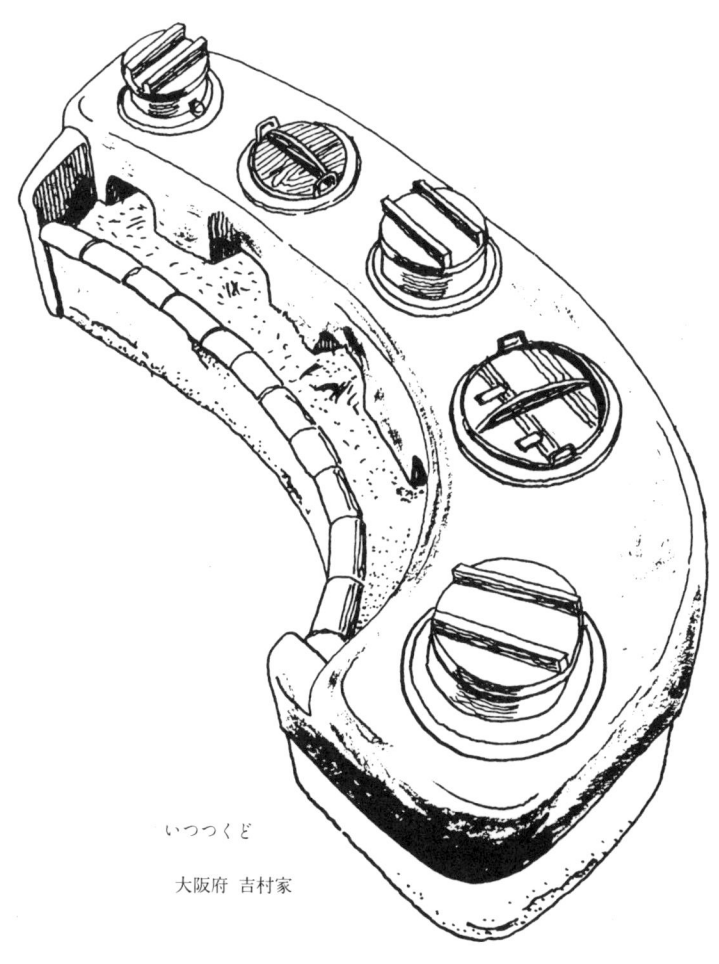

孤型くど

京都嵯峨

いつつくど

大阪府　吉村家

★7図　おくどさん

七つくど　実測図　京都府向日市　五十棲家

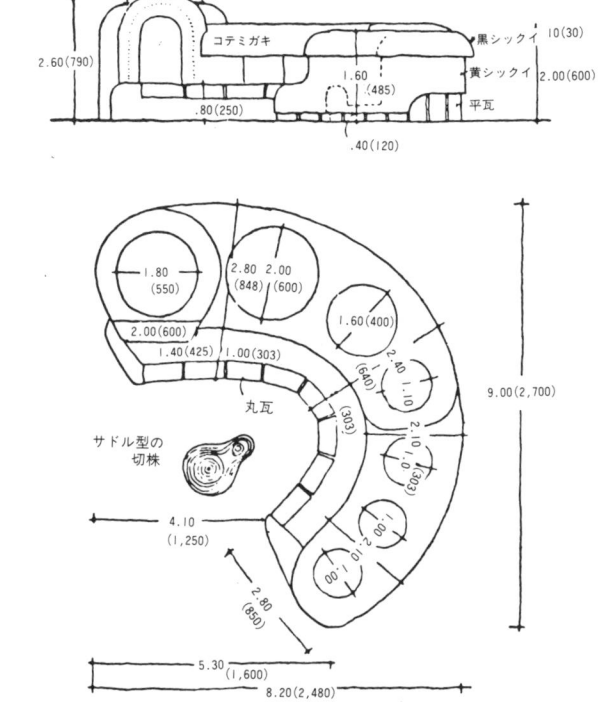

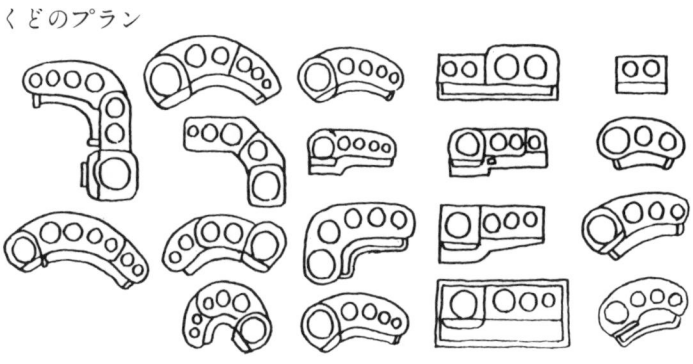

くどのプラン

145

★8図　おくどさん

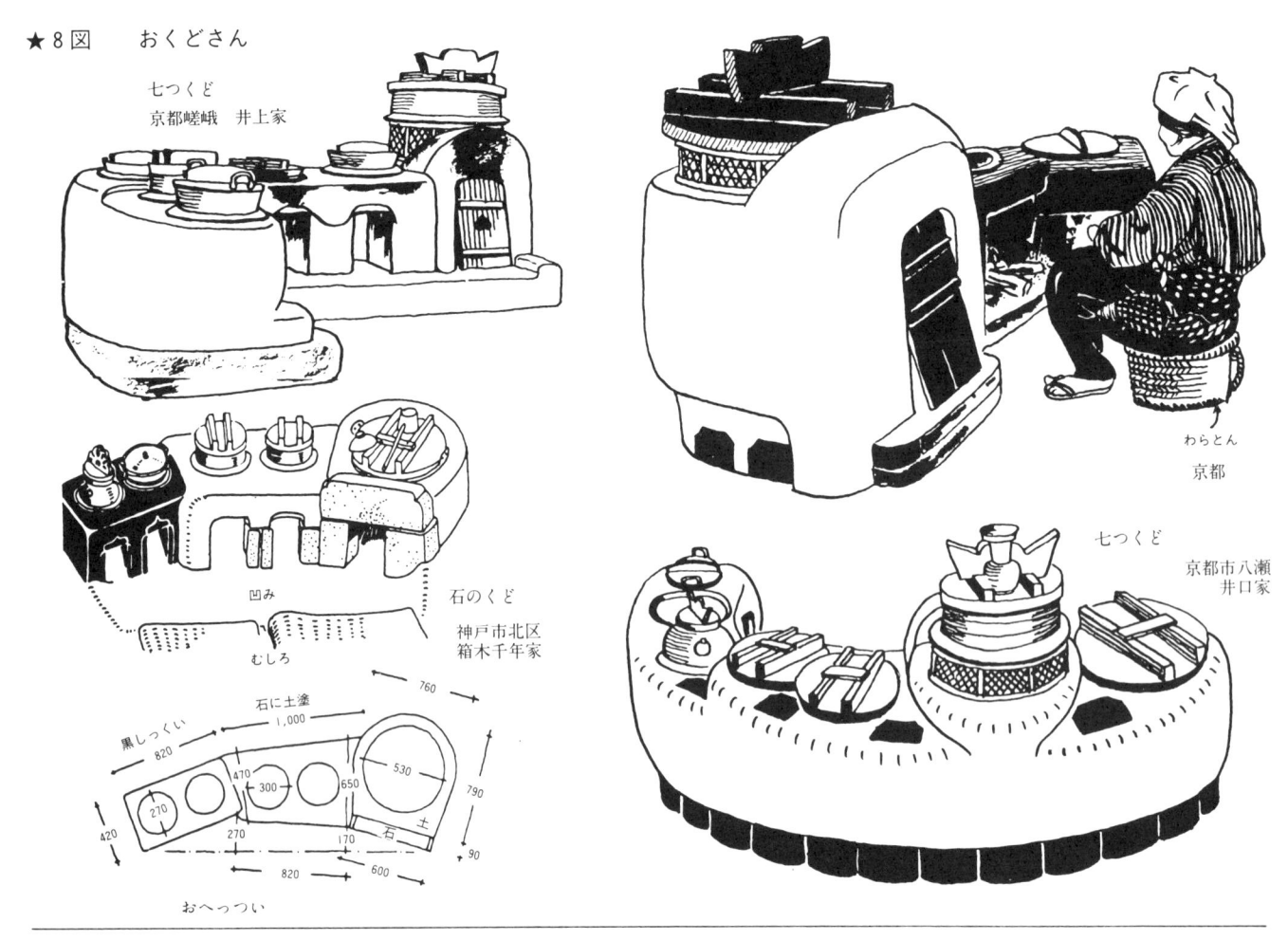

七つくど
京都嵯峨　井上家

石のくど
神戸市北区
箱木千年家

凹み
むしろ

黒しっくい　石に土塗
820　1,000　760
270　470　300　530　790
420　270　170　650
820　600　石　土
90
おへっつい

わらとん
京都

七つくど
京都市八瀬
井口家

★9図　おくどさん

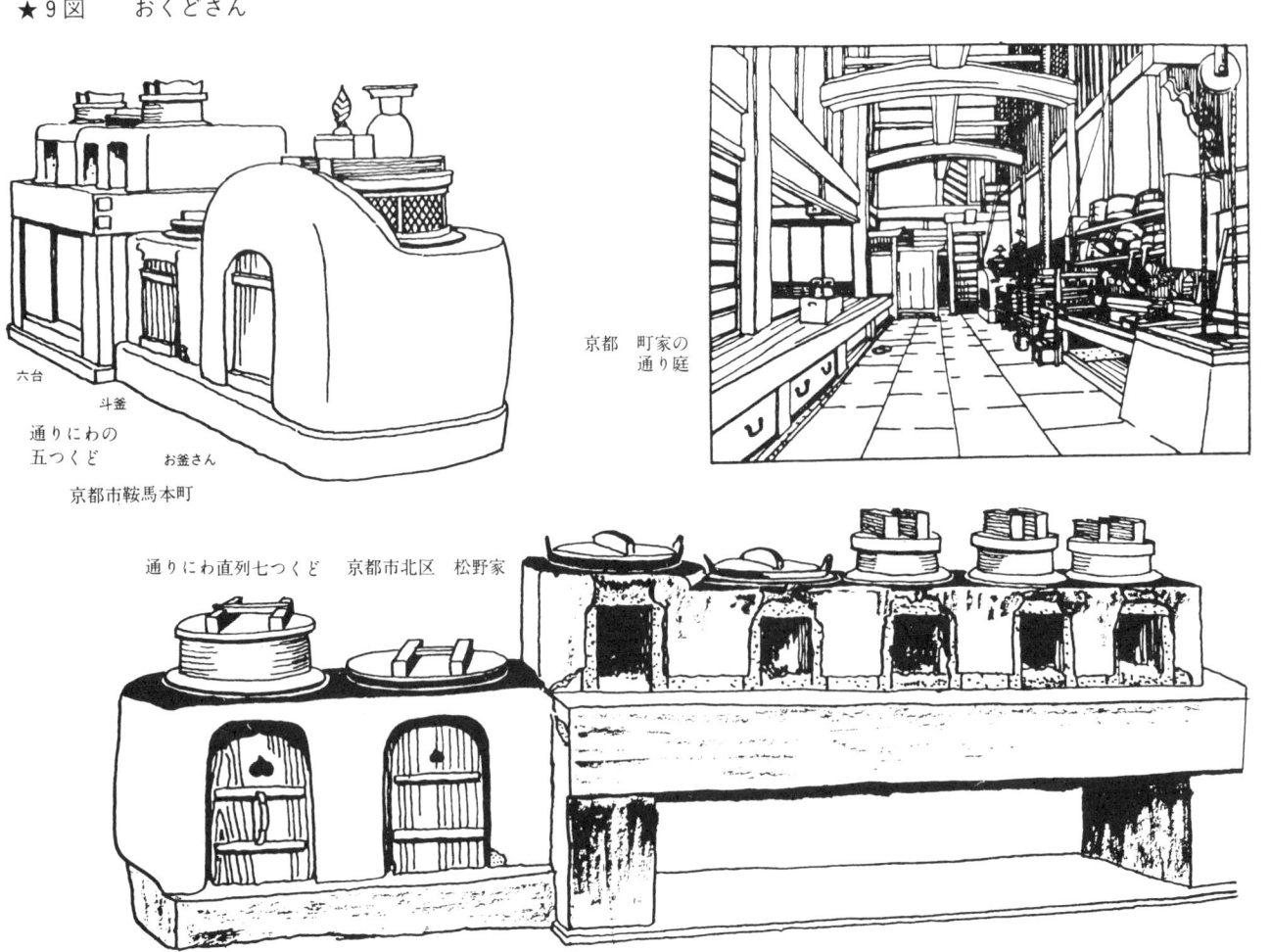

六台
斗釜
通りにわの
五つくど
お釜さん
京都市鞍馬本町

京都　町家の
通り庭

通りにわ直列七つくど　京都市北区　松野家

★10図　おくどさん

かまぶた

| 京都市上京区 | 滋賀県永源寺町 | 京都市花脊　物部家 | 秋田県　奈良家 |

| 富山市　浮田家 | 京都市花脊 | | 青森県 |

| 倉敷市　梶谷家 | | 京都府北桑田郡 | 新潟県　渡辺家 |

| 京都八瀬　井口家 | 京都大原　藤井家 | 岡山県 | 京都市 |

★11図　おくどさん

茶がまぶた

| 滋賀県近江八幡市 | 奈良県 | 奈良県 | 真鍮製　狗犬　大和郡山市　菊屋 |

| 京都市 | 奈良県橿原市 | 長野県妻籠　下さがや | 大阪府　山本家 |

| 岡山県児島市　難波家 | 滋賀県草津市　姥ガ餅 | 奈良県　中家 | 神戸市　箱木家 |

| | 京都市北区　紫野 | 京都八瀬　井口家 | 能登　桜井家 |

147

衝立
TUITATE

　衝立は家具の一種であるが、通りにわの目隠しに用いられるものには、家の雑作として固定された造りつけのものもある。衝立には、玄関や広間の仕切用のもの、通りにわ用のもの、いろり端のもの、帳場のついたてなどがある。いずれも視線を遮ぎるものであるが、建具などとは違って幾分か背後がうかがえるようにしたものである。1図にはそのような各種のものを示した。帳場やいろり端のものはせいが低く、にわ用のものは高い。玄関や広間用のものはその中間である。

　2図は通りにわのついたてで、農家では独立したものが多く用いられるが、町家のものはほとんどが造り付けとなっている。表の入口土間から、奥の炊事土間を遮ぎるもので、大きな商家などでは、いくつかのついたてを左右交互にずらせて建て視線を遮ぎっている。また3図右のように扉式のものもあって、時に応じて折畳む式のものもある。農家のものには、くどの横に建てることが多く、そのために小棚を設け、昔なら燧石、今ならマッチその他の小物を置くようになっている。全部を板貼りとしたものもあるが、上部を格子にしたり、透かし彫りなどをあしらって、勝手の方から玄関を覗き見るようにしたものが多い。いろり端のものは、いろりの火が風に煽られないように、またいろりのあかりを遮ぎらぬように、桟組みに紙貼りとしたものが多い。帳場用のものはほとんどが竪格子組みであるが、中には紙貼障子のものもある。

　玄関や広間のついたては、1図右のように襖地に絵を描いたもの、大きな変木を輪切にして杢目の面白さを楽しむものなどがある。古式のものは上に反り上がった冠木（かぶき）をつけ、格子組みとしたり、紙貼障子を引き違いにしたものなどがある。室内の風量や視線の調節をはかるものである。

★1図　衝立

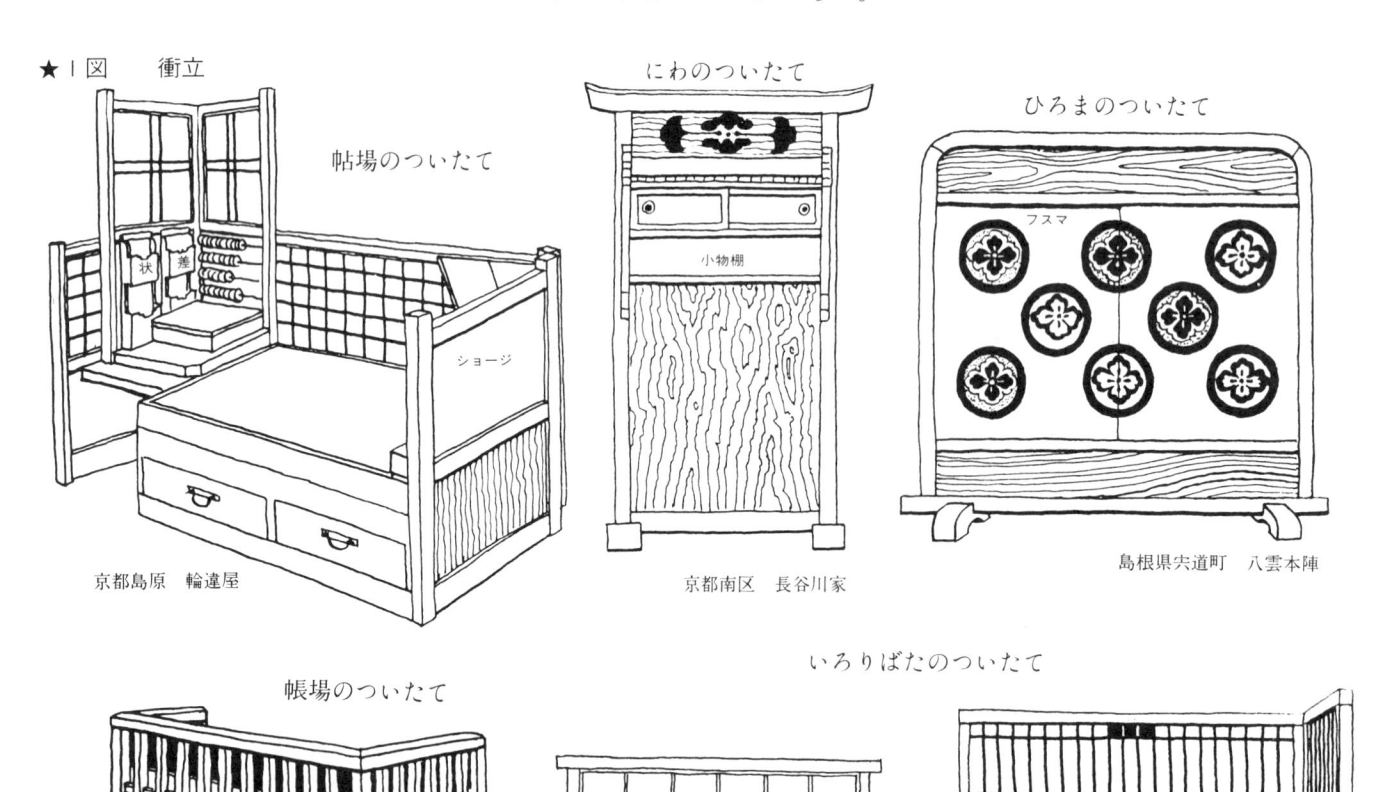

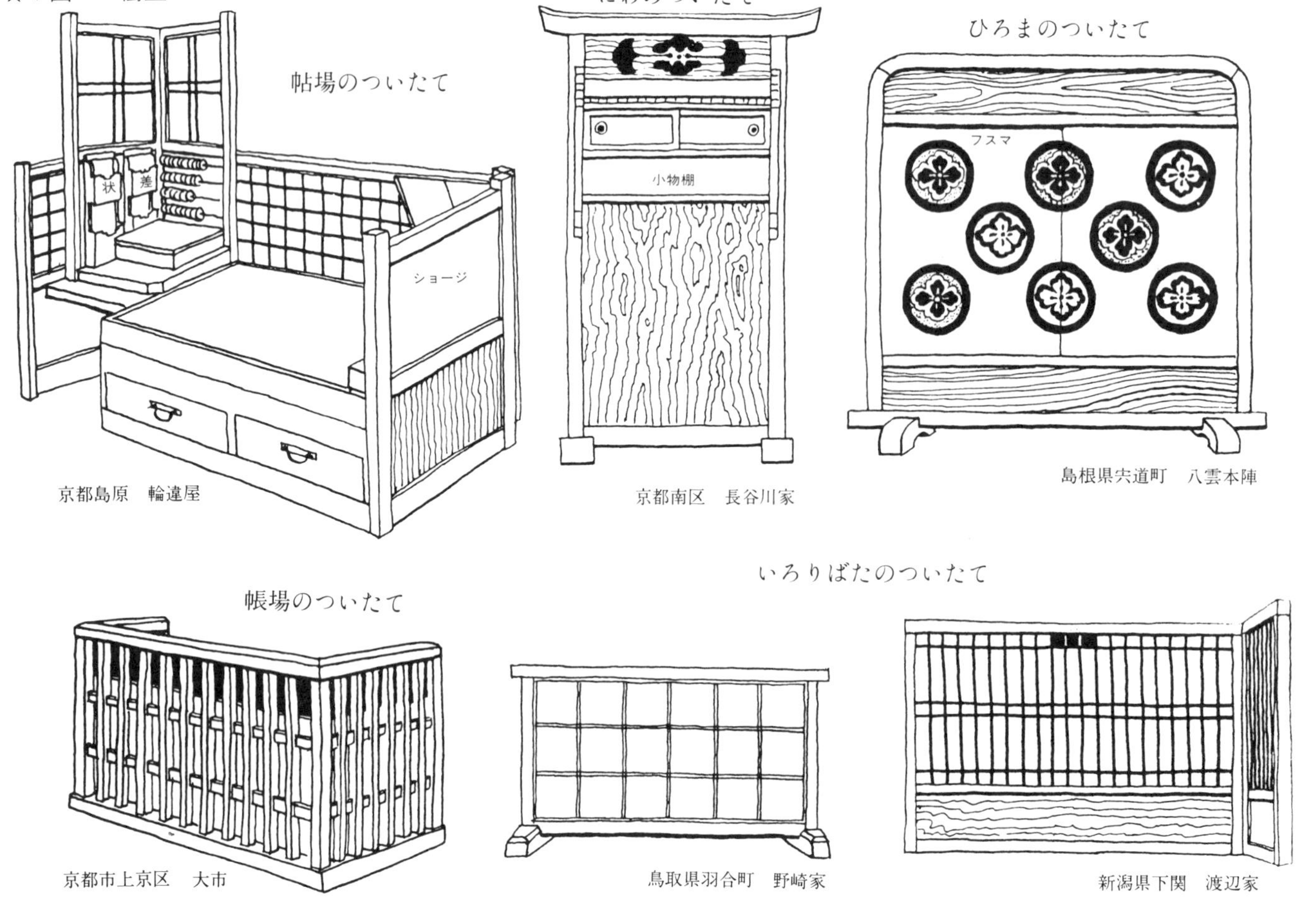

帖場のついたて
京都島原　輪違屋

にわのついたて
京都南区　長谷川家

ひろまのついたて
島根県宍道町　八雲本陣

帳場のついたて
京都市上京区　大市

いろりばたのついたて
鳥取県羽合町　野崎家

新潟県下関　渡辺家

★2図　衝立

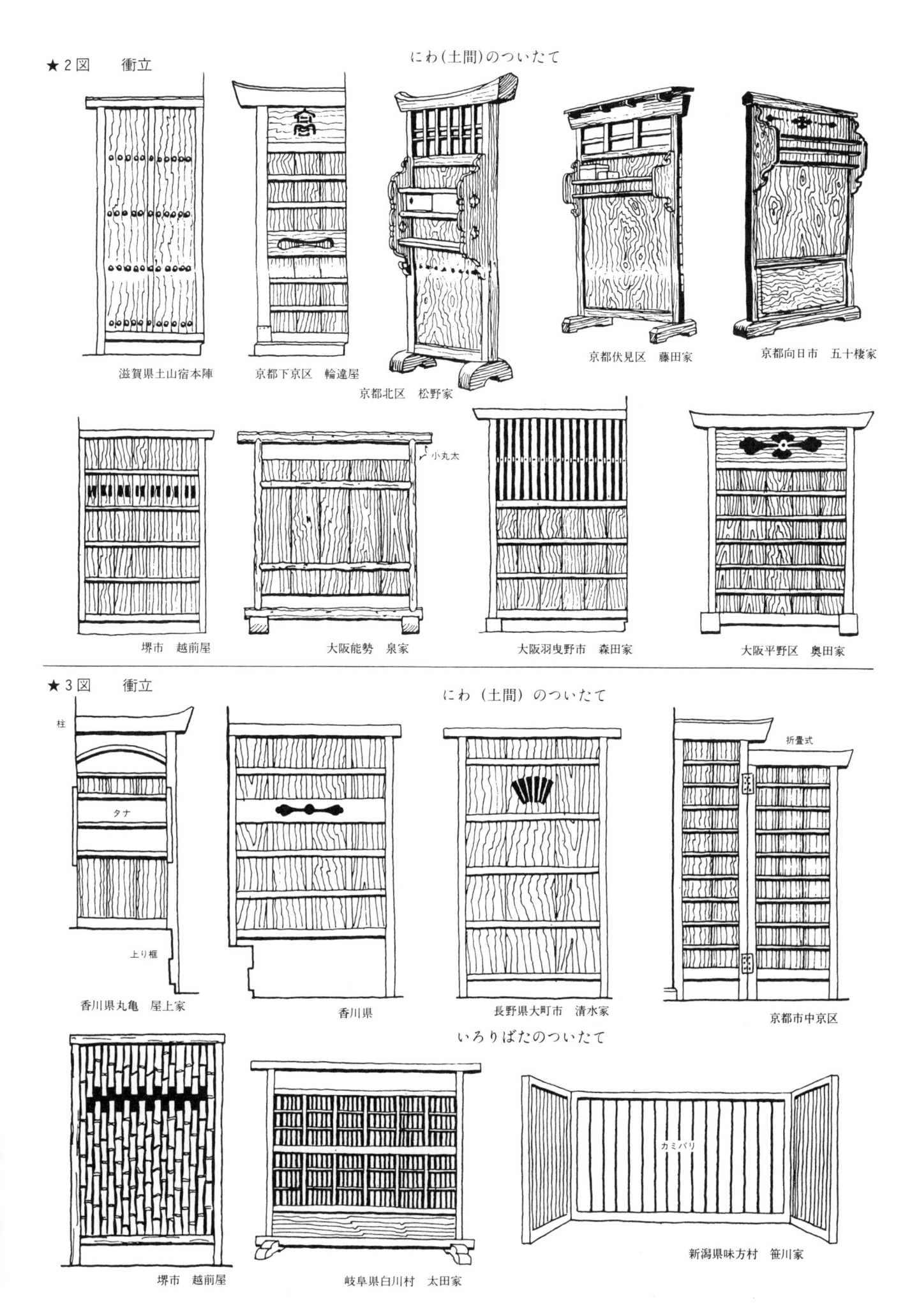

にわ（土間）のついたて

滋賀県土山宿本陣　　京都下京区　輪違屋　　京都北区　松野家　　京都伏見区　藤田家　　京都向日市　五十棲家

堺市　越前屋　　大阪能勢　泉家　　大阪羽曳野市　森田家　　大阪平野区　奥田家

★3図　衝立

にわ（土間）のついたて

柱／タナ／上り框

香川県丸亀　屋上家　　香川県　　長野県大町市　清水家　　京都市中京区（折畳式）

小丸太

いろりばたのついたて

堺市　越前屋　　岐阜県白川村　太田家　　新潟県味方村　笹川家（カミバリ）

149

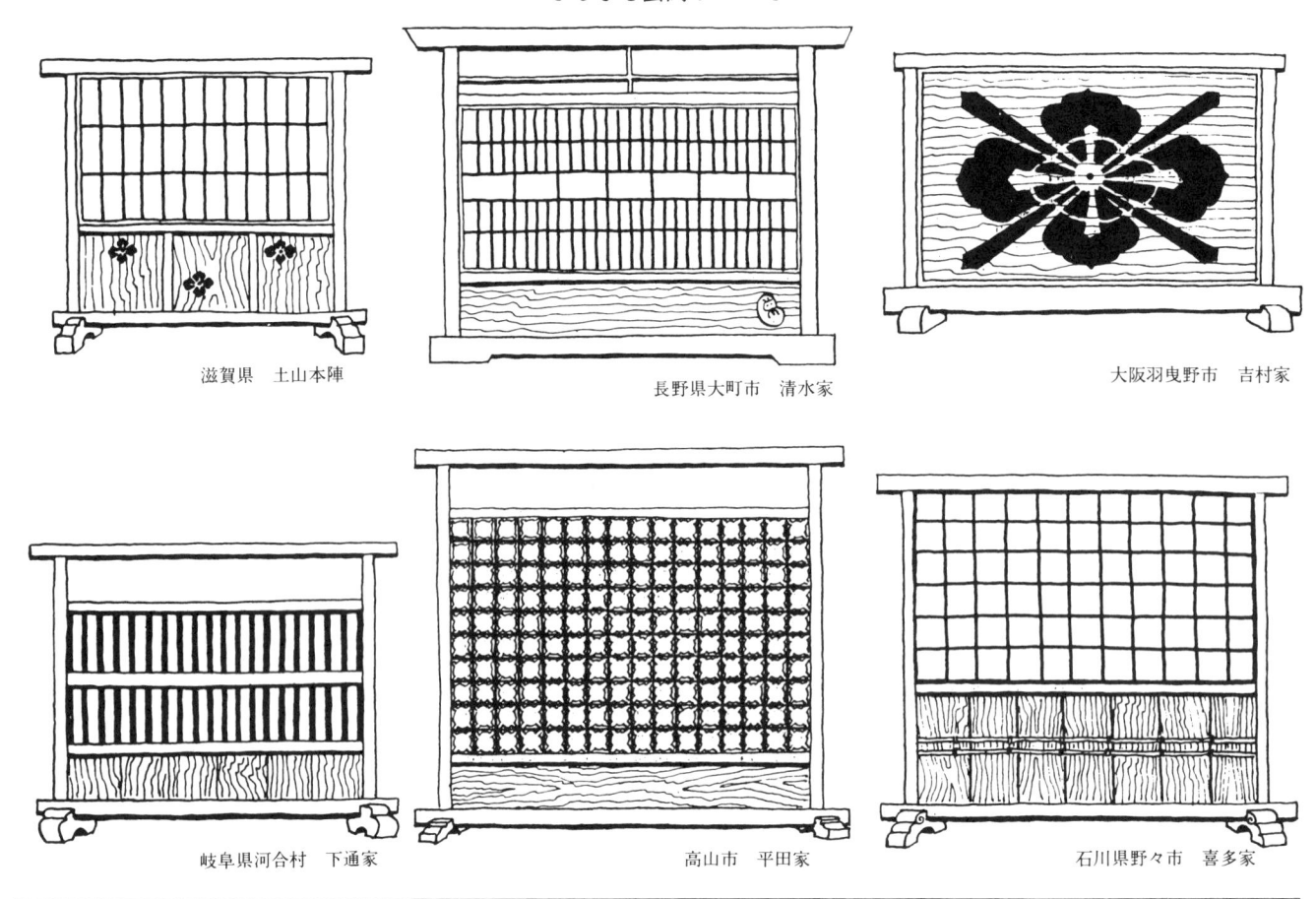

★4図　衝立　　　　　　　　ざしきと玄関のついたて

滋賀県　土山本陣　　　　　　長野県大町市　清水家　　　　　　大阪羽曳野市　吉村家

岐阜県河合村　下通家　　　　高山市　平田家　　　　　　　　　石川県野々市　喜多家

★5図　衝立　　　　　　　　ざしきと玄関のついたて

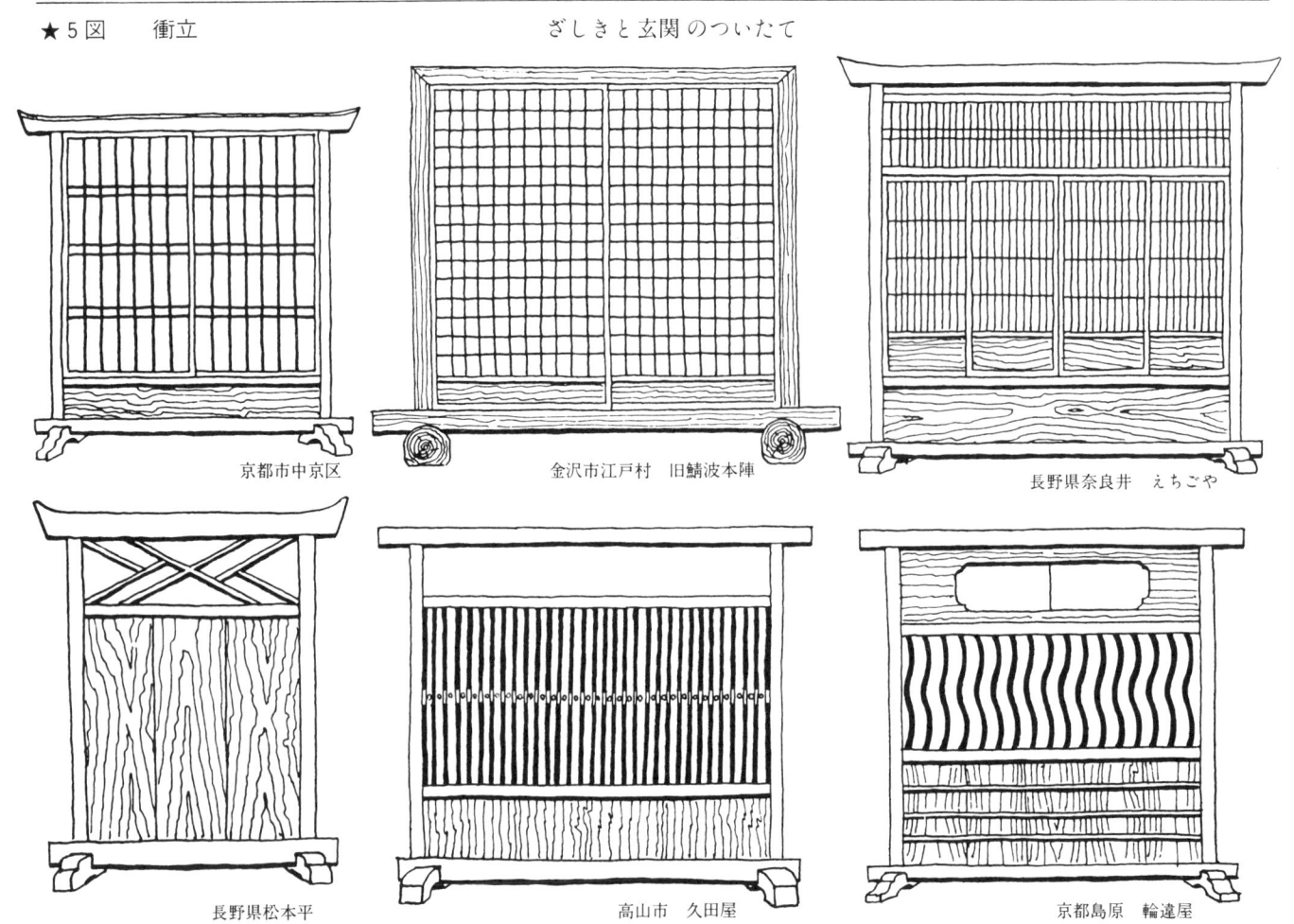

京都市中京区　　　　　　　　金沢市江戸村　旧鯖波本陣　　　　長野県奈良井　えちごや

長野県松本平　　　　　　　　高山市　久田屋　　　　　　　　　京都島原　輪違屋

★6図　衝立

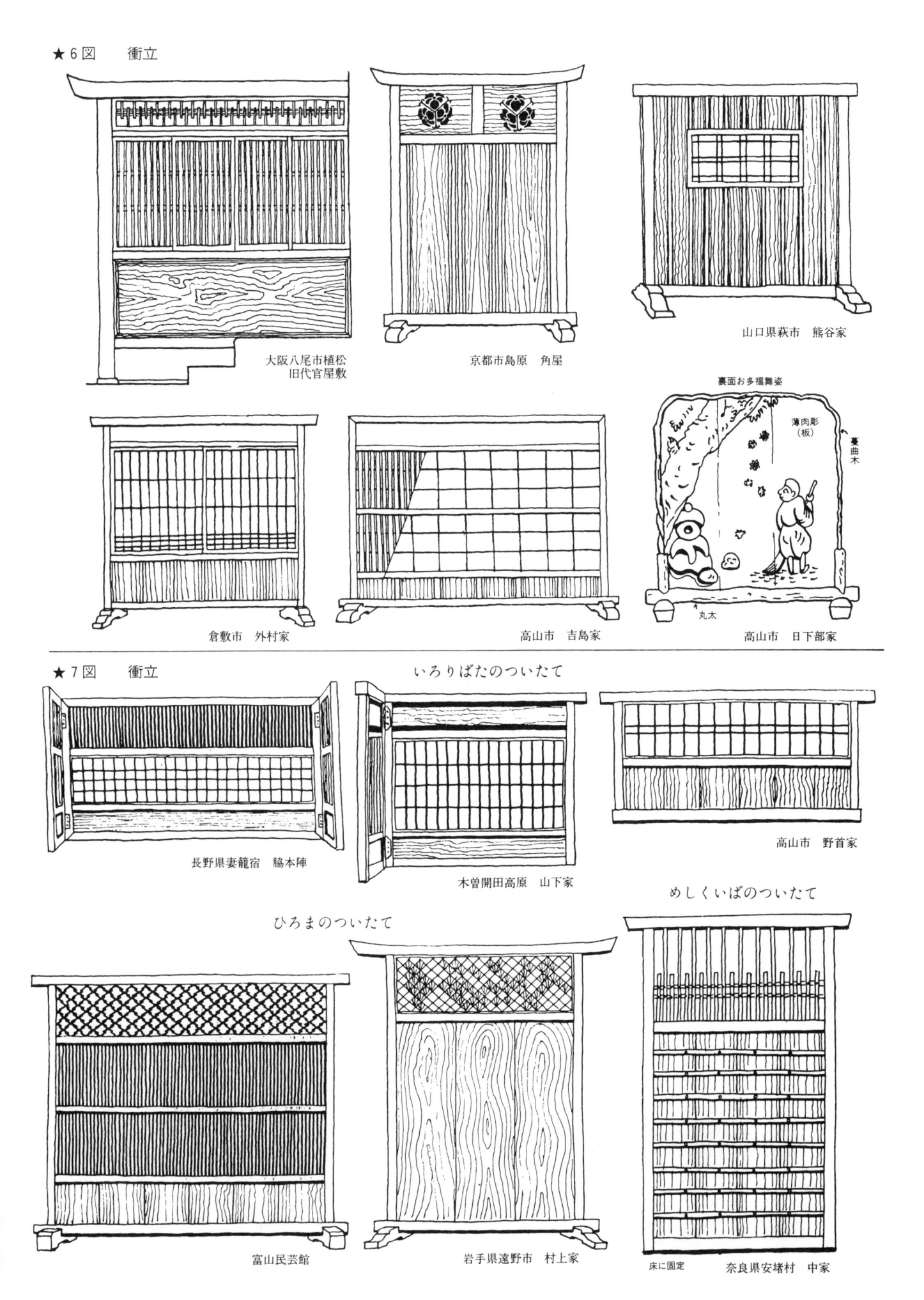

大阪八尾市植松
旧代官屋敷

京都市島原　角屋

山口県萩市　熊谷家

倉敷市　外村家

高山市　吉島家

裏面お多福舞姿
薄肉彫（板）
蔓曲木
丸太

高山市　日下部家

★7図　衝立

長野県妻籠宿　脇本陣

いろりばたのついたて

木曽開田高原　山下家

高山市　野首家

ひろまのついたて

富山民芸館

岩手県遠野市　村上家

めしくいばのついたて

床に固定　奈良県安堵村　中家

151

水屋簞笥
MIZUYATANSU

　昔風の食器戸棚で、これも家具式のものと、柱間に造りつけとなったものの二種がある。小型のものを除いて、通常上下二段の重ね戸棚式となっている。下段は梅干や味噌入れなどの大型の器物入れ。上段は日常の食器入れ、一部を網張りとして残菜などを入れる場所とする。また抽出しも沢山あって、箸や杓子、時には小銭入れなどにつかわれる。全体の形も図示のようにいろいろとあるが、デザイン的に見て面白いのは帯桟の透かし模様と、抽出しの鐶である。引手の鐶には角手、蕨手、蛭手、軍配手などがある。

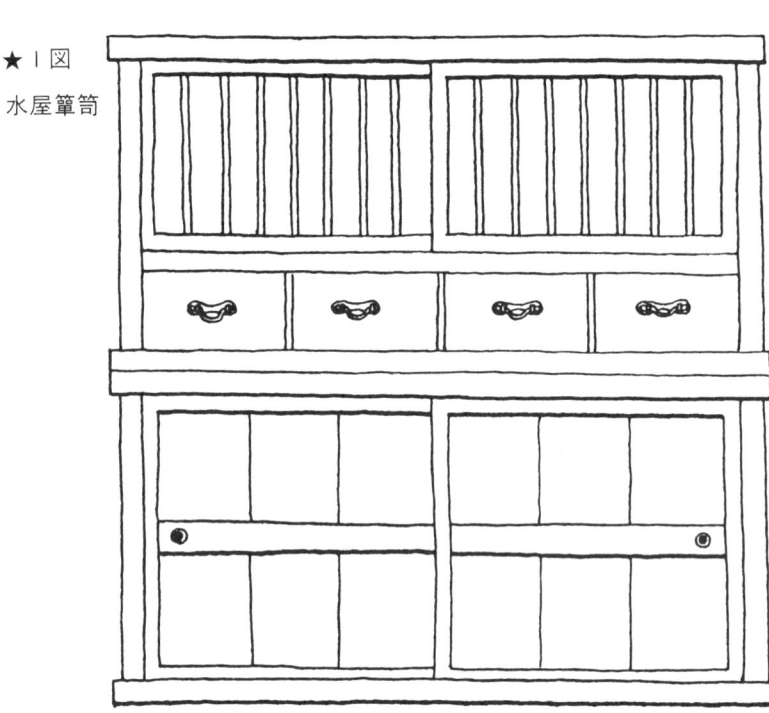

★1図
水屋簞笥

長野県妻籠　下さがや

岡山県倉敷市　はしまや

宮崎県椎葉村

京都府

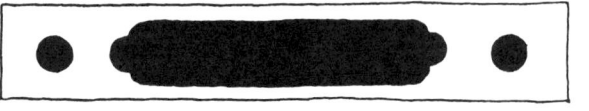

はしまや

152

★2図　　水屋箪笥

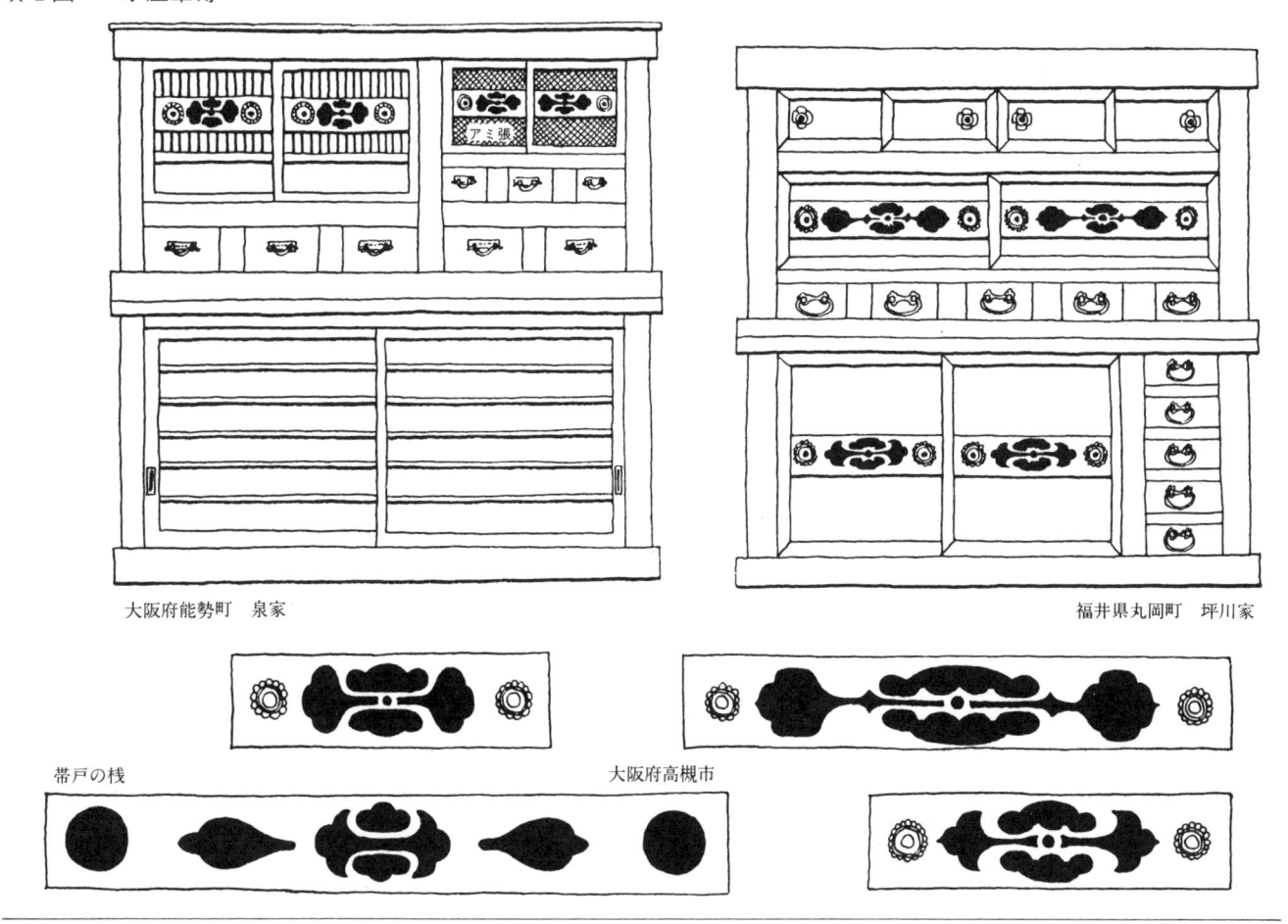

大阪府能勢町　泉家

福井県丸岡町　坪川家

帯戸の桟　　　　　　　　　大阪府高槻市

★3図　　水屋箪笥

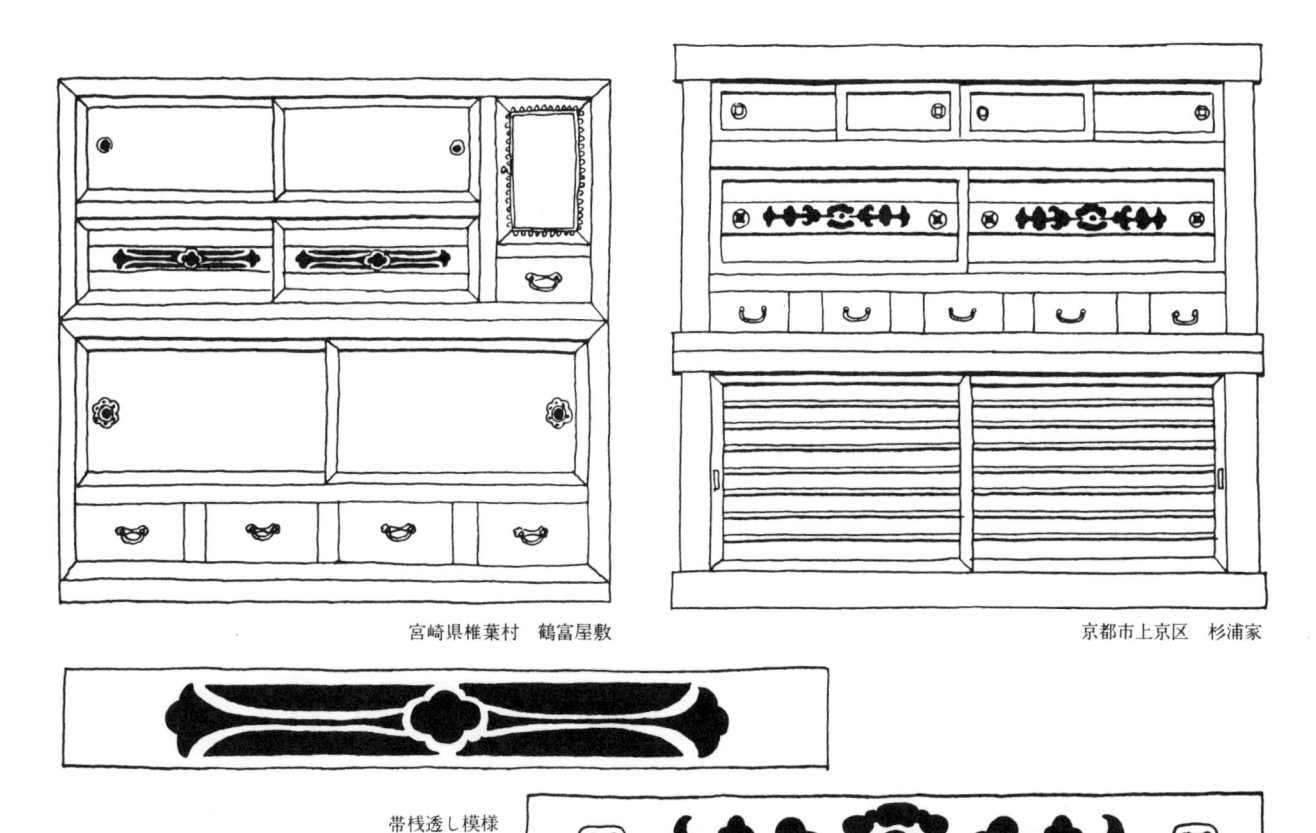

宮崎県椎葉村　鶴富屋敷

京都市上京区　杉浦家

帯桟透し模様

153

★4図　水屋箪笥

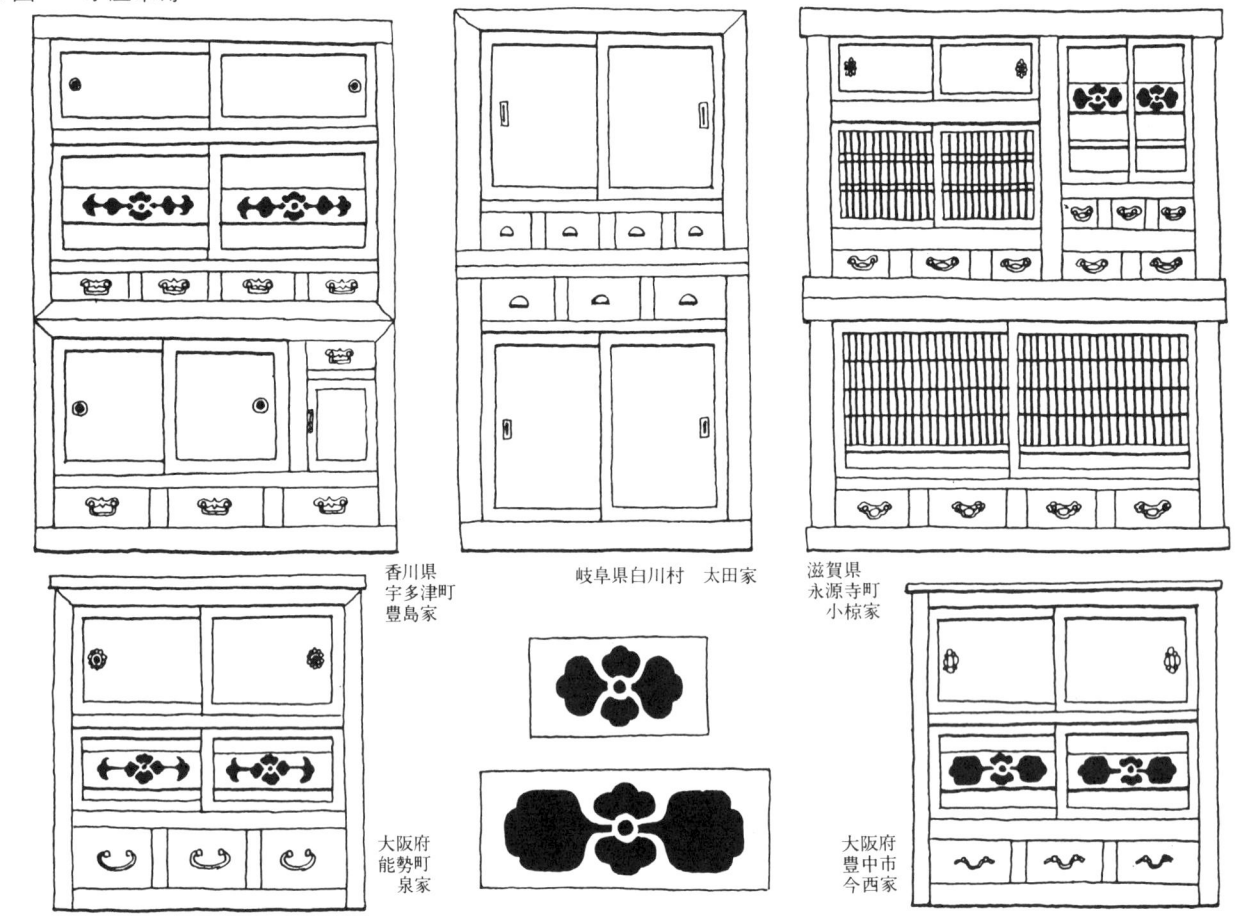

香川県
宇多津町
豊島家

岐阜県白川村　太田家

滋賀県
永源寺町
小椋家

大阪府
能勢町
泉家

大阪府
豊中市
今西家

★5図　水屋箪笥

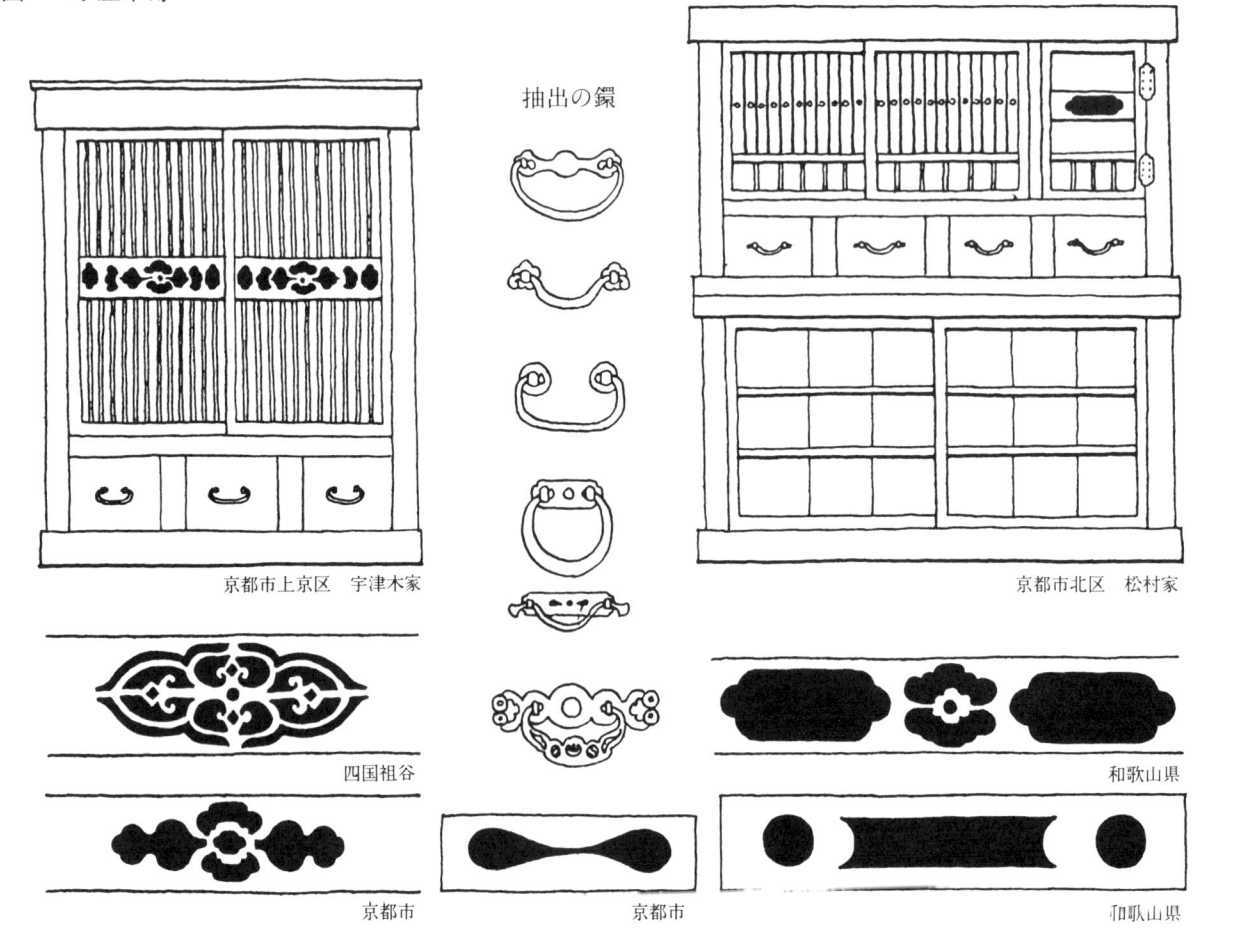

抽出の鐶

京都市上京区　宇津木家

京都市北区　松村家

四国祖谷

京都市

京都市

和歌山県

和歌山県

★6図　水屋簞笥

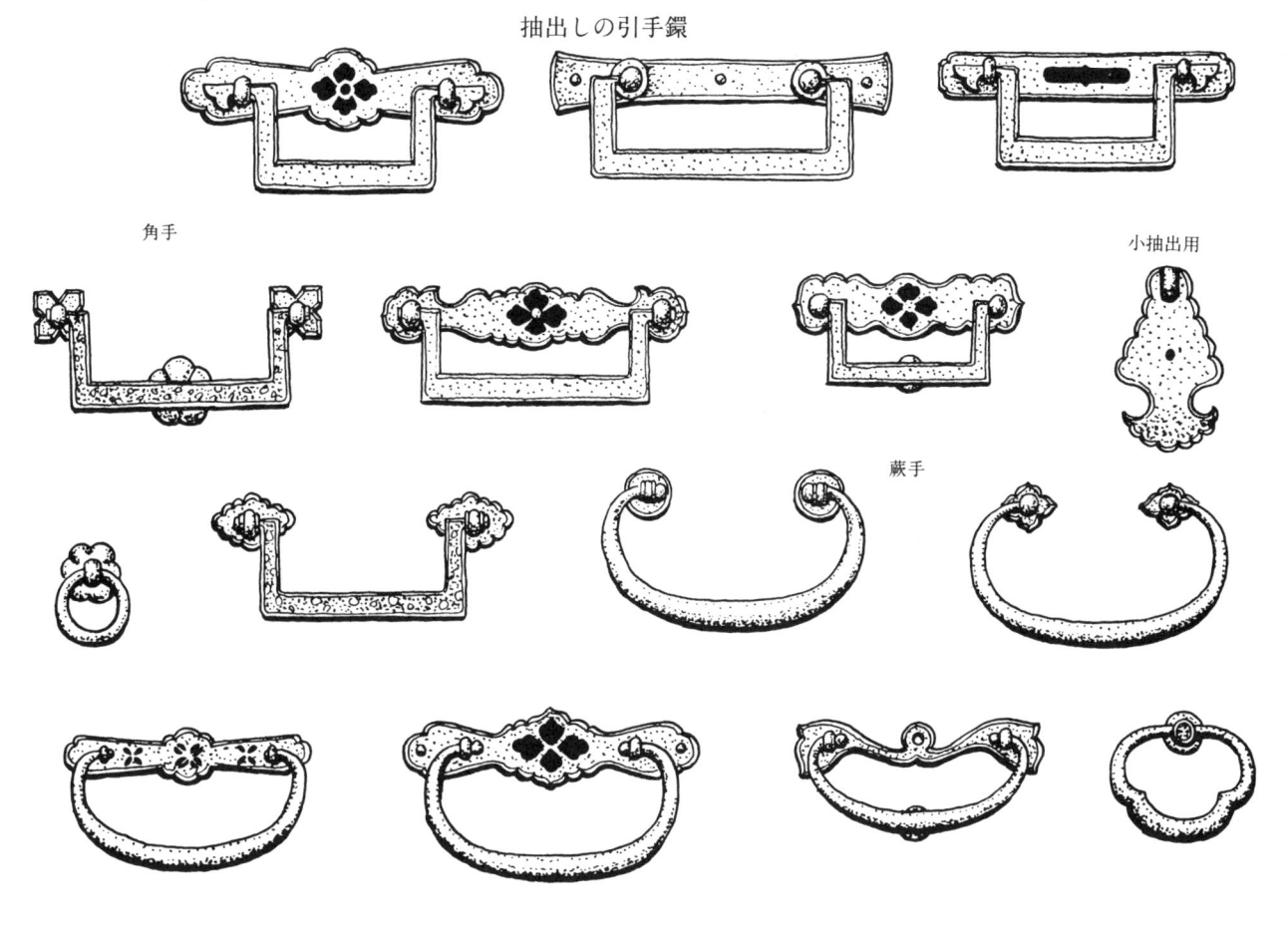

抽出しの引手鐶

角手

小抽出用

蕨手

★7図　水屋簞笥

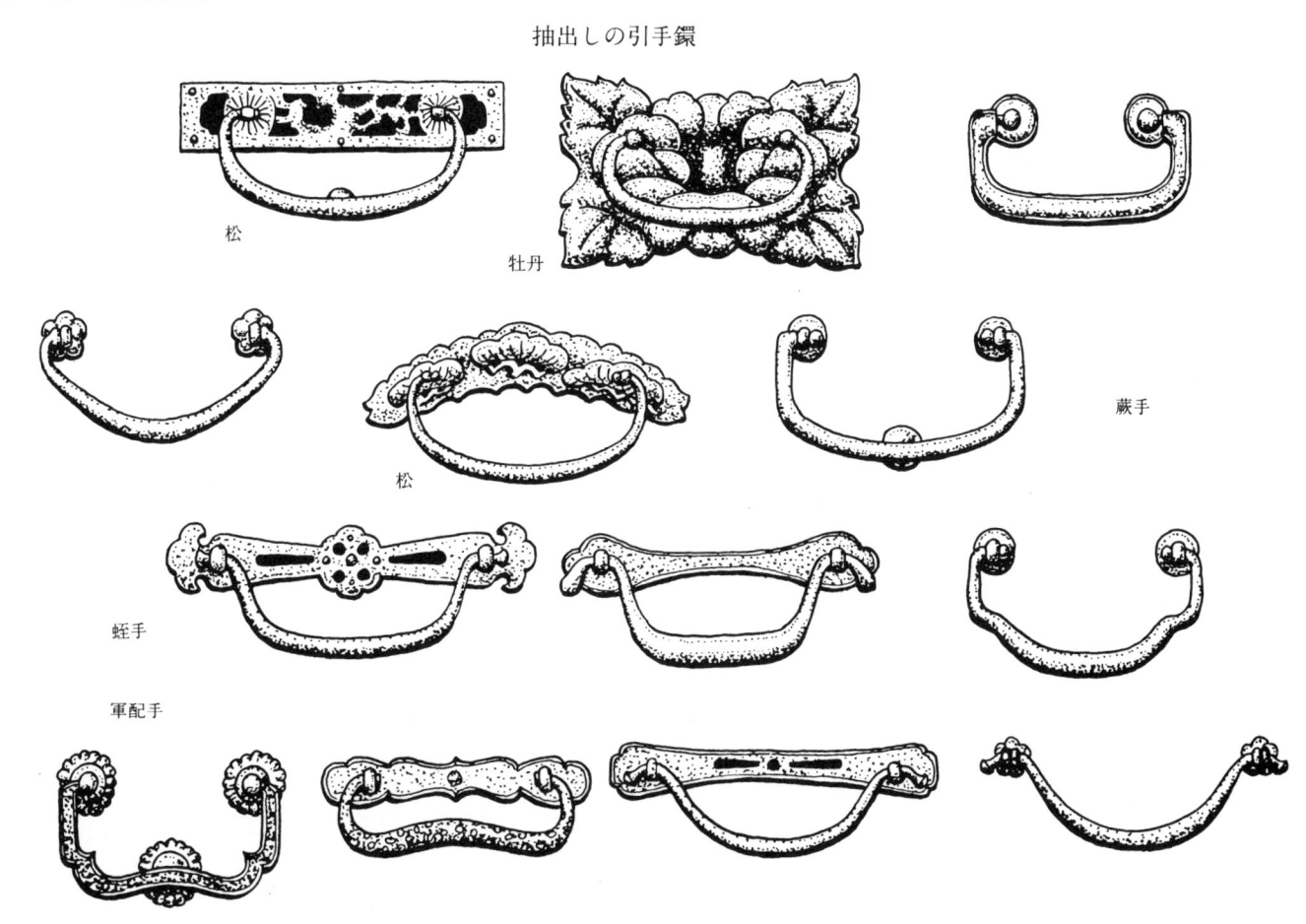

抽出しの引手鐶

松

牡丹

蕨手

松

蛭手

軍配手

箱段
HAKODAN

　一般の農家では平家建が多く、屋根裏に上がる場合には、普通の梯子をやや入念に造ったものを用いる。このようなものを「梯子段」「段梯子」あるいは「猿梯子」という。町家や街道筋の旅籠屋などでは、二階にも居室を設ける必要から、梯子段も進歩して、傾斜もゆるく踏板の巾も広くして上りやすいように改良された。

　京阪に多い商家の「表家造り(おもてや)」の間取りでは、街路に面してみせの間をとり、それを通り抜けた奥に家人用の玄関をとる。玄関の正面は襖建ての押入れがあり、襖を引くと二階に通じる階段があるといった造りとなっている。その多くは「箱段」となっている。箱段は幾つかの箱をつみ重ねたような恰好で、箱には戸棚や抽出しが仕組まれている。箱段は「箱梯子」または「はこばし」とも呼ばれ、京阪に発祥したものと思われるが、今では全国的に古い町家に見られる。郡上八幡もまた美しい箱段の町で、どの家も店の間を通して望まれる。これは押入れの中でなく、店の間に露出しているので、漆塗りの立派なものとなっている。信州の本棟造りも二階に居室があるので、箱段も多く用いられる。

　1図上段は本棟造りの箱段で、中段は郡上八幡の例である。下段は山形の蔵座敷のもので、階高が高いので段数の多い立派なつくりとなっている。2図には手摺付きの箱段を示した。3図は京都市のもので、これは引違い戸棚の帯桟に、前の水屋簞笥と同じく透かし彫りの文様がある。この図で見るように、竪枠と横枠を45度につき合わせるのを「留め」といい、指物師が多く用いる手法である。大工や建具師は竪横の枠の何れかを通し、それに直角に突き合わせるやり方である。

　4図左上は面白い工夫のもので、1メートル角内に収めた廻り箱段である。5図左下もよく似たやり方で、これは左右の足毎に一段づつ上るように工夫したもの、いずれも階段の占める面積を少なくしようとしたものである。6図の二例は西洋館めいた擬洋風民家のもので、階段下を開放せずに日本式に物入れや抽出をつけたものである。下段の角屋(すみや)のものは神棚を設けているが、上り下りの度に神棚を踏みつけるのは、一寸抵抗を感じる。

　デザイン的には水屋簞笥と同じく、物入の舞良戸や帯桟の透かし彫り、抽出しの引手などが重点となっている。

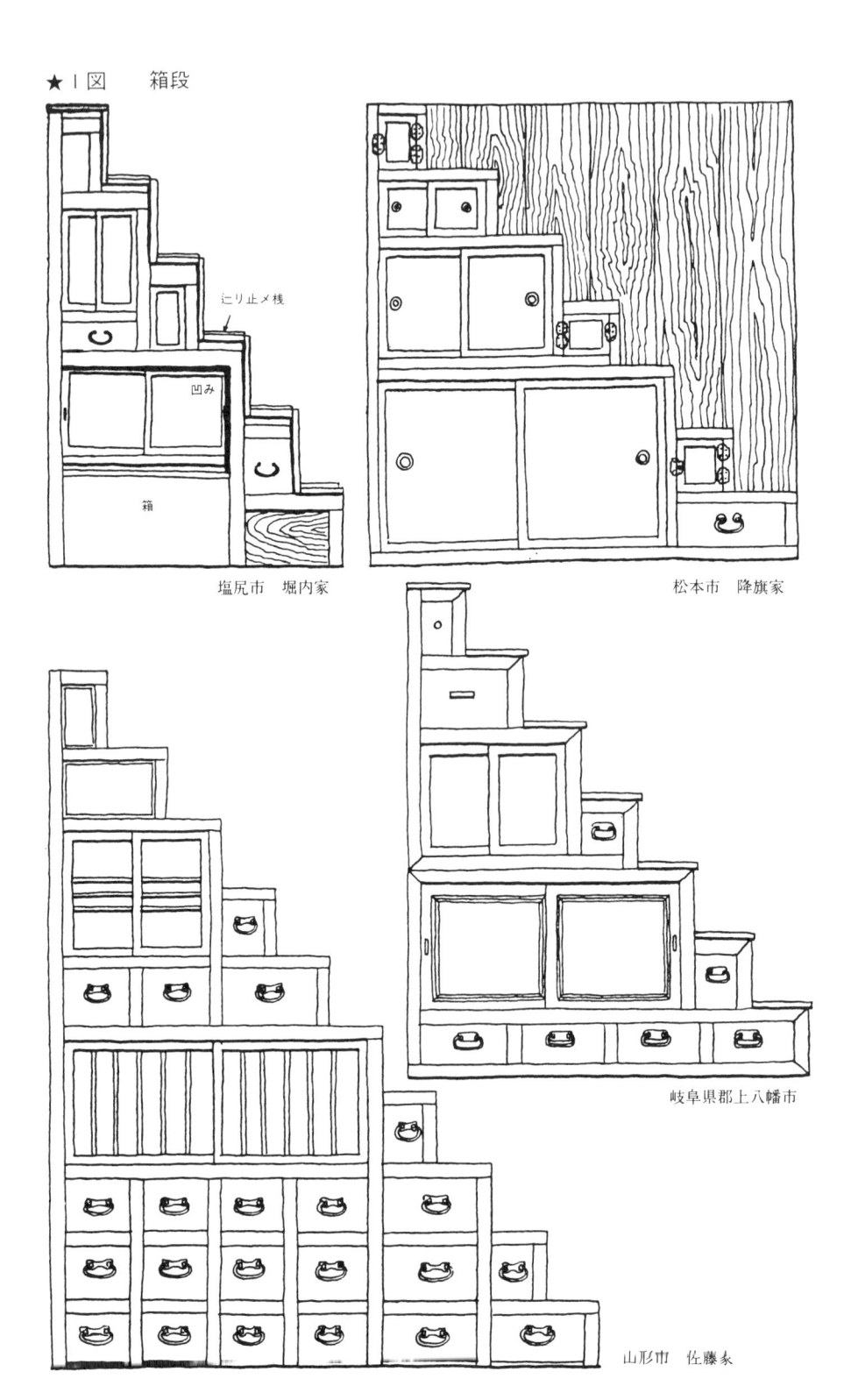

★1図　箱段

塩尻市　堀内家

松本市　降旗家

岐阜県郡上八幡市

山形市　佐藤家

156

★2図　　箱段

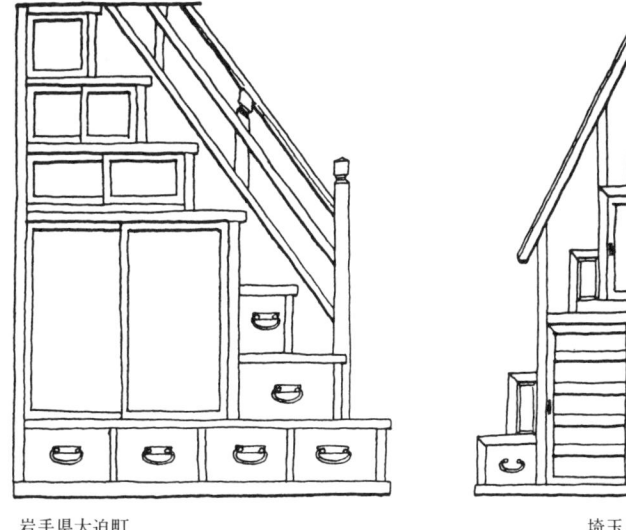

岩手県大迫町　　　　　　　　埼玉県　大沢家

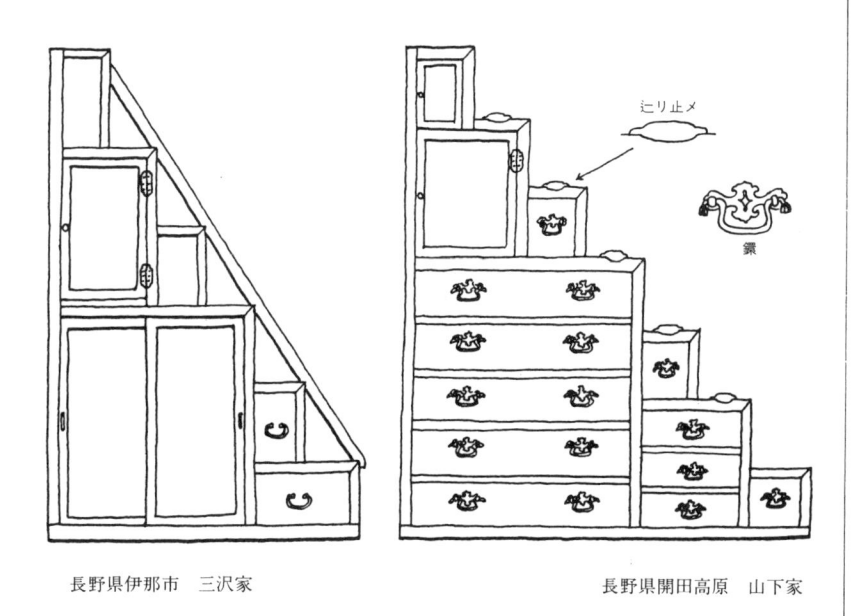

★3図　　箱段

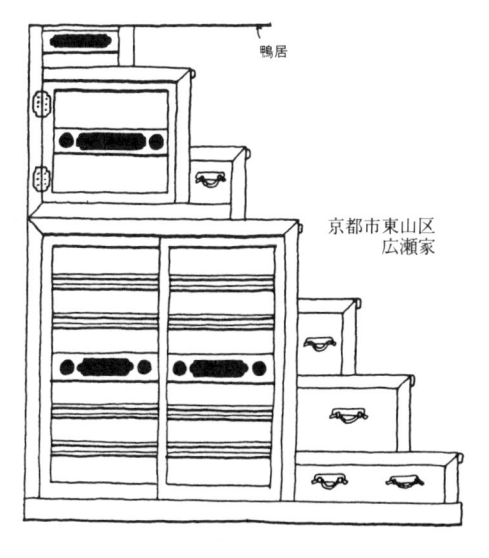

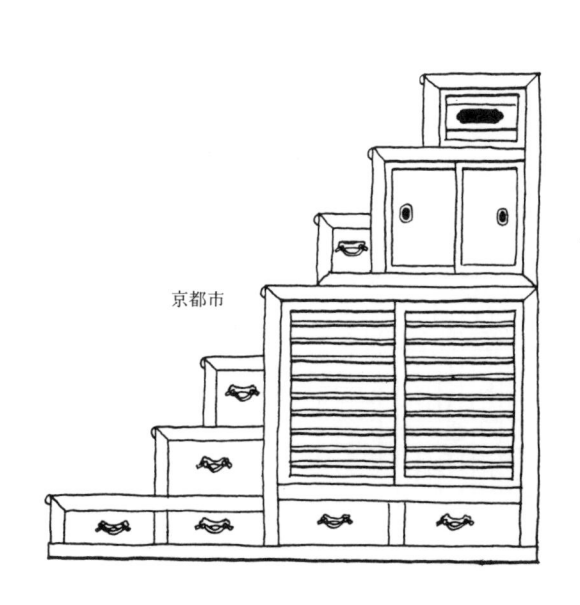

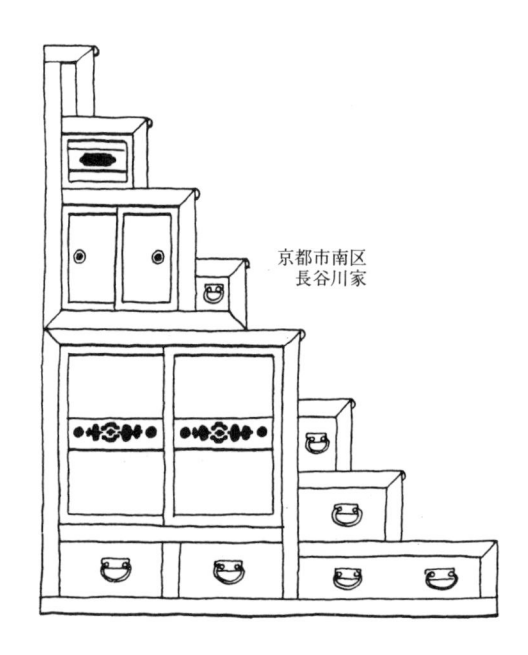

ゴミリ止メ

鐶

長野県伊那市　三沢家　　　　長野県開田高原　山下家

鴨居

京都市東山区
広瀬家

京都市

京都市南区
長谷川家

157

★4図　箱段

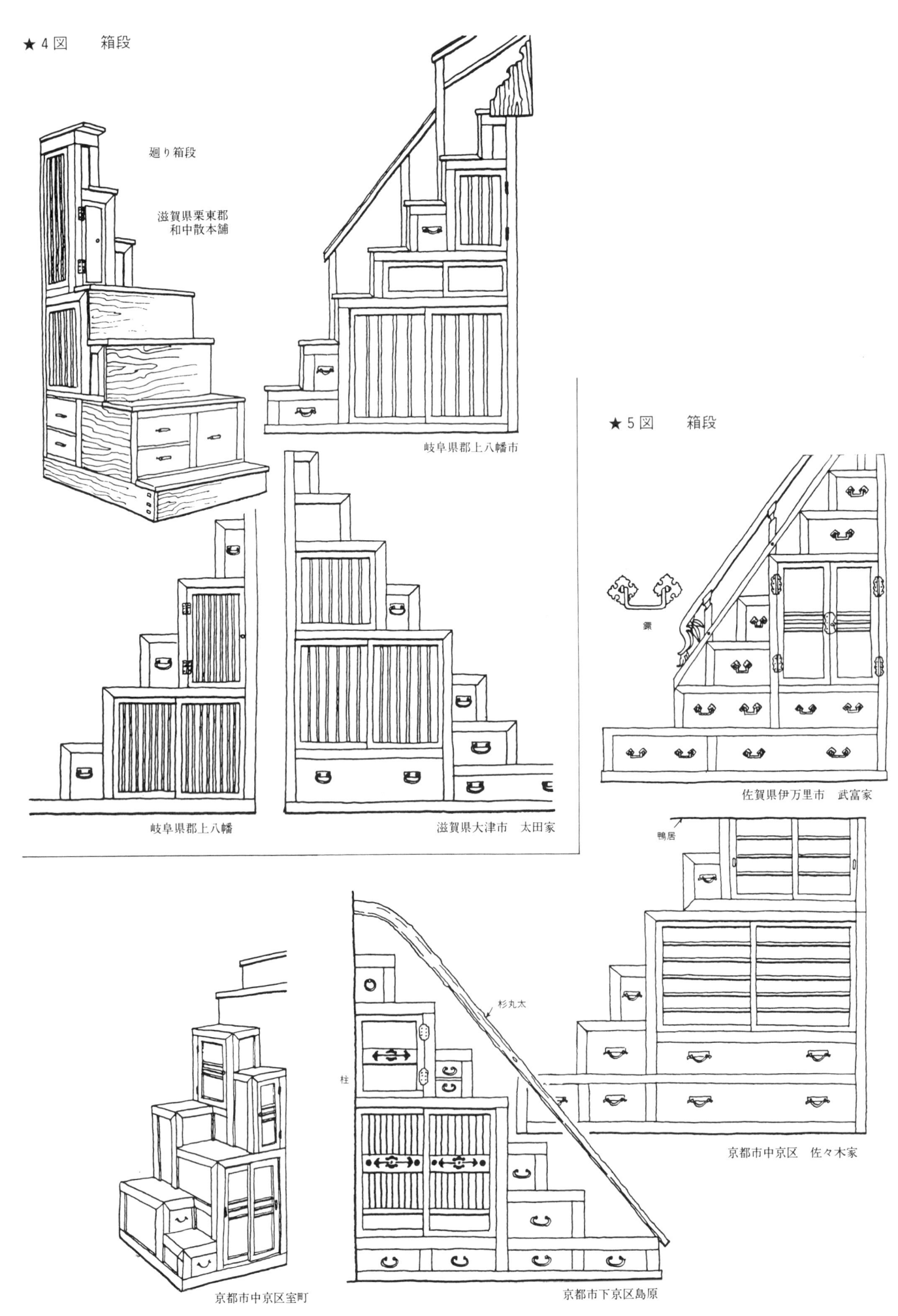

廻り箱段

滋賀県栗東郡
和中散本舗

岐阜県郡上八幡市

岐阜県郡上八幡

滋賀県大津市　太田家

★5図　箱段

鐶

佐賀県伊万里市　武富家

鴨居

杉丸太

柱

京都市中京区　佐々木家

京都市中京区室町

京都市下京区島原

★6図　箱段

京都市上京区
旧ベリー家

擬洋風民家の箱段

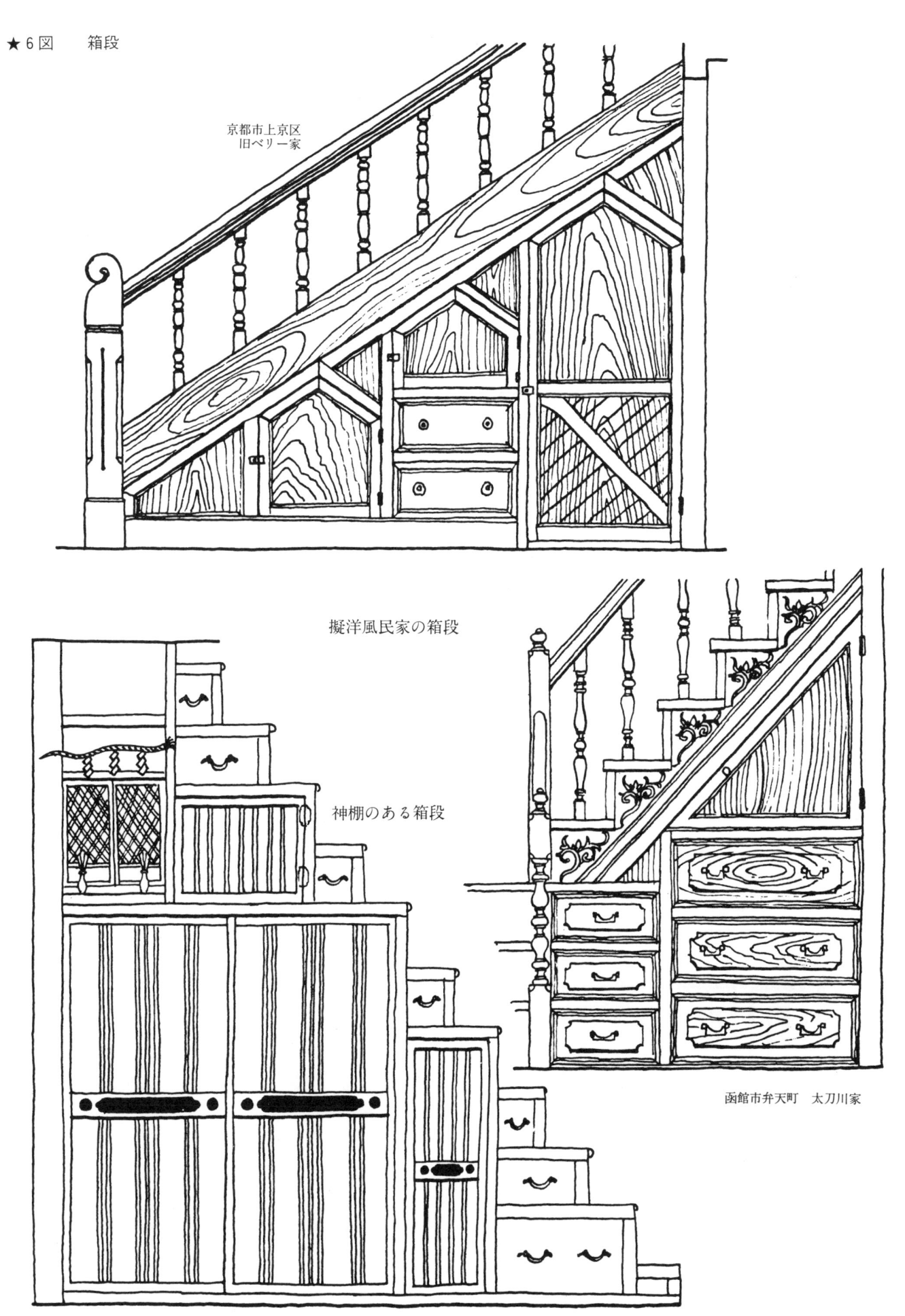

神棚のある箱段

函館市弁天町　太刀川家

京都市下京区西新屋敷揚屋町　角屋

159

釘隠し
KUGIKAKUSHI

　釘隠しは長押（なげし）を止めた釘を覆う飾り金物である。昔でも長押を釘で止めるような乱暴なことはしなかったであろうから、これは名前だけのものである。長押をつけるような家は民家では上級のものである。しかしさほどでもない家にもついているのは、やはり上級の家に対するあこがれからであろう。材料は鉄や真鍮製が多く、渡金をしたり七宝細工を施したりする。主題となっているのは、菊をはじめとして桃や梅・松などの植物と鶴亀、扇などの縁起物、それに家紋などである。こうしたものは、さまざまな意匠の変化を見て頂くだけのもので細かしい説明を加える余地のないものである。

　民家の座敷は、より高級な書院造りを模したものが多い。したがって釘隠しもまたそうである。書院造りに用いられる釘隠しは6図右に示した六葉型の基本型で、書院の釘隠しはほとんどこの型である。細部の意匠はそれぞれに変化はあるが、形としてはこの六葉型がもっとも多い。中央には樽の口といわれる突起があり、その台座として菊を表わす菊座がある。輪廓の六葉の中にはいろいろの文様が刻まれるが、この例では十六菊と五三の桐となっている。金鍍金が施されることが多く、金ピカのものとなっている。

　これに較べると離宮のものは、住居専用なので、自由な柔らか味のある意匠となっている。このような名品を模したものが上級の民家に用いられ、さらにそれを真似たものが地方の民家に使われるといった風に、だんだんと姿がくずれてゆくのが見られる。だからそんなものを見るよりは、原本を見た方がよいという考えから、民家とは直接関係がないと思われる方もあるかも知れないが、離宮や寺院の書院などの例を挙げたのである。

★1図　　釘隠し

長押の釘隠し

奈良県安堵村　中家
十二菊　香川県高松市　小比賀家
岡山市撫川　犬養木堂生家　同　座敷
三つ葉葵　横浜市金沢区　木村家

香の字　京都市島原　すみや
扇　石川県野々市町　喜多家
鶴
亀　亀　横浜市港北区　荏原家

長野県望月町　真山家
長野県塩尻市　小野家
沖縄県伊是名村　銘刈家

★2図　釘隠し

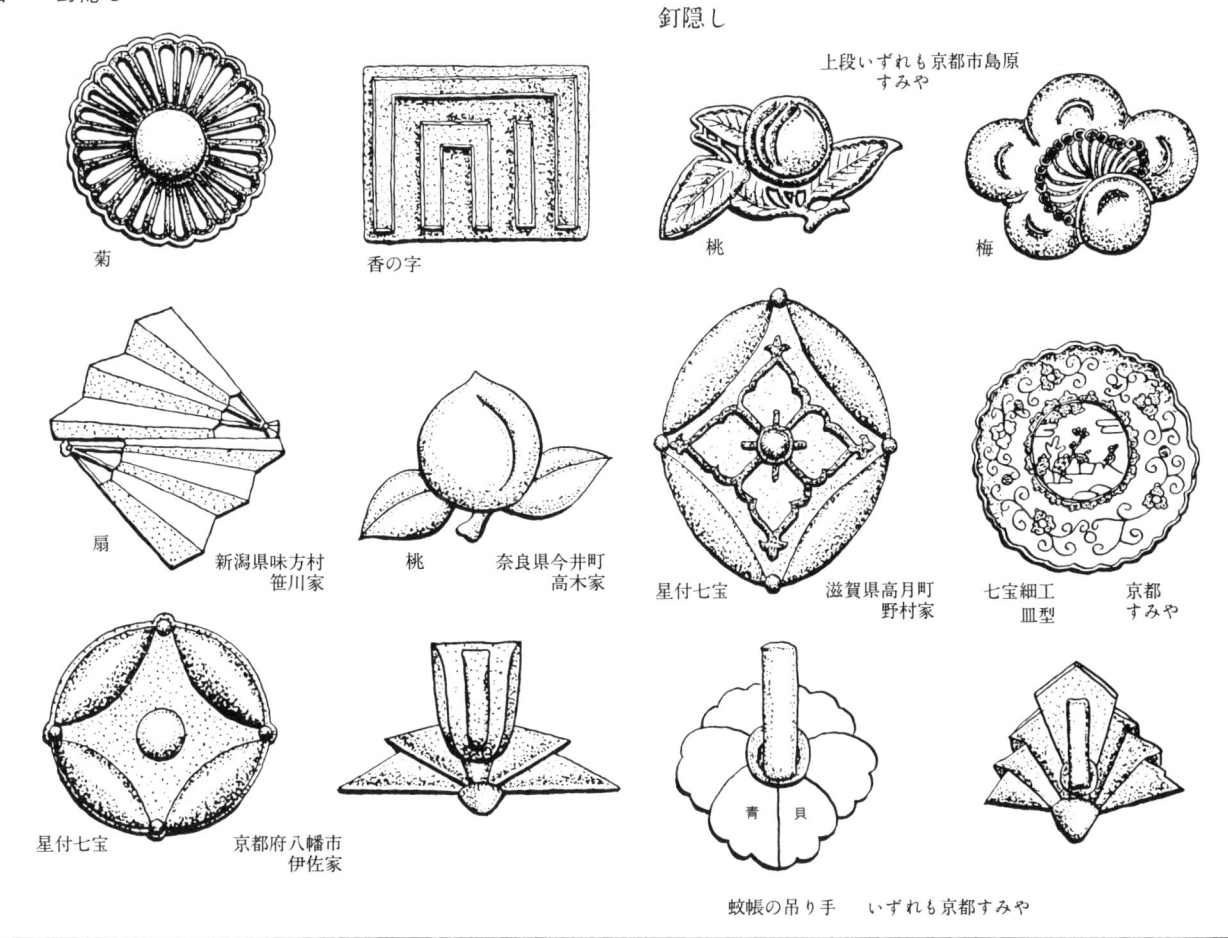

釘隠し

上段いずれも京都市島原
すみや

菊　　　　　香の字　　　　桃　　　　　梅

扇　　新潟県味方村
　　　　笹川家

桃　　奈良県今井町
　　　　高木家

星付七宝　滋賀県高月町
　　　　　野村家

七宝細工　京都
皿型　　　すみや

星付七宝　京都府八幡市
　　　　　伊佐家

青貝

蚊帳の吊り手　いずれも京都すみや

★3図　釘隠し

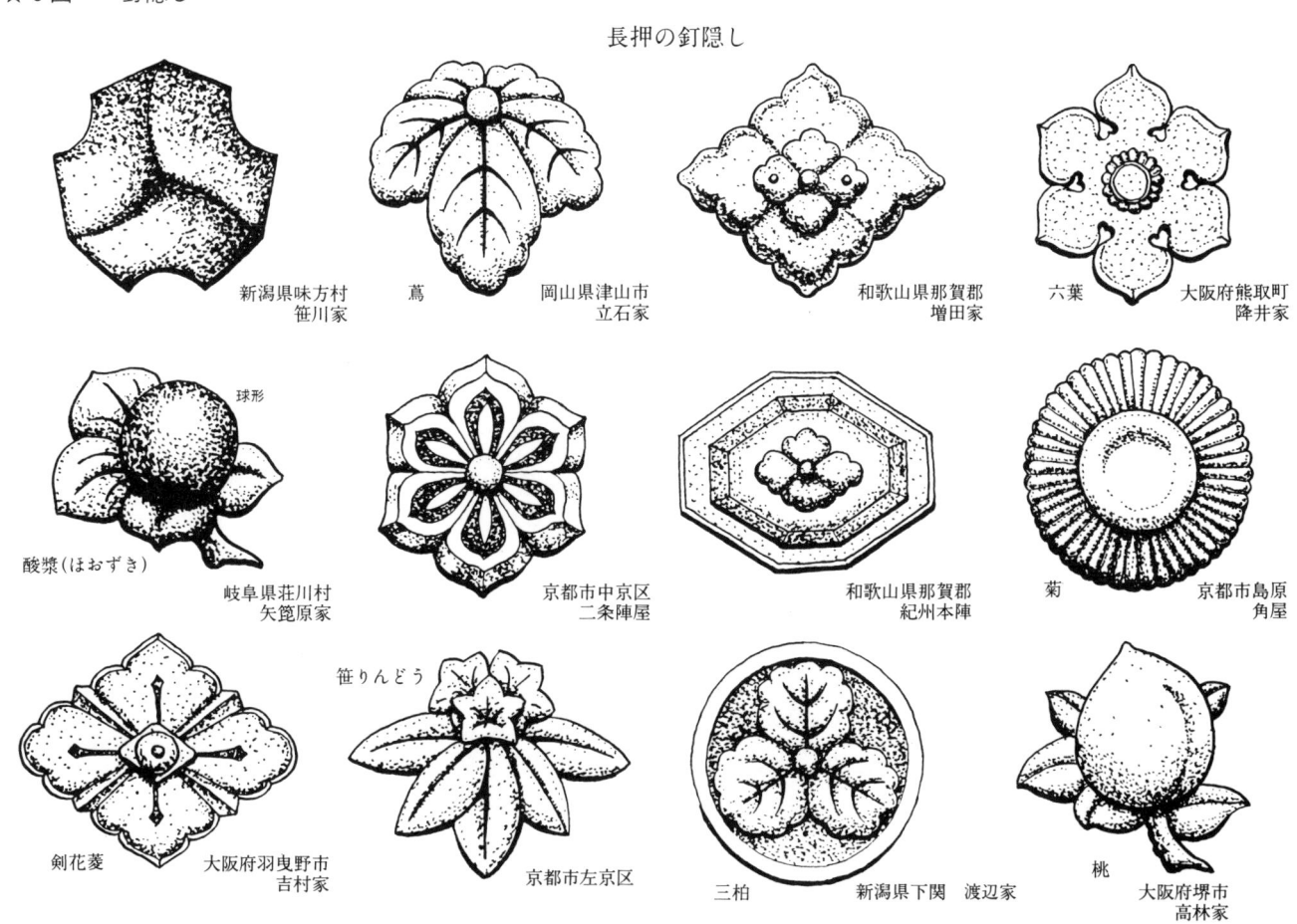

長押の釘隠し

新潟県味方村
笹川家

蔦　岡山県津山市
　　立石家

和歌山県那賀郡
増田家

六葉　大阪府熊取町
　　　降井家

酸漿（ほおずき）　球形
岐阜県荘川村
矢箆原家

京都市中京区
二条陣屋

和歌山県那賀郡
紀州本陣

菊　京都市島原
　　角屋

剣花菱　大阪府羽曳野市
　　　　吉村家

笹りんどう
京都市左京区

三柏　新潟県下関　渡辺家

桃　大阪府堺市
　　高林家

161

★4図　釘隠し

長押の釘隠し

剣片喰　　剣花菱　　蔦　　違い角

この8例　大阪府羽曳野市　吉村家

兎　　　　　　三蓋菱　　花菱

三銀杏　兵庫県揖保郡　島根県宍道町　梅鉢　和歌山県那賀郡　鶴　京都市島原　角屋
　　　　永富家　　　八雲本陣　　　　　紀州本陣

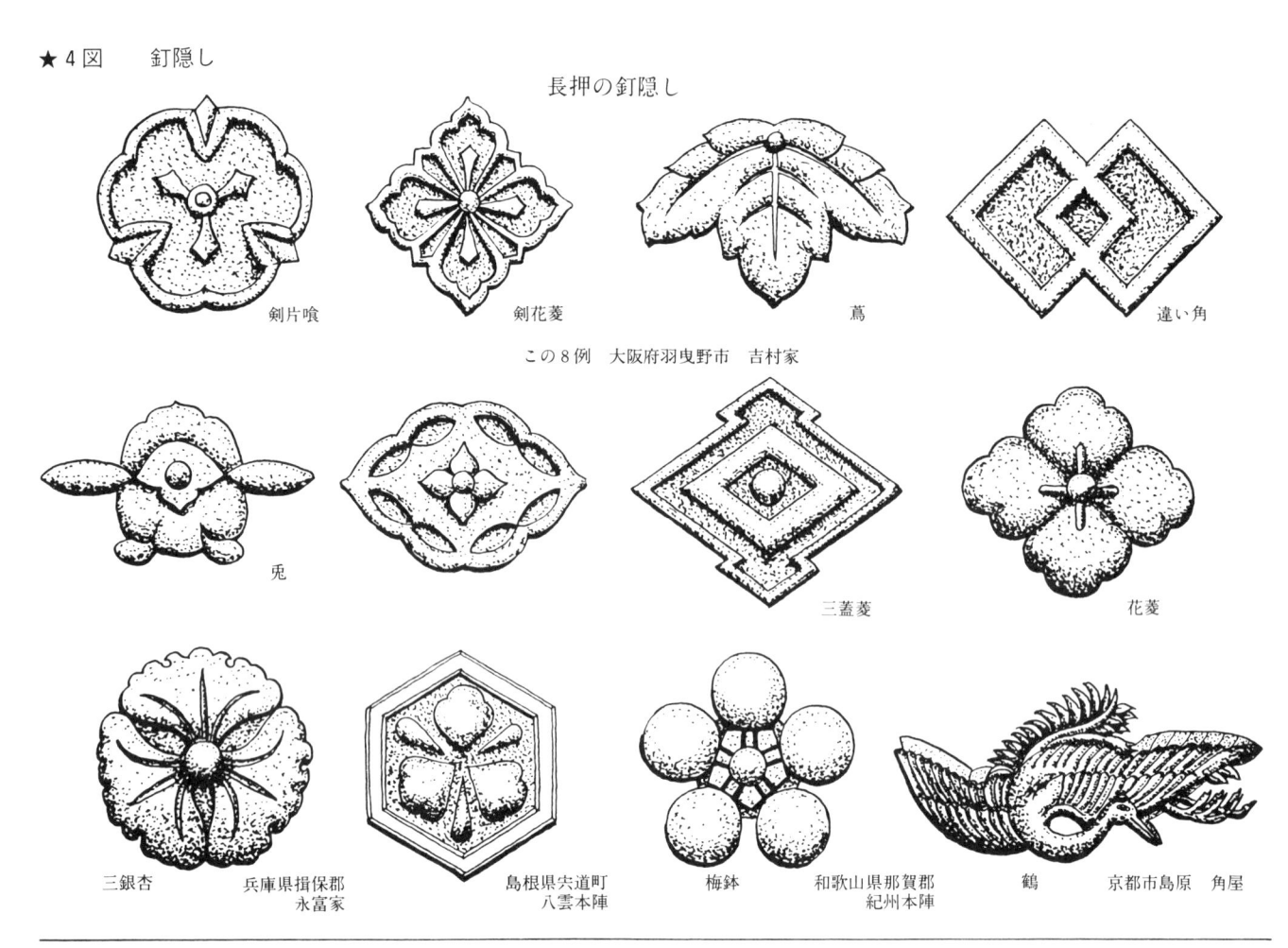

★5図　釘隠し

長押の釘隠し

牡丹(鉄製)　青梅市新町　吉野家　　石川県白峰村　杉原家　　長野県　芦田宿　本陣　土屋家　　金渡金　八王子遺水　小泉家

町田市相原町　青木家　　岡山県　矢掛本陣石井家　　菊菱　山形県朝日村　本郷　小野寺家

鶴　青梅市新町　吉野家　　松　吉野家　　京都市　東山区　　京都市　北区

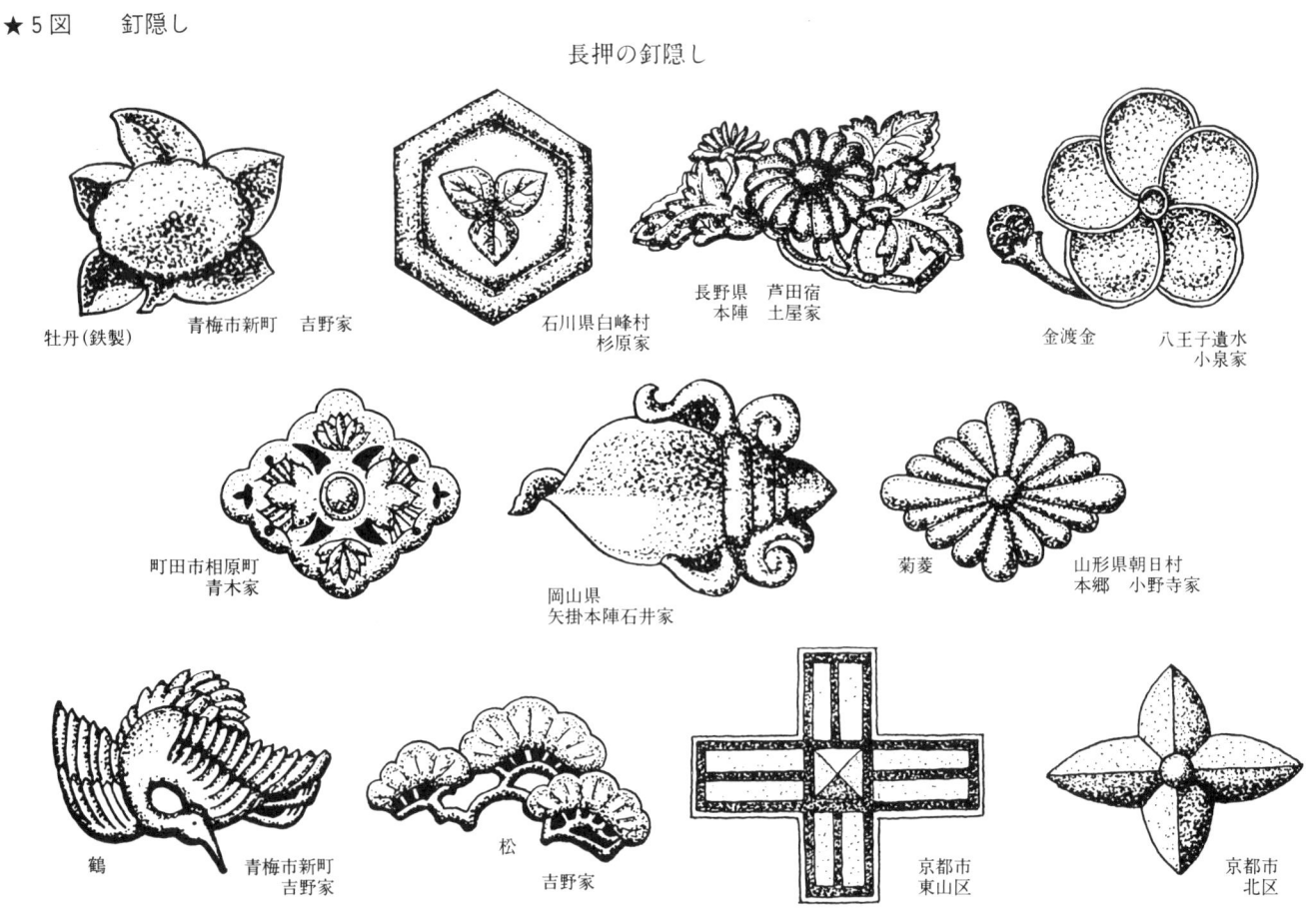

★6図　釘隠し

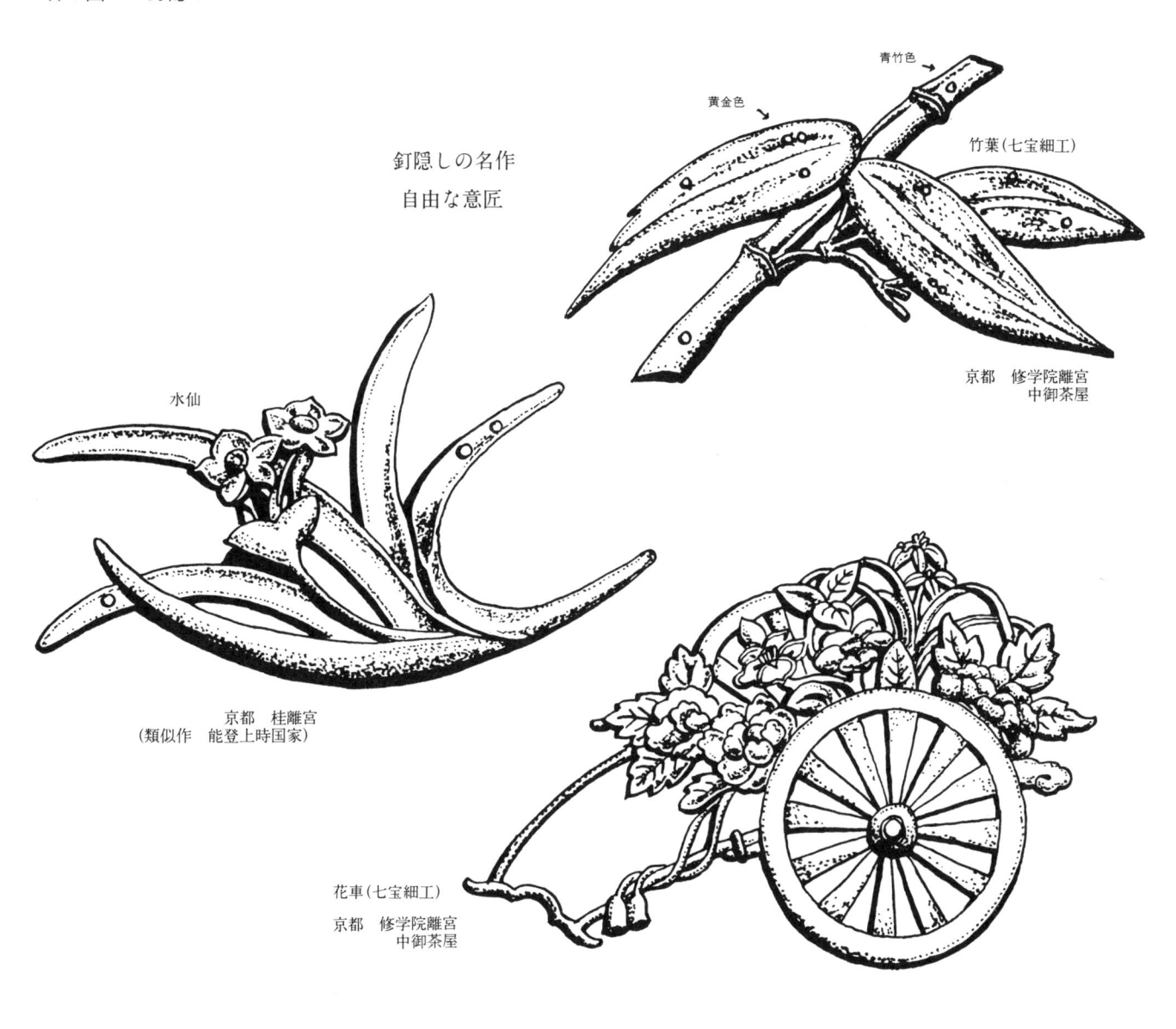

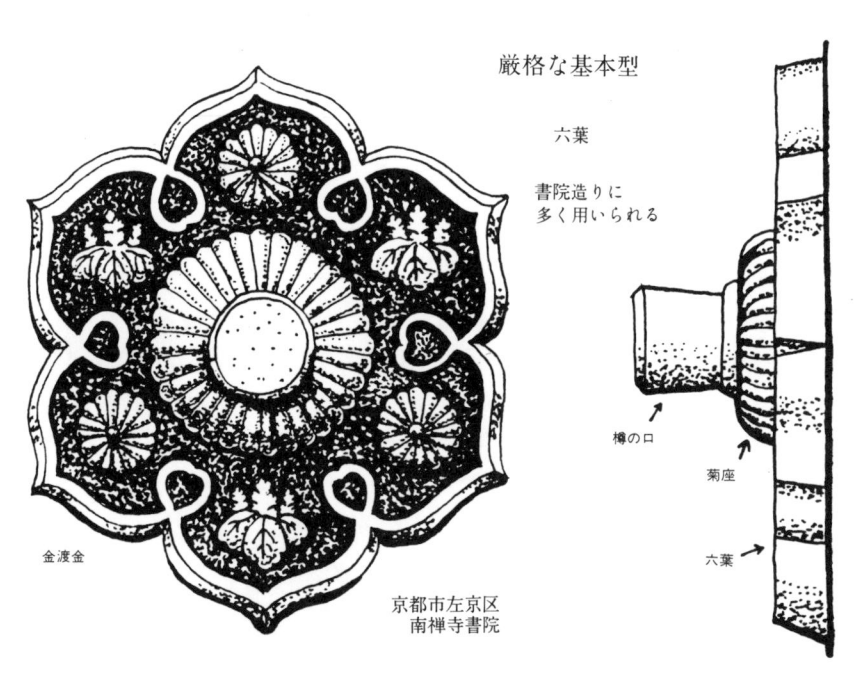

釘隠しの名作
自由な意匠

黄金色
青竹色
竹葉(七宝細工)

京都　修学院離宮
中御茶屋

水仙

京都　桂離宮
(類似作　能登上時国家)

花車(七宝細工)

京都　修学院離宮
中御茶屋

厳格な基本型

六葉

書院造りに
多く用いられる

金渡金

京都市左京区
南禅寺書院

樽の口
菊座
六葉

163

襖の引手
FUSUMA NO HIKITE

　これも説明を要しない、どこの家にでもあるものである。1図ではその基本となる形とその名を示した。これも御殿風の厳格なもの（7図左）のようなものから、茶席風の洒落たものまで、意匠はいろいろである。仕上げは釘隠しと同様である。3図下半分は御殿風のものを模したもので、この種のものはどちらかというと田舎の御大尽のような家に多く、京大阪などではもっと自由なすっきりとしたものが好まれる。5図には奇抜な意匠のもの、6図は引手の名作といわれる桂離宮の花手桶など、7図には華麗なデザインのものを集めてみたが、いずれも江戸中期頃の名品である。

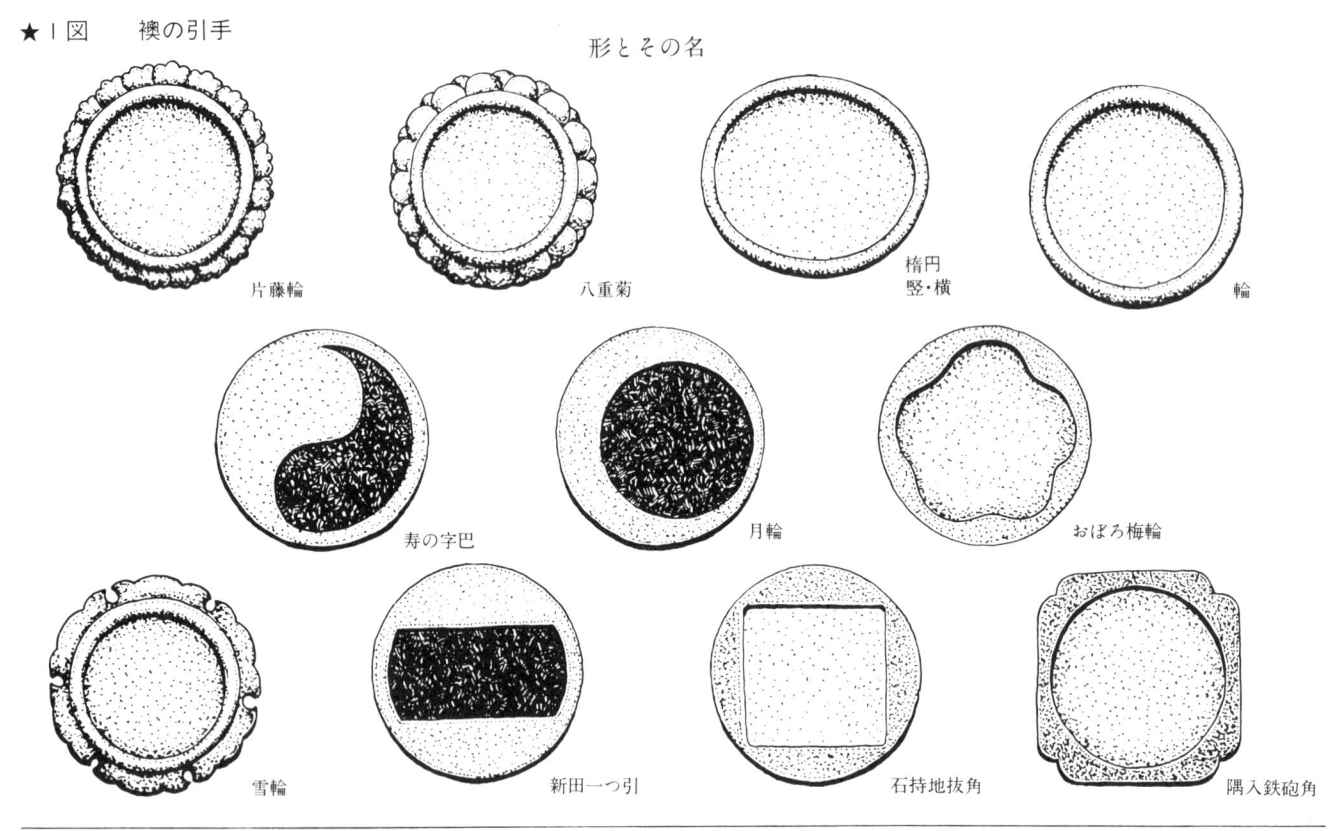

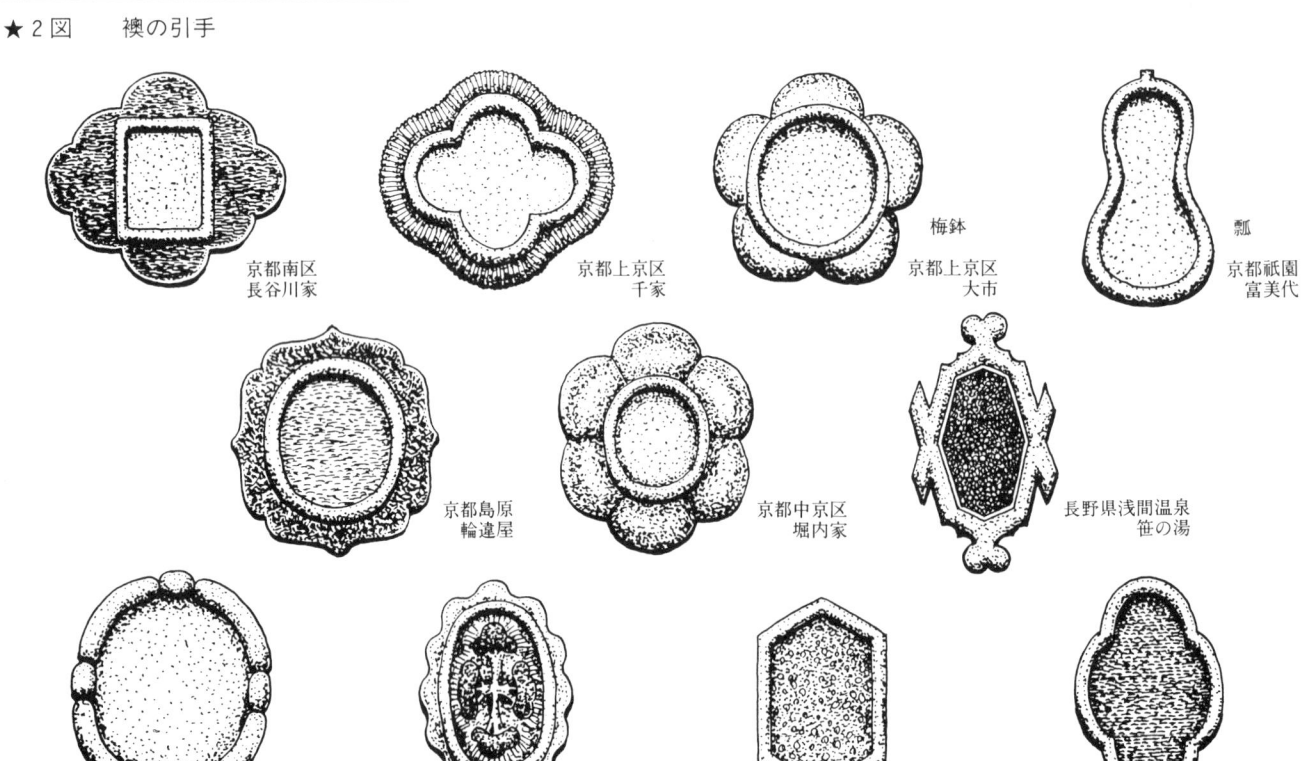

★1図　　襖の引手　　　　　形とその名

片藤輪　　八重菊　　楕円竪・横　　輪

寿の字巴　　月輪　　おぼろ梅輪

雪輪　　新田一つ引　　石持地抜角　　隅入鉄砲角

★2図　　襖の引手

京都南区　長谷川家　　京都上京区　千家　　梅鉢　京都上京区　大市　　瓢　京都祇園　富美代

京都島原　輪違屋　　京都中京区　堀内家　　長野県浅間温泉　笹の湯

京都中京区　佐々木家　　京都上京区　宇津木家　　長亀甲　　竪木瓜

★3図　襖の引手

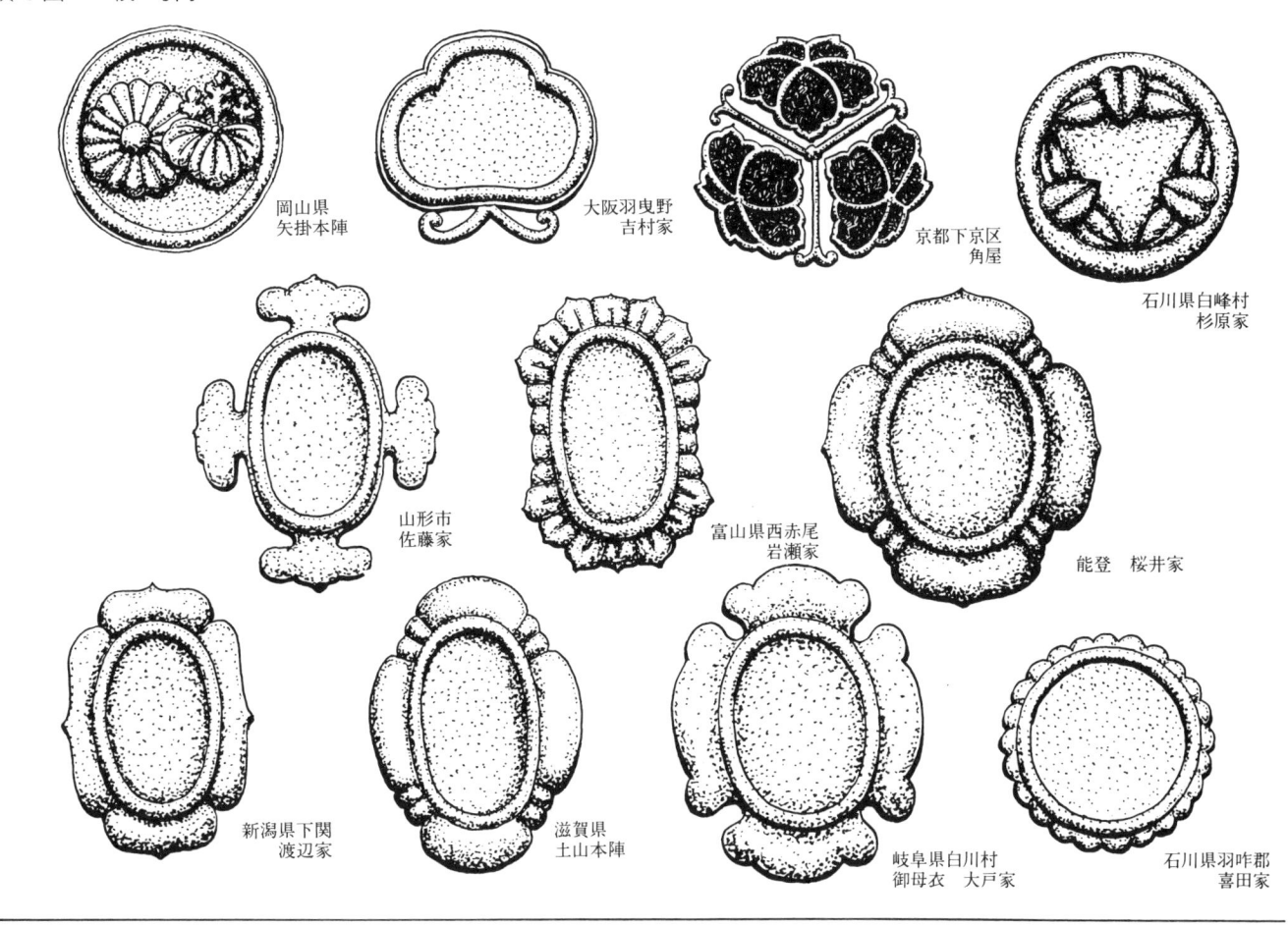

岡山県
矢掛本陣

大阪羽曳野
吉村家

京都下京区
角屋

石川県白峰村
杉原家

山形市
佐藤家

富山県西赤尾
岩瀬家

能登　桜井家

新潟県下関
渡辺家

滋賀県
土山本陣

岐阜県白川村
御母衣　大戸家

石川県羽咋郡
喜田家

★4図　襖の引手

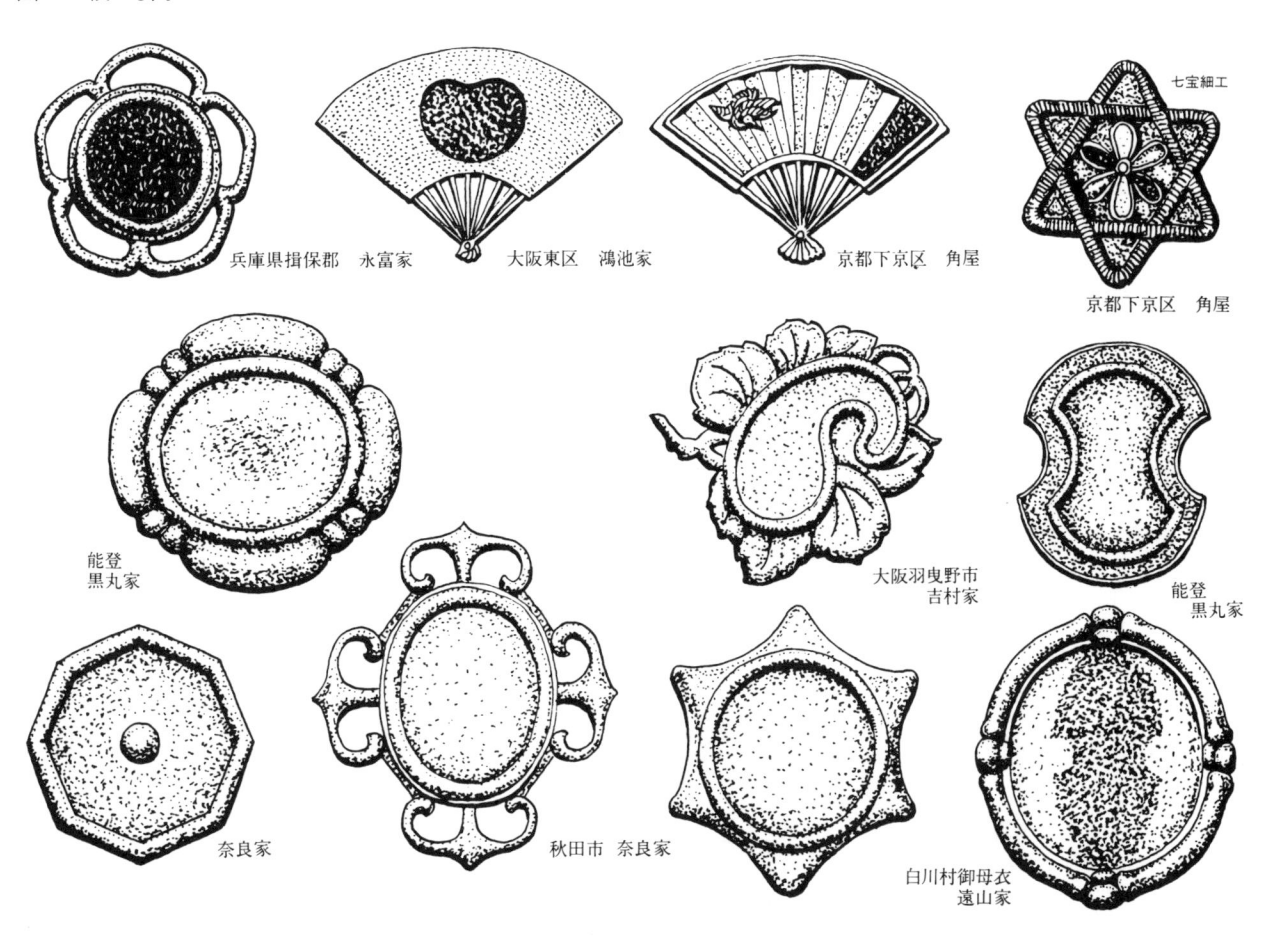

兵庫県揖保郡
永富家

大阪東区　鴻池家

京都下京区　角屋

七宝細工

京都下京区　角屋

能登
黒丸家

大阪羽曳野市
吉村家

能登
黒丸家

奈良家

秋田市　奈良家

白川村御母衣
遠山家

165

★5図　襖の引手

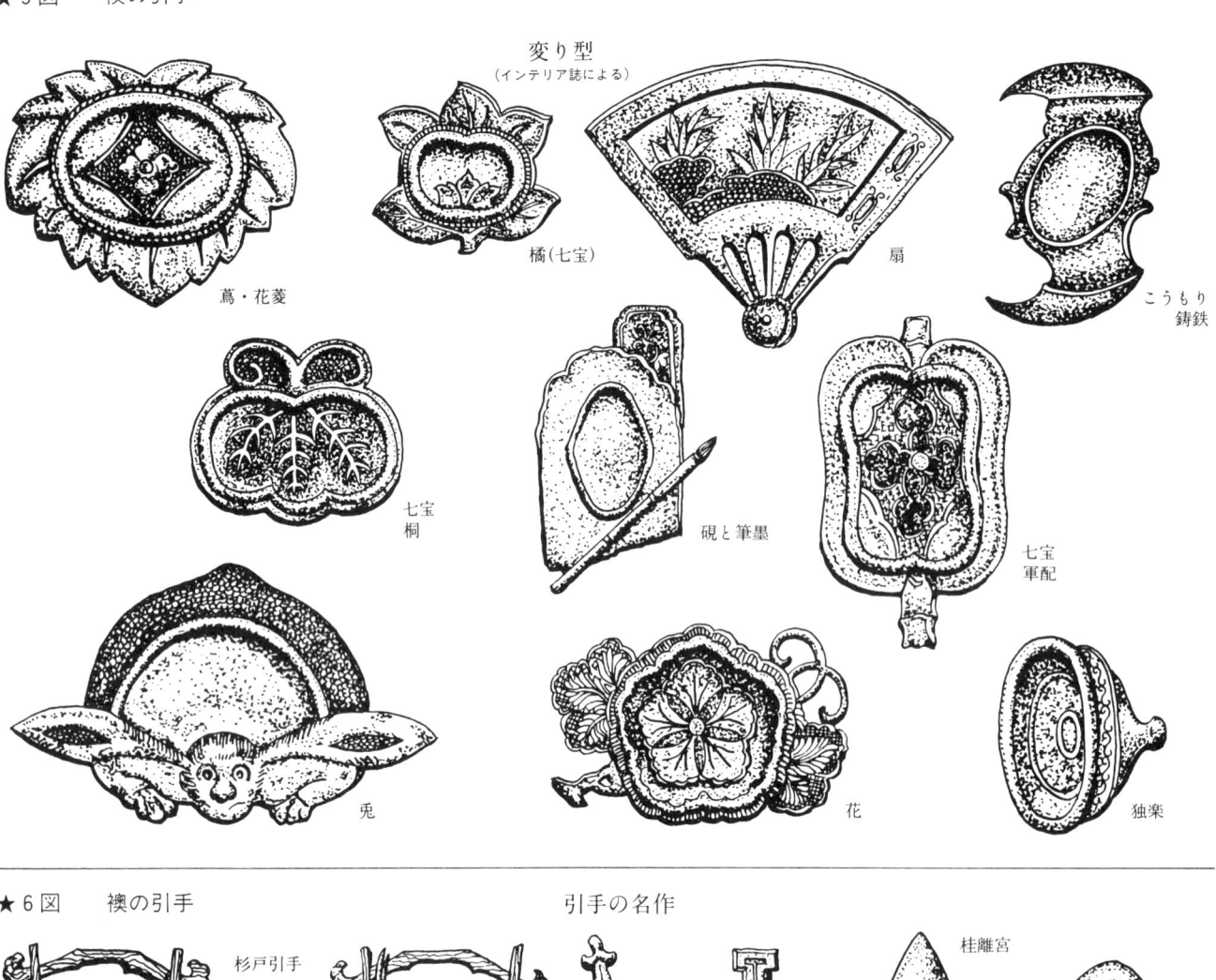

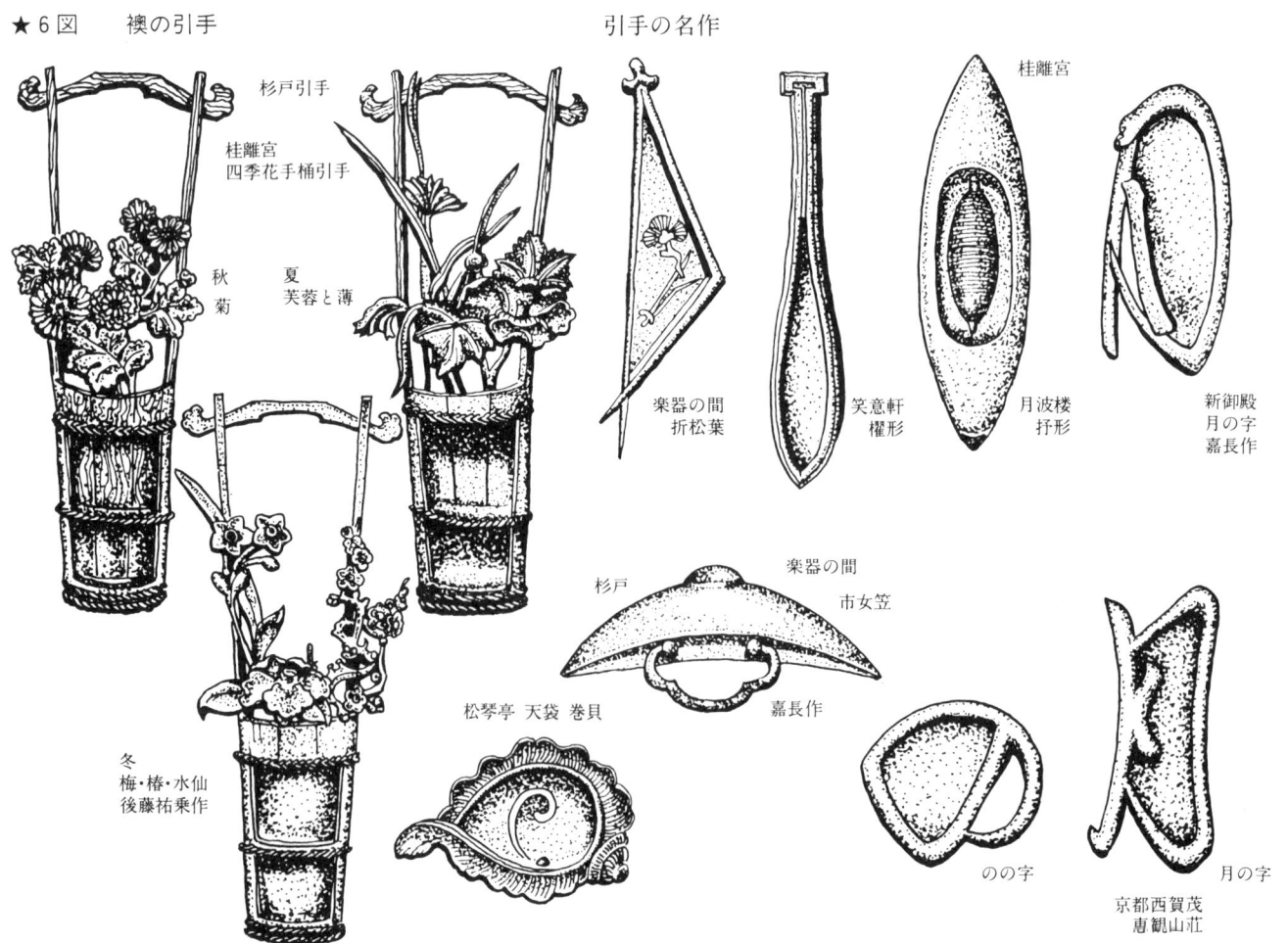

蔦・花菱
橘(七宝)
変り型
(インテリア誌による)
扇
こうもり　鋳鉄
七宝桐
硯と筆墨
七宝軍配
兎
花
独楽

★6図　襖の引手　　引手の名作

杉戸引手
桂離宮
四季花手桶引手
秋菊
夏芙蓉と薄
冬 梅・椿・水仙
後藤祐乗作
松琴亭 天袋 巻貝

楽器の間
折松葉
笑意軒 櫂形
桂離宮
月波楼 抒形
新御殿 月の字 嘉長作

杉戸
楽器の間 市女笠
嘉長作
のの字
月の字
京都西賀茂 東観山荘

★7図　襖の引手

華麗な引手（インテリア誌による）

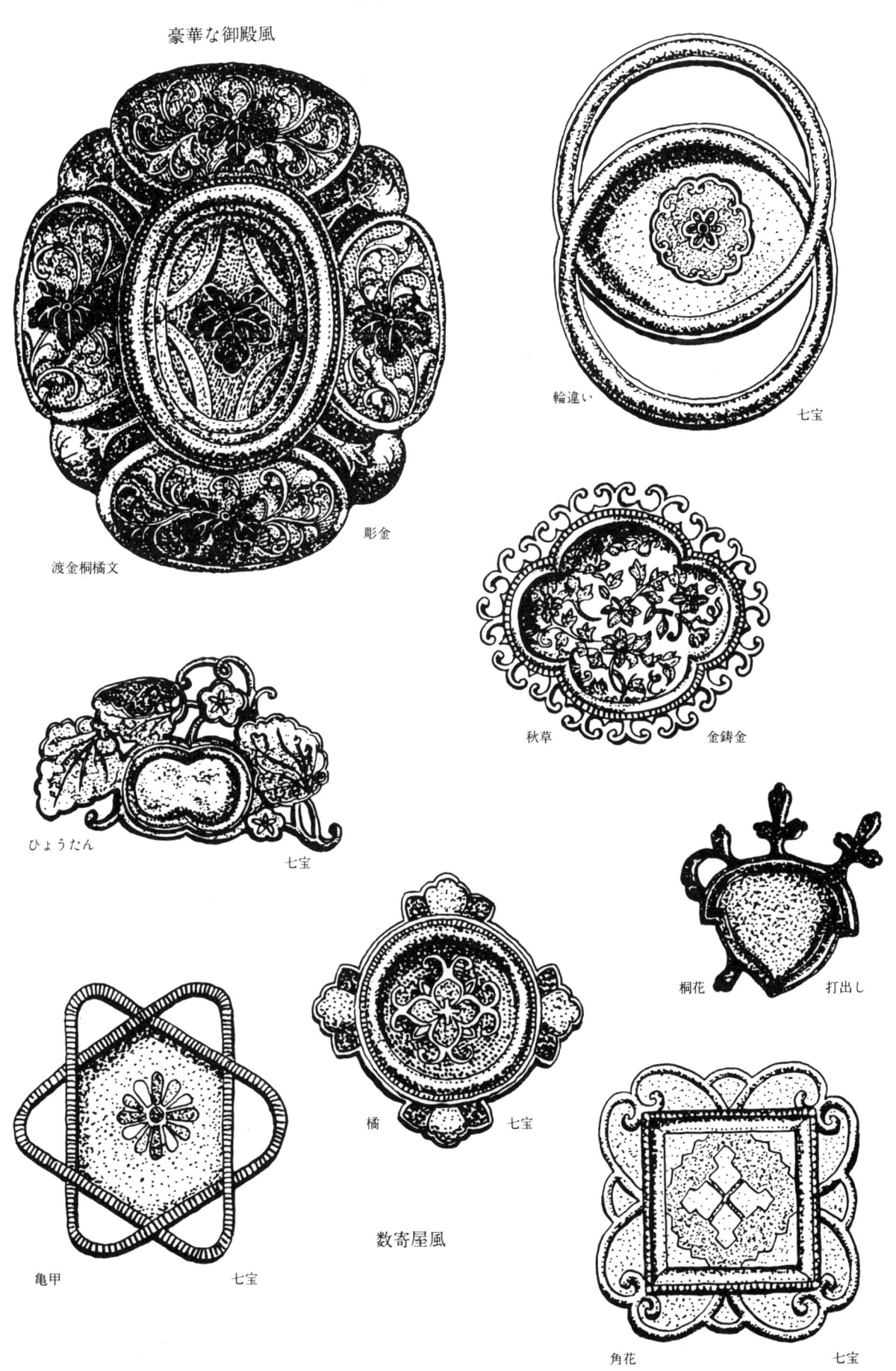

豪華な御殿風

渡金桐橘文　　　　彫金

輪違い　　　七宝

秋草　　　金鋳金

ひょうたん　　　七宝

桐花　　打出し

亀甲　　　七宝

橘　　七宝

数寄屋風

角花　　　七宝

167

灯具
TŌGU

　闇を照らすあかりの最初は木を燃やすことであった。大昔の民家では、いろりに燃やす榾木が唯一の光源であった。戸外では松明やかがり火であり、これらは今も祭りなどの場合の照明となる。山奥の古い民家には、松灯台（3図右上）あるいはひで鉢などと呼ばれる昔の灯具が残っていることがある。これは脂の多い松の根や白樺の皮などを、裂いて燃やす鉄製や石製の台である。

　油を光源とすることも大昔からあって、高坏形の土器の上で燃やしたりした。これは動物の油脂がよく燃えることを、調理の際などで体得したものであろう。奈良時代になって植物油が開発され、灯芯を用いた灯具が考案された。この種のものは一般に灯台と呼ばれる。1図左下の牛糞灯台や菊灯台がそれである。このように台座の下に油受けの盆をつけるのは鎌倉時代以後のことである。次いで蠟燭の使用があるが、これは当初は寺院の仏前などで用いられたもので、平安時代からであるが、中国から輸入された貴重なものであった。室町時代の末には国産の木蠟もつくられ、灯具は著しく進歩をとげた。この蠟燭を用いた灯具は燭台と呼ばれる。携帯用のものは手燭である。光源の焰が風にゆらいだり消えたりすることを防ぐために、紙で囲うことも古くからある。このようなものが次第に発達して、行灯や雪洞に発達してゆくのである。

　1図の中央の吉兆や左の角屋などの格式のある料亭や揚屋では、今もこのような灯具を用いてムードを高めている。1図には折畳式や灯火の位置を調節できる自在燭台、その他灯台と燭台のいろいろを示した。こうした進歩した灯具の発達は江戸時代中期からである。行灯は火袋のついた灯具で、灯源を安定させまぶしさを防ぎ、また紙の反射や透過光の柔らかさなどを利用したものである。行灯の字の通り、もとは携帯用のものであったが、便利さの故に次第に室内照明用のものとして発達をした。

　2図には携帯用の提げ行灯を示した。これはまたいろり端や玄関などの照明に用いられる。右上の長話無用はいろり端のもの、左下の脚付台に載せたものは玄関用のものである。3図右上はさきに誌した松灯台、その左は柱に掛ける掛燭で、炊事場などの照明となる。提灯は携帯用が主であるが、中央岐阜提灯などは立派な室内照明である。左上の短檠は灯台のもっとも進歩したもので、気圧を利用して皿の油量を一定に保つように工夫されたものである。

　4図は携帯用の手燭類で、土蔵や便所などに持ってゆくものである。龕灯は竪横二つの輪が仕込まれていて、灯源が常に水平に保たれるように工夫されたものである。5図右の籠行灯は、竹ひごを編んだ紙貼りのもので、提灯の原型といわれている。縁側や庭園の縁台など、風雅を好む場所の照明である。他は行灯のいろいろで、丸行灯と角行灯の二つの型がある。行灯の脚の高いものは座敷用で、低いものは寝室用となっている。寝室用のものは台座が比較的大きく、座紙などを入れる小抽出しが付いたものが多い。寝室で特に工夫されたのは5図右の有明行灯である。これは灯袋が上下に動くもので、明るくする時は上にあげ、暗くする時には下げて下の箱に灯袋を納めるようにしたものである。枕行灯は一般に角行灯が用いられる。

　6図は広間用の灯具で、八方と呼ばれるもの。天井から吊るすもので文字通り八方を照らす大型のものである。鉄製や木製のものがあり、点灯その他の便を考えて滑車で上下させることができる。この八方型は今でも電灯を仕込んで、民芸的な感じを出す上で、料亭や旅館の建物などに好んで用いられる。

　明治になってからは、鉱物油を光源とするらんぷが輸入された。初期のらんぷは笠も油壺も金属製で、天井や灯下は暗かったが、後には硝子製となって、明るく改良された。らんぷを収集する好事家もあって、そのデザインも様々で、なかには非常に優れた美術的なものもある。らんぷの時代が去って、電灯の時代となるが、これは白熱灯の直接照明で、現代の照明技術からいえば幼稚なものであった。中心一灯の天井吊り下げ式の照明は今では時代遅れのものとなった。しかし民家に限っては、この式のものが最後の形である。

★1図　灯具

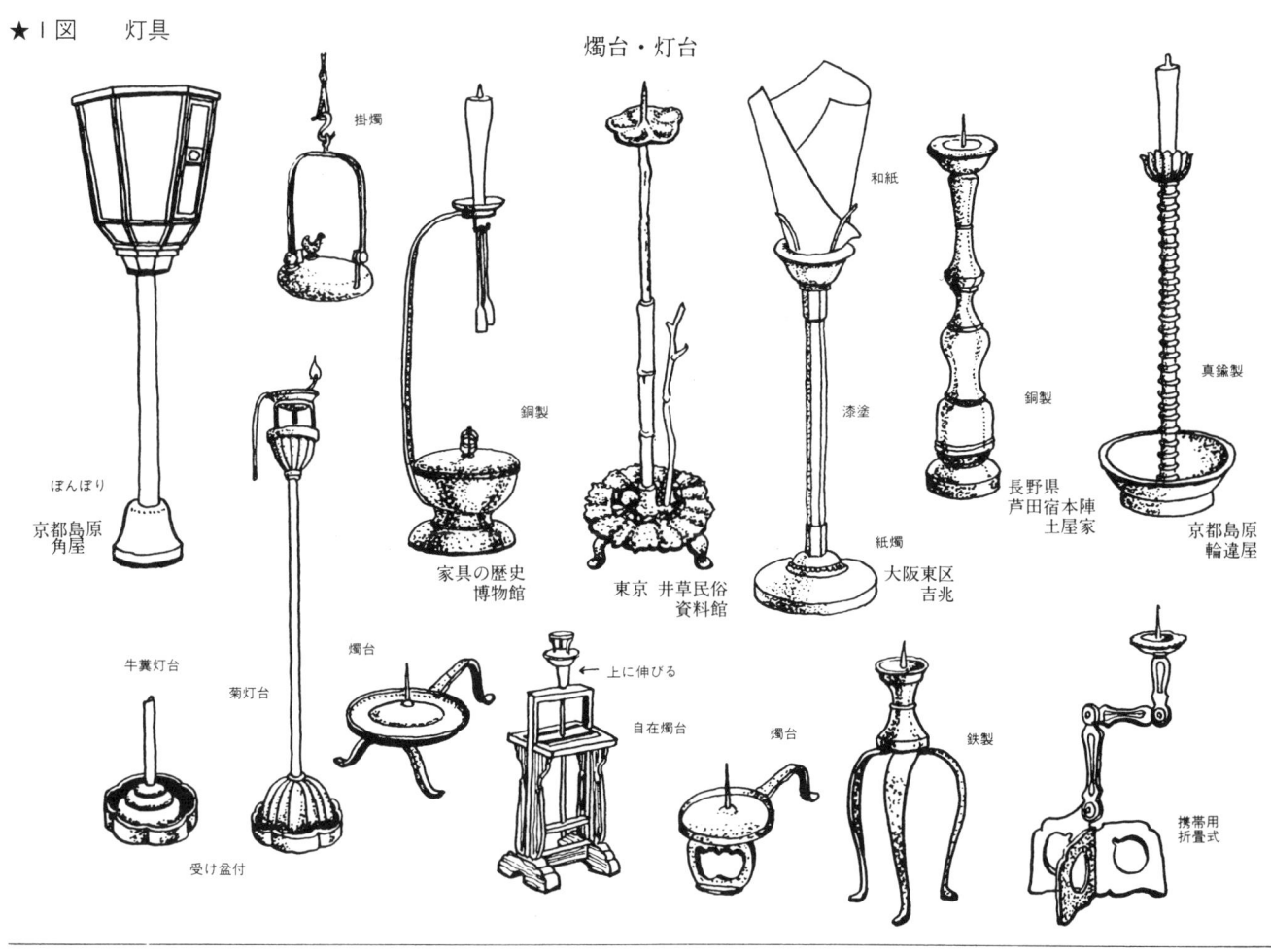

燭台・灯台

ぼんぼり
京都島原
角屋

掛燭

銅製
家具の歴史博物館

漆塗
東京　井草民俗資料館

和紙

紙燭
大阪東区　吉兆

銅製
長野県　芦田宿本陣　土屋家

真鍮製
京都島原　輪違屋

牛糞灯台
受け盆付

菊灯台

燭台

自在燭台
上に伸びる

燭台

鉄製

携帯用折畳式

★2図　灯具

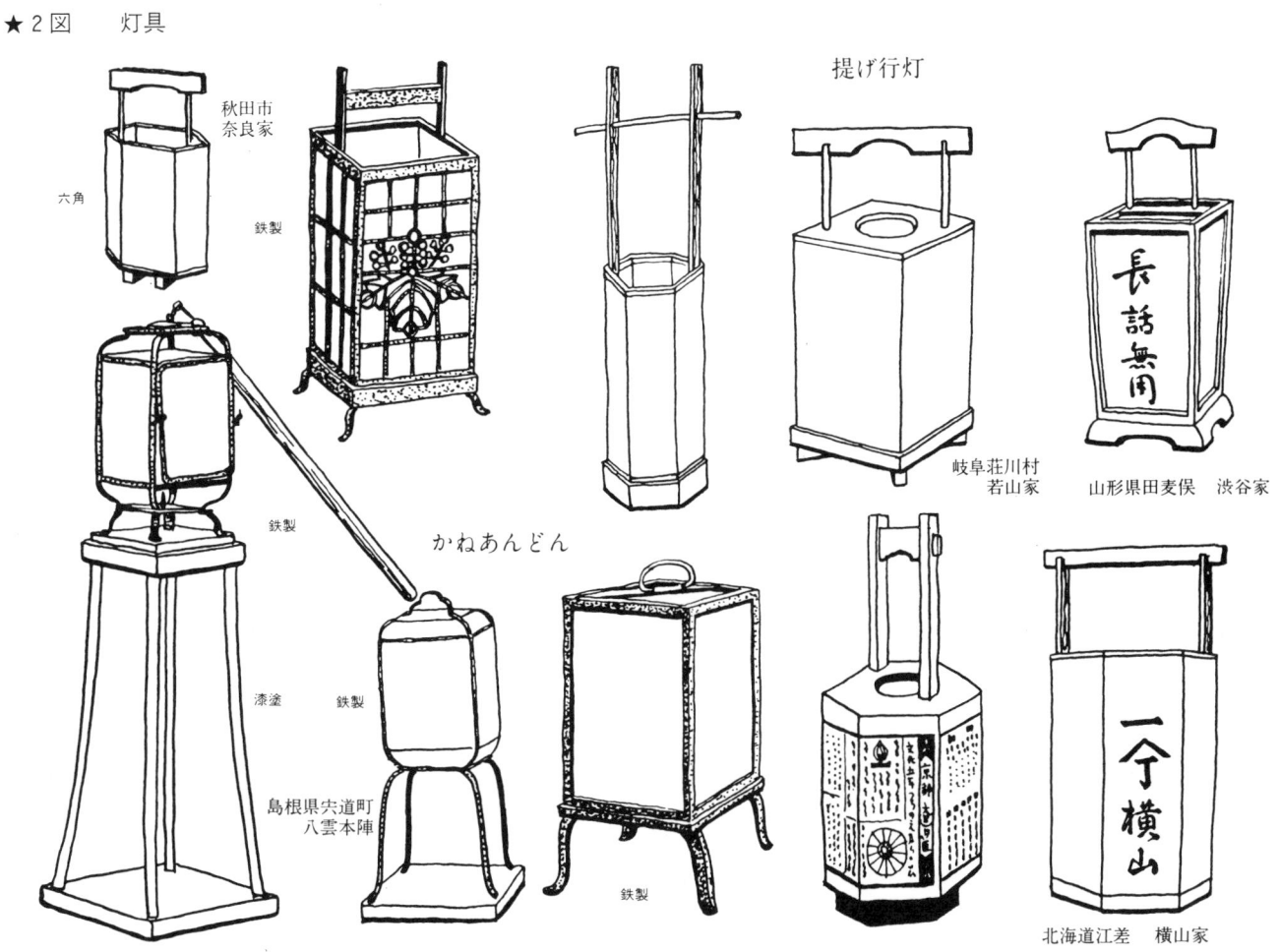

六角
秋田市　奈良家

鉄製

提げ行灯

岐阜荘川村　若山家

山形県田麦俣　渋谷家

漆塗
島根県宍道町　八雲本陣

鉄製
かねあんどん

鉄製

北海道江差　横山家

★3図　灯具

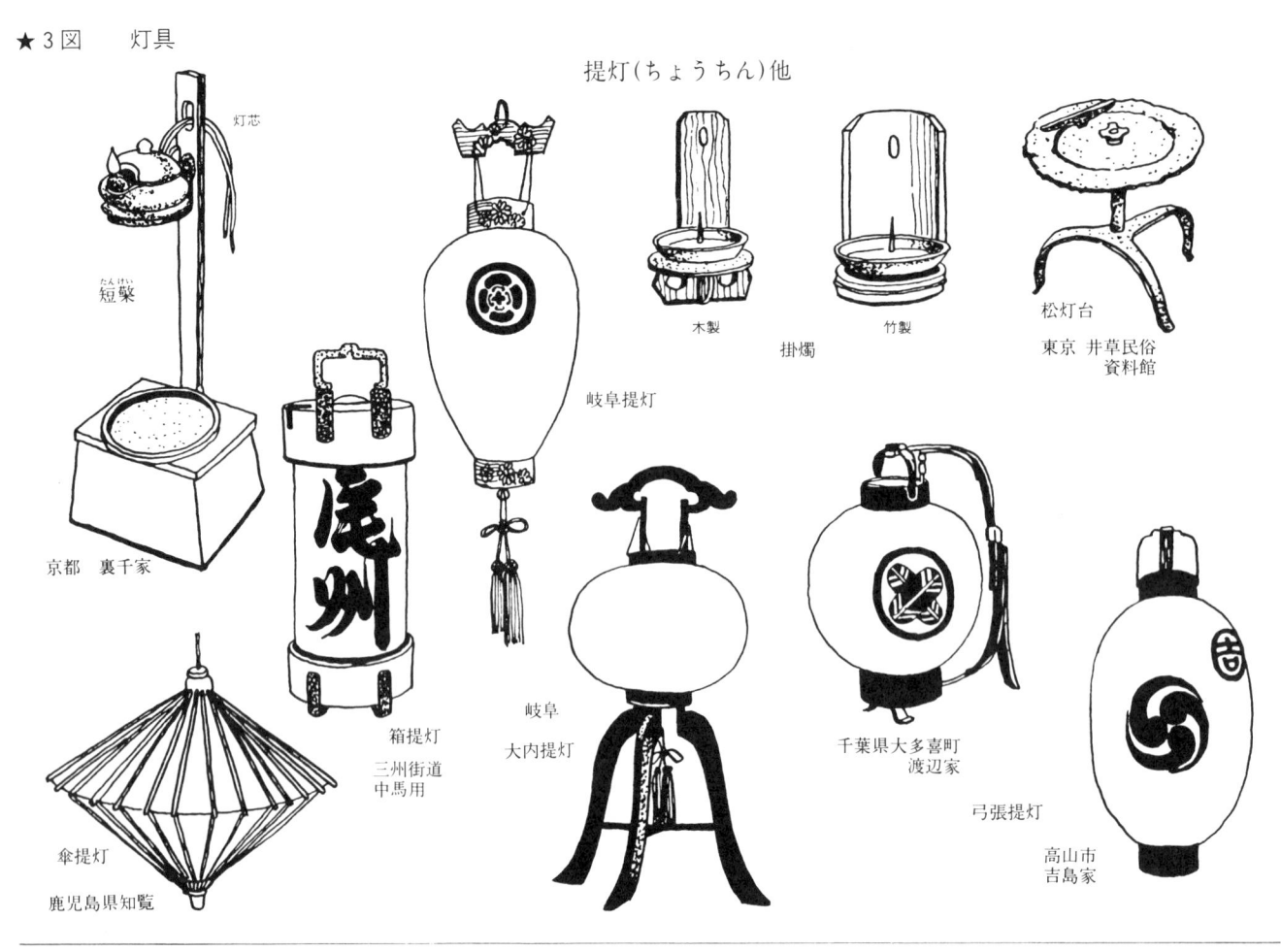

提灯(ちょうちん)他

短檠　灯芯
京都　裏千家

箱提灯
三州街道
中馬用

岐阜提灯

木製　竹製
掛燭

松灯台
東京　井草民俗資料館

岐阜
大内提灯

千葉県大多喜町
渡辺家

弓張提灯
高山市
吉島家

傘提灯
鹿児島県知覧

★4図　灯具

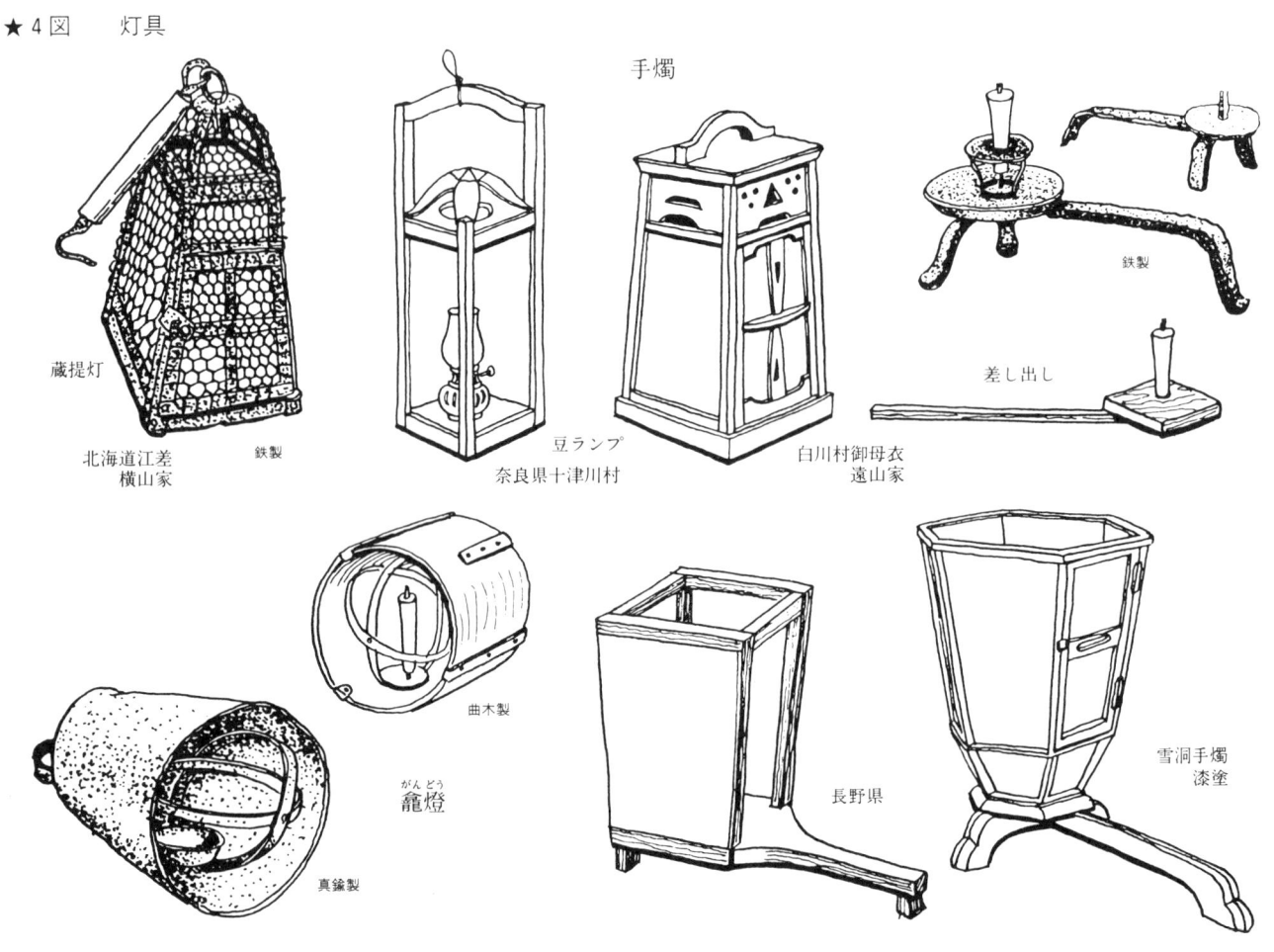

手燭

蔵提灯
北海道江差
横山家
鉄製

豆ランプ
奈良県十津川村

白川村御母衣
遠山家

鉄製

差し出し

龕燈(がんどう)
曲木製
真鍮製

長野県

雪洞手燭
漆塗

★5図　灯具

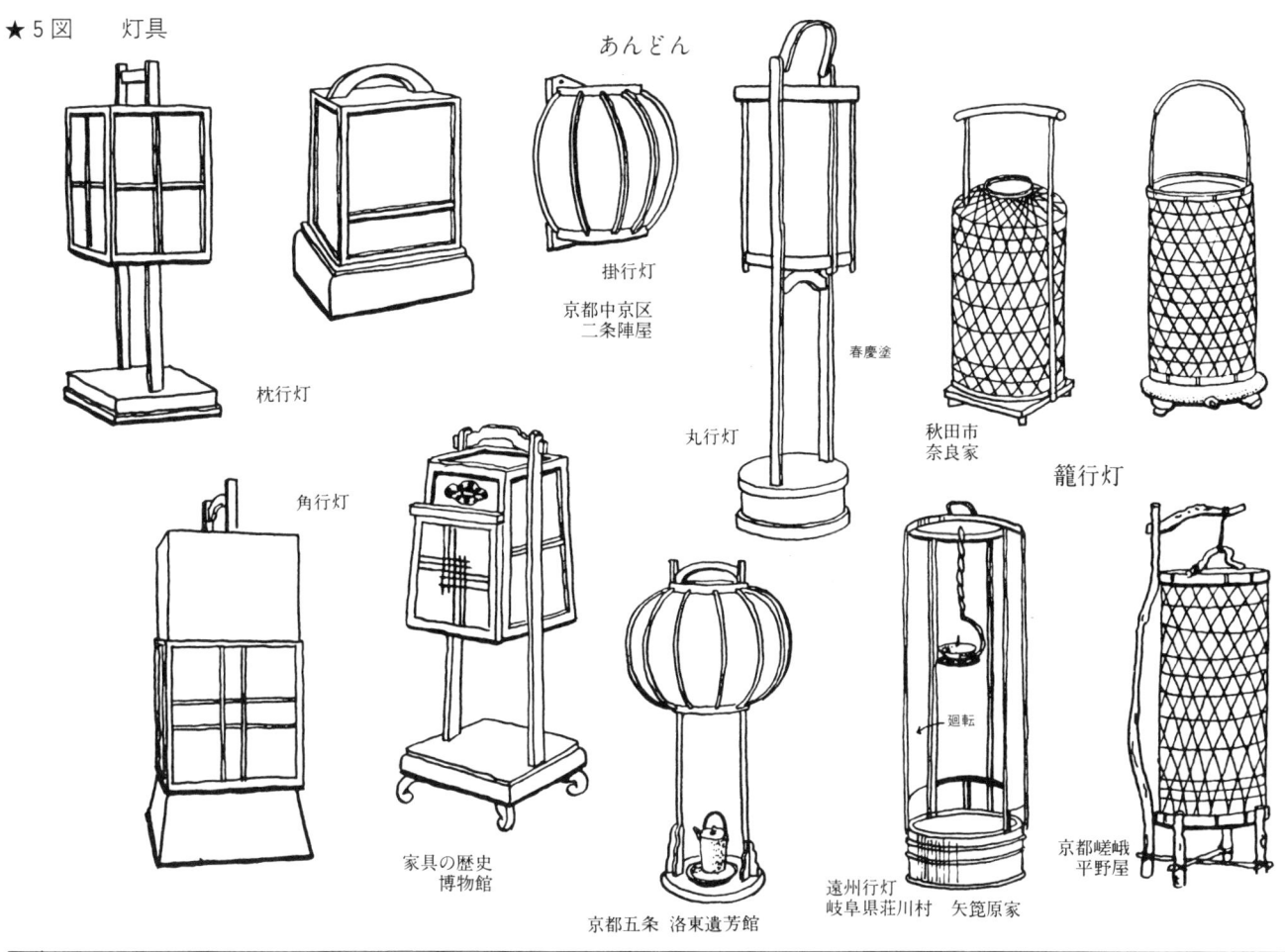

あんどん

枕行灯

掛行灯
京都中京区
二条陣屋

丸行灯

春慶塗

秋田市
奈良家

籠行灯

角行灯

家具の歴史
博物館

京都五条　洛東遺芳館

遠州行灯
岐阜県荘川村　矢箆原家

京都嵯峨
平野屋

★6図　灯具

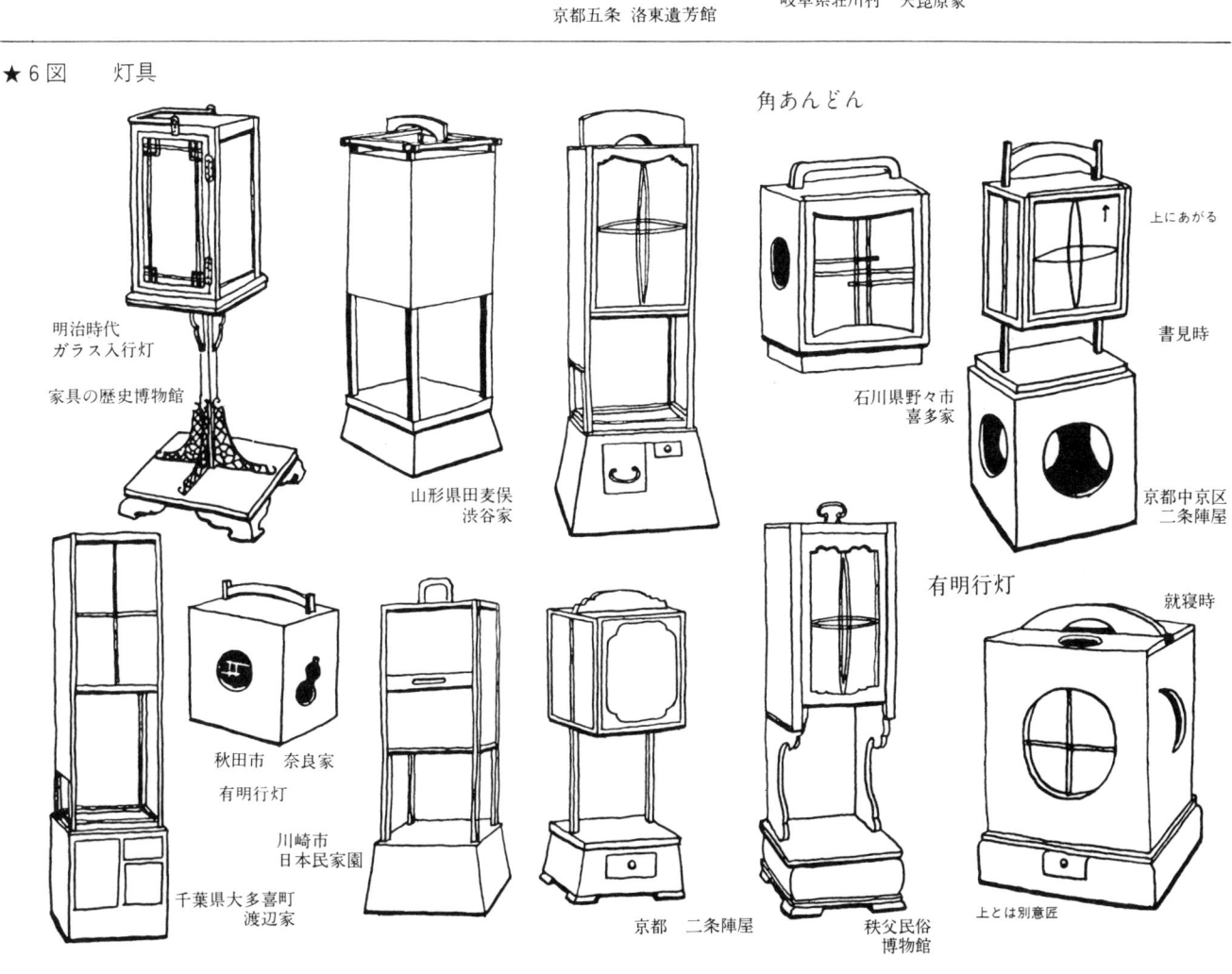

角あんどん

明治時代
ガラス入行灯

家具の歴史博物館

山形県田麦俣
渋谷家

石川県野々市
喜多家

上にあがる

書見時

京都中京区
二条陣屋

有明行灯

就寝時

秋田市　奈良家
有明行灯

川崎市
日本民家園

千葉県大多喜町
渡辺家

京都　二条陣屋

秩父民俗
博物館

上とは別意匠

171

★7図　灯具

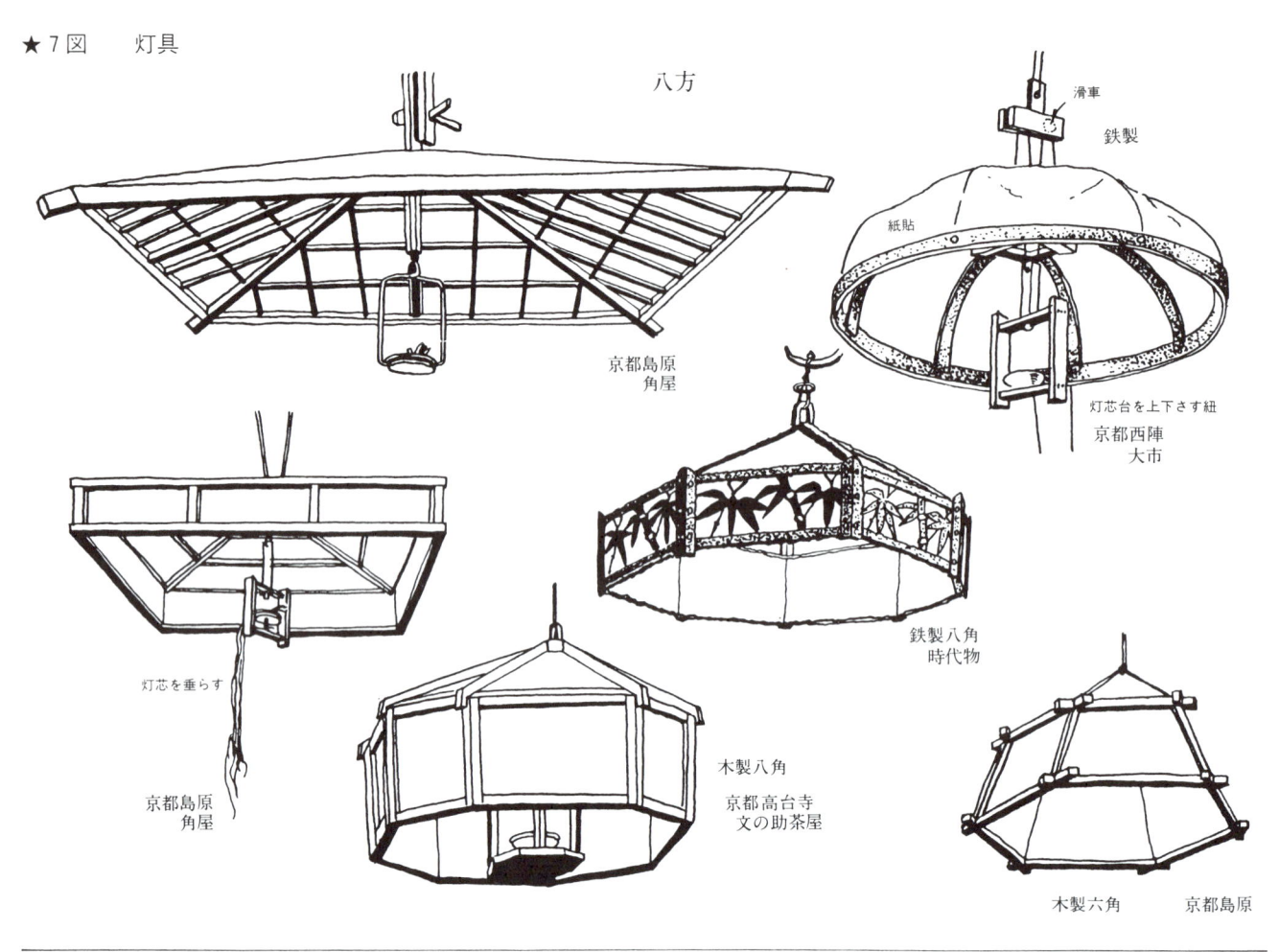

八方

京都島原
角屋

滑車
鉄製
紙貼
灯芯台を上下さす紐
京都西陣
大市

灯芯を垂らす
京都島原
角屋

鉄製八角
時代物

木製八角
京都高台寺
文の助茶屋

木製六角　京都島原

★8図　灯具

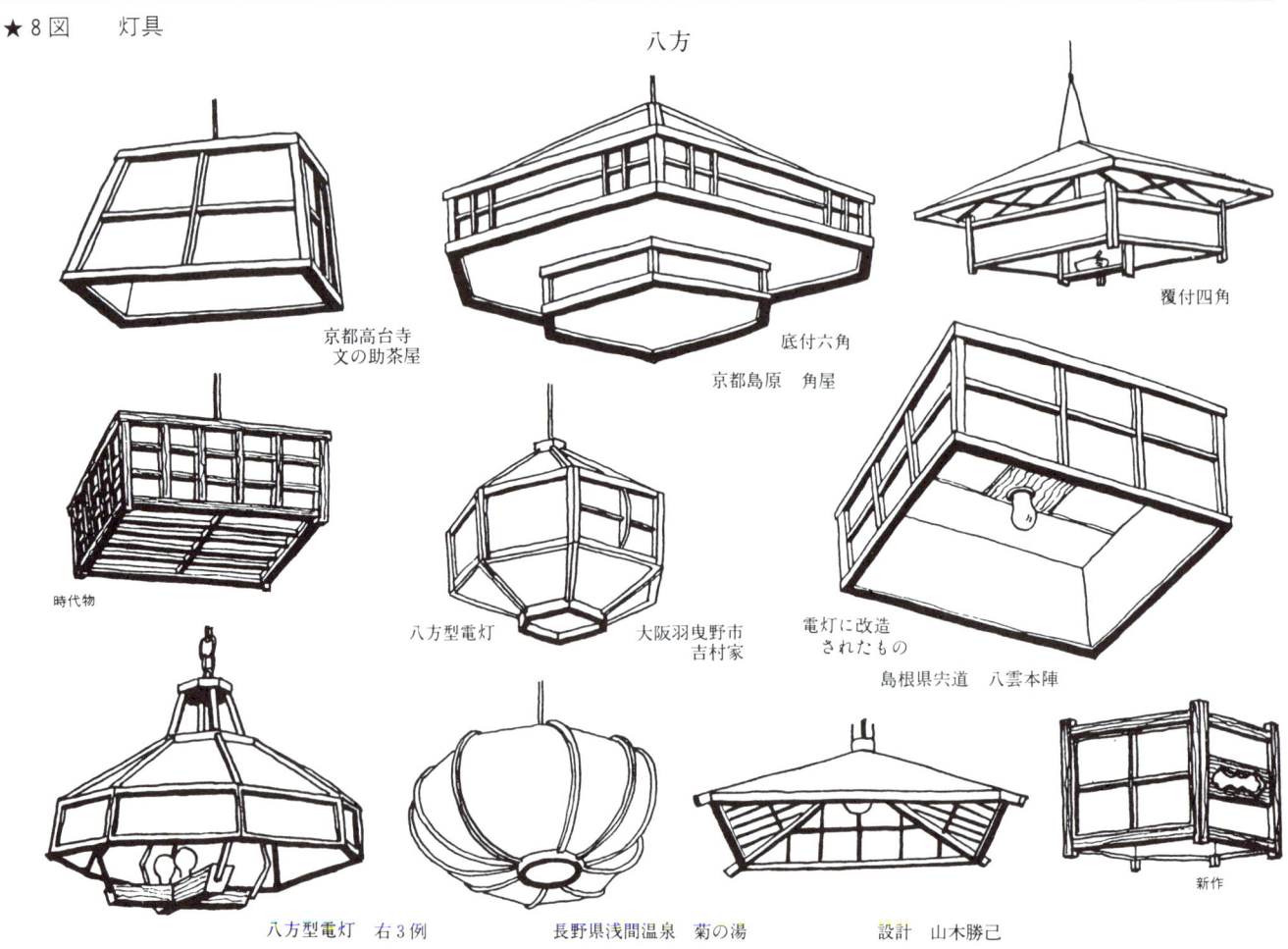

八方

京都高台寺
文の助茶屋

底付六角
京都島原　角屋

覆付四角

時代物

八方型電灯

大阪羽曳野市
吉村家

電灯に改造
されたもの
島根県宍道　八雲本陣

八方型電灯　右3例

長野県浅間温泉　菊の湯

設計　山木勝己

新作

★9図　灯具

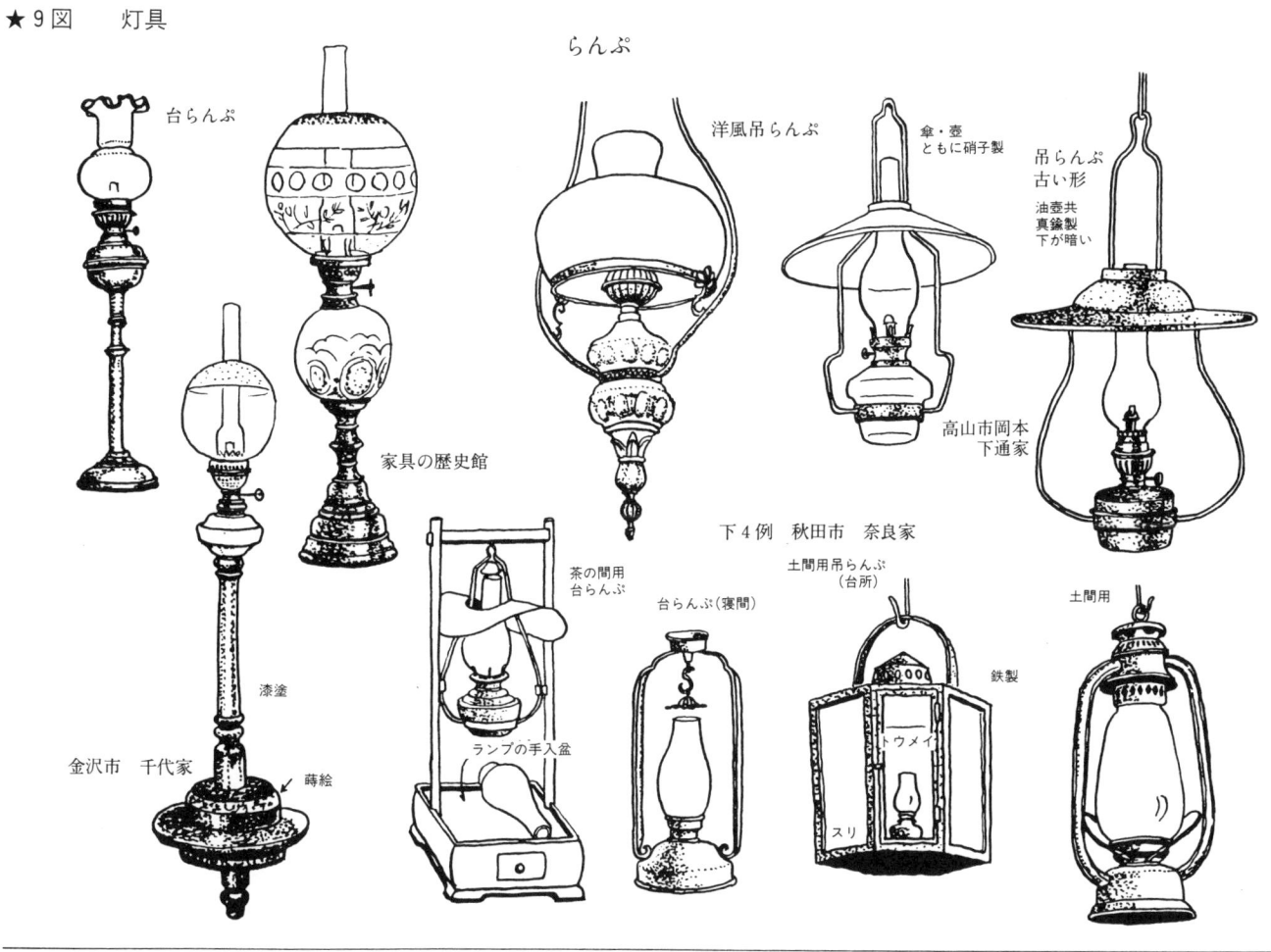

らんぷ

台らんぷ

洋風吊らんぷ

傘・壺ともに硝子製

吊らんぷ古い形
油壺共真鍮製
下が暗い

家具の歴史館

高山市岡本下通家

金沢市　千代家
漆塗
蒔絵

茶の間用台らんぷ
ランプの手入盆

下4例　秋田市　奈良家

台らんぷ(寝間)

土間用吊らんぷ(台所)
鉄製
トウメイ
スリ

土間用

★10図　灯具

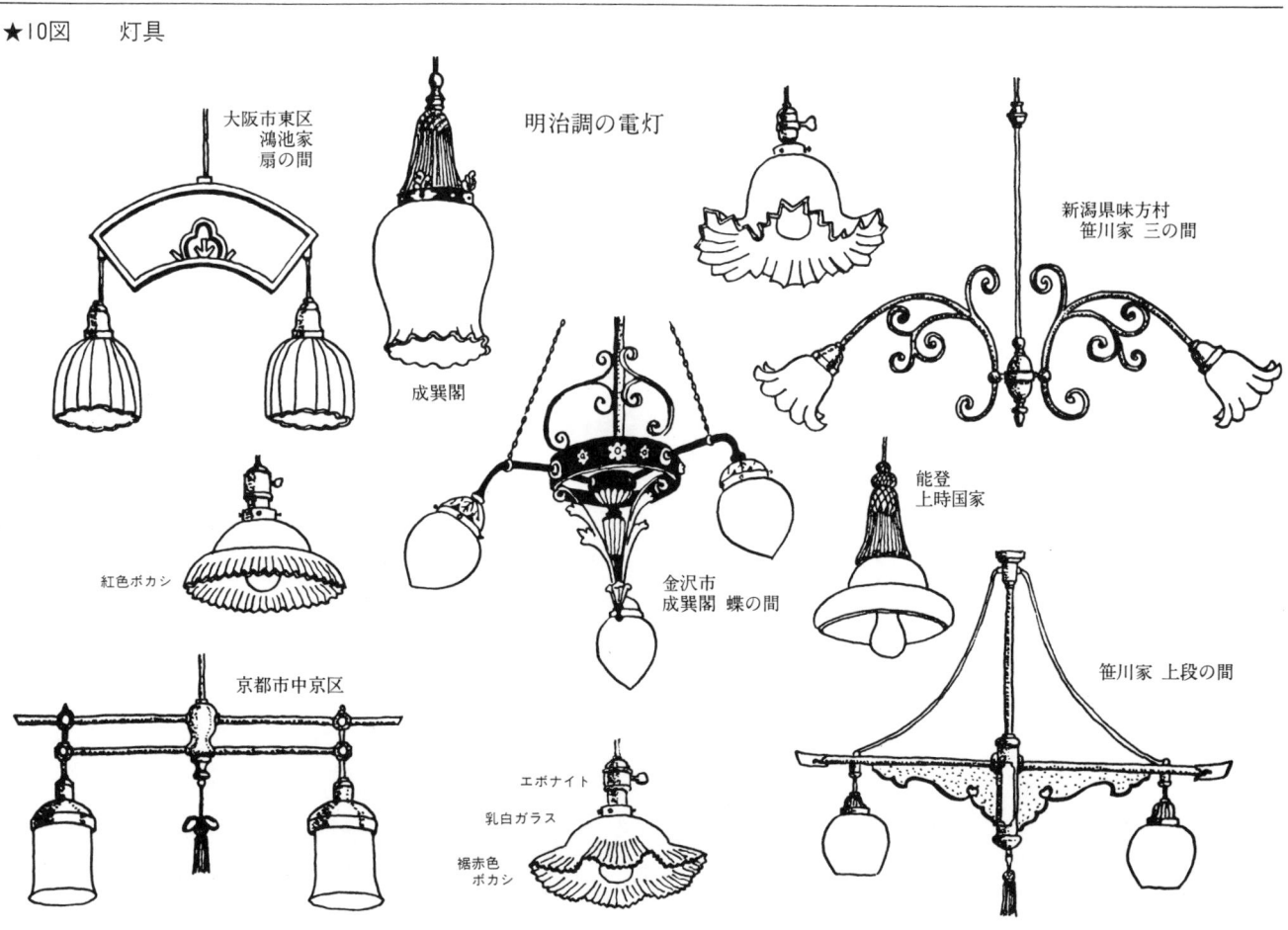

大阪市東区鴻池家扇の間

明治調の電灯

新潟県味方村笹川家　三の間

成巽閣

紅色ボカシ

金沢市成巽閣　蝶の間

能登上時国家

京都市中京区

エボナイト
乳白ガラス
裾赤色ボカシ

笹川家　上段の間

173

4
土蔵

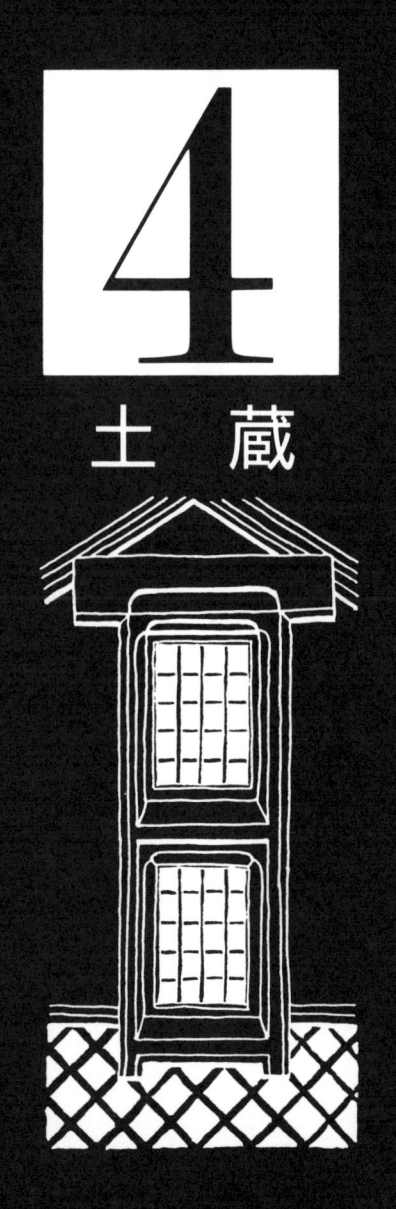

くらの窓
KURA NO MADO

漆喰細工の名匠・左官の神といわれる人に「伊豆の長八」がある。本名は入江長八といって、その墓所伊豆松崎町の浄感寺には今も左官組合や日左連の人達の参詣が絶えない。長八は松崎の生まれで、江戸に出て左官の業を修め、かたわら狩野派の絵も学んだ。その作品は「石灰画」「泥鏝画」ともいわれるように、単に壁面の装飾だけでなく、扇面や短冊、額にはまった絵画にまで鏝細工が及んでいる。それは名人といわれるにふさわしいものであるが、私はこれは左官細工というよりはむしろ、漆喰を素材とした薄肉絵画であると思う。1図上はそのうちの天女を描いたものである。これは鴨居と天井の間の有壁に描かれた薄肉彫りで下から見上げて描いた私のスケッチである。現地で売っている絵葉書は脚立の上から真正面に撮ったもので、この絵に較べるとすべてに竪長で、顔も面長腕も細長くて天女のふくよかさがない。名人といわれ絵の修業もした人であるから、下から見上げたときの効果を考えてすべてを竪長にしたものと思うが、今時の写真屋が忠実に正面から撮ったのでは、折角の名人の配慮を無にするものであろう。

ともあれ、建築的な意味での左官仕事は、こうした泥鏝画とは違った要素が多い。例えば現代のビルの廊下などの長大な壁面は、天井灯や突き当りの窓からの斜光線で、僅かの凹凸があっても陰りができて目立つものである。これを凹凸なしの真っ平らに仕上げるのも、建築左官の名人芸なのである。こういう意味で長八を左官の神とたたえるのは、何か引掛りを感じるのである。長八はあく迄泥鏝画の名人としておきたい。しかしこれに劣らぬ隠れた名人も各地に多くいたようである。

1図下は漆喰細工の名作の一つで、長岡市のサフラン酒造のくらの窓である。黒地に山水・花鳥獣を薄肉彫りとし極彩色を施している。それを見ると婦人の式服の裾模様さながらの感がある。この家には数棟のくらがあって、くら座敷などは一棟に二十枚近くの扉がある。それがすべて異った意匠で飾られている。現在では一枚の扉に二千万円かかるという人もある。扉だけでなく各所に精緻な漆喰細工があって、総額では数億のものとなる。こうしたものが二度と作れないとなれば、重文に指定して保存を講じる必要も考えられる。

以下順を追って東北地方から中国地方までの意匠を紹介するが、ここに示した大半は山陰から東北にかけての裏日本のものである。日本民家のデザインは縄文的なものと、弥生的なものとの二大別することができる。裏日本のものは一般に装飾過剰で縄文的であるに反して、表日本では簡潔な弥生風のものが多い。くらの窓についても表日本では単に四角い穴に塗格子がはまっているといった意匠である。ところが裏日本の多くのものは楣（まぐさ—窓上の梁形）が大きく、そこにいろいろな装飾が施されている。さきのサフラン酒造などは日本民家で稀に見るロココ式のものである。

2図上は喜多方のもので「白造り」下は角館で「黒造り」である。いずれも「磨ぎ出し」で光沢があり、材料を絹布で漉すなど非常な手間と工程を要するものである。東北から中部にかけては、窓下の台座の形に特徴がある。扉の四周の段は「煙返し」といって、枠の段とかみ合って火焔の進入を防ぐ。3図左上は楣・台座ともに大きく、東北地方の特色がよく感じられる面白い意匠である。右上の秋田のものは楣が特に厚くなっているが、この式は秋田県に多い。4図右はいずれも山形県のもので、台座の繰形が特徴的である。

5図田沢湖のものは特に楣が馬鹿でかいが、このような意匠は表日本では全く見られない。6図は関東地方で、左と右下は大谷石の産地である宇都宮近郊のもので、これは漆喰細工ではなく石彫りである。右の東京都のものになると意匠が次第に簡潔化されてくる。しかし7図のものとともに楣や台座に東北と同様の傾向が見られる。7図上は扉裏に厚板をはめこみ、文字を薄肉彫りとして看板に利用したものである。表側は漆喰塗なので、閉じれば防火上の問題はない。

8図は中部地方で、意匠的には東北地方と関西の中間的なものとなって、台座などは次第に簡略化される傾向がある。いずれも白と黒の配分がよく、優れたデザインである。9図は諏訪地方のもので、小窓の意匠がやや洋風めいている。図では黒く塗ってあるが、輪郭は濃い紺色や茶色に仕上げたものもあって色彩が豊富である。また家紋や屋号を楣と一体に組み込むものも多い。

10図は関西で、窓枠自体は単なる矩計で、庇やその持送りに凝ったものが多い。香川県の例など関西の代表的な簡潔な意匠である。

11・12図但馬地方の窓の輪郭は、一寸スペインの民家に見られるような繰形で飾られている。12図左下の獅子に坐すヴィナスなどは大正時代の作で洋風の影響が強い。13・14図は中国地方であるが、表日本は貼瓦を除けば窓枠は矩計に過ぎないが、裏日本側となれば、これ又装飾の多い縄文的な傾向が強く見られるのである。

★1図　くらの窓

漆喰細工の粋

伊豆(入江)長八作

天女(浮肉彫極彩色)　　　　　　　　　　　　　　　静岡県松崎　浄感寺長八記念館

鳳凰(薄肉彫極彩色)　　　　　　　　　　　　　　　新潟県長岡市　サフラン酒造

★2図　くらの窓　東北

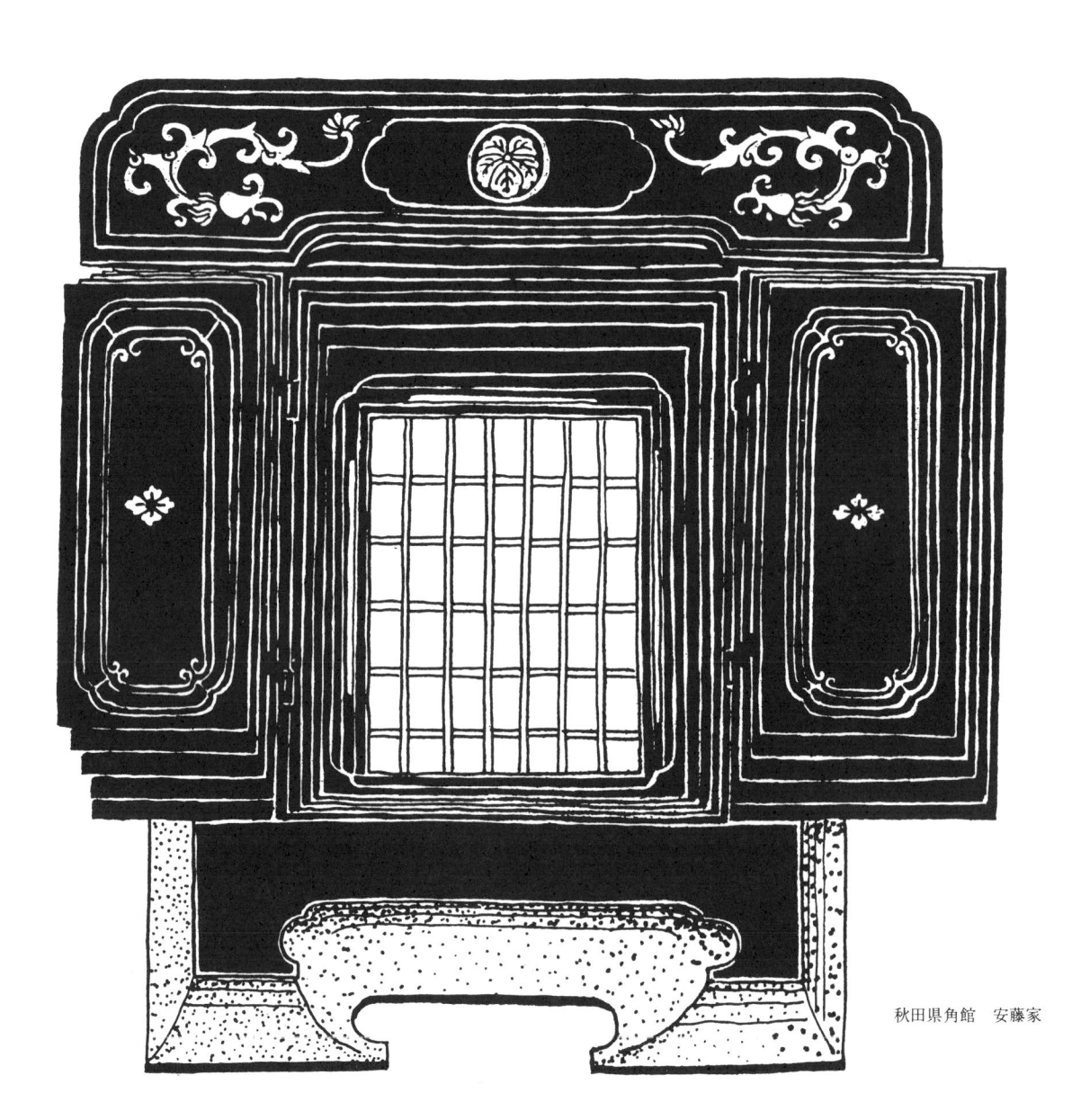

福島県喜多方市

秋田県角館　安藤家

★3図　くらの窓

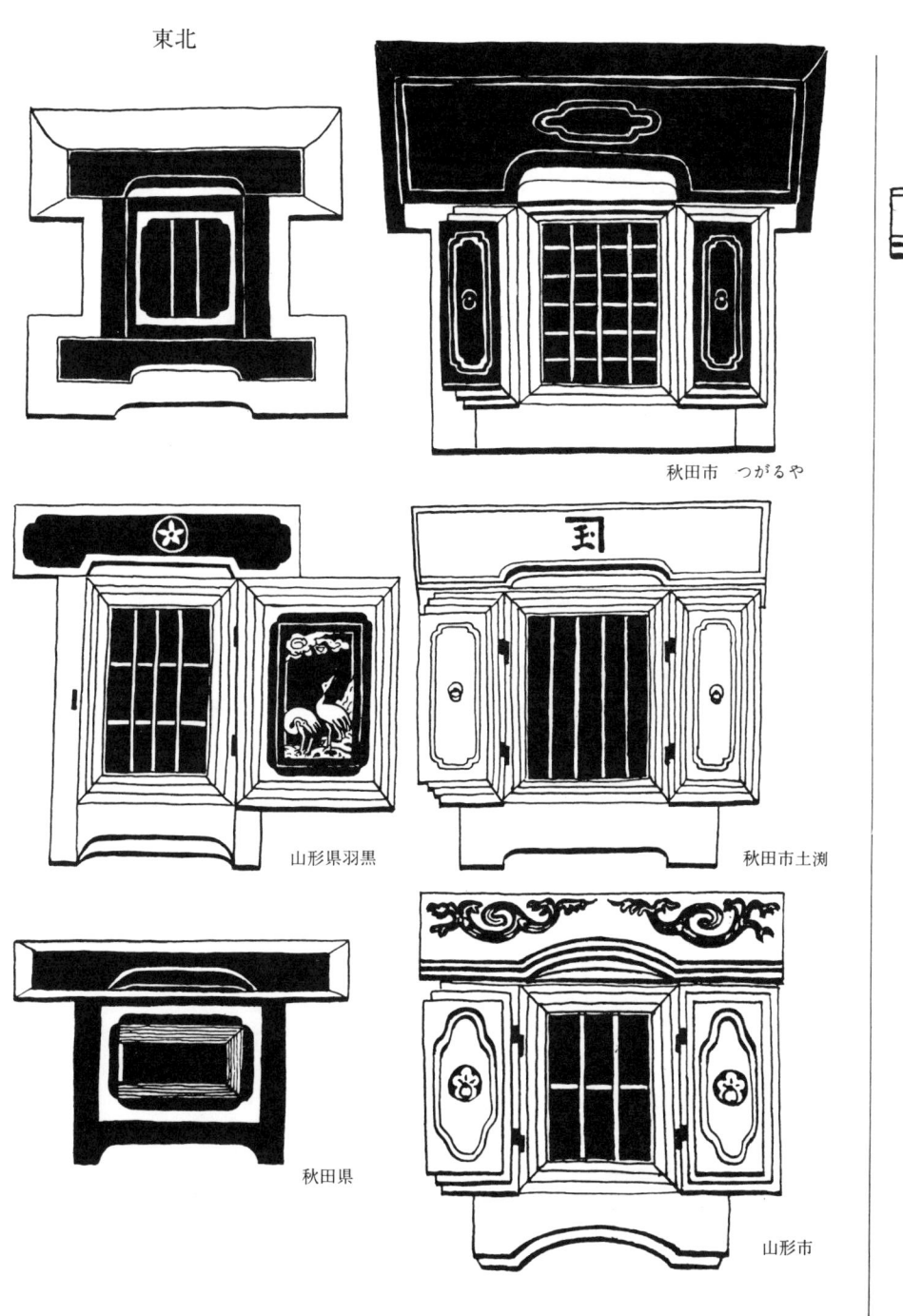

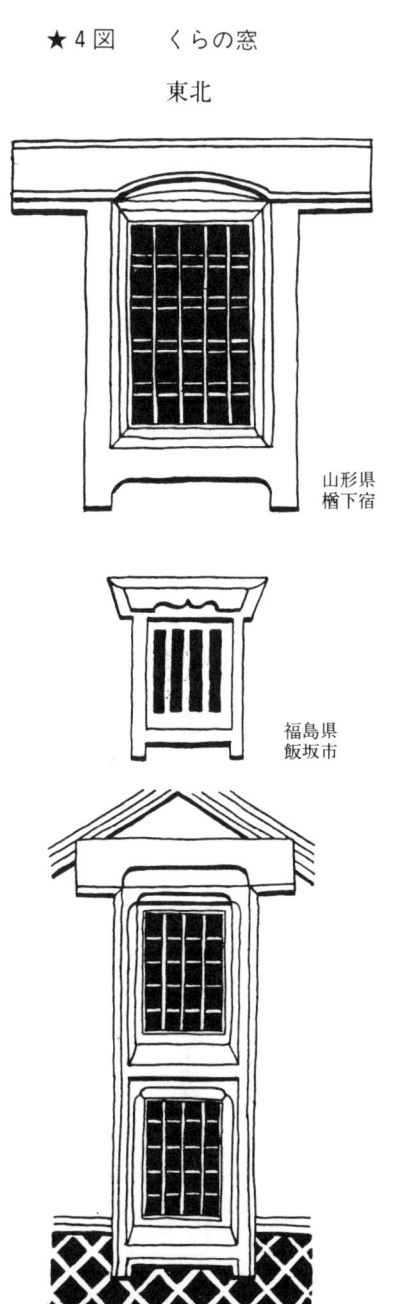

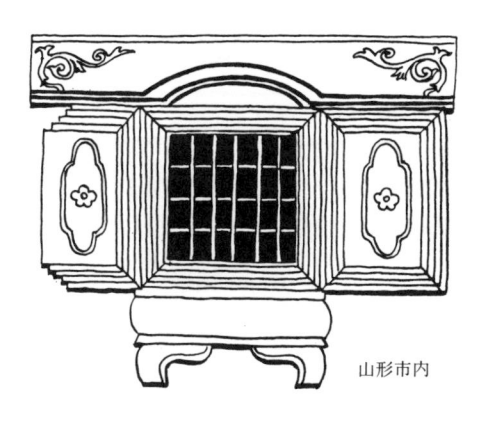

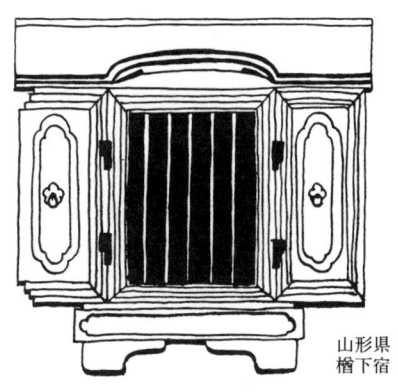

東北

秋田市　つがるや

山形県羽黒

秋田市土渕

秋田県

山形市

★4図　くらの窓

東北

山形県楢下宿

福島県飯坂市

福島市近郊

山形市内

山形県新庄市

山形県楢下宿

179

★5図　くらの窓　東北

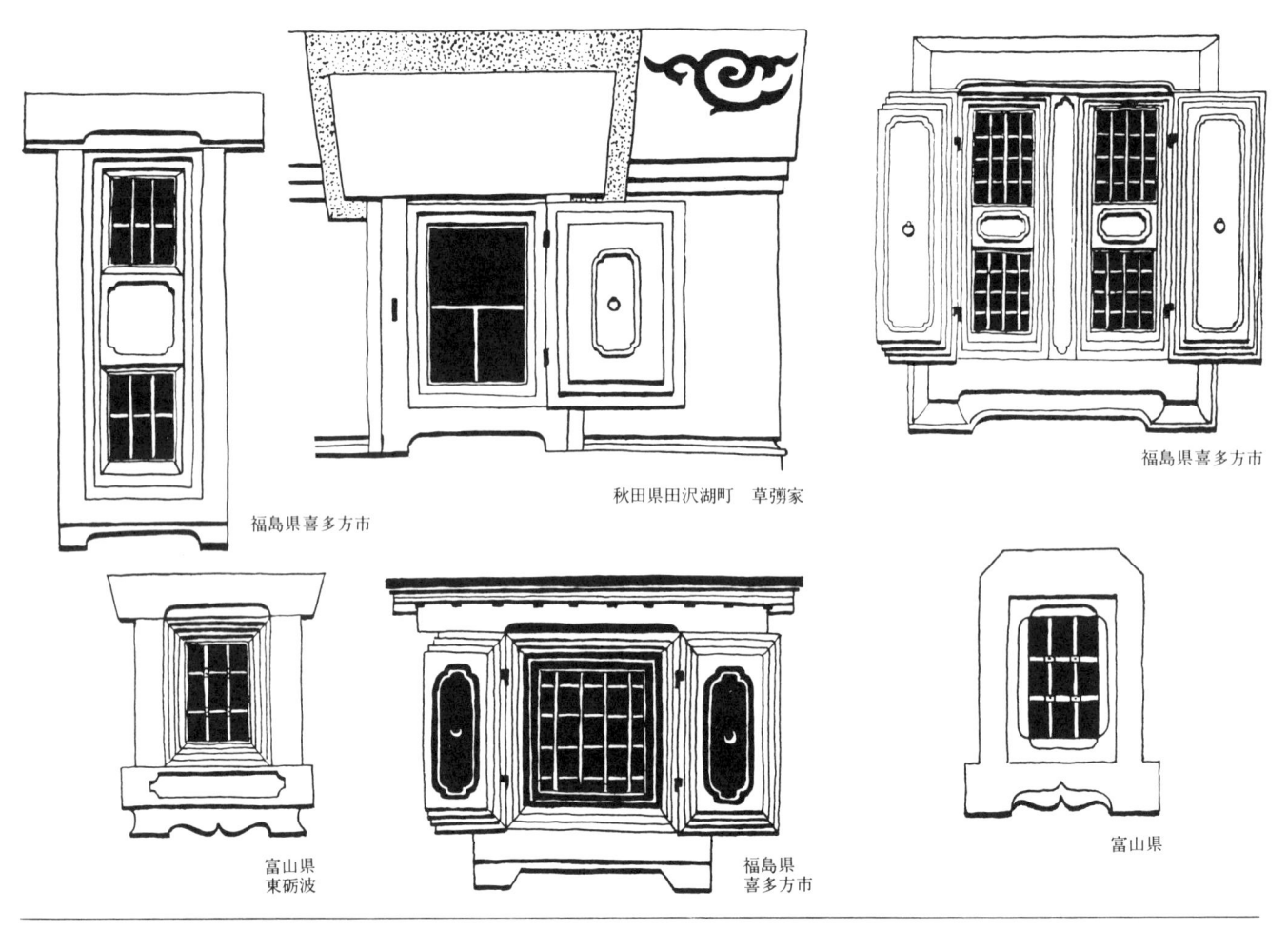

福島県喜多方市

秋田県田沢湖町　草彌家

福島県喜多方市

富山県
東砺波

福島県
喜多方市

富山県

★6図　くらの窓　関東

戎大黒・波に千鳥（大谷石彫）

宇都宮市徳次郎町

東京都五日市

大谷石彫 引戸式　　徳次郎町石根

★7図　くらの窓　関東

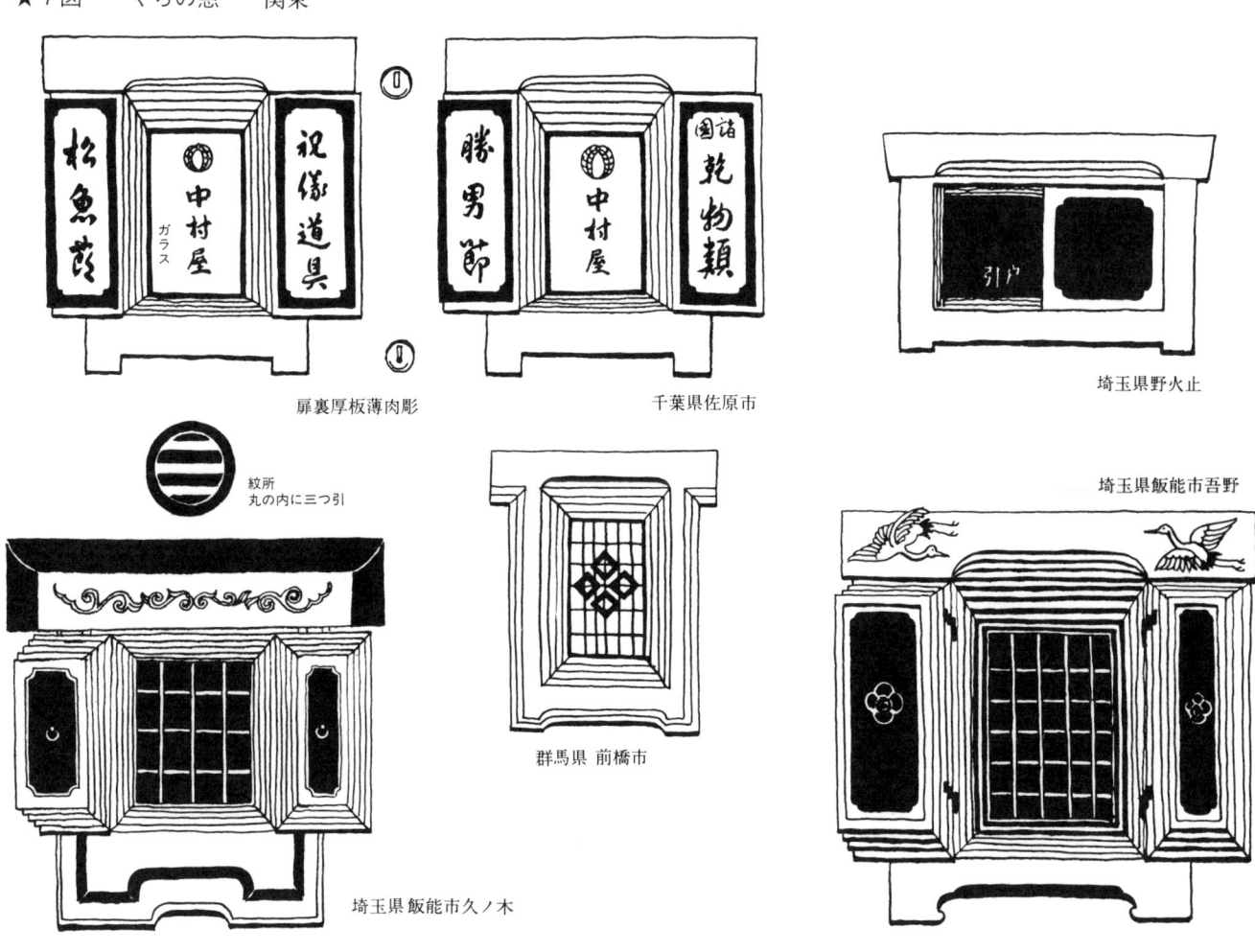

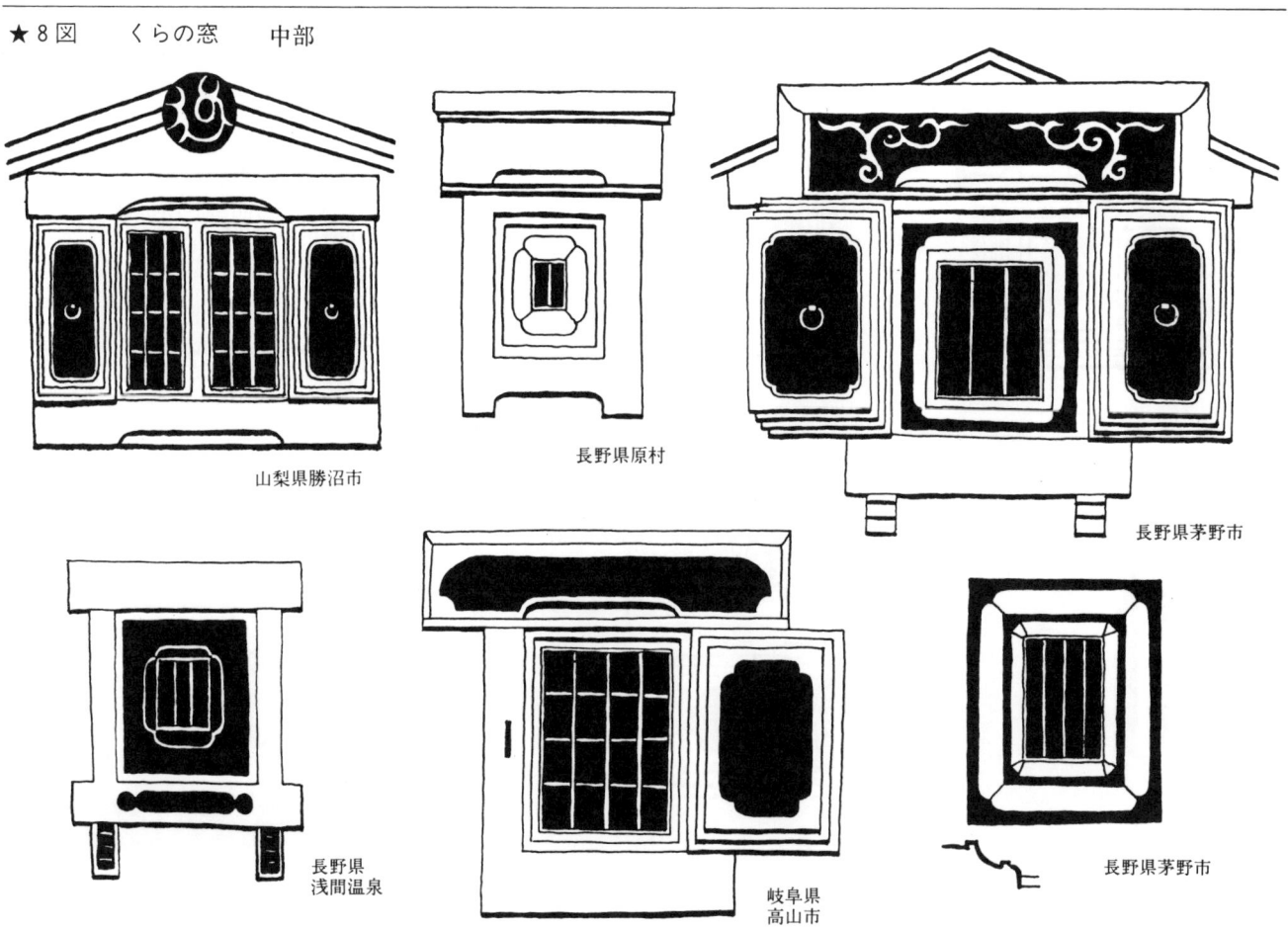

扉裏厚板薄肉彫　　千葉県佐原市　　埼玉県野火止

紋所
丸の内に三つ引

埼玉県飯能市吾野

群馬県 前橋市

埼玉県飯能市久ノ木

★8図　くらの窓　中部

山梨県勝沼市　　長野県原村　　長野県茅野市

長野県
浅間温泉

岐阜県
高山市

長野県茅野市

181

★9図　　くらの窓　　中部

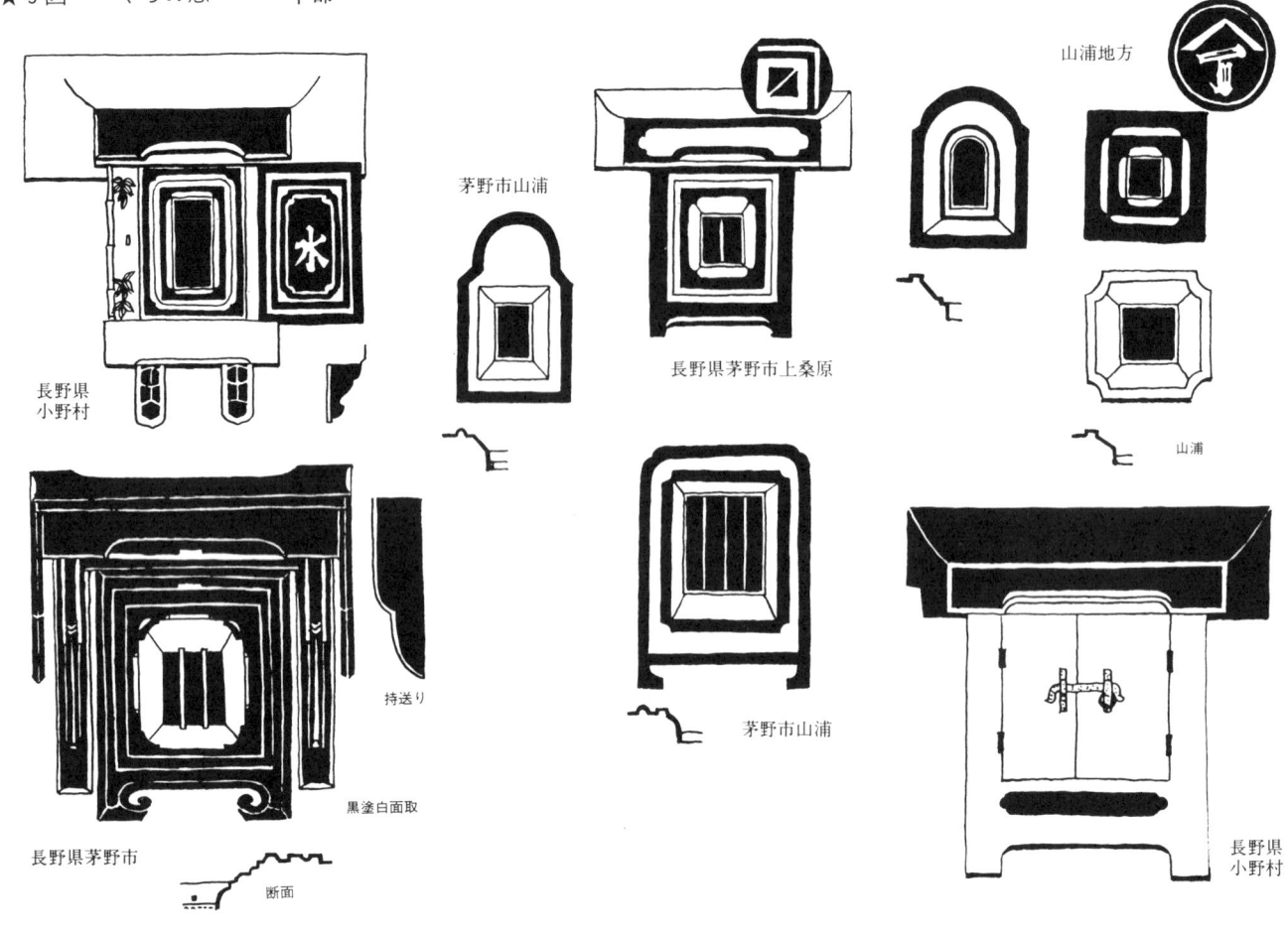

長野県小野村

長野県茅野市

持送り

黒塗白面取

断面

茅野市山浦

長野県茅野市上桑原

茅野市山浦

山浦地方

山浦

長野県小野村

★10図　　くらの窓　　近畿・四国

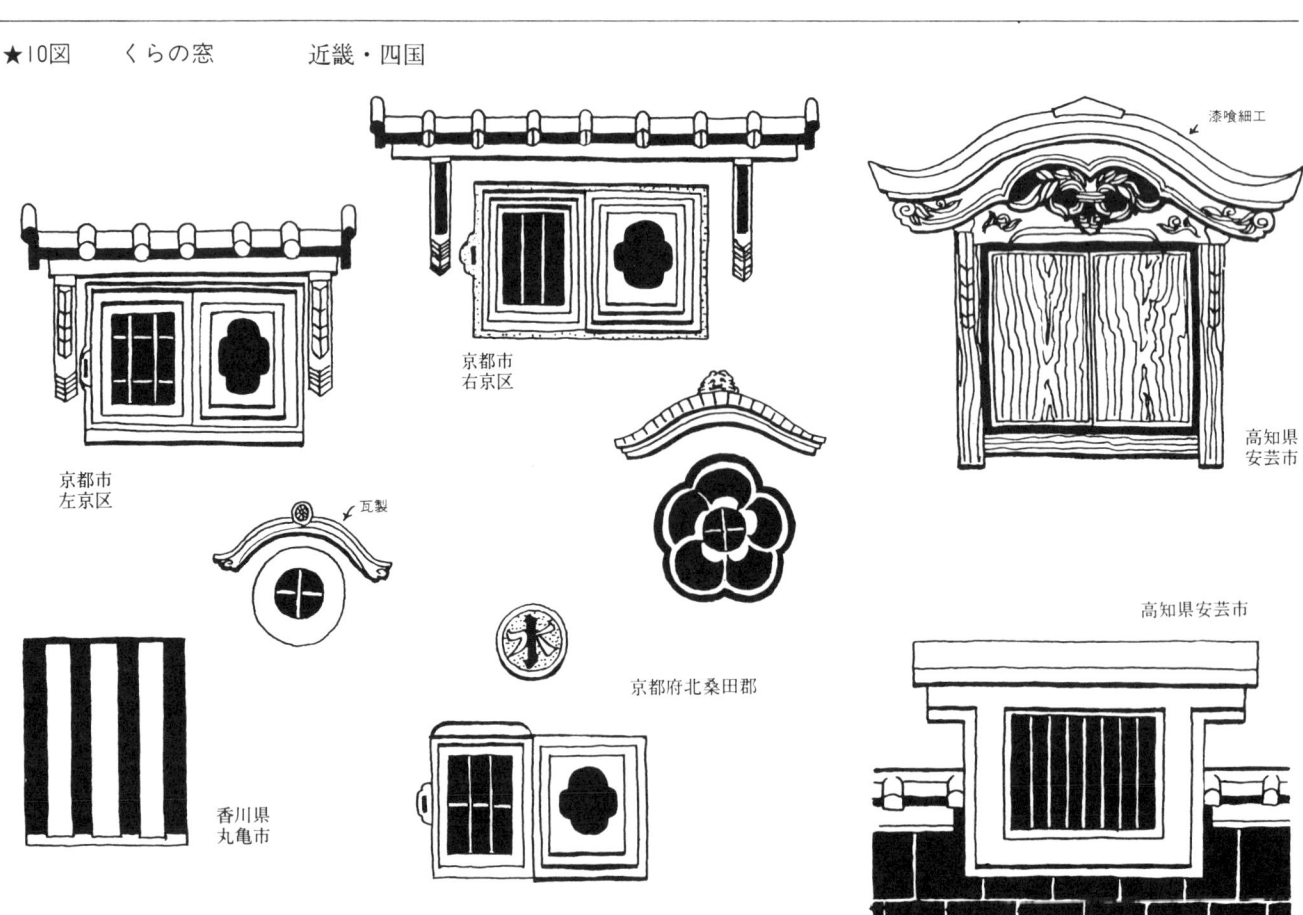

京都市左京区

京都市右京区

瓦製

京都府北桑田郡

香川県丸亀市

漆喰細工

高知県安芸市

高知県安芸市

★11図　くらの窓　近畿

大阪市

足坂

中瀬

神戸市兵庫区

奈良県磯城郡

村岡

兵庫県但馬地方

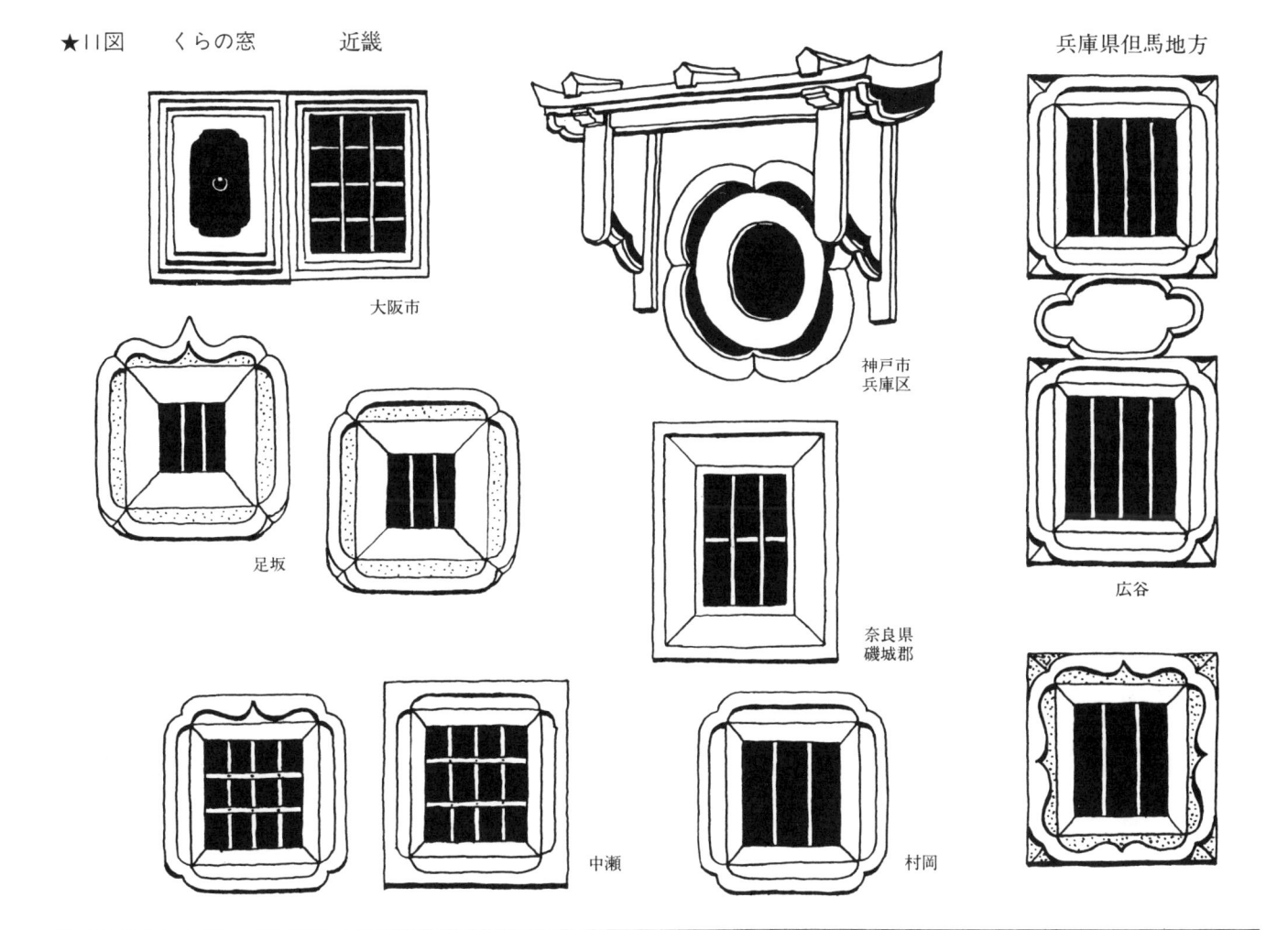

広谷

★12図　くらの窓　兵庫県但馬地方

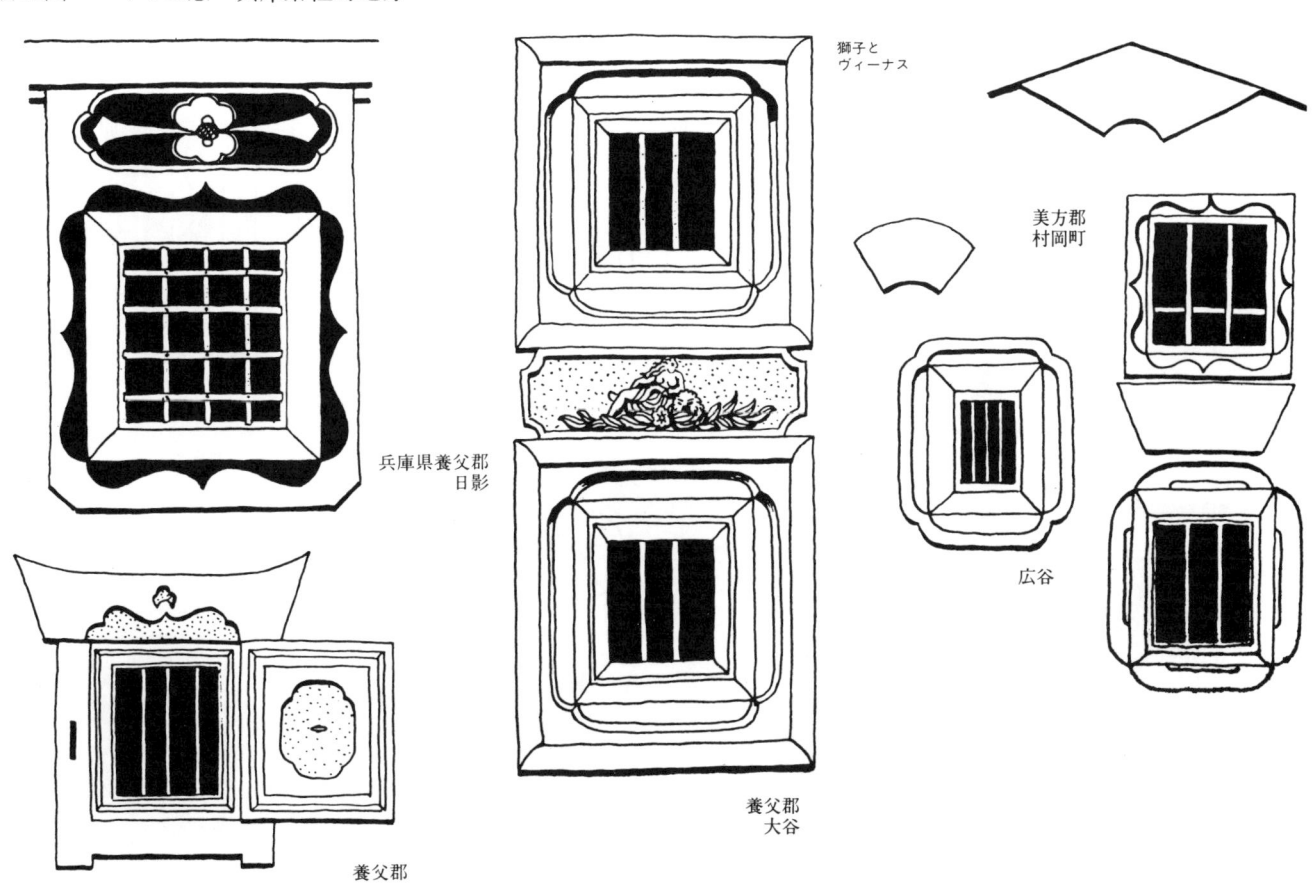

兵庫県養父郡日影

養父郡

獅子とヴィーナス

養父郡大谷

美方郡村岡町

広谷

183

★13図　くらの窓　中国

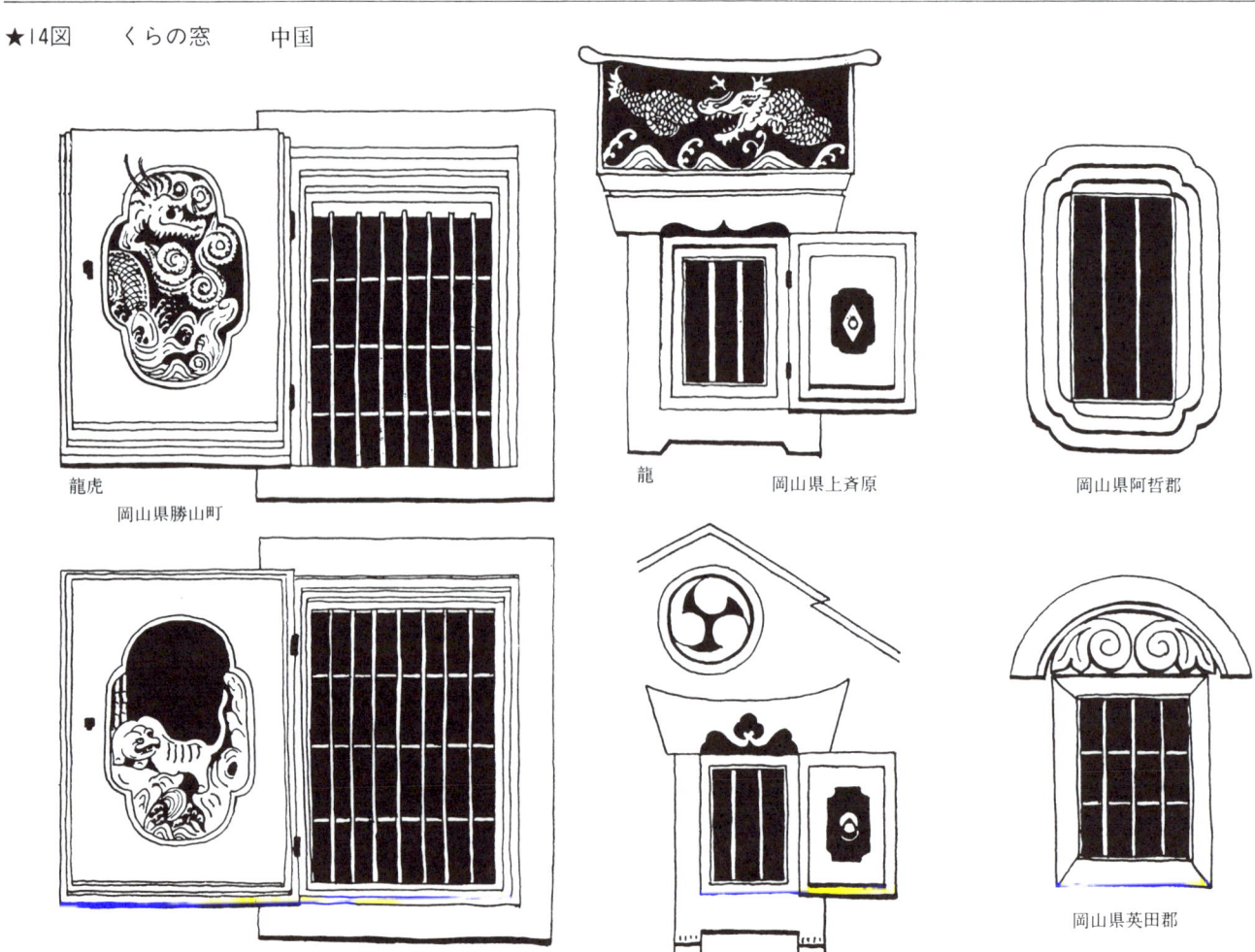

貼瓦

岡山県倉敷市

鳥取県青谷町

鳥取県溝口町

鳥取県大山町

鳥取県倉吉市

鉄扉
水切瓦
岡山県倉敷市

★14図　くらの窓　中国

龍虎
岡山県勝山町

龍
岡山県上斉原

岡山県阿哲郡

岡山県英田郡

岡山県英田郡

184

くらの戸前
KURA NO TOMAE

戸前とは倉の入口廻りの扉と枠廻りのことを指す。これも前項のくらの窓と同じく、東北地方のものは楣を大きくして装飾を施す。またこの地方は蔵座敷が発達しているので、いきおいその装飾も華美となる。蔵の扉は平素は開放されたままなので、装飾は扉の内側に施され、外側は無装飾の平塗で済ますことが多い。塗戸の内側には平素の戸締りとして頑丈な木製の引戸をつける。有事の場合は塗戸を閉じて、隙間を粘土や味噌を塗りつけて気密にする。このために倉前の板床を割り抜いて味噌壺を埋めこむ家もある。扉の意匠は四分の一円を二つ連らねた「隅入角」の縁取りとすることが多い。その内角に模様をつけ、扉の中央に把手の鐶をつけその台座に紋様をつける。また家紋やいろいろの吉祥文を薄肉の漆喰細工とする。楣には火伏せの浪紋や龍、唐草あるいは家紋などをつけるのは図の通りである。大体蔵を建てるような家は富裕なので、その装飾も立派なものが多い。

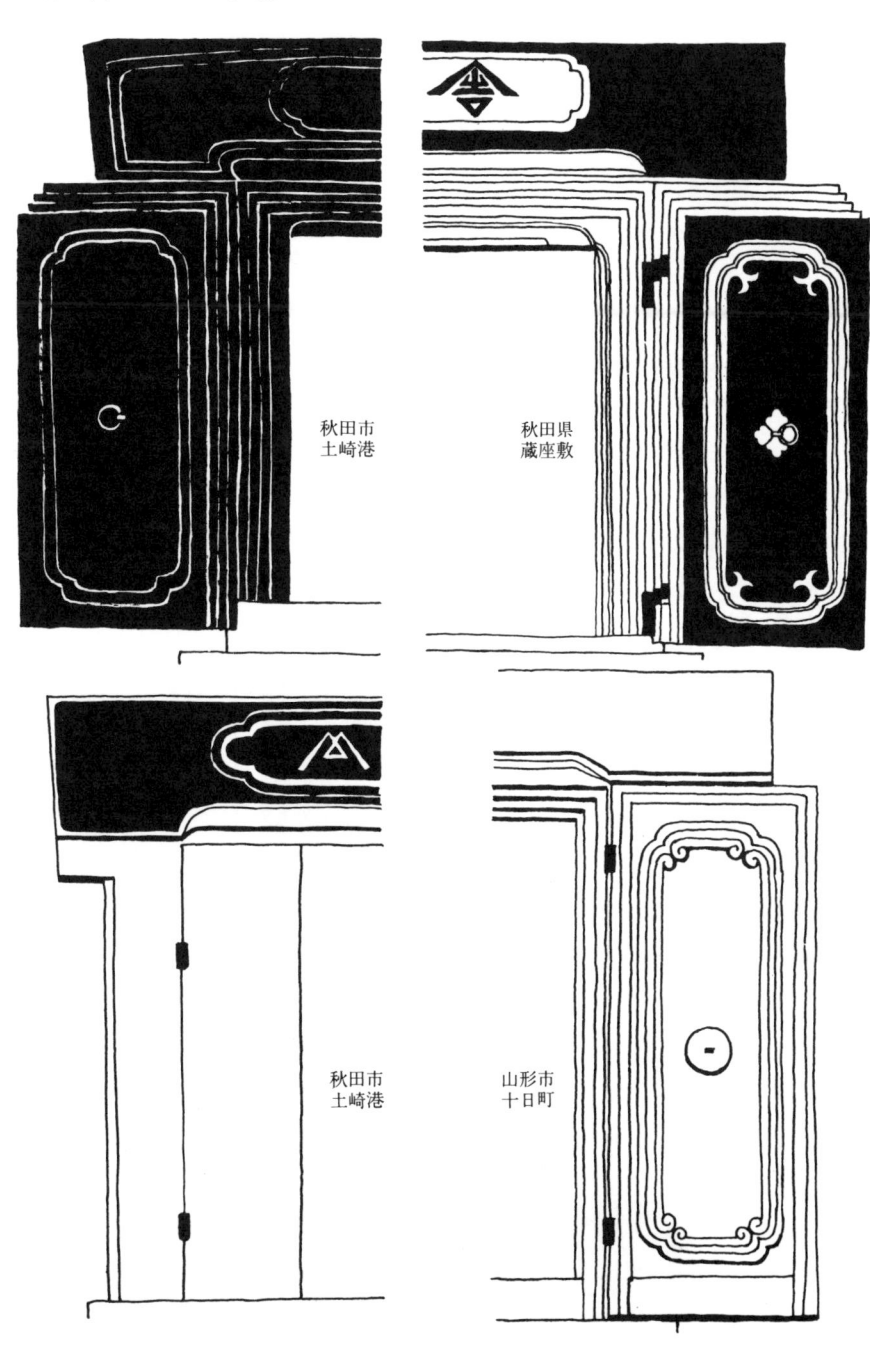

★1図　くらの戸前

秋田市
土崎港

秋田県
蔵座敷

秋田市
土崎港

山形市
十日町

★2図　くらの戸前

戸前の楣
(梁形)

漆喰彫刻
飛龍

山形県上山市

唐草

山形県遊佐町

くらの扉

大黒
竹梅
水亀

山形県
八幡町

違鷹

山形市
十日町

鎮要火

長野県
開田高原

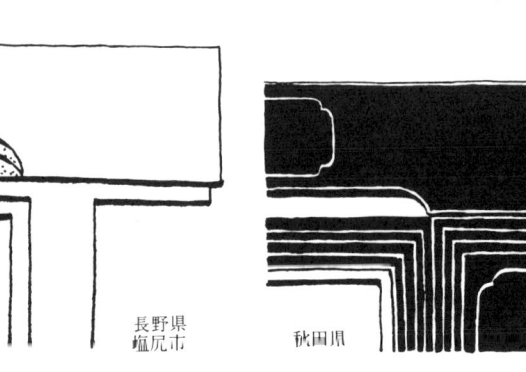

長野県
塩尻市

★3図　くらの戸前

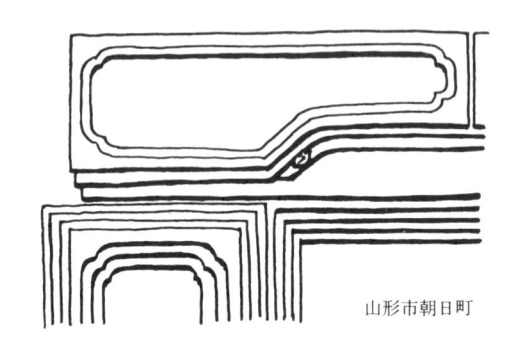

山形市朝日町

山形市

山形市 朝日町

秋田県

★4図　くらの戸前　　　　　　　　　　　　★5図　くらの戸前

岐阜県 高山市

高山市

滋賀県
永源寺町

石川県珠洲市

石川県
白峰村

京都市
中京区

京都市北区

岡山県英田郡

富山県氷見市

187

くらの虹梁と鉢巻き
KURA NO KORYO・HACHIMAKI

1図下は諏訪地方のくらのスケッチである。この地方のくらは階下が米倉で、片方に味噌倉が出張った鍵形をしている。階上は道具倉でこの上に張り出してつくられる。その軒下は「だし」といって、収穫作業に用いられる。このだしの上部を支えるためには太い梁が必要で、これを虹梁（こうりょう）と呼び、唐草模様などで飾る。上はその意匠のいろいろである。又屋根下には1段と出張った部分があって、これを「鉢巻き」という。針巻きにも虹梁と同様の唐草を施す。2図上は諏訪地方のもの、下図はさきにも誌した、長岡市サフラン酒造の鉢巻きである。雨雲を呼ぶ龍の姿で、これは勿論火伏せである。窓扉と同様精緻な薄肉彫りで、黒地に極彩色が施されている。これは一例で数多くのくらにそれぞれ異なった意匠のものが見られる。

3図は各地のくらの鉢巻きを示したもので、頂点には懸魚に代わる文様をつけたり、家紋などを装飾とする。

★1図　くらの虹梁（こうりょう）　　長野県諏訪地方

眉刳り

朱色

漆喰細工　諏訪のくら

雀おどり →
くらのまど
鉢巻き
虹梁 →
みそぐら →

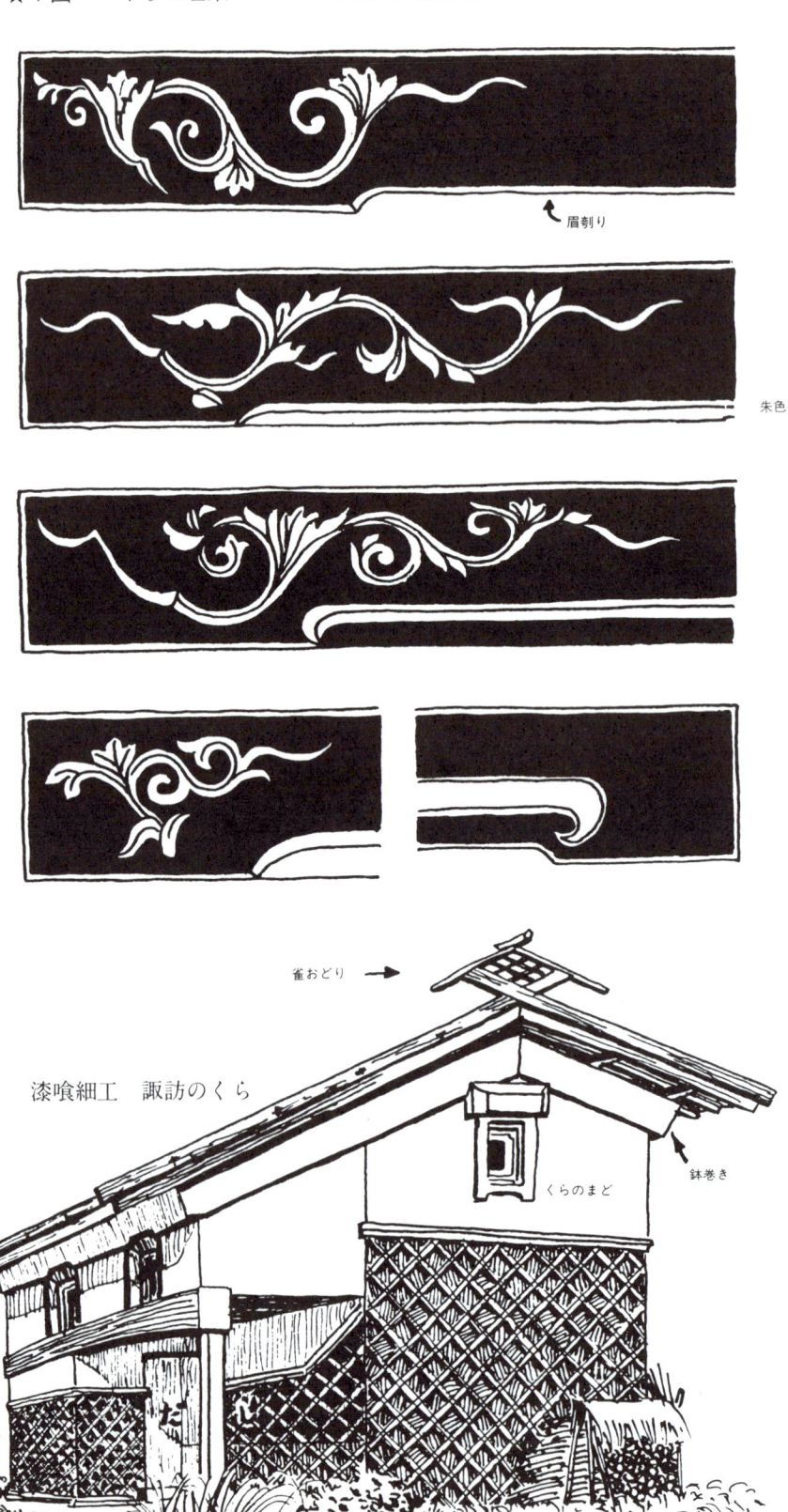

188

★2図　くらの鉢巻き

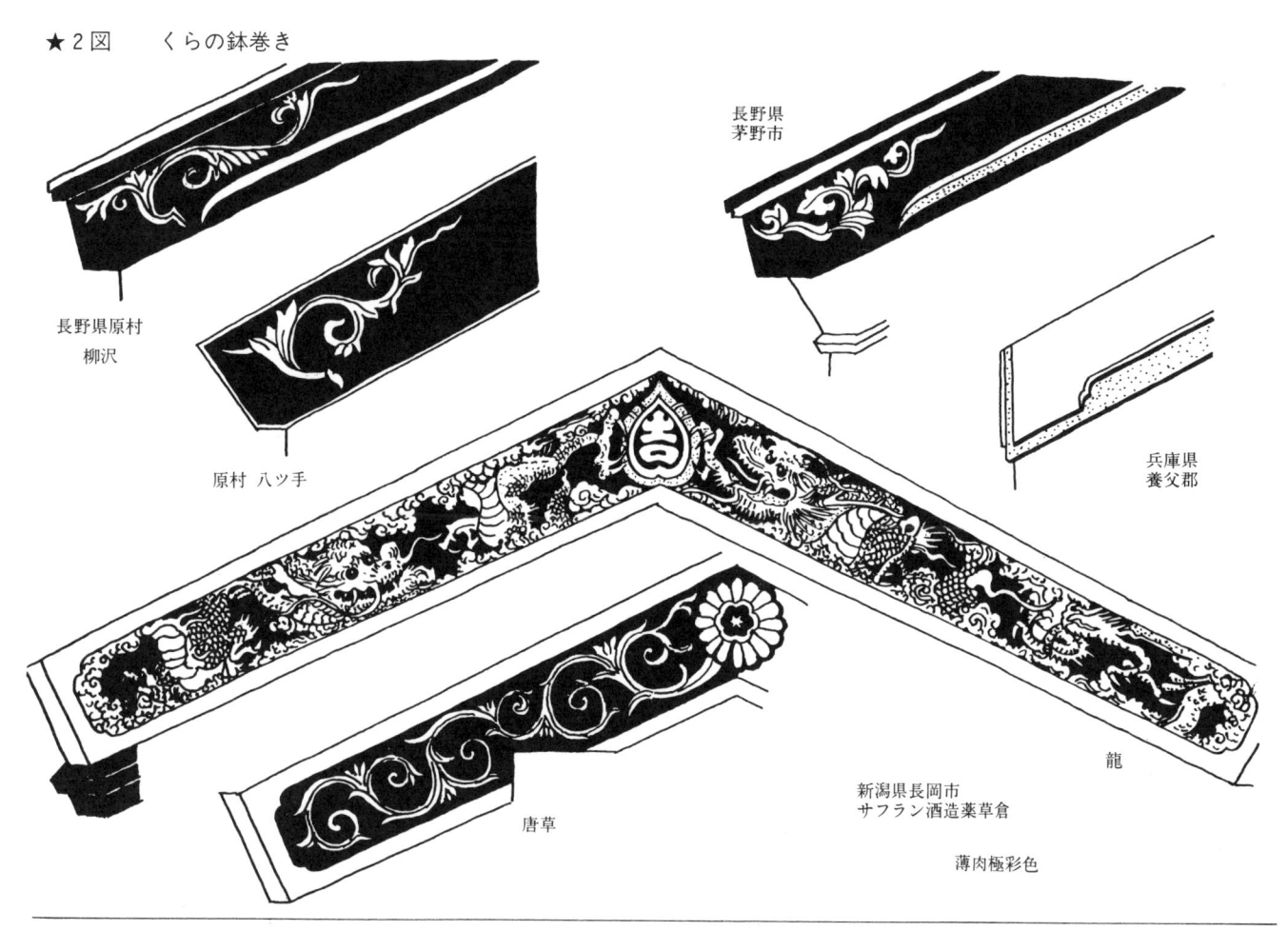

長野県原村
柳沢

長野県
茅野市

原村　八ツ手

兵庫県
養父郡

唐草

新潟県長岡市
サフラン酒造薬草倉

龍

薄肉極彩色

★3図　くらの鉢巻き

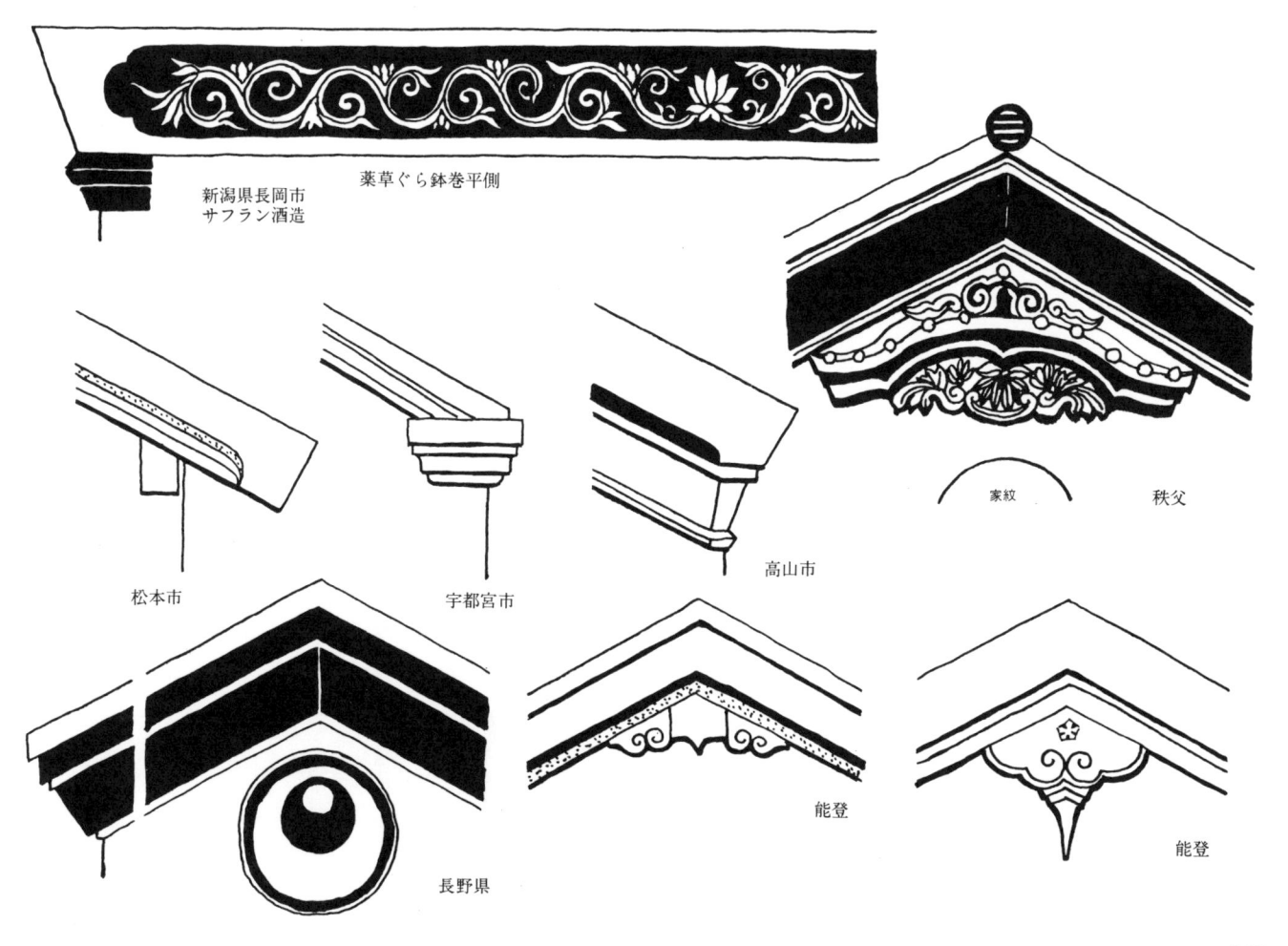

新潟県長岡市
サフラン酒造　薬草ぐら鉢巻平側

松本市　　宇都宮市　　高山市

家紋　　秩父

長野県

能登　　能登

くらの窓廂と持送り
KURA NO MADOBISASHI TO MOCHIOKURI

　くらの窓の項で述べたように、関西では窓枠廻りの意匠は単純で、廂廻りに重点がおかれる。1図右上は七五三庇といわれるもので、庇の上端は三段となり、七寸五寸三寸（いずれも水平一尺に対する勾配比）の勾配となっている。その上部にある将棋の駒のような断面の桟木を「猿棒」という。木製の持送りについては既に誌した所で、くらの場合はそれが漆喰細工になっただけのものである。厚板で芯をつくりそれに小舞縄を巻きつけて仕上げる。漆喰の材料は蠣（かき）灰を主にして石灰を混ぜたもの、これは使用箇所によって調合が異なる。膠着料はつのまた、あるいはふのりの煮汁を用いる。つなぎには苆（すさ）を混入する。苆には浜苆といって、舟の碇に用いた古綱や地曳網の古網を刻んだもの、紙苆といって和紙を水に溶かして叩いたものなどを用いるのが、古くからのやり方で上等なものである。現在では膠着材も苆も化学製品である。

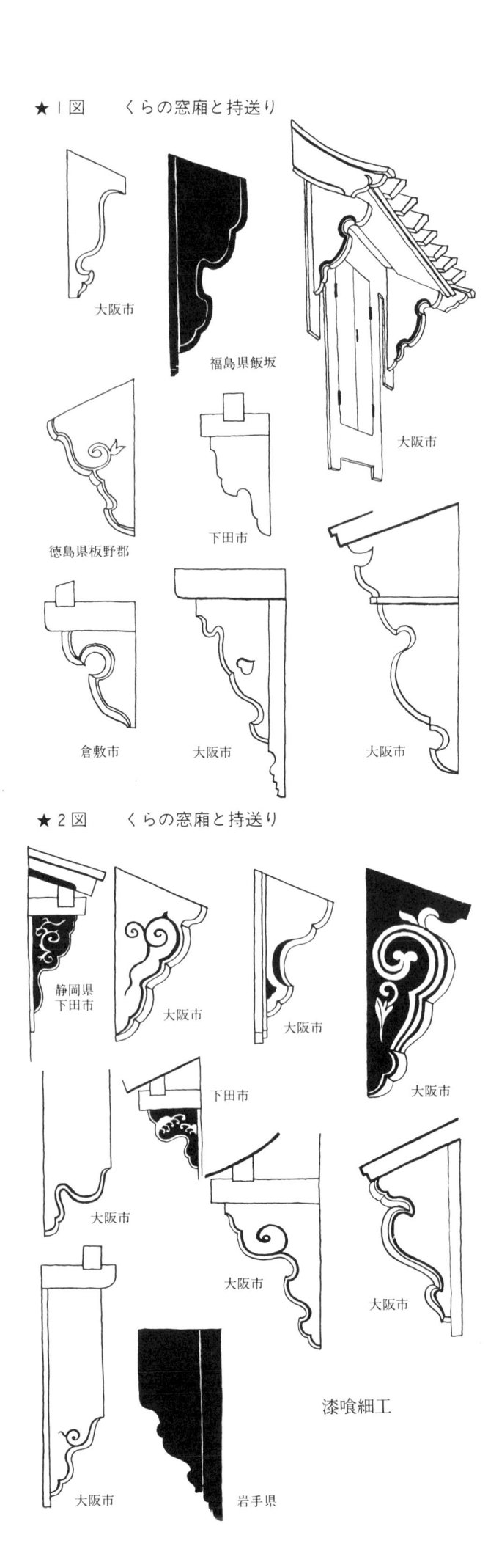

★1図　　くらの窓廂と持送り

大阪市
福島県飯坂
大阪市
徳島県板野郡
下田市
倉敷市
大阪市
大阪市

★2図　　くらの窓廂と持送り

静岡県下田市
大阪市
大阪市
下田市
大阪市
大阪市
大阪市
大阪市

漆喰細工

大阪市
岩手県

くらの戸・鍵座
KURA NO TO・KAGIZA

土蔵の塗戸は既に述べた通り、通常の場合は開放したままなので、その内側に頑丈な板戸を設ける。戸外に独立して建ち類焼のおそれのないくらでは、板戸だけの場合もある。この場合は多く鏡板貼りで、内部をうかがえないものとする。内くらの場合は上部を格子組みとして、くらの内部の通風をはかるのが普通である。欅などの堅木を用い、厚い頑丈なものとし、施錠ができる。その鍵座は主として鉄製で、さまざまの意匠が凝らされ、変化があって面白い。

1図上は板戸、下は鍵座である。右上の目黒家のものは、二重戸になっていて、外戸は鏡板貼りで枠には連続七宝模様が彫刻されている。内戸は中段を斜格子組みとし、狭間の周囲は「持ち合い麻の葉」模様の精緻な木彫りとしている。腰は水と亀の浮き彫りで、これはいうまでもなく、火伏せである。中は上段を堅格子、腰をパネルの枠組みとしたもので、漆商だけあって全体を鮮やかな朱色に仕上げている。左は戸外に建つ小さな神社の宝物蔵の板戸で、鏡板に鍵座を中心として、鶴亀・松竹梅の吉祥文様の打出し鉄（かな）物で飾っている。下段は鍵座のデザインのモチーフとして用いられる基本文様と、分銅型の鍵座である。

2図中近江屋の例は、小物の出し入れにいちいち重い大戸を開けずに済むように、潜り戸をつけた工夫である。下段は金がたまる縁起の巾着、昔の銀行のマークであった分銅をかたどったもの、鳥型などの鍵座の意匠である。巾着型のものは、まずくの字の鍵で施錠をとき、次に四角い穴から鍵をさして、戸に付いた落し猿を上げて開く二重の装置がしてある。以下の例もこのように、二重三重の施錠装置があって、用心よく工夫されている。

5図右は打出の小槌が浮彫りされたもので、専売特許の文字で判るように、これは新しい金庫扉式のものである。左は発（はつ）草模様と巾着、発草模様は草の双葉を象徴したもので、将来の発展に願いをこめたものである。

6図は巾着型で種々の文様が浮き彫りや毛彫りで刻まれている。中でも塩尻の堀内家の衣裳蔵の鍵座は大きく立派で、財宝のさまざまが浮き彫りされ、金色に鍍金されている。

8図以下では、民家に関連したものの、鍵座のいろいろである。8図は鍵座のデザインを傾向的に通観したもので、東北・北陸の濃厚な、いわゆる縄文的なもの、中間的なもの、関西の弥生的な淡白なものの、三つの傾向に分けることができる。いずれも衣裳箪笥の鍵座である。

9図は船箪笥の鍵座で、船箪笥ではこのほか隅金物や肘金物を多数打ちつけて、頑丈また華やかな装飾性をもったものに仕上げてある。10図は仙台箪笥の鍵座で、これは合金の薄板を打出しとしたもので吉祥文様が多い。これも装飾性の高いもので、鍵座のほかにいろいろの金物を打ちつけている。

★1図　くらの戸

打出し金物　　長野県　千国街道 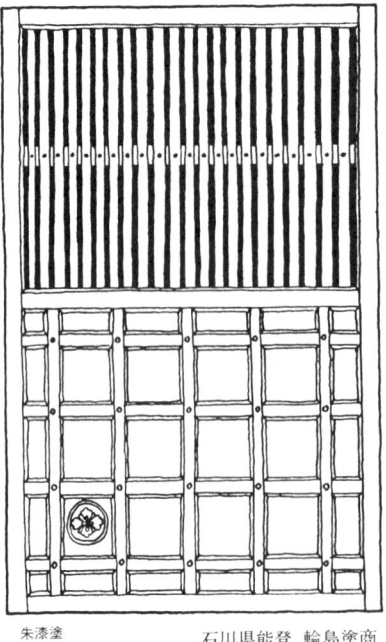　　朱漆塗　　石川県能登　輪島塗商 　　（内戸）　新潟県北魚沼郡守門村　目黒家　（外戸）
松本市　　妻籠宿

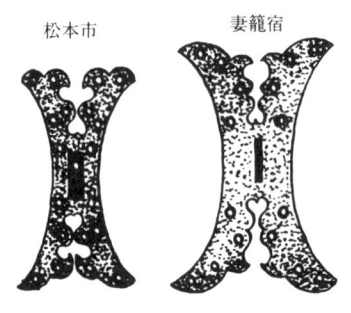

鍵座基本文様

瓶子 　　巾着 　　花分銅 　　打板菱

★2図　くらの戸・鍵座

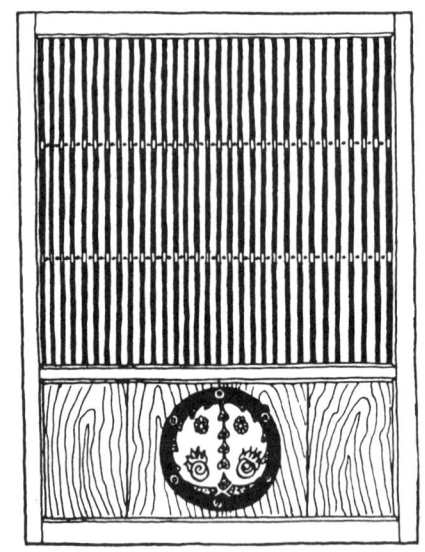

富山県東砺波郡中谷 　　潜り戸付き　山形市　近江屋 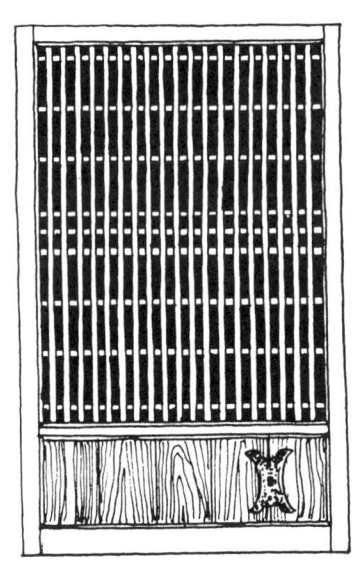　　秋田県湯沢　両関酒造

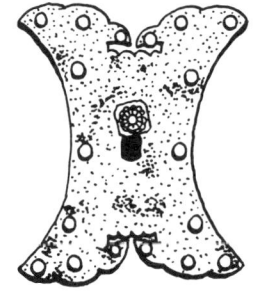

長野県茅野市芹ヶ沢 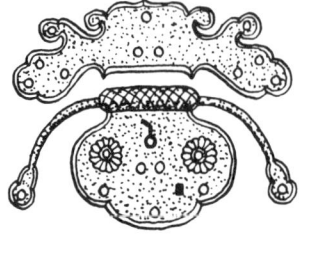　　富山県東砺波郡 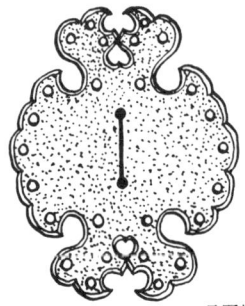　　長野県茅野市 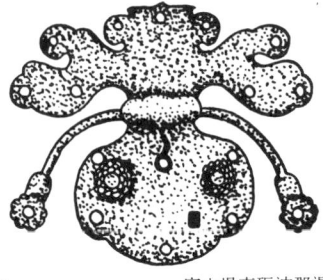　　富山県東砺波郡湯山

★3図　くらの戸と鍵座

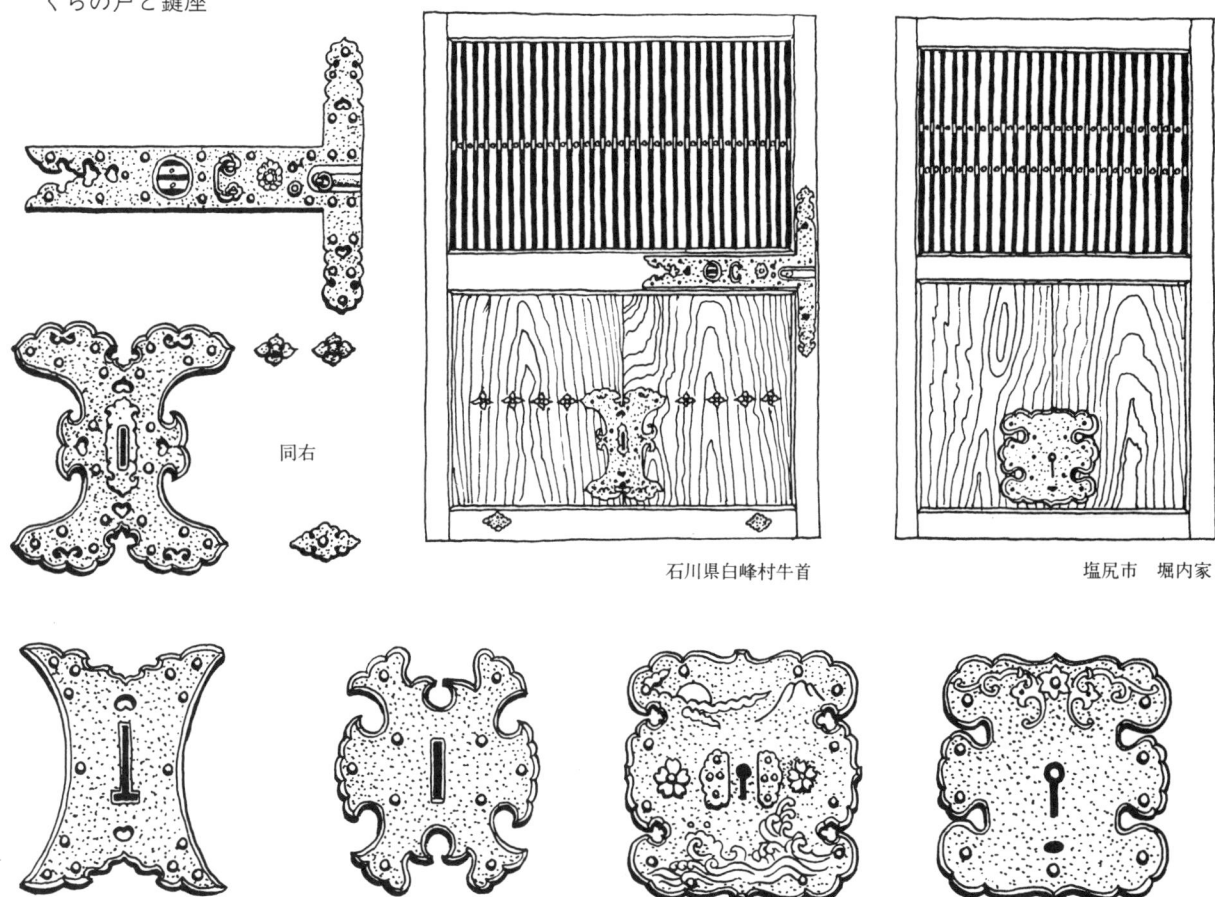

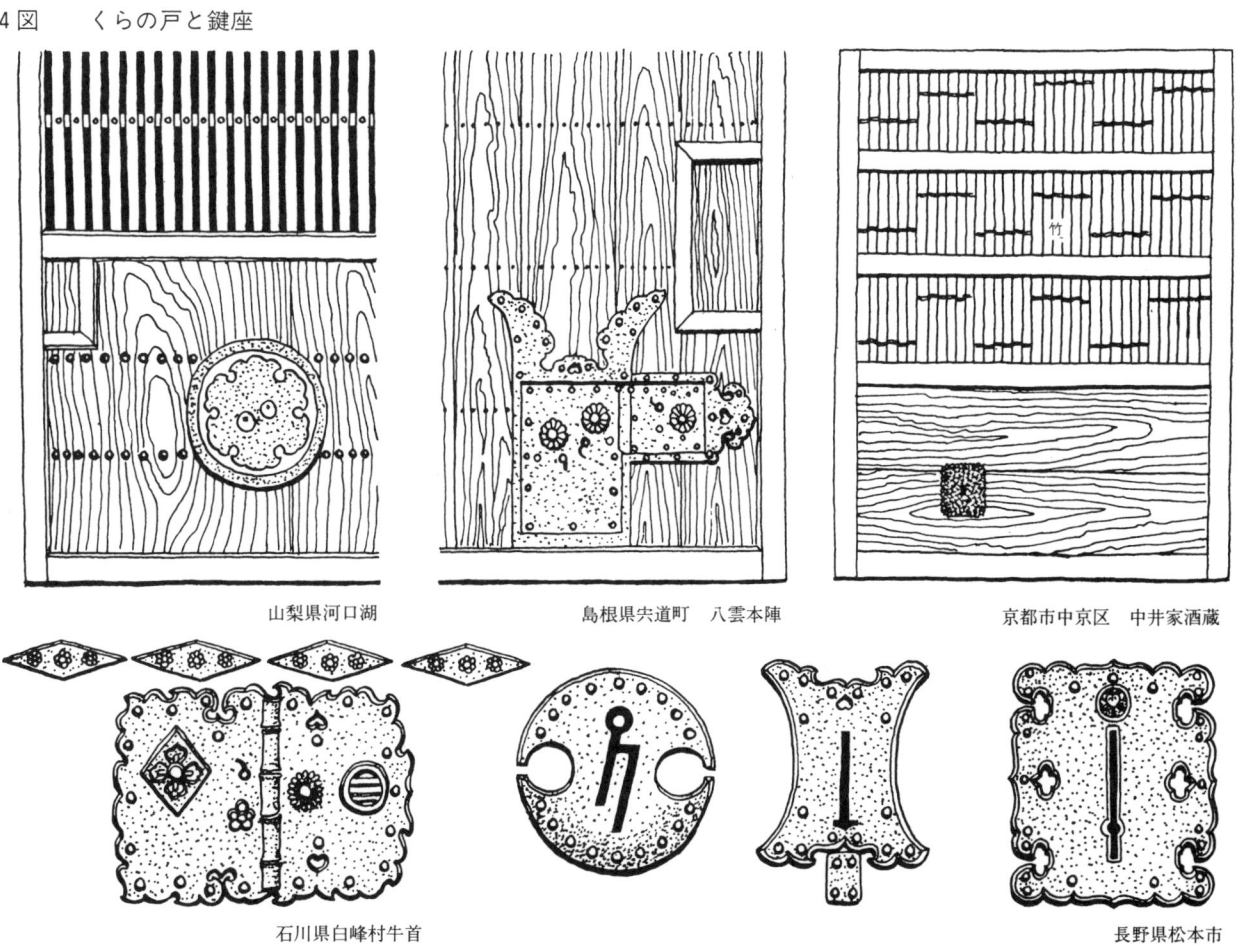

石川県白峰村牛首　　　塩尻市　堀内家

長野県諏訪　　　同上

★4図　くらの戸と鍵座

山梨県河口湖　　　島根県宍道町　八雲本陣　　　京都市中京区　中井家酒蔵

石川県白峰村牛首　　　長野県松本市

★5図　鍵座

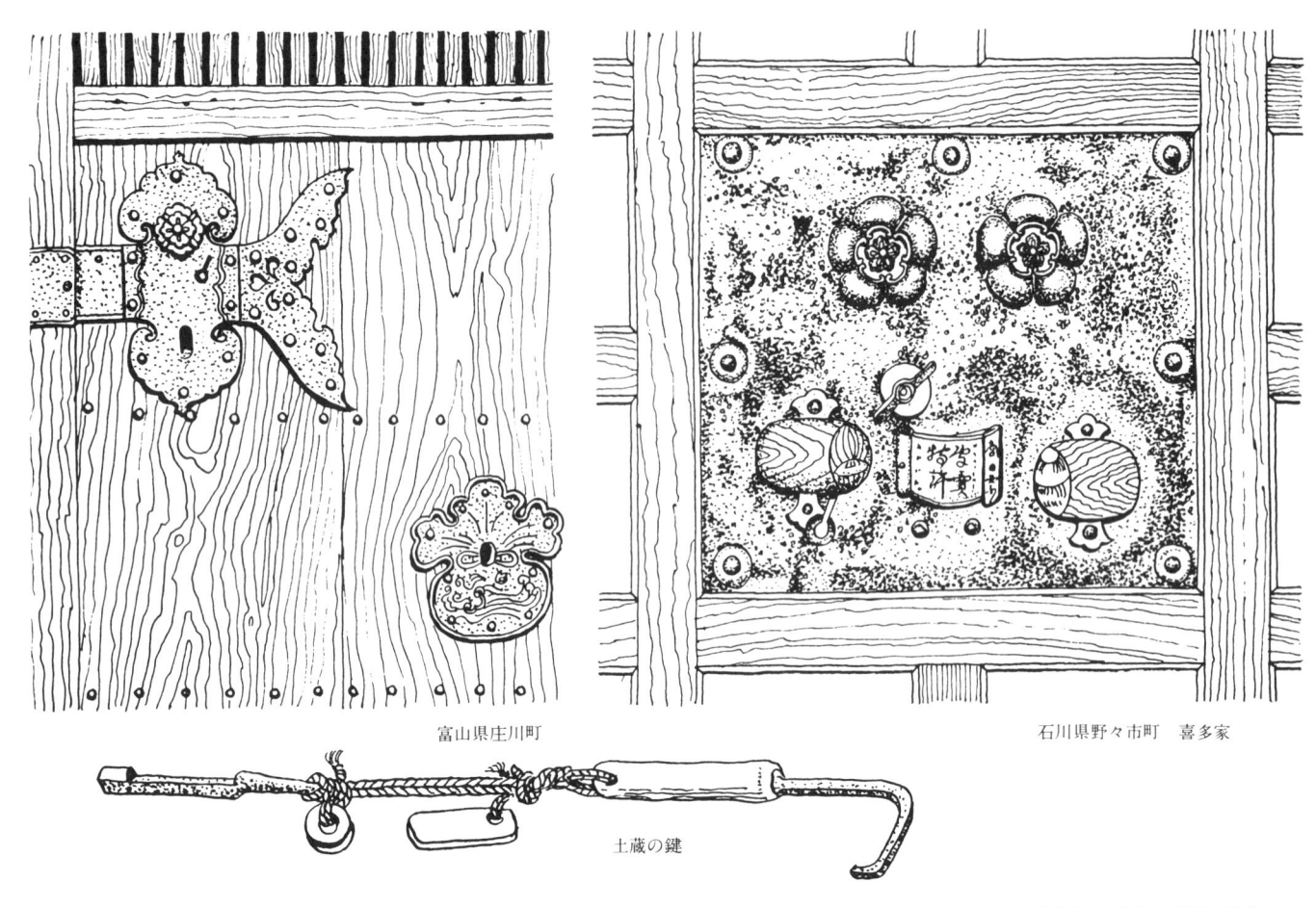

富山県庄川町

石川県野々市町　喜多家

土蔵の鍵

★6図　鍵座

石川県白峰村牛首

塩尻市　堀内家

岐阜県荘川村野々俣　　模様違い　　荘川村　　岡山県　　倉敷市

194

★7図　鍵座

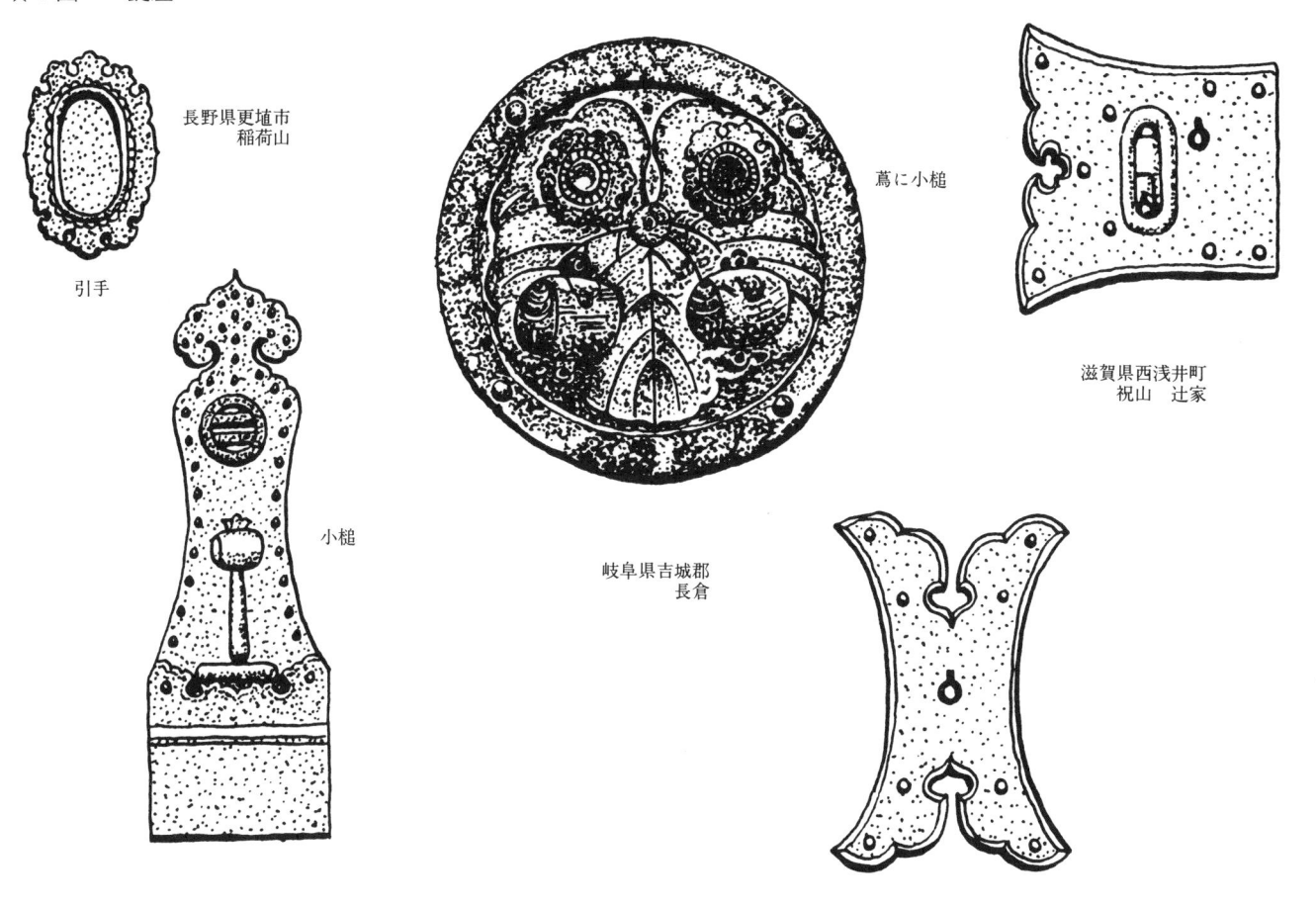

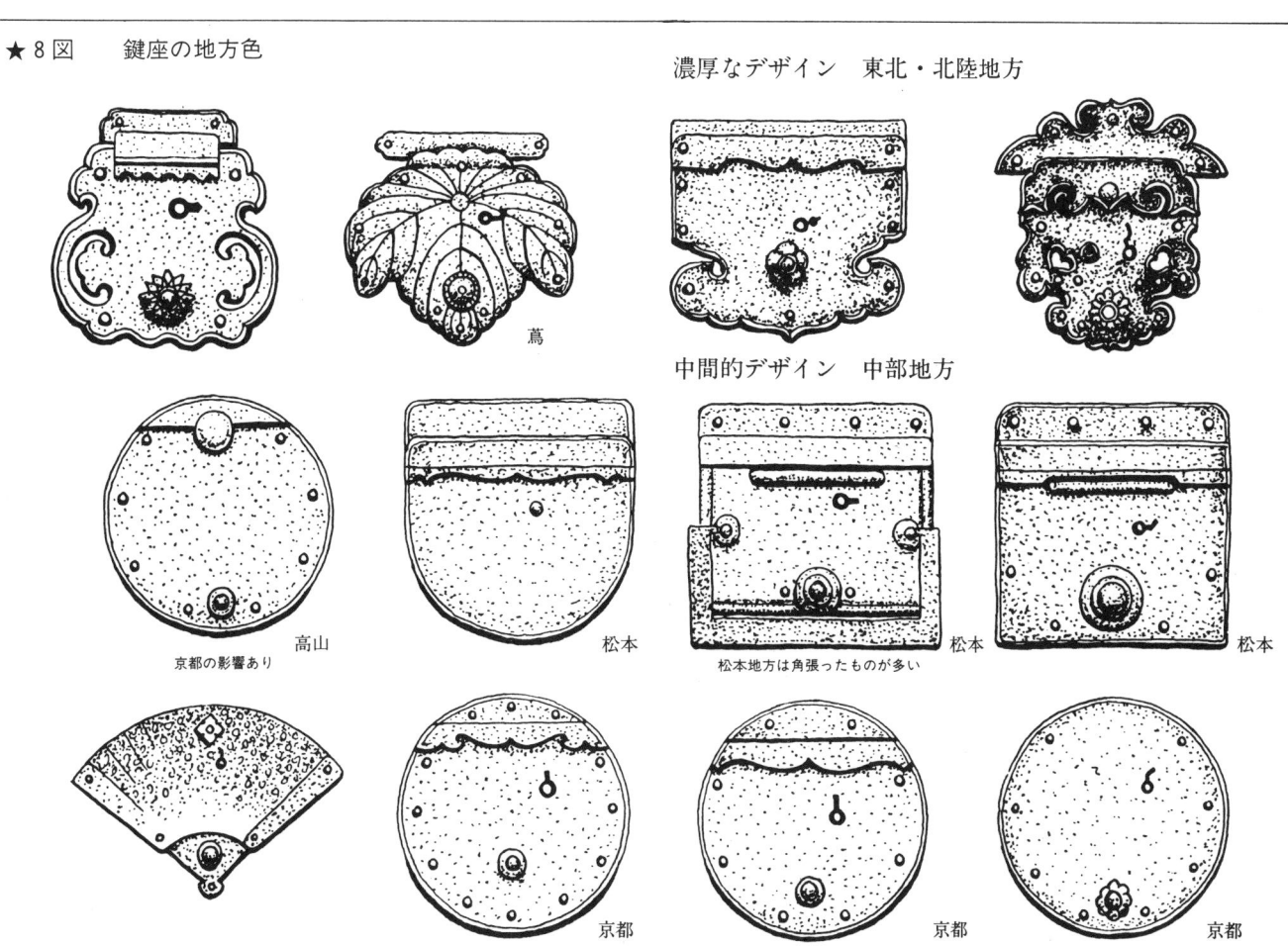

長野県更埴市
稲荷山

引手

蔦に小槌

小槌

岐阜県吉城郡
長倉

滋賀県西浅井町
祝山　辻家

★8図　鍵座の地方色

濃厚なデザイン　東北・北陸地方

蔦

中間的デザイン　中部地方

京都の影響あり　　高山　　松本　　松本地方は角張ったものが多い　　松本　　松本

京都　　京都　　京都

淡泊なデザイン　近畿地方

195

★9図　鍵座

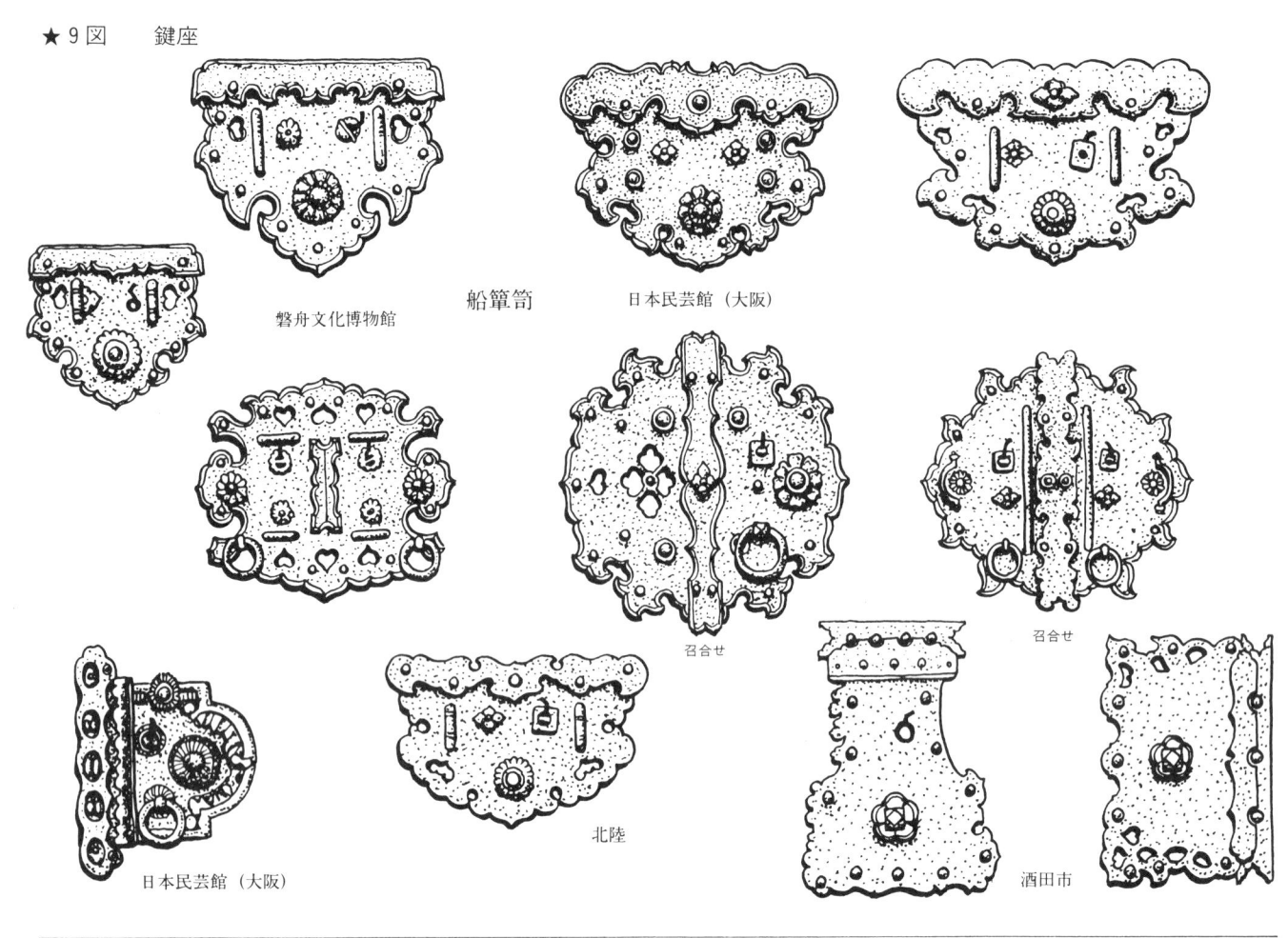

磐舟文化博物館　船箪笥　日本民芸館（大阪）

召合せ　召合せ

日本民芸館（大阪）　北陸　酒田市

★10図　鍵座　薄板打出し

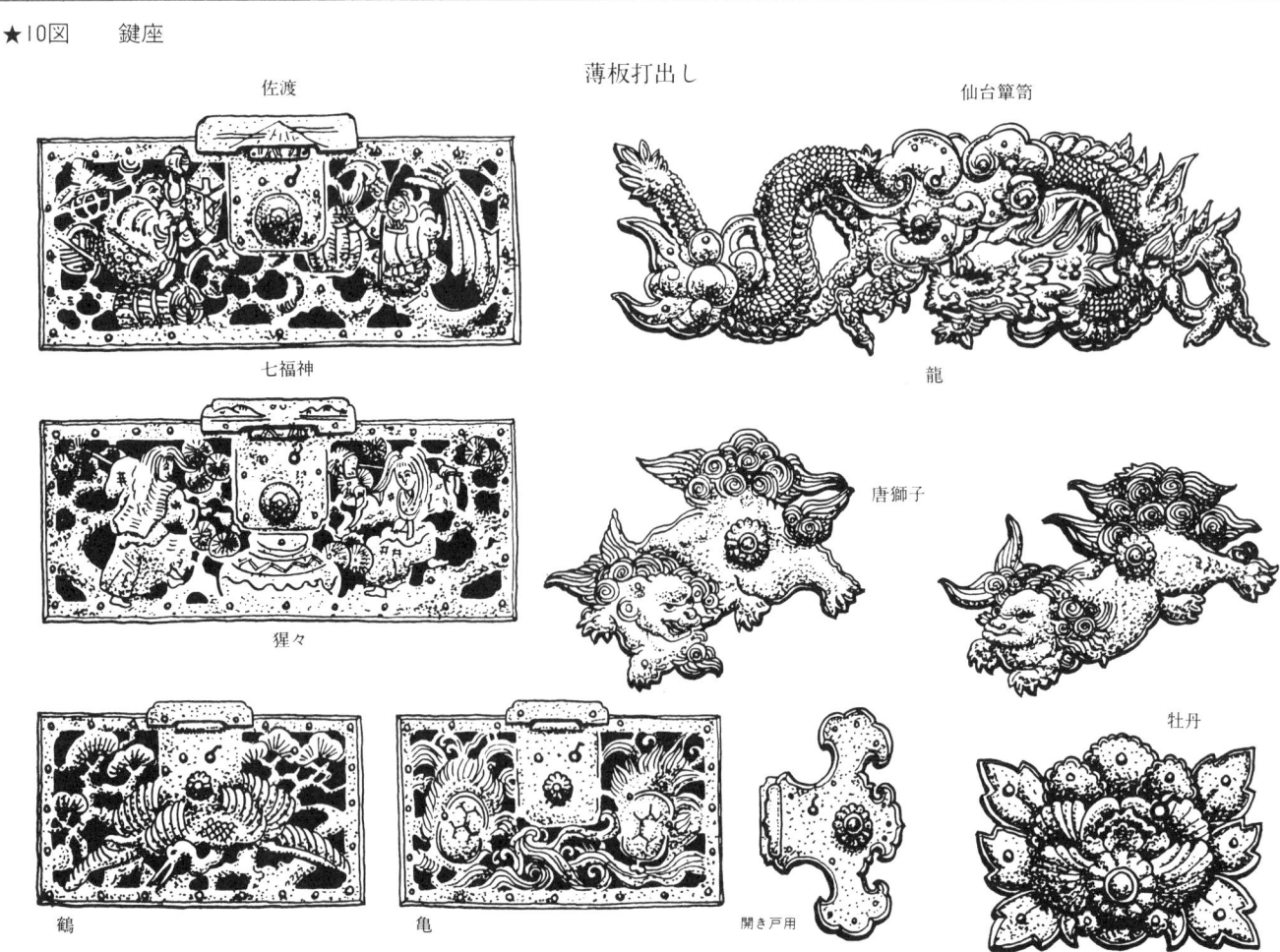

佐渡　仙台箪笥

七福神　龍

唐獅子

猩々

鶴　亀　開き戸用　牡丹

5

商家

●●商家の看板●●

屋形看板
YAKATA-KANBAN

　商家にとって看板は欠くことのできないものである。都会の町並みや宿場などでは、商家も仕舞家（しもたや）も建築的にはほぼ同様の造りとなっている。それが一見して商家であることを示すのが看板である。商家のなかには、旅籠屋のように無形の商品を扱うサービス業、製品の販売だけをする流通商業、さまざまな商品を自家生産する製造業などがある。それらの職種やトレードマーク、屋号などを行人に周知させる目的に看板が利用される。看板には、二階屋根をつらぬいて高く聳える屋形看板、二階庇の上に据えられた二階看板、庇下に吊られた軒吊り看板、店先に置かれる招き看板のほかに、袖壁や戸袋を利用したもの、軒先に引きめぐらせた水引暖簾、入口暖簾、店先の日除暖簾、軒提灯などできるかぎりのものが利用される。

　1図上は京都三条通りの大店の有様を描いたもので、二階中央にあるのが屋形看板、その左右は二階看板、軒下の水引暖簾と軒提灯、右に衝立式の招き看板などが見られる。屋形看板はいろいろの看板のうちで、もっとも建築的な要素をもつもので、また二階の大屋根を欠きとるなど、建物と切りはなすことのできない関係をもっている。看板そのものは彫り師の仕事であろうが、全体の構成は匠の仕事である。匠といってもただの大工ではなく、神輿や山車などを作る宮大工のたぐいである。その手法には著しく堂宮的な細部が見られる。屋根の形は千鳥破風や唐破風などであり、斗栱（ますぐみ）を組み種々の彫り物をあしらっている。また漆仕上げとしたり金箔を押したりする。要するに非常に費用のかかったものが多く、これは富裕な商人が、家にはいろいろの禁令があって立派なものが造れなかった鬱憤が、このような場面に凝結したものであろう。こうした派手なものが町並みの景観をこわさずに調和しているのは、看板も商家建築の一部として発達してきたことを示すものである。

　1図下は小型の屋形看板で、甕型は醸造業のシンボルマークである。右は酢屋、左は酒屋のものである。右の庇は七五三庇といって、勾配が水平10に対して上より7、5、3の割合になっている。七五三庇は民家の窓庇などにもよく用いられる。

　2図は東北地方の屋形看板で、右上は起（むく）り破風型の旅籠屋のもの、左上は千鳥破風型の醬油屋のもの、下中は薬舗で千鳥破風に唐破風をあしらった桧皮葺、龍、亀、浪頭の彫り物がついた立派なもので、ともに社寺的な意匠が濃厚である。3図はいずれも千鳥破風で、関東と中部のもの、下中のさかばやしは杉葉を丸く纏めた杉玉でこれは酒造業のシンボルマークである。昔は新酒が出来る時機に青い杉葉で作り、それを知らせたものだそうだが、今はそんな手間をかけず、茶褐色に燻んだものが多い。これは卵型であるがほかにも球型その他いろいろの形がある。これはさかばやしとしては非常に手のこんだ造りのものである。下右は茶舗で大きな茶壺が屋根の下に納まっている。おそらく張子であろうが、漆塗で茶色に光っているので詳しくは判らない。右上は店先に独立して建つ屋形看板で、持送りが大変手が込んでいる。主屋は重文に指定されている本棟造りである。左下は奈良井宿の美しい民家の中村櫛卸所のものである。

　4図はいずれも中山道の宿場のものが主である。小諸本陣の千鳥破風は非常に凝ったもので、看板は平素は掛けていない。伊那の酒造屋は木彫りの甕型である。奈良井の杉の森酒造のさかばやしは球形で唐破風の桧皮葺となっている。上田市の万春丸も社寺的な手法の濃厚なものである。5図のさかばやしも球型で、〆縄が新しくて美しかった。これも戸外に独立して建っている。右はいずれも唐破風型で、関のものは小型の本瓦を葺き漆喰塗りで主屋と一体の造りである。下二川宿のものは主屋に接しているが、柱建ての独立看板である。

　6・7図は主として近畿地方のもので、中でも戦災をうけなかった、京都の町中ではこの種のものが数多く残っていて、一々採録できない程であるが、一般に千鳥破風型が多く美しい意匠を競っているかのようである。6図鳥居本のものは傘型の看板が変わっているが、これは新しいもののようで昔はもっと立派なものではなかったかと思われる。左の大宇陀町のものは千鳥破風と唐破風の重合したもので細い斗栱の細工が美しい。

　8図は中国・四国路のもので、香川県の琴平町の門前町には豪華な商家が建ち並んでいる。そのうちでもとらやや金陵酒造が目立って優れた造りで、看板もきわめて凝ったものとなっている。とらやの龍虎相闘う彫り物は見事なもの、金陵酒造のさかばやしも太鼓橋になぞらえた朱塗りの高欄付きである。

　9図は中国・九州路のもので、竹葉醬油では看板はむしろ目立たず、四本柱建ての屋形が至極立派である。長崎市のつりがね堂のものも面白く、大阪の四天寺付近のセメン菓子屋にも似たようなものがあった記憶がある。

★1図　商家の看板

京都三条通　みすや

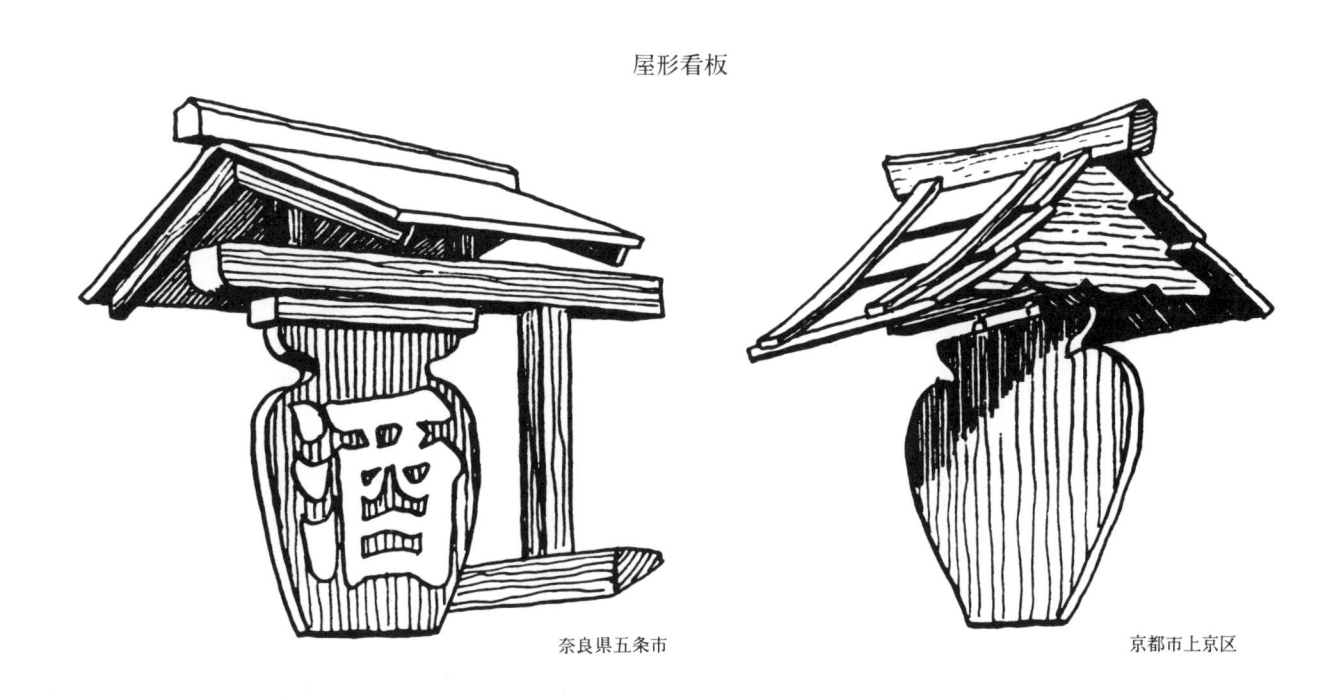

屋形看板

奈良県五条市　　　　　　　　　　　京都市上京区

★ 2図　屋形看板

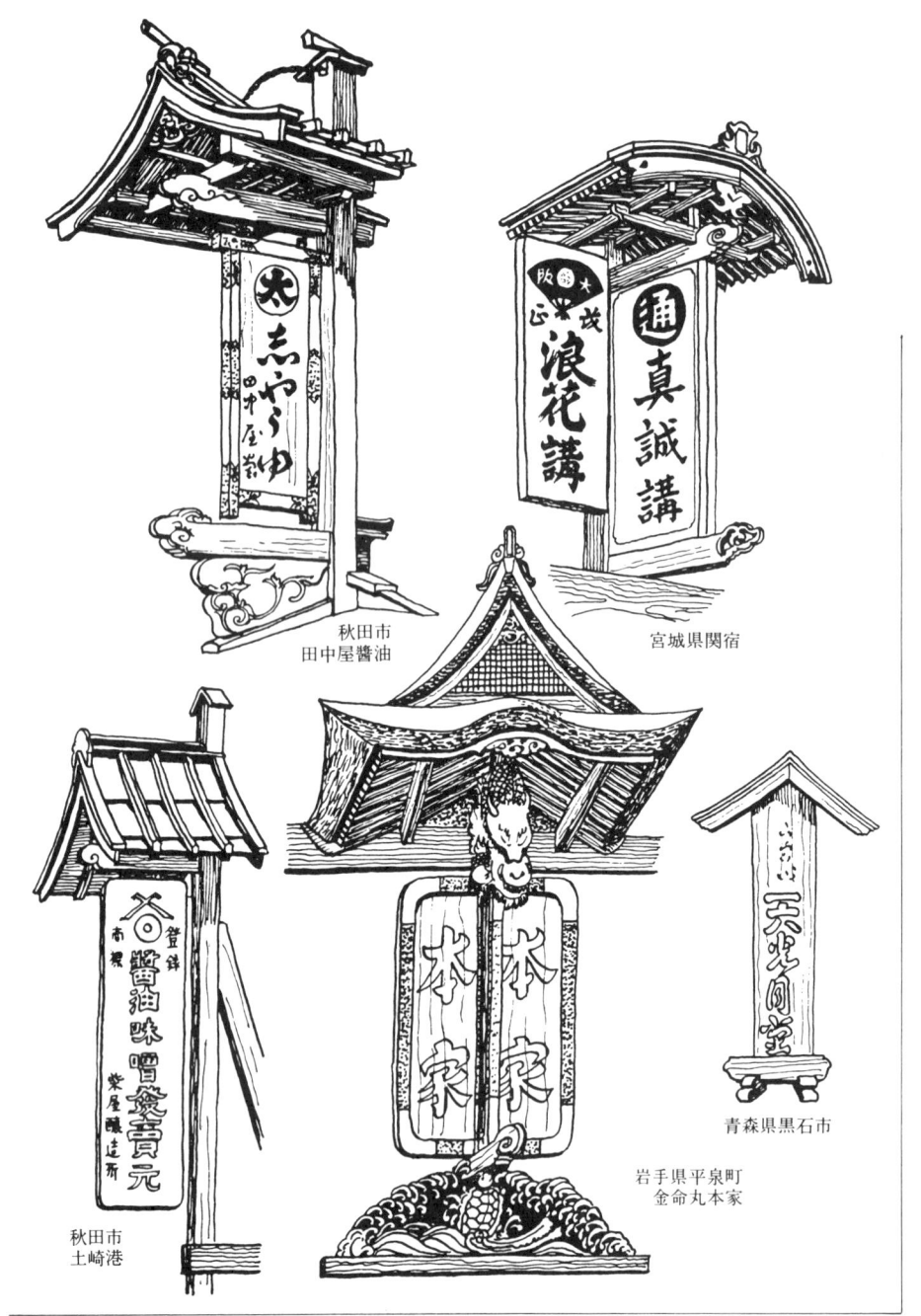

秋田市
田中屋醬油

宮城県関宿

★ 3図　屋形看板

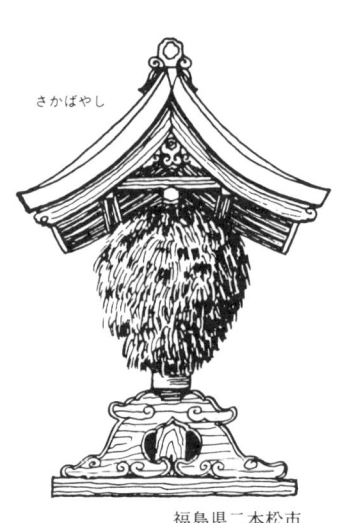

秋田市
土崎港

岩手県平泉町
金命丸本家

青森県黒石市

群馬県沼田市
かどふじ（生方家）

長野県奈良井宿
中村屋櫛卸所

さかばやし

福島県二本松市
及善酒造

茶壺

茨城県古河市
鈴木茶園

★4図　屋形看板

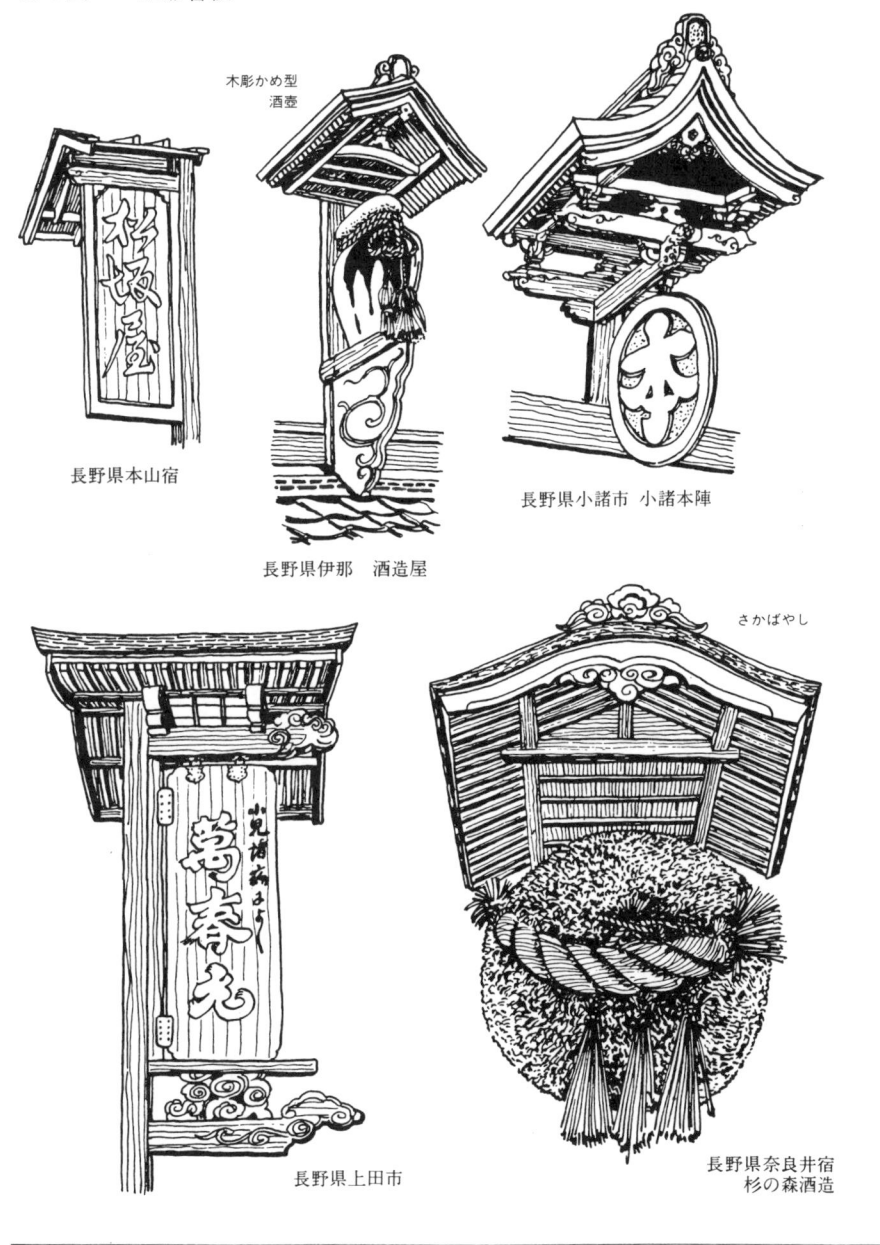

木彫かめ型
酒壺

長野県本山宿

長野県伊那　酒造屋

長野県小諸市　小諸本陣

★5図　屋形看板

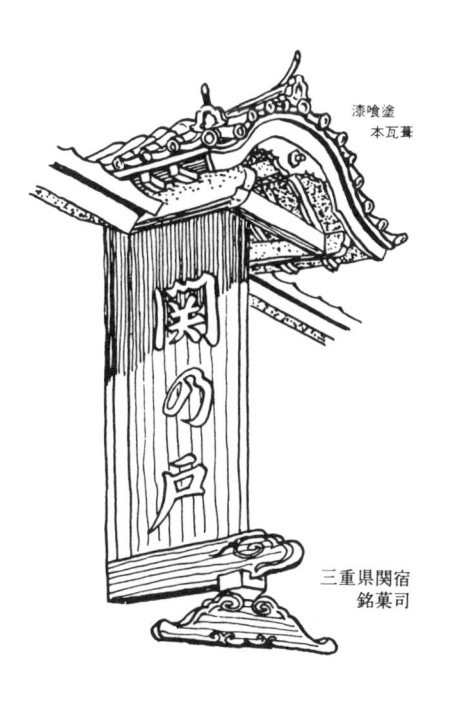

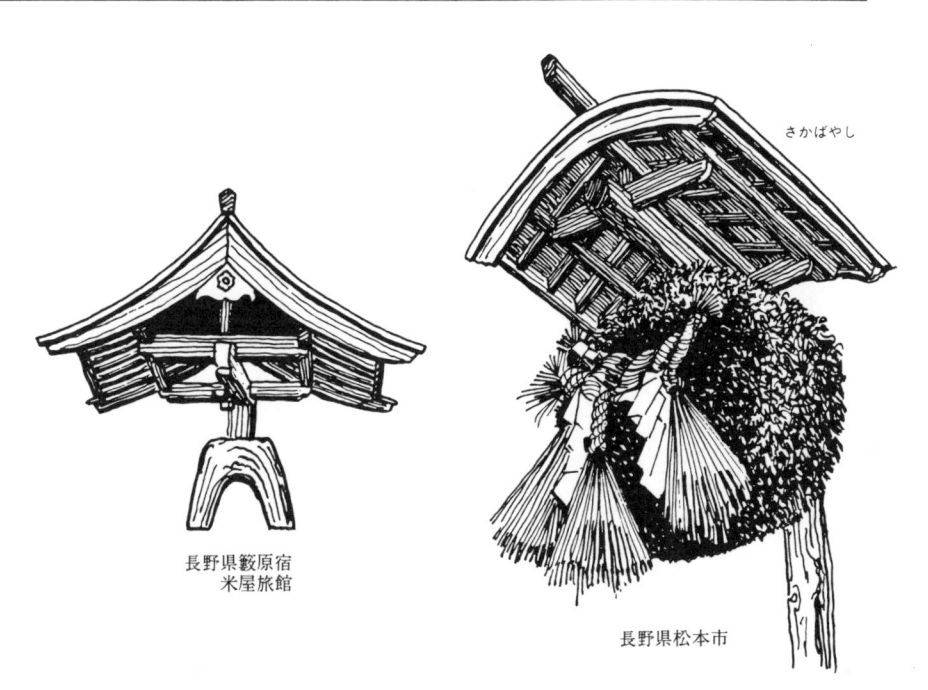

さかばやし

漆喰塗
本瓦葺

長野県上田市

長野県奈良井宿
杉の森酒造

三重県関宿
銘菓司

長野県藪原宿
米屋旅館

さかばやし

長野県松本市

愛知県豊橋市
二川宿

201

★ 6図　屋形看板

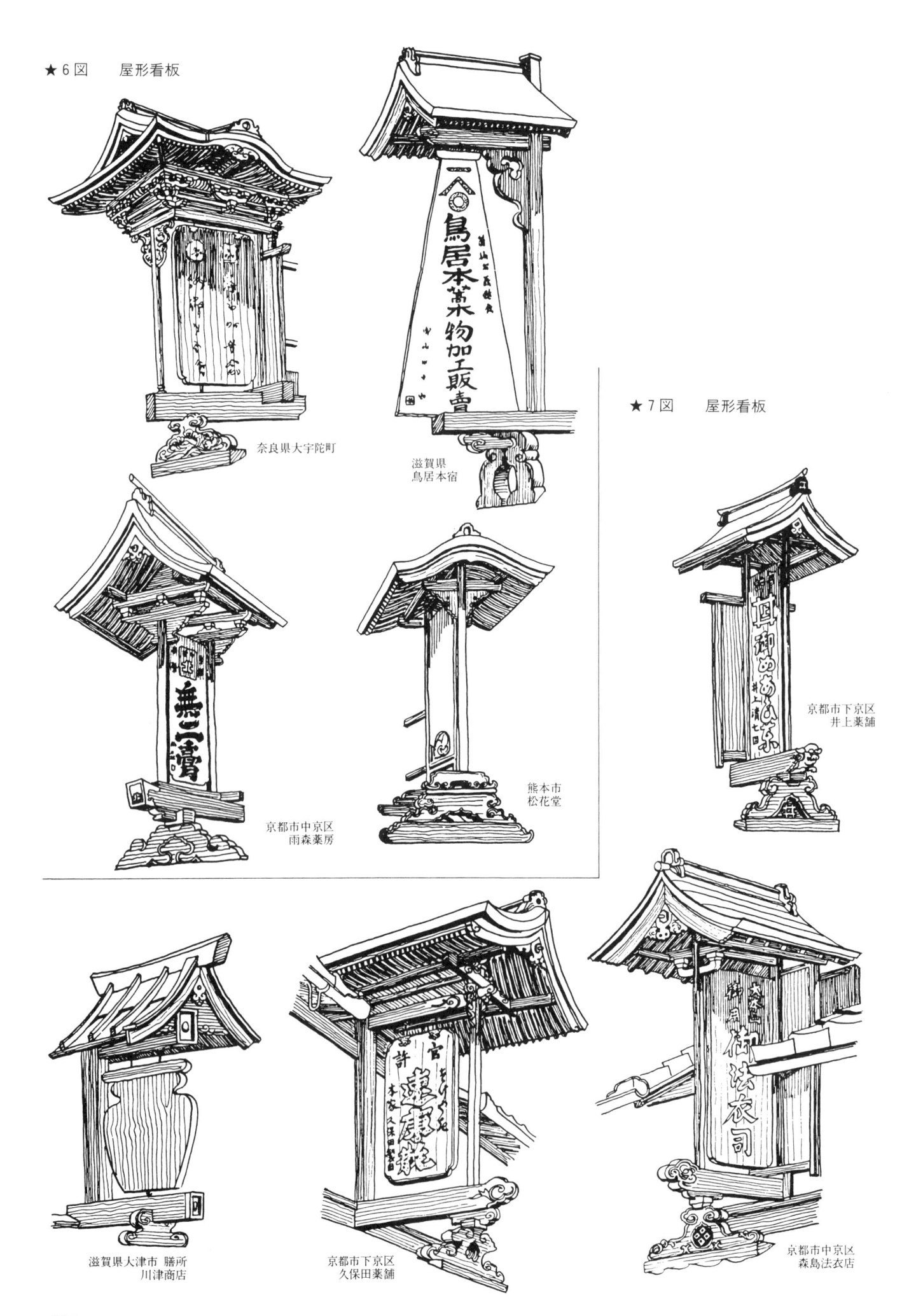

奈良県大宇陀町

滋賀県
鳥居本宿

★ 7図　屋形看板

京都市中京区
雨森薬房

熊本市
松花堂

京都市下京区
井上薬舗

滋賀県大津市　膳所
川津商店

京都市下京区
久保田薬舗

京都市中京区
森島法衣店

★8図　　屋形看板

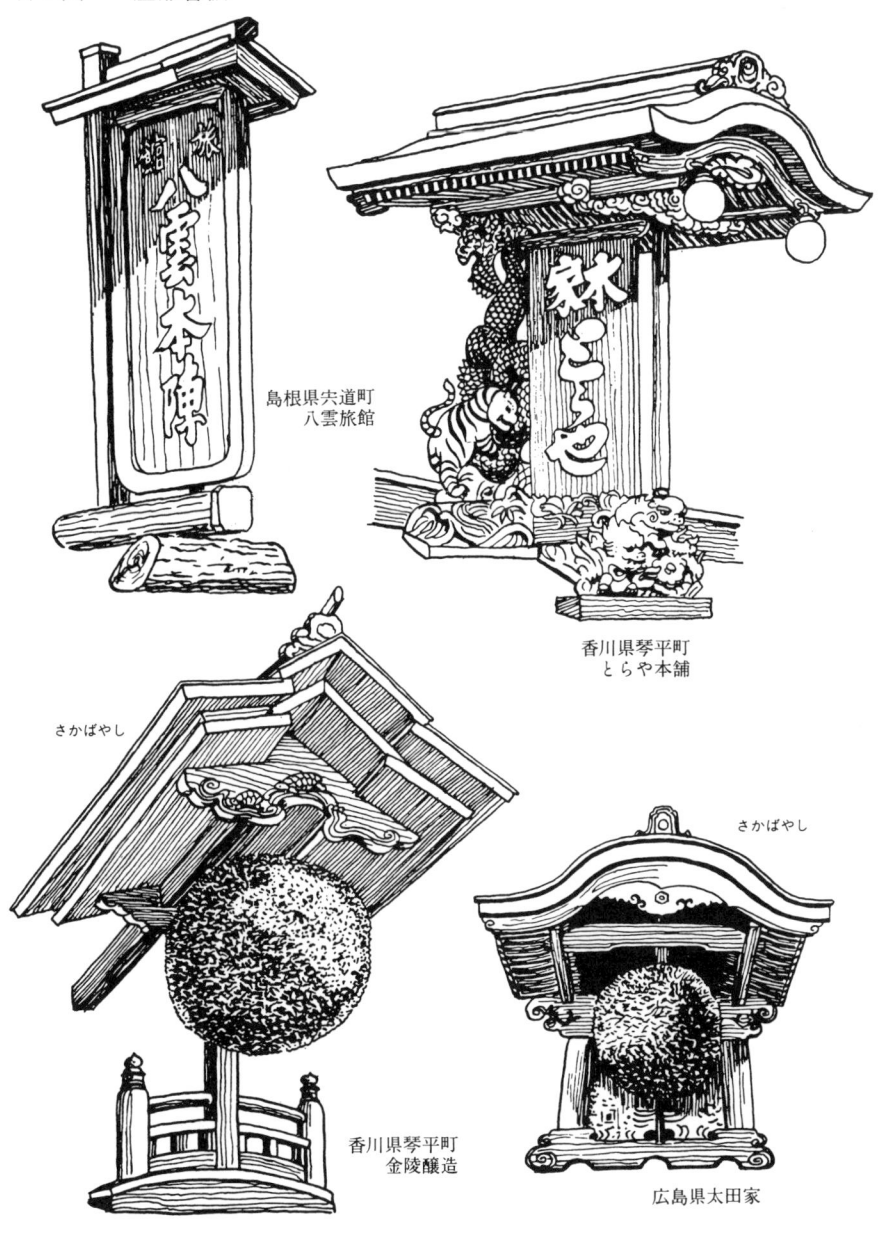

島根県宍道町
八雲旅館

香川県琴平町
とらや本舗

さかばやし

香川県琴平町
金陵醸造

さかばやし

広島県太田家

★9図　　屋形看板

大分県日田市
旭窓酒造

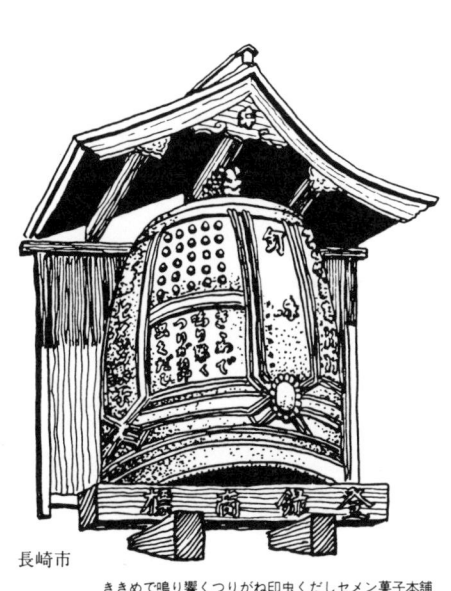

長崎市
ききめで鳴り響くつりがね印虫くだしセメン菓子本舗

愛媛県松野町
竹葉醬油本舗

二階屋根看板
NIKAIYANE-KANBAN

屋根看板は大屋根と一階大庇の間の二階の胴の間を飾る看板である。前の屋形看板は道路と直角になっているので、狭い通りでも遠くから望まれるが、これは家の正面からだけしか見えない。しかし商家のファサードを彩る大切な役目がある。主屋の大屋根と一体となったもの、看板自体が小屋根をもつもの、一枚の長板だけのものなどがあって、建築的な要素は屋形看板に及ばないが、小屋根や台座の仕事は大工や錺職の手になるので、その細部にはやはり民家に共通するものが見られる。彫り物をつける場合にも、そのモチーフは龍や雲、水煙などで、懸魚や欄間その他の装飾と似かよったものが多い。

1図上は大正初期の大阪の商家の表構えを描いたもので、庇上には二階看板、庇下には商標や屋号のはいった水引暖簾、それに日除け暖簾、店の袖には軒吊りの象形看板が見られる。店の奥や店の間には商品が展示され、主客は店框をはさんで対座し、その間には火鉢や煙草盆があり、昔の商取引の有様が偲ばれる。傍の電柱には、年輩の人には懐しい仁丹やホーカ白粉の広告が貼られている。大阪の四つ橋のたもとにあった煙管屋の情景である。

左は衝立式の招き看板、下は小屋根をもつ屋根看板で、明治調の電灯のガラス笠がついている。左は屋根なしの小型立看板で台座に建築的な手法が見られる。2図上はきわめて精巧な彫り物に囲まれた二階屋根看板で、照明などとともに主屋と一体となった造りのものである。龍と水雲が主題となっている。この家の横手はせまい電車道で、今は明治村にある本邦最初のチンチン電車が走っていた。その時分の採録であるから今もあるかどうかは判らない。下の島台は御池通りに残る京都の代表的な町家のもので、御所向専門の醸造元で、以前は一般に市販していなかった。甘からず辛からず実にまったりとした上品な酒であった。美濃太田のさかばやしは屋根上の台座に据えられたもので、だるま型の珍しい形である。

3図上は瓦葺漆喰塗りの屋根に納った屋根看板である。東海道線が幹線であった時分は、大垣の柿羊羹は沿線の名物であった。太い二つ割の竹に詰められたもので、その意味で台座には竹の葉と幹、上部にはたわわに実る柿と家紋が彫り物となっている。中は琴平門前町の商家のもので、銅板葺唐破風造りの小屋根がついている。幅4メートル弱の大きなもので、文字が大変美しい。下は中京区の商家で、文字は北大路魯山人の作である。この人にとっては、看板はアルバイト的なものであったが、それでも精魂こめておろそかにせず、他にも看板の名品がある。看板を芸術にまで高めた人である。

4図上は銅板製唐破風の小屋根をもったもので、古材を用いた看板。下は上と同じく奈良近鉄駅前の墨屋のもので、台框がせがい造りの肘木の木鼻と同手法のもの。下右漆屋の看板は漆のこね鉢をそのまま用いたもの。膳所のものは板庇をつけた看板である。5図も屋根看板のいろいろであるが、看板の面白さというか見所は、上手下手にかかわらず書体の見事さであろう。6図は造り物象形看板で、お多福（おかめ）は一般に菓子屋や甘い物屋の招きに用いられる。大阪の法善寺のめおとぜんざいには古格のあるお多福が招き看板として用いられていた。天狗と肉の関係は判らないが金沢付近では何かの関係があるようである。大阪では履物屋などの象徴となっている。亀は不老長寿の霊獣で、薬屋のシンボルマークに用いられる事が多い。小出楢重画伯の生家が大阪島の内にあったが、薬屋でここに示した亀とそっくりのものが、屋根看板として用いられていた。下段は菓子屋のもので、干菓子の型を縁取りとしている。

招牌・衝立看板
SYOUHAI・TSUITATEKANBAN

いわゆる招き看板で一般的なものでは、陶製の招き猫や信楽焼の狸などがある。招き看板は店頭や店の間の奥に飾られるもので、いろいろの造り物と衝立型がある。

7図下は北陸街道柏原宿の艾屋（もぐさや）で、店の真正面にある、亀と唐人を配した衝立型と、大きな福助と亀の造り物である。下左は東海道の梅の木本陣（重文・大角家）の衝立看板で、本陣であるが生業として製薬業を営み、製薬場には人がなかに入って踏む動輪で、草根木皮を粉にする大きな石臼が街道から見える。図1は店の間に飾られた和中散の木彫り看板である。上も同じく薬舗の衝立看板で手の込んだ彫り物をあしらっている。

8図は伊勢の生姜糖屋のお多福の招きで、千鳥破風型の屋根がついている。左下は有職京人形師の家で、草刈童子が招きに置いてある。この二つはともに店頭においてある。他は店の間を飾る衝立式のもので9図につづく。左下は店頭に並べる簡単な招きで、俳優の名を誌した歌舞伎芝居の招きと同型で、笠木を入の字型に組んでいる。

★1図　二階屋根看板　　　　　　　　　　商家の看板

衝立招き看板

銘菓　志ほか満　舟の園

塩釜市

大阪市南区

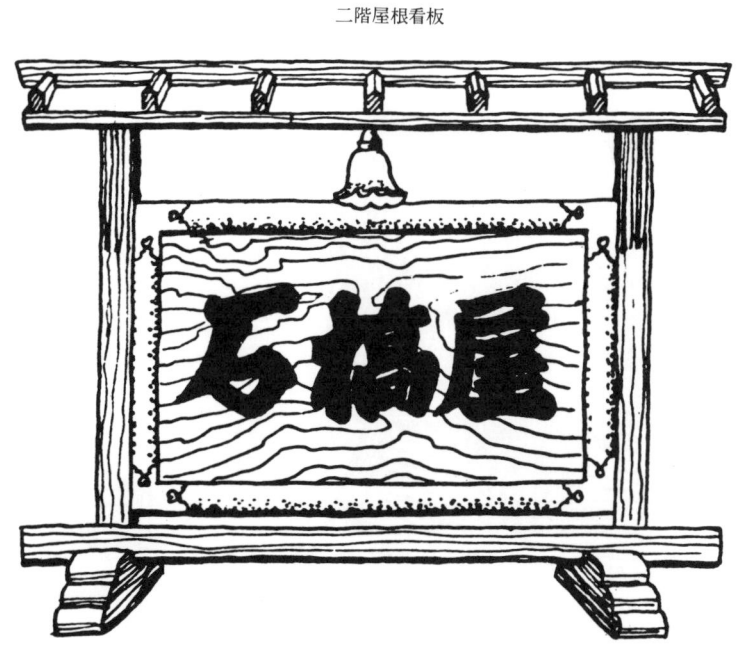

二階屋根看板

健脾丸

京都市右京区　薬舗

二階屋根看板

石橋屋

仙台市　太白飴石橋屋

205

★ 2 図　　二階屋根看板

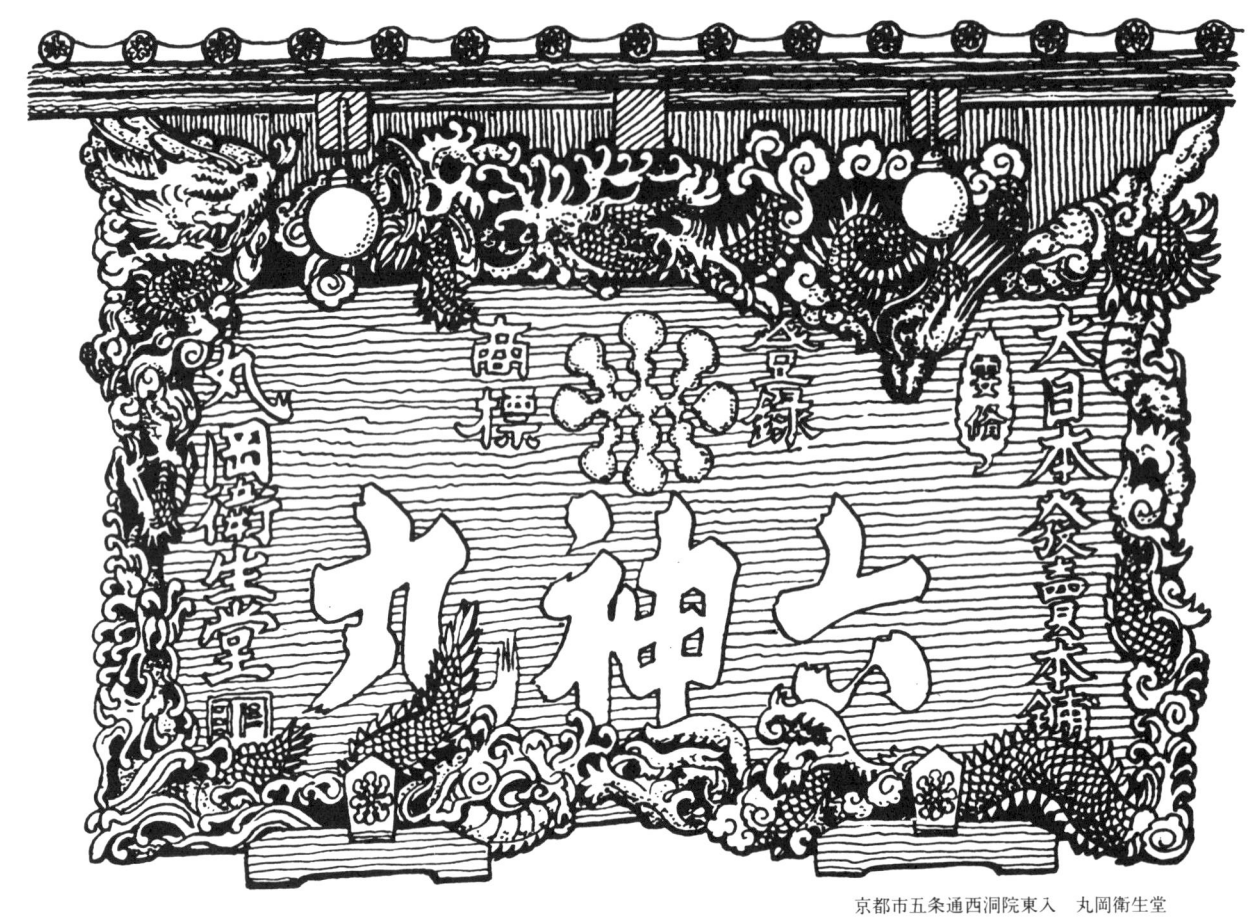

京都市五条通西洞院東入　丸岡衛生堂

さかばやし

美濃太田市

京都市中京区　山田家

★3図　二階屋根看板

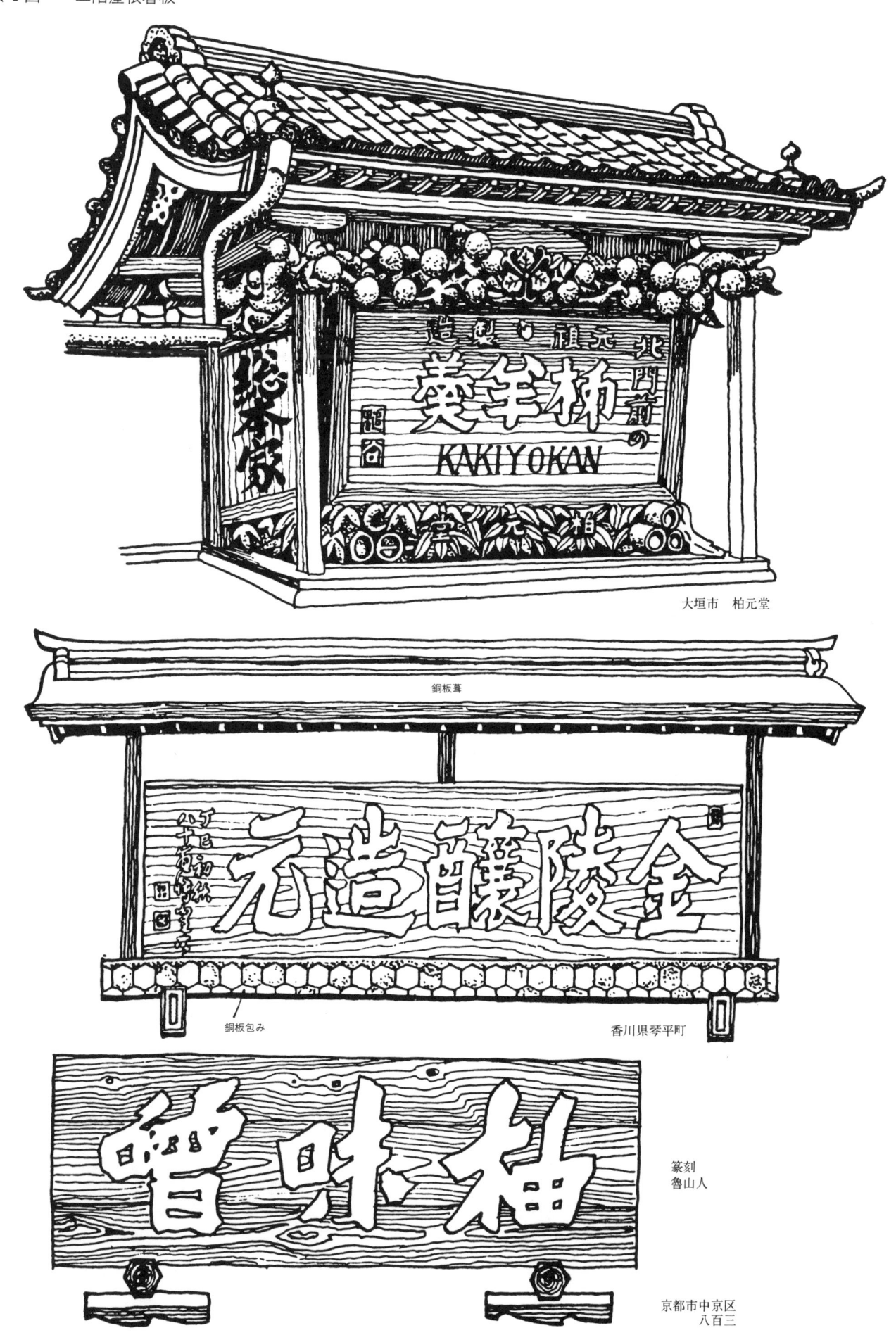

大垣市　柏元堂

銅板葺

銅板包み　　　　　　　香川県琴平町

篆刻
魯山人

京都市中京区
八百三

★4図　　二階屋根看板

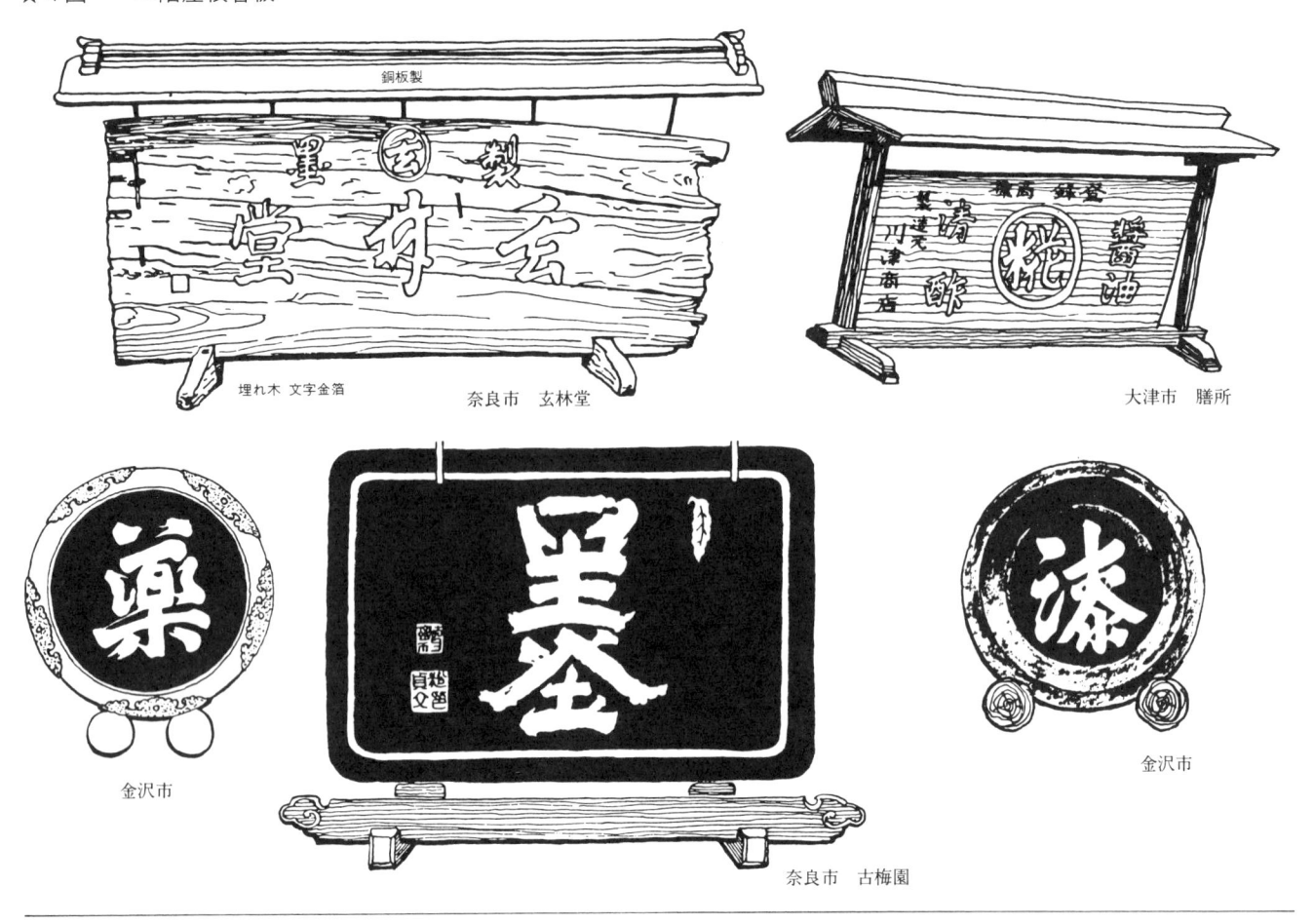

銅板製

埋れ木 文字金箔　　奈良市　玄林堂

大津市　膳所

金沢市

奈良市　古梅園

金沢市

★5図　　二階屋根看板

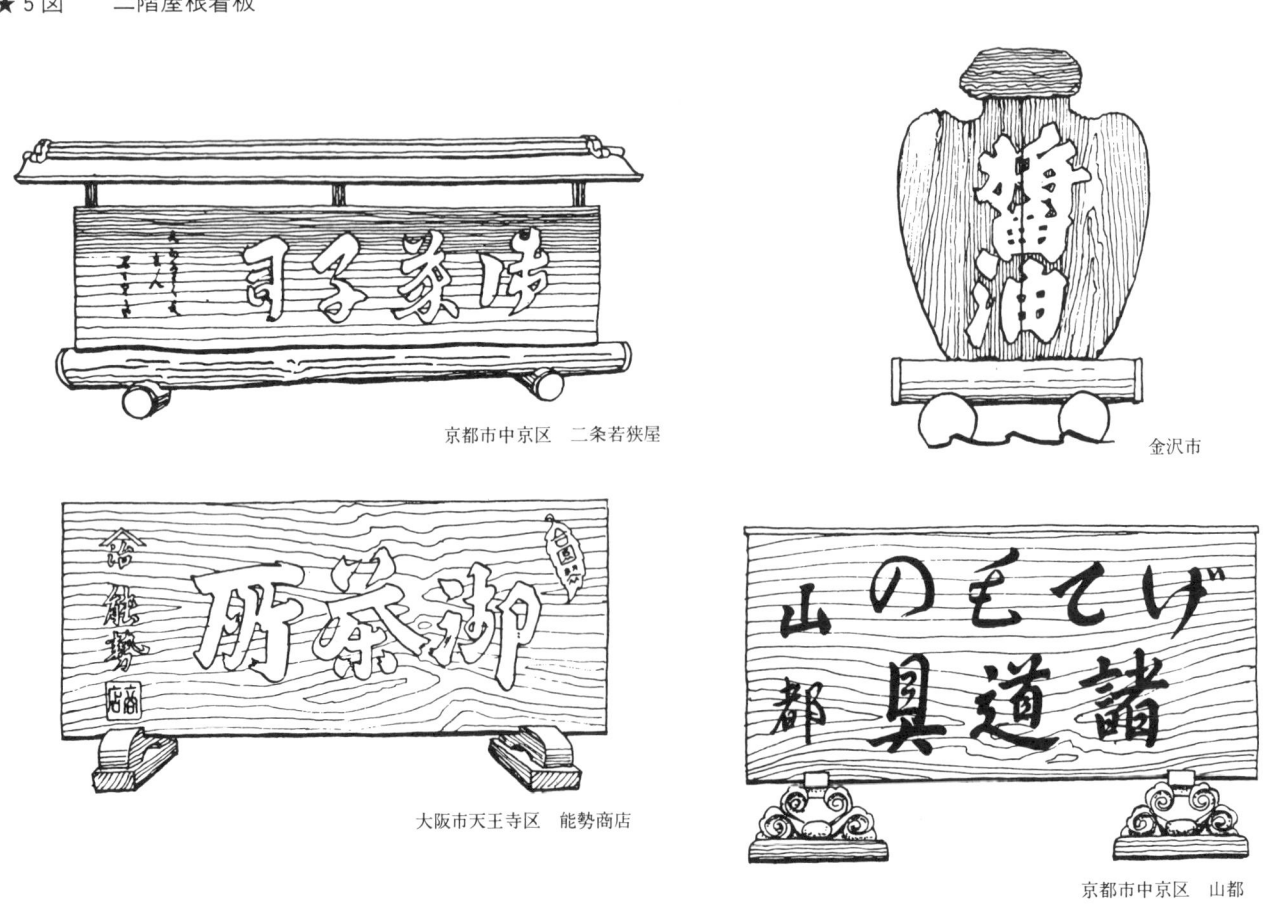

京都市中京区　二条若狭屋

金沢市

大阪市天王寺区　能勢商店

京都市中京区　山都

★6図　二階屋根看板

金沢市　天狗中田精肉店

伊勢市　岩戸屋

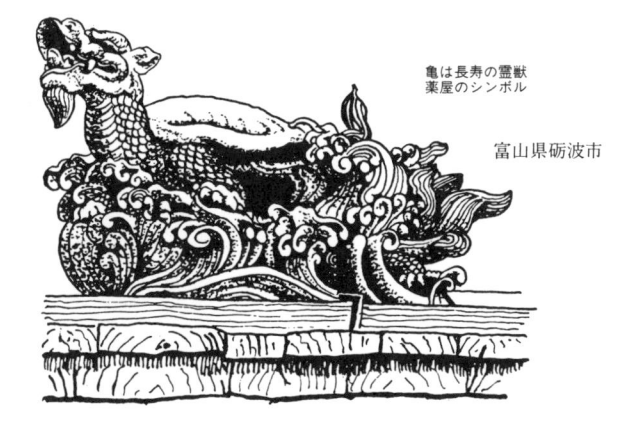

亀は長寿の霊獣
薬屋のシンボル

富山県砺波市

★7図　招牌と衝立看板

縁菓子型

京都市中京区　亀末広菓子店

金沢市
中屋薬舗

招牌

招き

衝立看板

滋賀県梅之木宿　和中散本舗
重文大角家

亀と福助

亀と唐人

滋賀県柏原宿
艾屋亀屋左京

209

★8図　招牌と衝立看板

衝立看板

招牌

招き　お多福

奈良県大和郡山市　菊屋

伊勢市　岩戸屋菓子舗

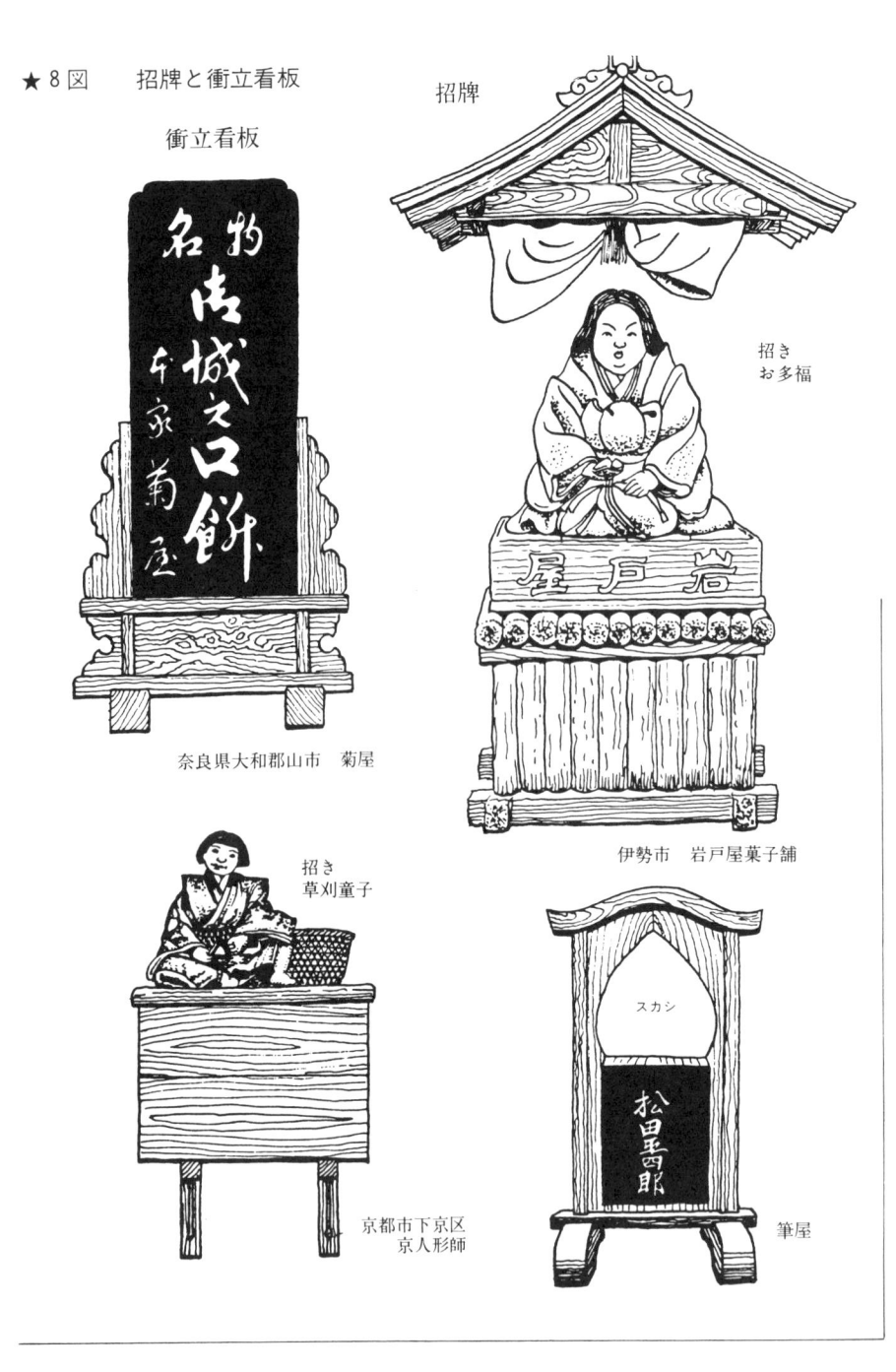

招き　草刈童子

スカシ

京都市下京区　京人形師

筆屋

★9図　衝立看板

衝立看板

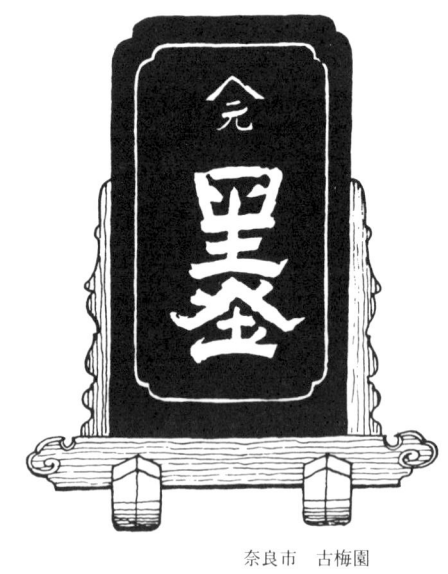

奈良市　古梅園

招き看板

香川県琴平町

富山県　井波

縁　金蒔絵

長野県木曽福島　高瀬家

軒吊り看板
NOKITSURI-KANBAN

軒吊り看板は一階の大庇の下に吊るすもので、道路と直角になっているので、人目を惹き易い。多くは一枚板に文字を浮き彫りとしたものだが、中には飾り金物を打ちつけたり、文字に金箔を押したりしたものもあり、単に墨書だけのものもある。古いものは板が風蝕して、墨書の文字が浮き上ったようなものもある。主として街道筋のものを採録した。

1図錦袋園は資料によったもので、出所は不明であるが黒漆塗りで、鍍金の装飾金具を打った立派なものである。玉の井は高山市のもので、こうした軒吊看板は夜間は屋内に納めるので、その便宜のために取手がついている。次の伊吹艾（もぐさ）は柱掛け看板である。岩戸屋のものは板小口の収縮や割れを防ぐために上下に桟木が入っている。これを端喰（はしばみ）といい、床脇の棚板などもこれが入っている。次のこめやは勢余って、文字が看板の外にはみでているのが面白い。鞆の保命酒のものは上部に千鳥破風の屋根がある。米屋は黒塗りで米俵がマークとなっている。

2図上段は高山市所見の看板で、大野屋のこうじの看板はこうじを発酵させる盆をそのまま用いている。下段はいずれも文字の面白さを示したものである。

3図は、中山道沿いとその付近のもので、沿道の旅籠屋や名物の食物屋の看板である。こうした古い看板の文字は変体仮名が多く、横書きの場合は右書きであるし、仮名遣いが昔のものなので、現代の若い人達には理解し難いと思うが、それがまた一つの魅力でもある。

4図は近江路のもので、変形の軒吊り看板で、それぞれが個性があって面白い。5図以下は軒吊りの象形看板で、文字の読めない人にも一見して、その店の業種が判るように工夫されていて、いろいろと傑作がある。5図の眼鏡屋の眼鏡には凸レンズが嵌めてある。次の杼屋は、ひまたはひいと読み機織機の横糸を通す道具で、西陣という場所柄こうした専門店がなりたつのであろう。上右の種物屋、ろーそく屋はともに張子で、着想が面白い。下のかまわんはいれ、などは傑作ではなかろうか。6図以下はもっとも即物的な例で、見飽きのしない趣きがある。こうしたものは現在非常に少なくなっているので、多くは博物館、資料館などに収蔵されているものによった。しかし稀には町中に見うけることもあり、懐旧の念にうたれることも屡々である。

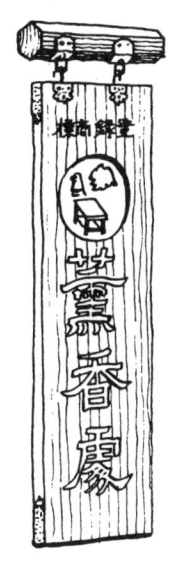

★ 1図　　軒吊り看板

堺市　薫主堂

滋賀県柏原宿
伊吹もぐさ

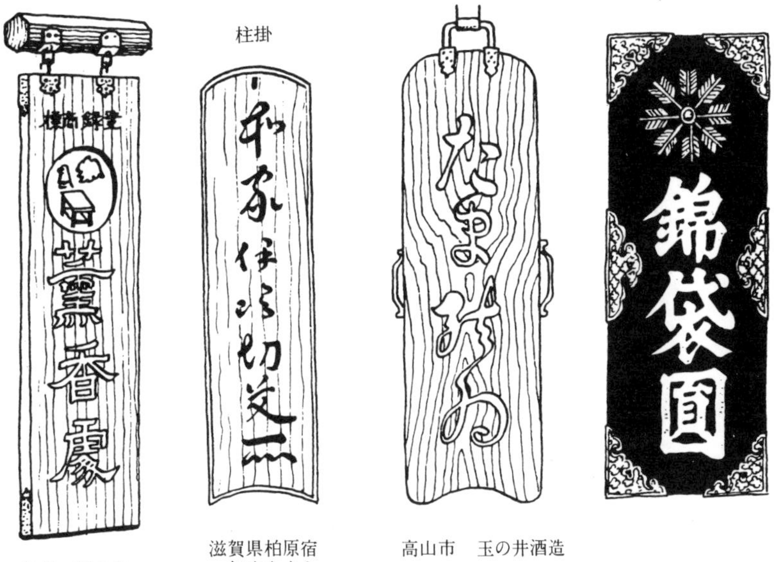

高山市　玉の井酒造

長野県
薮原宿　旅籠

広島県鞆
保命酒本舗

米屋　伊勢市　岩戸屋

★2図　軒吊り看板

高山市
川尻酒造

高山市
久田屋旅館

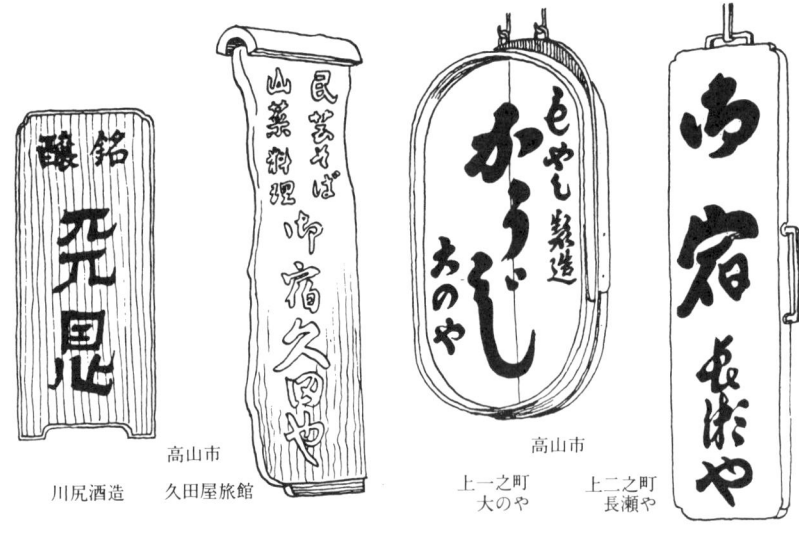

上一之町
大のや

上二之町
長瀬や

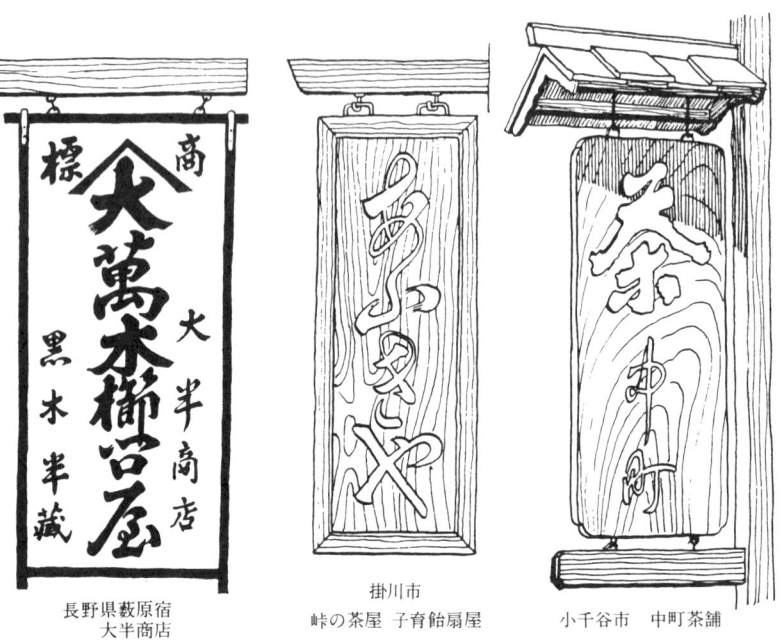

★3図　軒吊り看板

長野県藪原宿
大半商店

掛川市
峠の茶屋　子育飴扇屋

小千谷市　中町茶舗

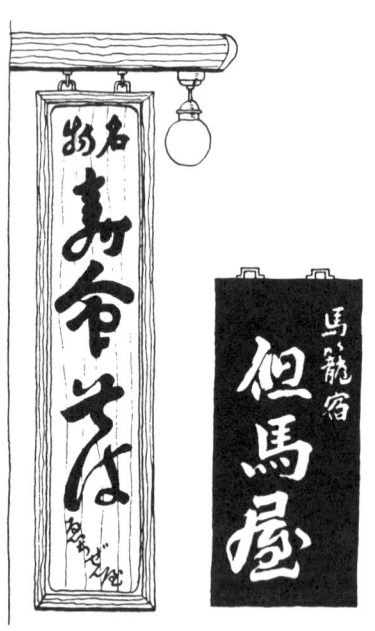

長野県寝覚の床
越前屋

長野県馬籠宿
但馬屋

長野県浅間温泉
西石川　笹の湯

長野県奈良井宿
えちごや

長野県本山宿
比叡屋

長野県郷原宿
山城屋

長野県馬籠宿
かしわや

長野県妻籠宿
いこまや

★4図　軒吊り看板

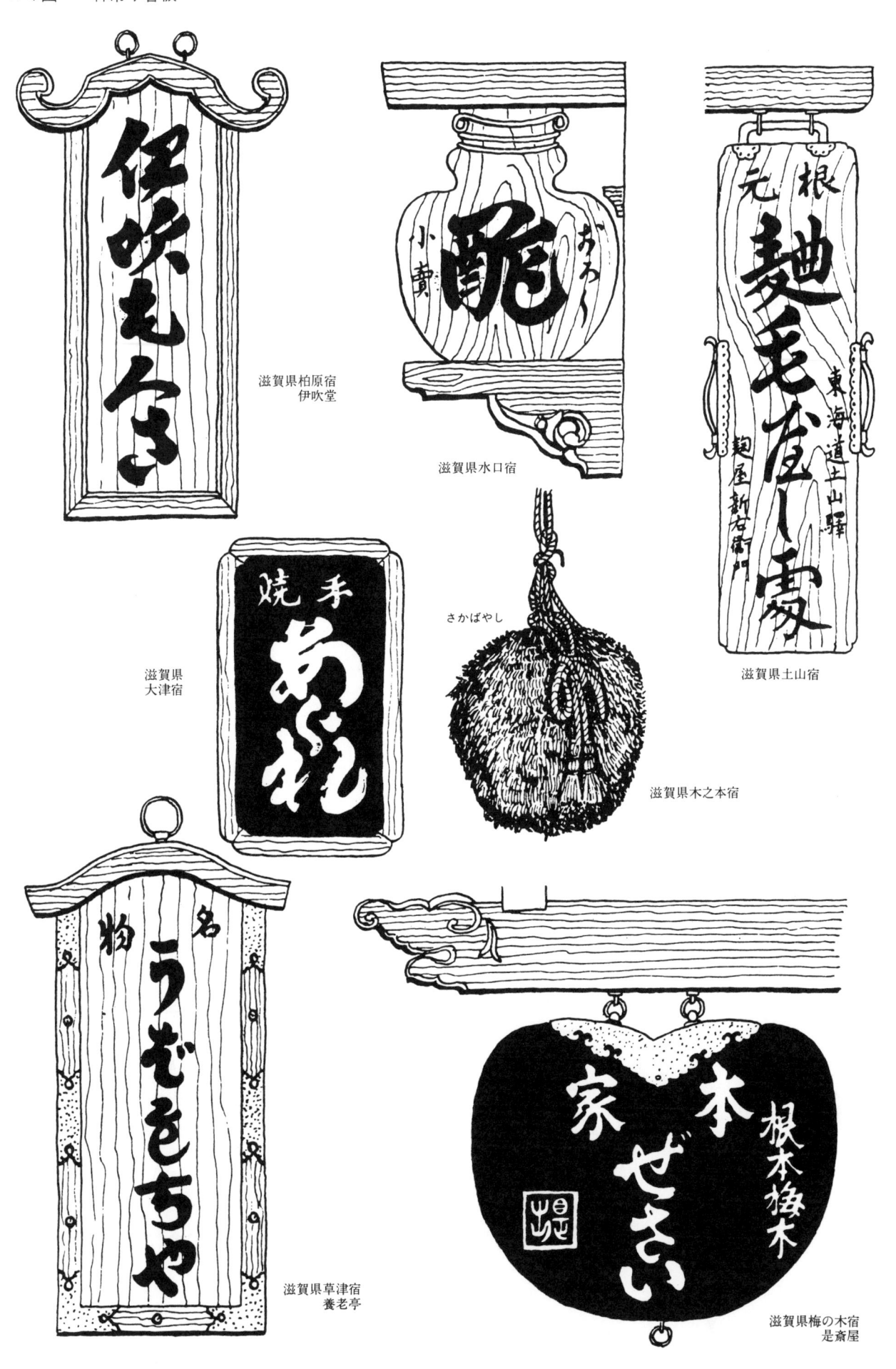

伊吹もぐさ

滋賀県柏原宿
伊吹堂

小賣　もろみ

滋賀県水口宿

根元　麹毛なし雾
東海道土山驛
麹屋新右衛門

滋賀県土山宿

手焼　あられ

滋賀県
大津宿

さかばやし

滋賀県木之本宿

名物　うむをちや

滋賀県草津宿
養老亭

根本挽木　本家ぜさい

滋賀県梅の木宿
是斎屋

213

★5図　軒吊り象形看板

じゅず店
京都市下京区

櫛屋　東京上野

杼屋　京都西陣

かんざし・めがね屋
国文学資料館

ろーそく屋(張子)

種物屋　徳島市
張子

のりや

琴三味線屋

かまわんはいれ　店主

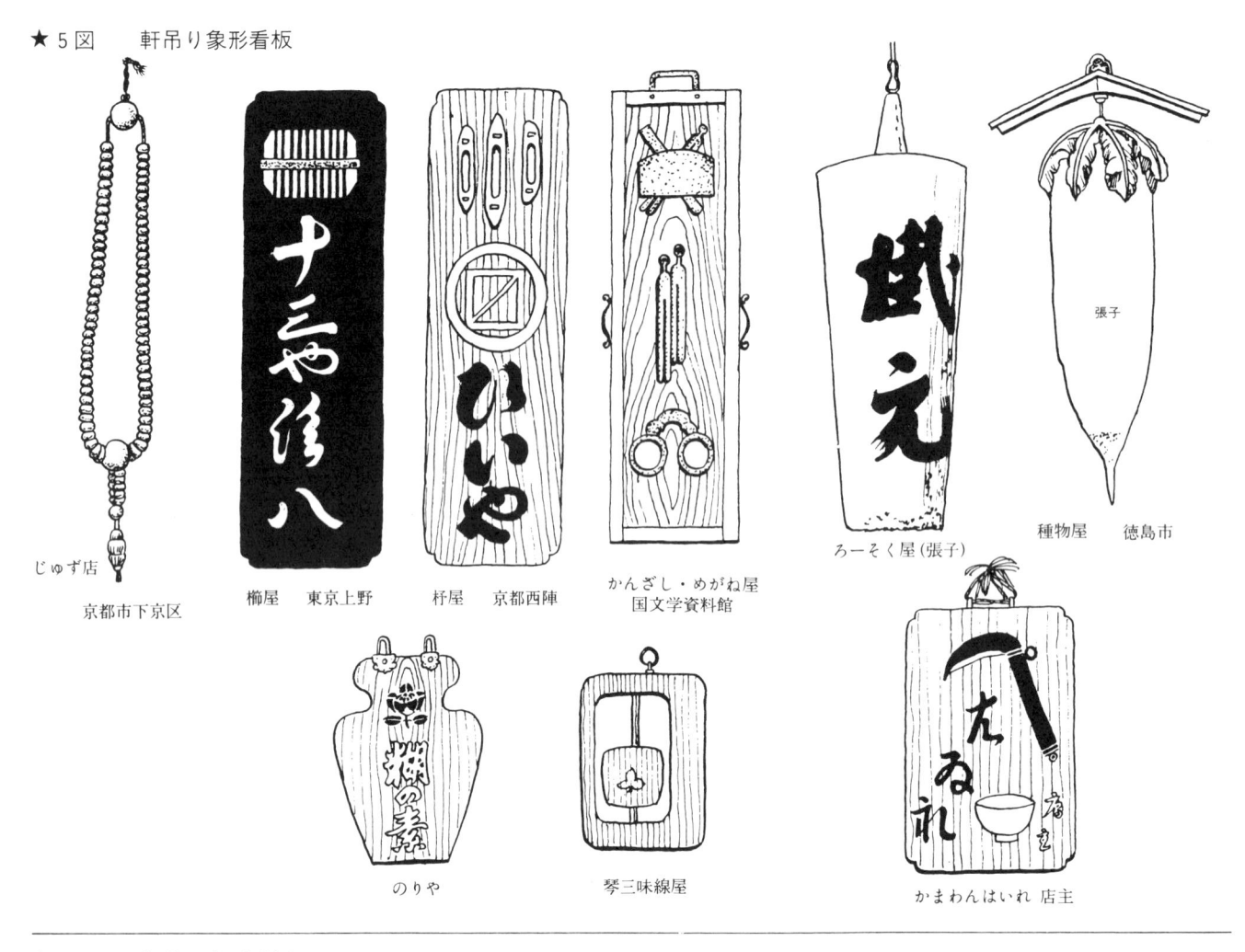

★6図　軒吊り象形看板

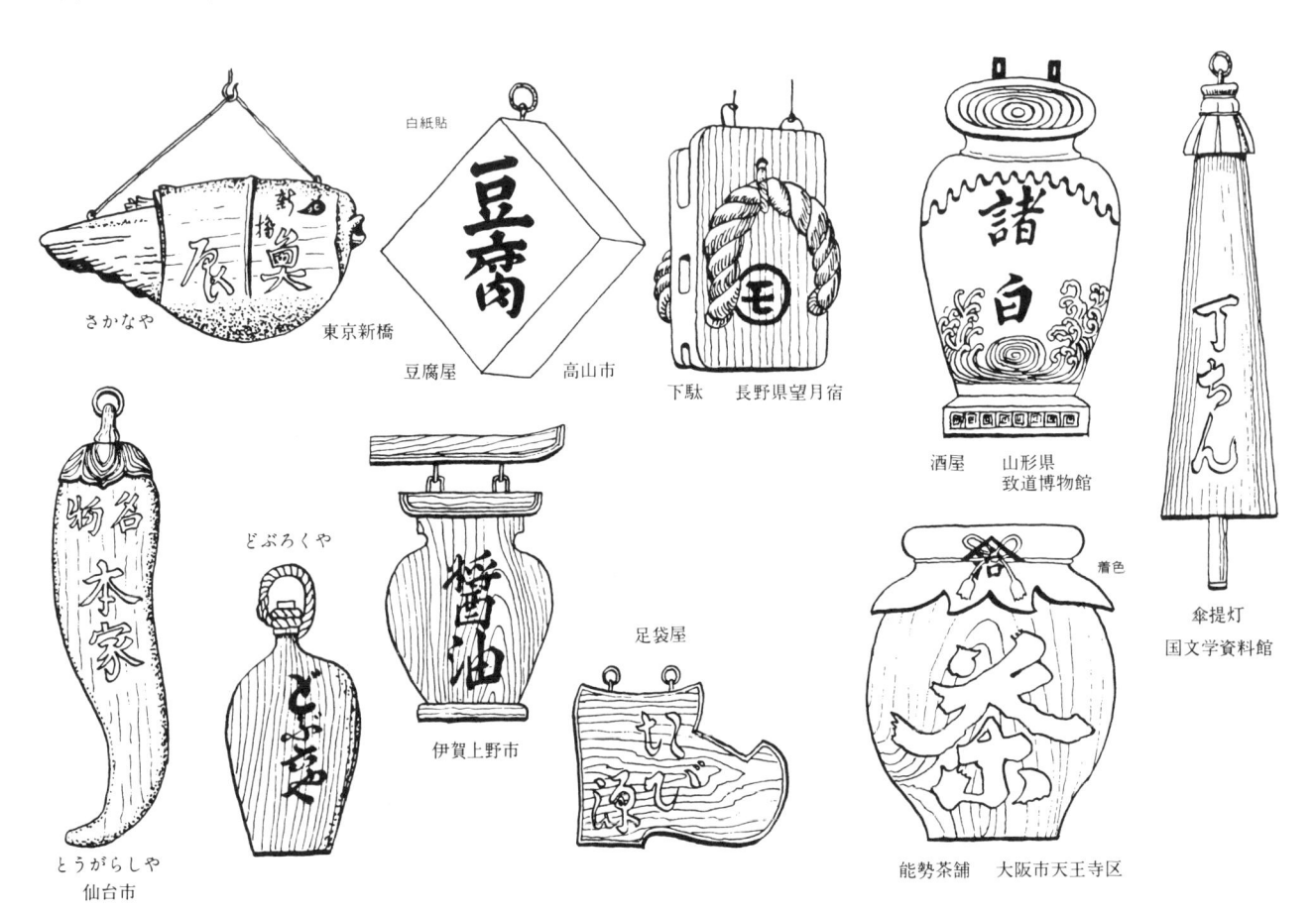

さかなや
東京新橋

豆腐屋　高山市
白紙貼

下駄　長野県望月宿

酒屋　山形県
致道博物館

傘提灯
国文学資料館

とうがらしや
仙台市

どぶろくや

醤油
伊賀上野市

足袋屋

能勢茶舗　大阪市天王寺区
着色

214

★7図　軒吊り象形看板

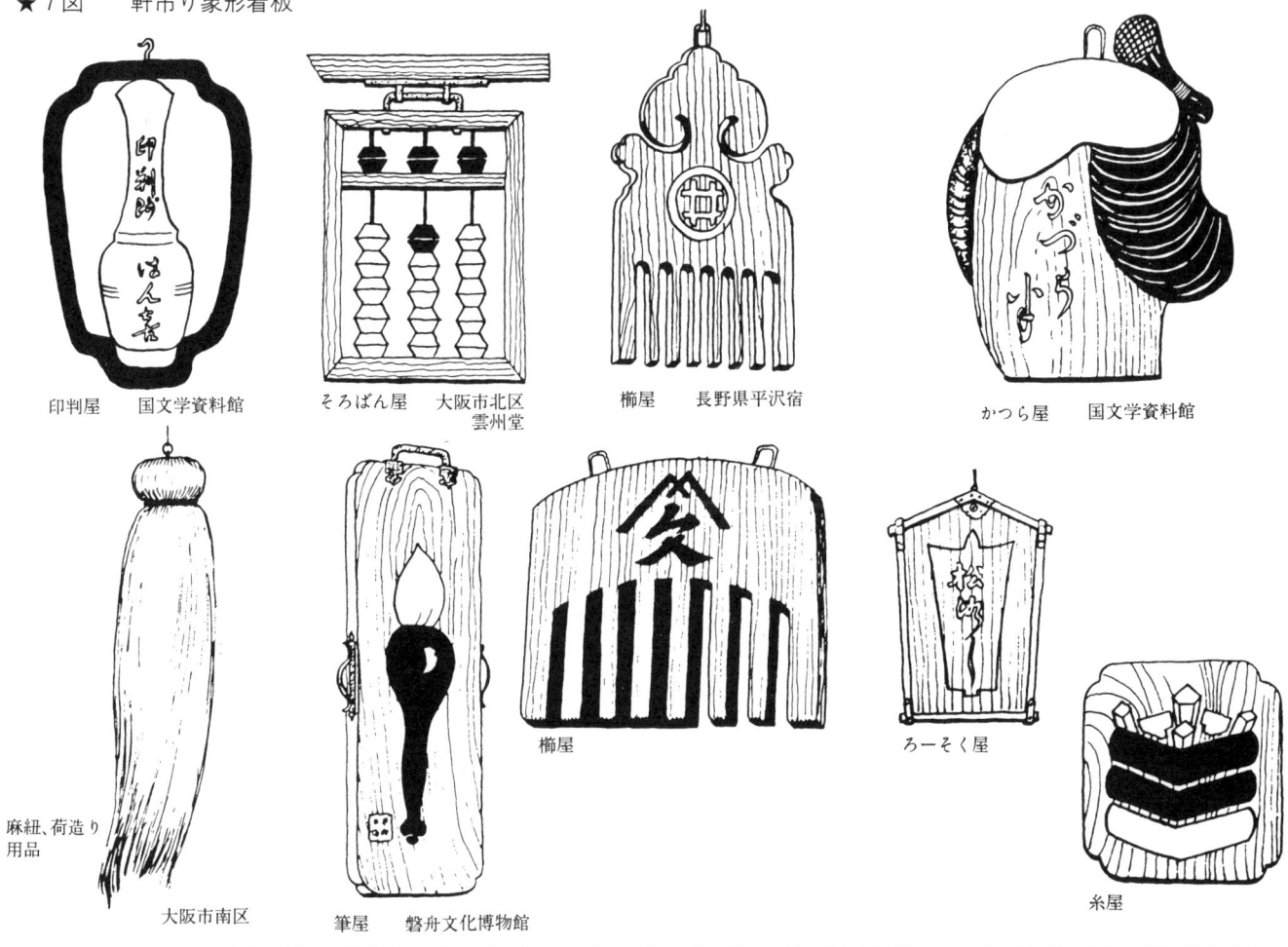

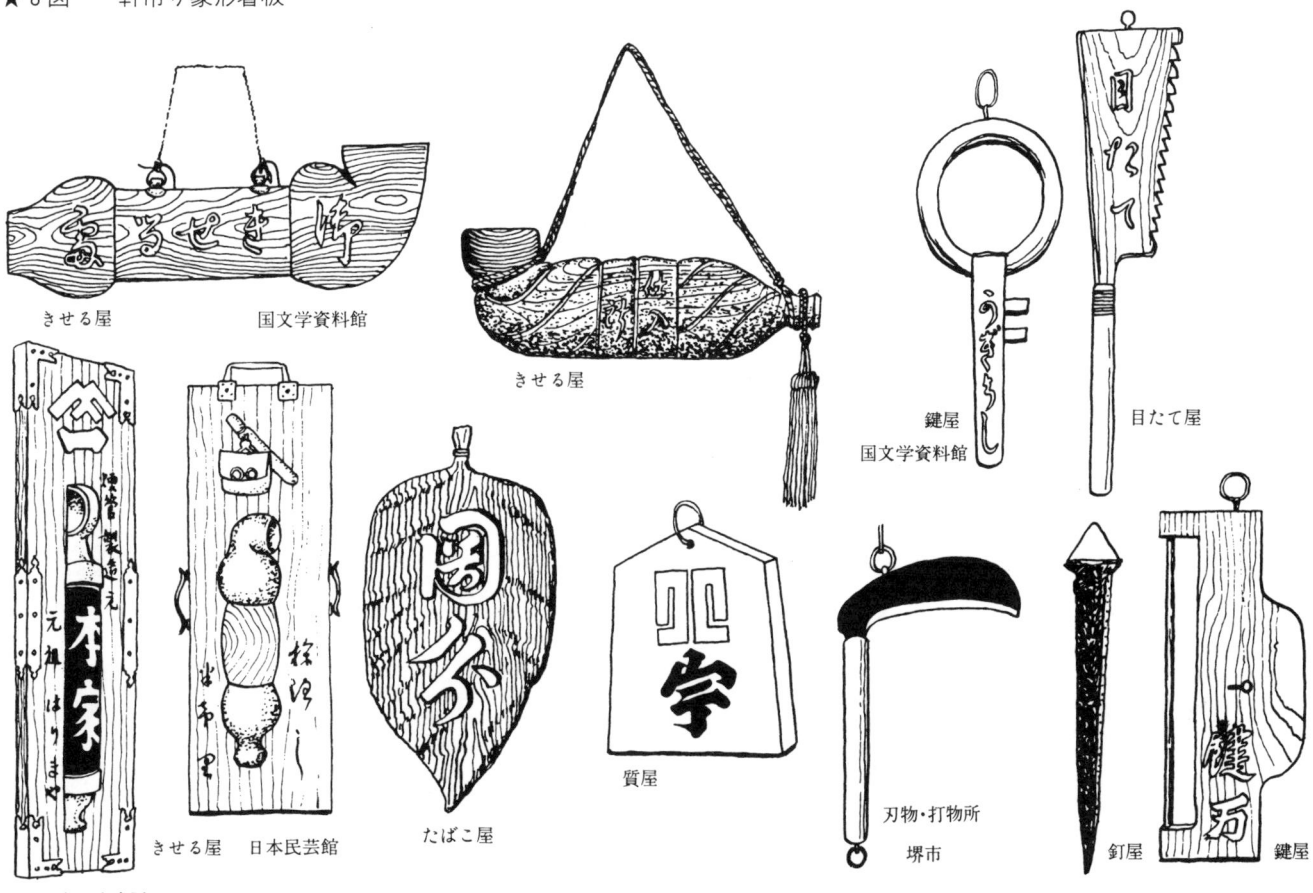

印判屋　国文学資料館　　　そろばん屋　大阪市北区 雲州堂　　　櫛屋　長野県平沢宿　　　かつら屋　国文学資料館

麻紐、荷造り用品　大阪市南区　　　筆屋　磐舟文化博物館　　　櫛屋　　　ろーそく屋　　　糸屋

★8図　軒吊り象形看板

きせる屋　国文学資料館　　　きせる屋　　　鍵屋　国文学資料館　　　目たて屋

きせる屋　大阪市南区　　　きせる屋　日本民芸館　　　たばこ屋　　　質屋　　　刃物・打物所　堺市　　　釘屋　　　鍵屋

215

突き出し看板
TSUKIDASHI-KANBAN

　昔はどこの国でも文盲が多かったせいか、ヨーロッパ諸国にも面白い象形看板がある。これは軒吊りと違って、二階の壁面から街道に突き出した看板である。ドイツやスイス近辺では錬鉄細工の盛んなところで、殆んどが優れた錬鉄の唐草模様となっている。花やその他の要所は金鍍金を施し、部分によってはいろいろの塗装を施し、絢爛さは目をうばうものがある。現代の日本のバー街なども突き出し広告がやたらと多く、町並みの景観を著しく害ねているが、ヨーロッパの突出し看板はそれに較べると、大変優雅で却って町並みの景観に寄与している。それは様式が統一されていて、吾のみが目立とうとしていないことからであろう。

　1図のワイン屋はバルセロナのスペイン村という、日本の明治村のような野外博物館で見たもので、葡萄に囲まれた瓶は本物のようであった。他の四つはデンマークのガンムルビューの野外博物館の古い商店街のもの、煙草屋の下にさがっているのは煙草葉を干し固めたものであろうか。インスブルックの喫茶店は、湯気をたてているコーヒー椀とウェイターの姿。ヨーロッパの象形看板には人物像が登場することが多い。2図上のパイプ屋は車輪や何に使うのか判らないがいろんな物がぶらさがっている。製本屋はそのものずばりで面白い。次の二つは国が違うが、小麦粉を捏ねた形が共通で、ヨーロッパを通じてこれがパン屋の印となっている。下右二つは人物像である。

　3図のクラウンや獅子、怪獣などはその家の紋章であろう。その他にも双頭の鷲やいろんな動物を表わした紋章がある。パンツ屋、錠前屋、ミュージックホールなどそれぞれに面白い。4図右下は薬局のもので、薬の調剤容器がシンボルマークとなっている。英国では赤字に黄金色の牡鶏がパブの印とされるように、その国の人に判る共通の約束があるらしい。

★1図　　ヨーロッパの突きだし象形看板

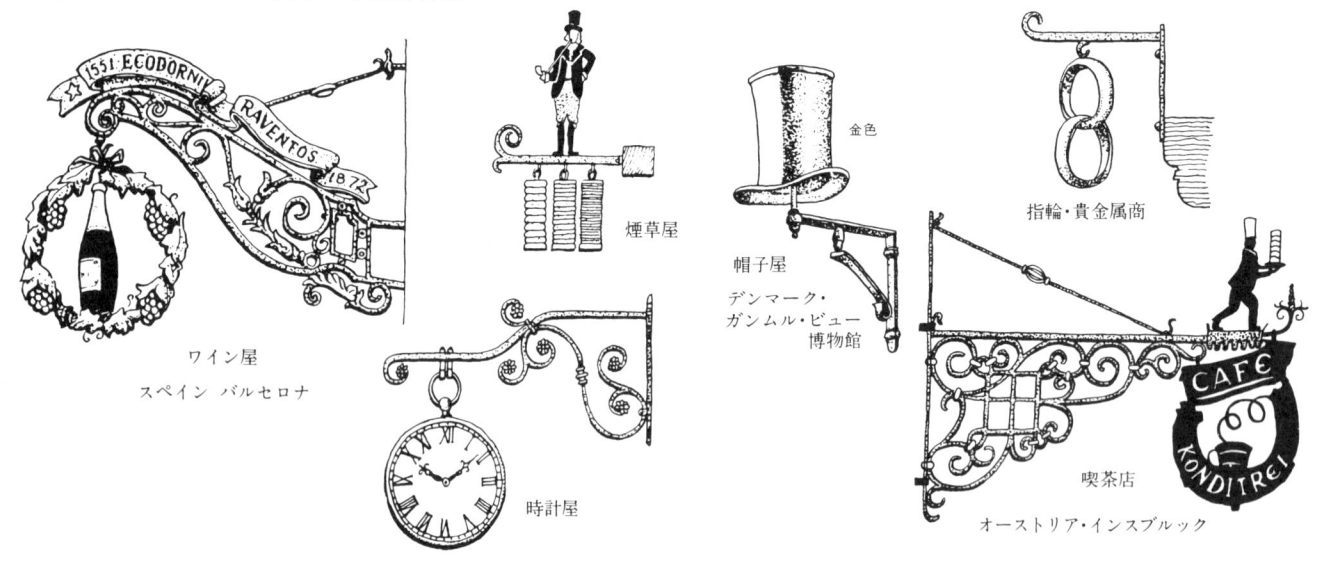

★2図　　ヨーロッパの突きだし象形看板

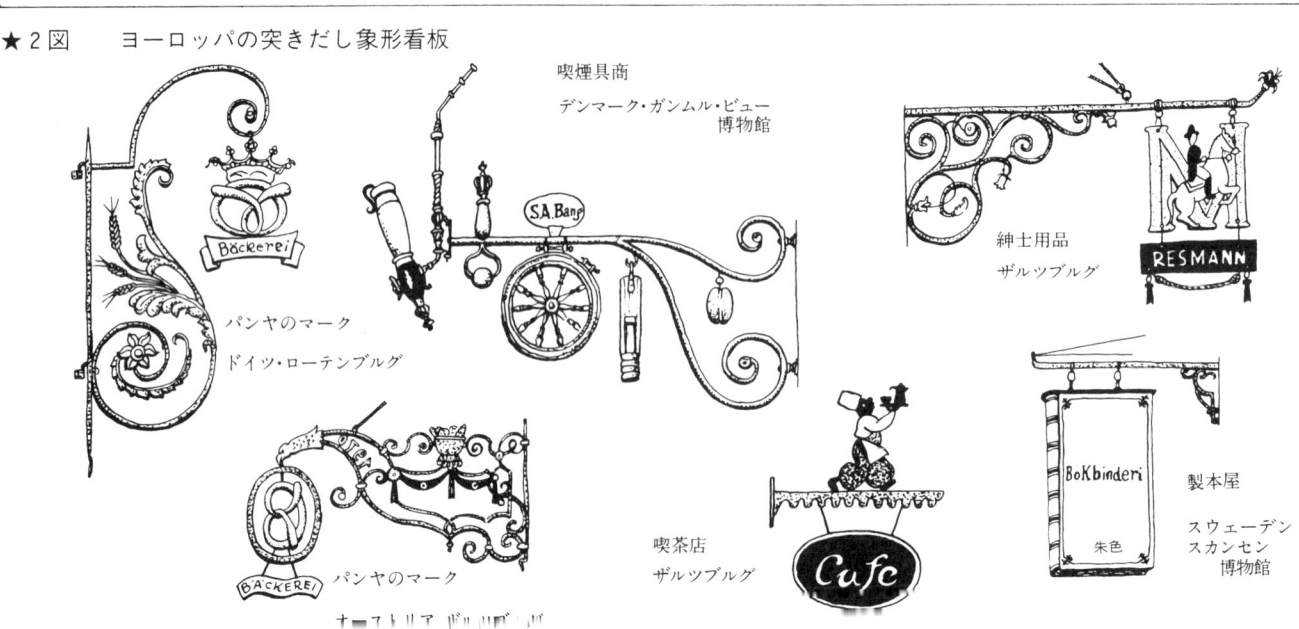

★3図　ヨーロッパの突きだし象形看板

乗馬用
ショートパンツ
ローテンブルグ

クラウン
ドイツ・リンドウ

吊鐘印
ローテンブルグ

獅子印
ローテンブルグ

錠前屋
オーストリア・ザルツブルグ

ミュージックホール
ローテンブルグ

怪獣印
ローテンブルグ

★4図　ヨーロッパの突きだし象形看板

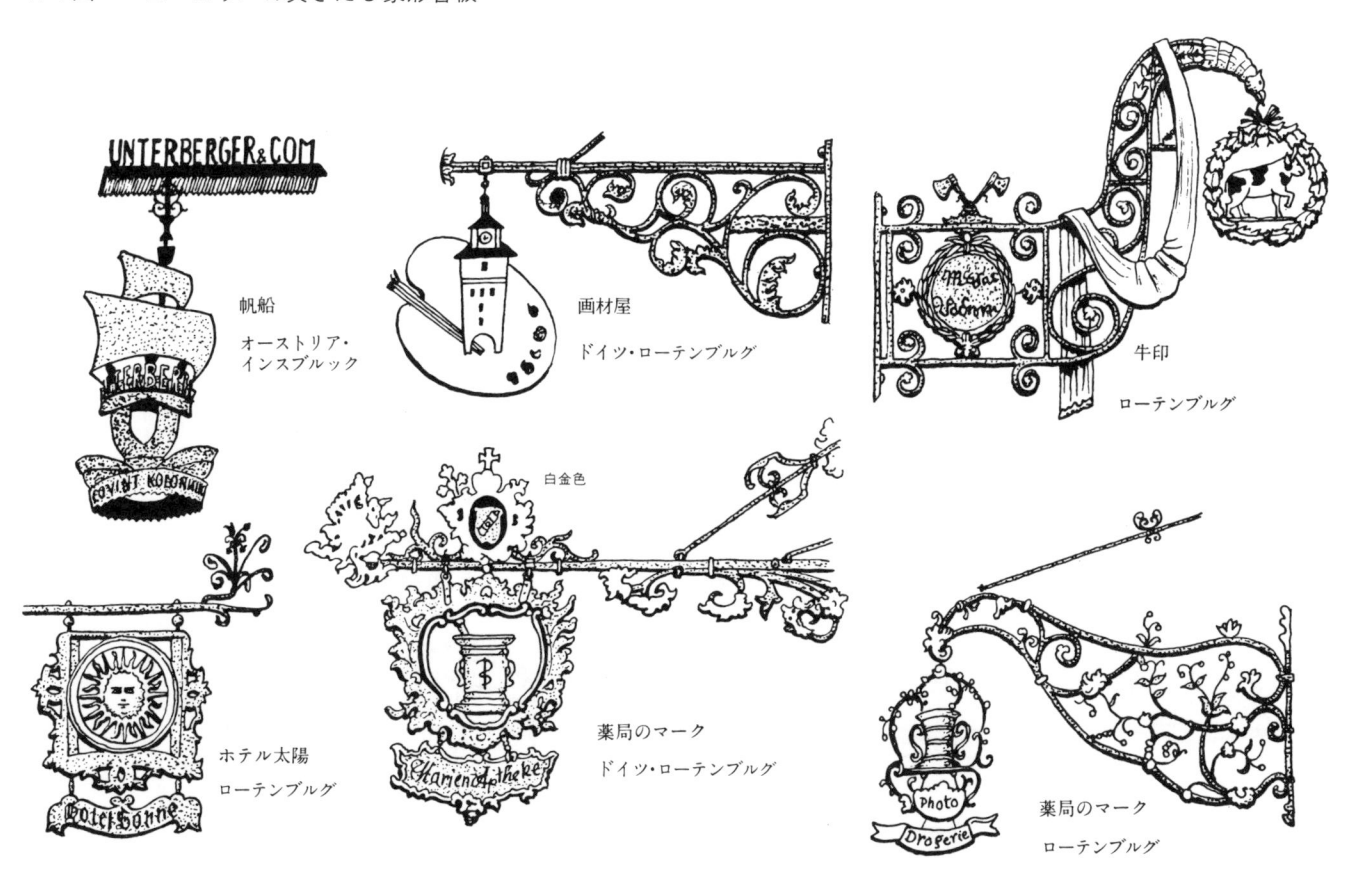

帆船
オーストリア・
インスブルック

画材屋
ドイツ・ローテンブルグ

牛印
ローテンブルグ

ホテル太陽
ローテンブルグ

白金色

薬局のマーク
ドイツ・ローテンブルグ

薬局のマーク
ローテンブルグ

217

軒灯
KENTŌ

　一階の軒庇の上につき出た軒灯は、明治になってできた瓦斯灯である。地方では灯油を用いたランプなどもつかわれた。瓦斯灯であるから洋風が基本となっているのであろうが、昔からの灯籠の形も混じっている。建築でいえば凝洋風という所で、職人があれこれと洋風めいたものを想像してつくった所に面白味がある。材料は銅板やトタン製で、作るのは錺職人であった。

　灯袋の上部の笠は灯籠と同じく、直線的なものと、おみこしの屋根のようにむくり上がったものとがある。1図中央輪違屋のものはみこし型で、左右のえちごやと油屋は直線型のものである。左下の西岡家のように垂直のものもあって、これは大阪あたりに多い型式である。ガスや灯油が光源であるので、灯袋には換気孔をつけるのが通常である。大正の初め頃はこうしたガス灯も未だ多く残っていて、夕方になると、梯子をもった点火職人が家々のガス灯に灯をつけて回ったものだった。今はこんなものはすたれてしまったが、伝統を誇る老舗では、電灯に替えたが昔の姿をそのままに残している家も少なくはない。

　2図右の二つは大阪型のもの、中央鳥弥三は、銅板製で竹に似せた立派なもの、左は灯袋が六角のもので、5図の下郷家の例に見るようにより洋風的な色合いの濃いものである。以下種々の意匠や誌された文字のいろいろを楽しんで頂きたい。

　軒灯のうちには門口（かどぐち）に立てる、辻行灯（あんどん）または招き行灯がある。これは港などにある高灯籠を形どったもので、木製である。これも古式を重んじる老舗の門先では今も見ることができる。6図左以下は辻行灯のさまざまである。

　9図以下は日本の軒灯のお手本ともいうべき、ヨーロッパ諸国の商家の軒灯のいろいろである。重厚でいかめしい北欧のもの、軽快で華やかな南欧のものなどあって、それぞれのお国柄が偲ばれる。灯袋は錺工の手になるが、ブラケット（持送り）は錬鉄製や鋳造品が多く、これは鍛冶屋の仕事である。ブラケットの唐草模様は先の商家の突きだし看板とともにヨーロッパの古い町並みを彩どっている。今は電灯に変っているが、昔はガスのほの青い光を放っていたことであろう。陸橋になって残っている大阪の心斉橋の橋灯や、カナダのトロント市の街路灯などは今もガス灯であるが、昔のアーク灯やアセチレン灯、それにガス灯などの青白いあかりは何とも郷愁を感じさせるロマンがある。

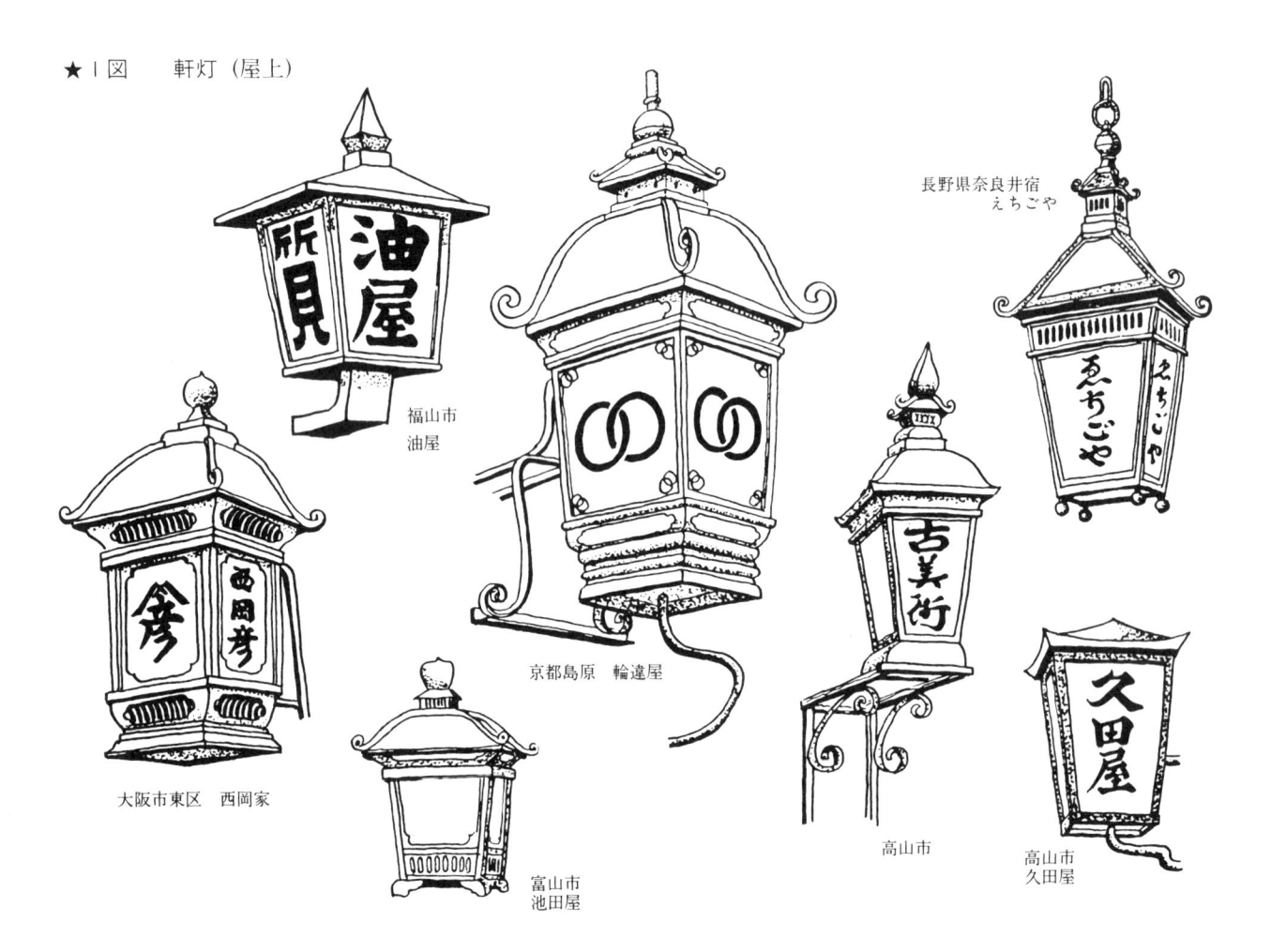

★ 1図　　軒灯（屋上）

福山市　油屋

大阪市東区　西岡家

京都島原　輪違屋

富山市　池田屋

高山市

高山市　久田屋

長野県奈良井宿　えちごや

★ 2図　軒灯（屋上）

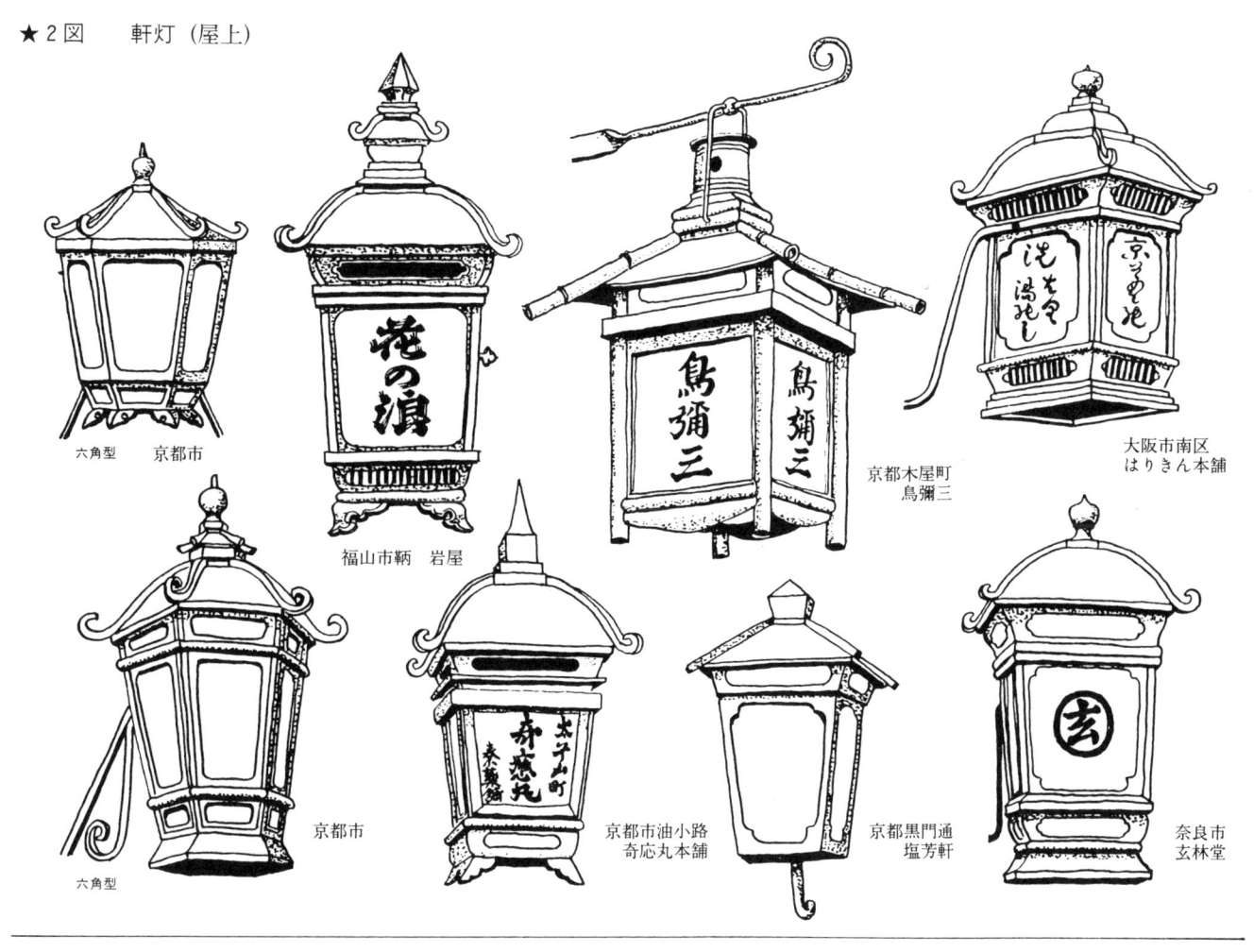

六角型　京都市

花の浪
福山市鞆　岩屋

鳥彌三
鳥彌三
京都木屋町
鳥彌三

大阪市南区
はりきん本舗

六角型
京都市

京都市油小路
奇応丸本舗

京都黒門通
塩芳軒

奈良市
玄林堂

★ 3図　軒灯（屋上）

大阪市東区
西横堀

長野県
上田市

高岡市

上田
奈良市

大阪東区　小間物屋

長野県
海野町

京都河原町

千寿堂
高岡市

★4図　軒灯（屋上）

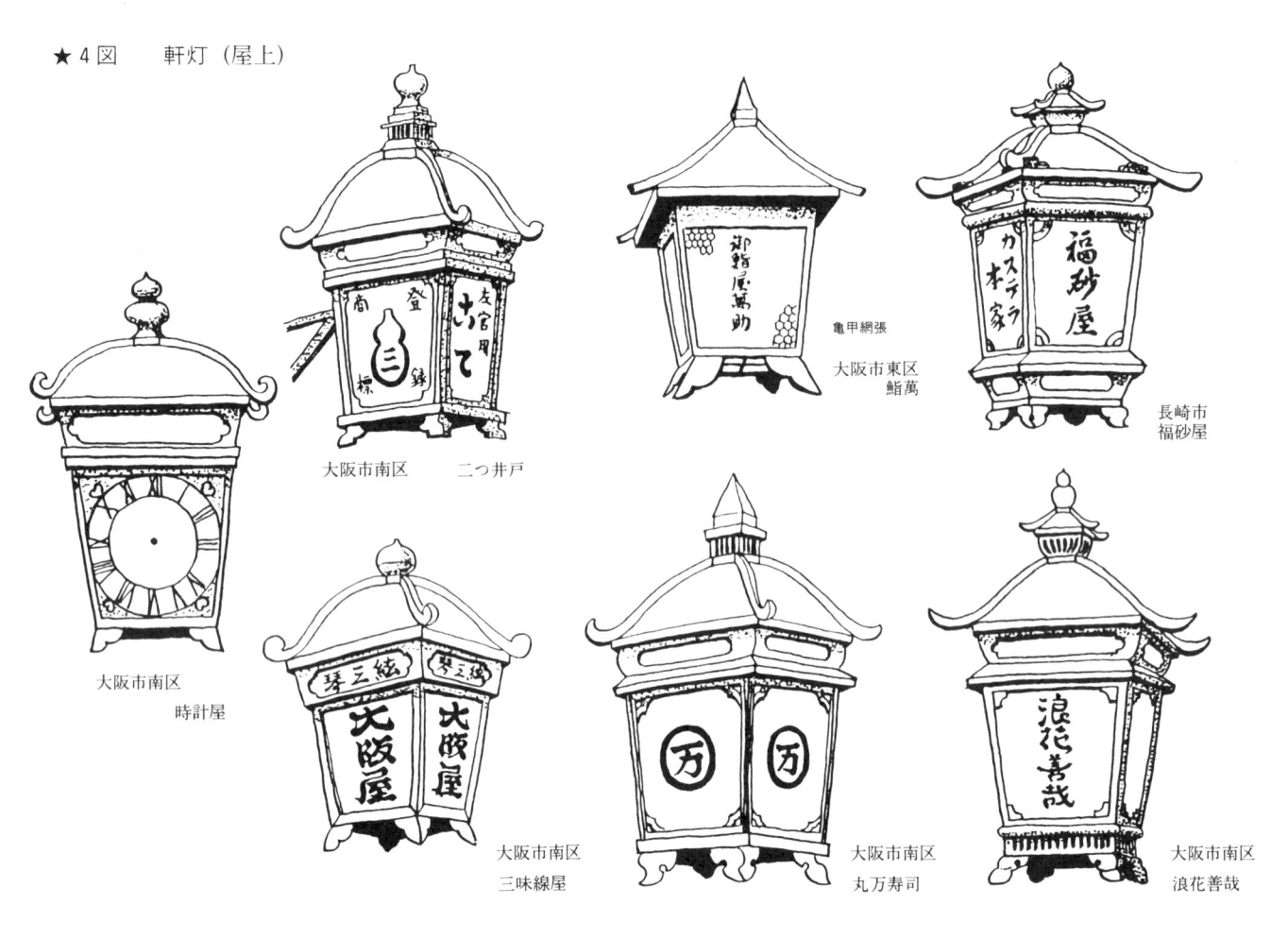

大阪市南区　時計屋

大阪市南区　二つ井戸

大阪市東区　鮨萬
亀甲網張

長崎市　福砂屋

大阪市南区　三味線屋

大阪市南区　丸万寿司

大阪市南区　浪花善哉

★5図　軒灯（屋上）

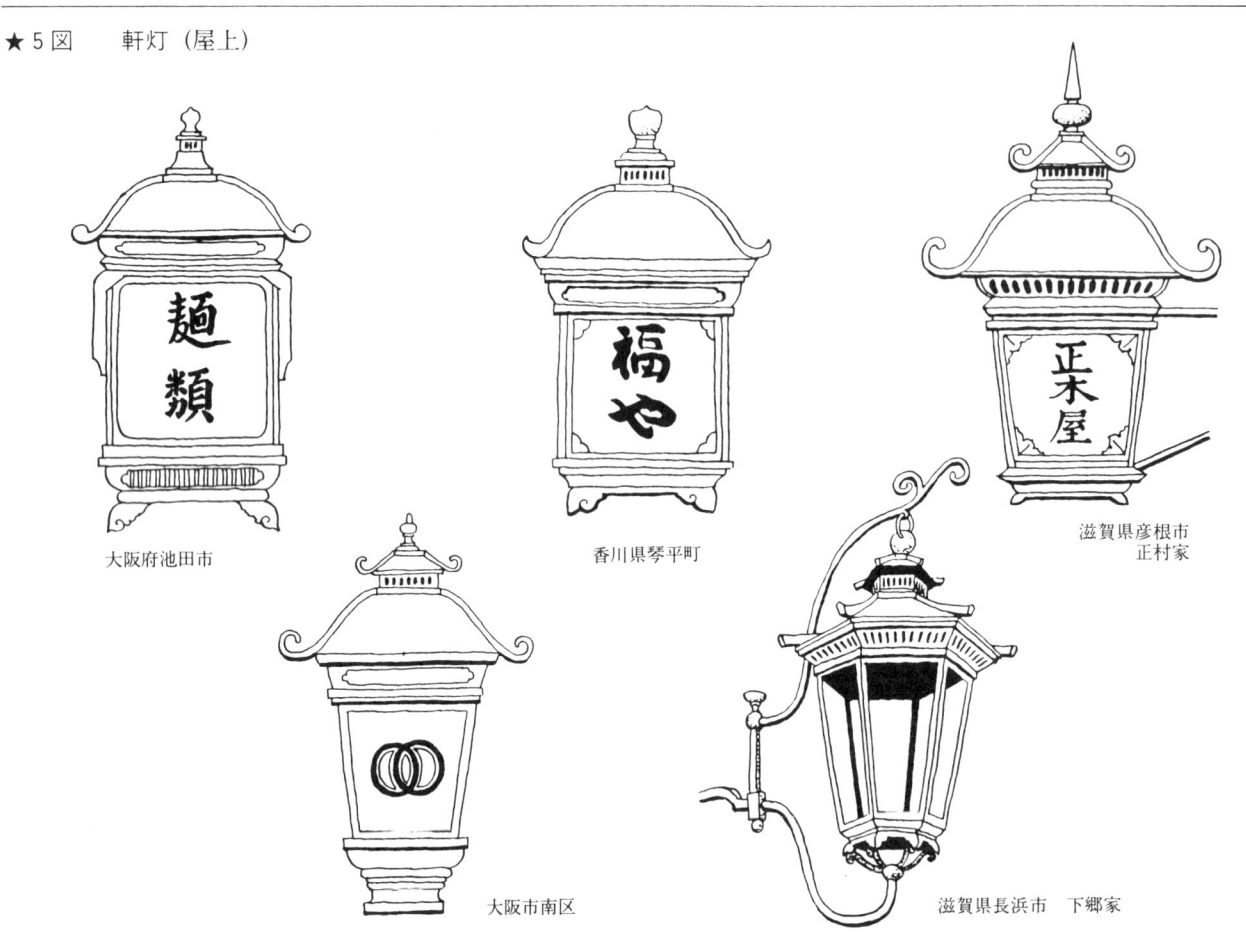

大阪府池田市

香川県琴平町

滋賀県彦根市　正村家

大阪市南区

滋賀県長浜市　下郷家

★6図　軒灯

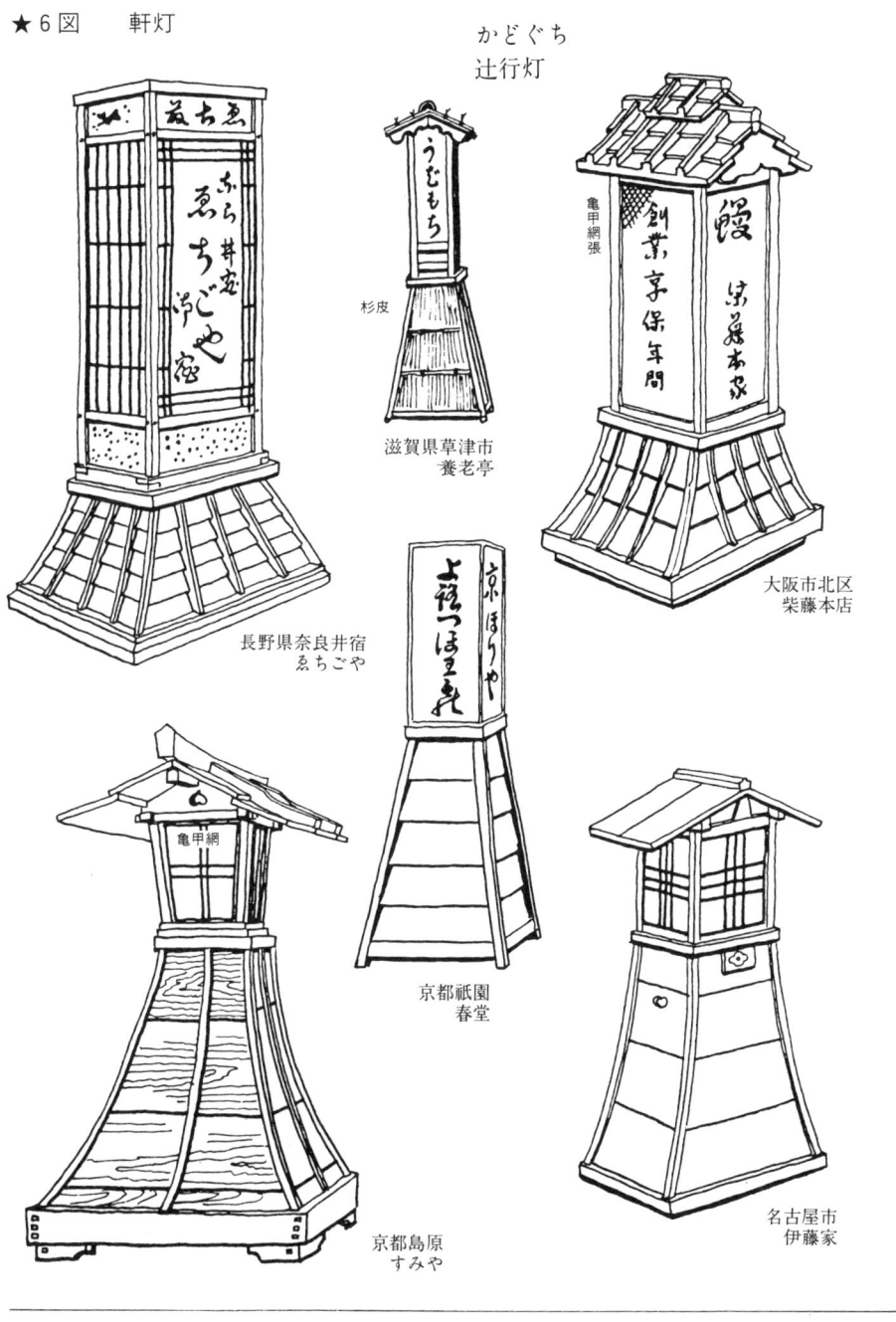

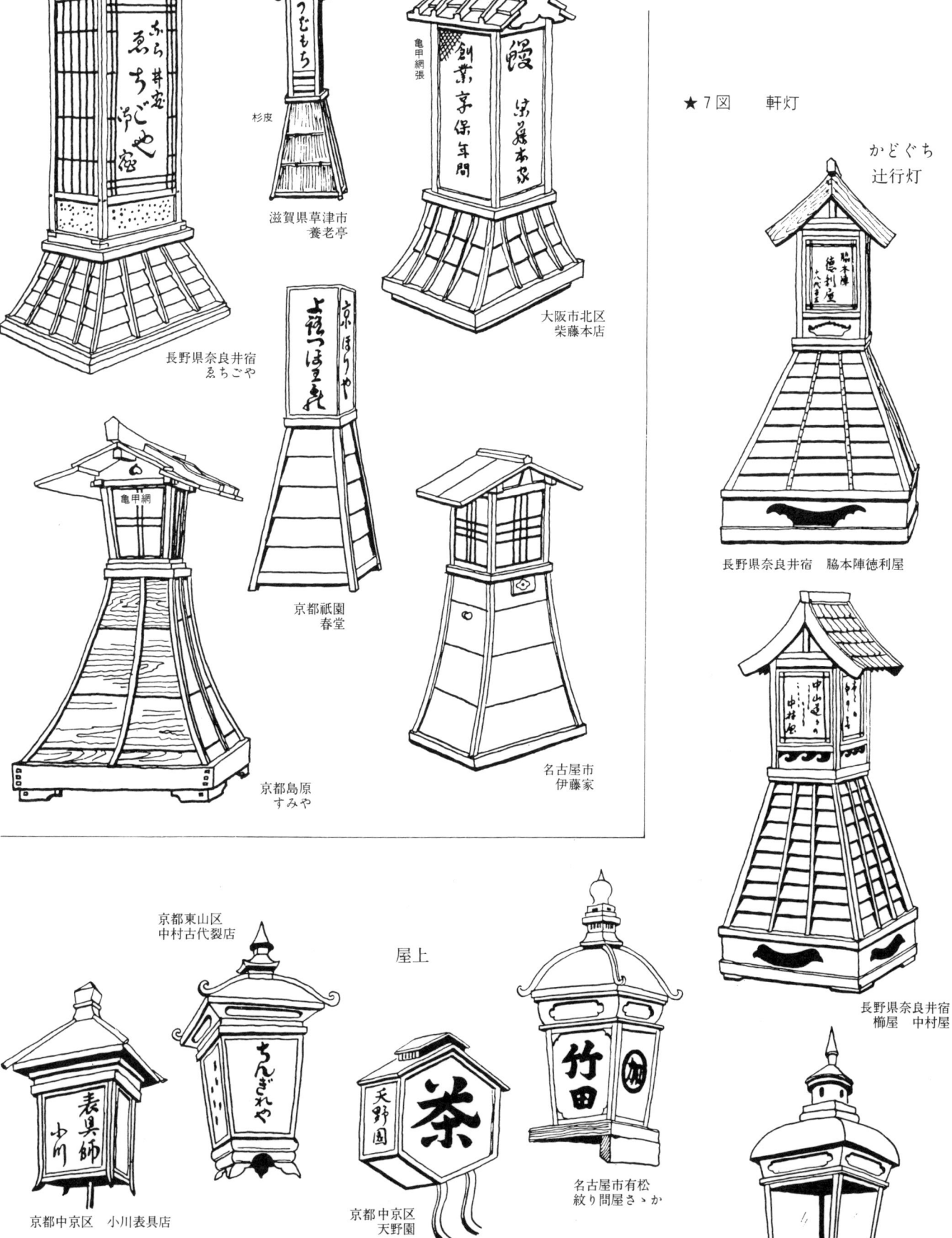

かどぐち
辻行灯

杉皮

滋賀県草津市
養老亭

亀甲網張

大阪市北区
柴藤本店

長野県奈良井宿
ゑちごや

京都祇園
春堂

亀甲網

京都島原
すみや

名古屋市
伊藤家

★7図　軒灯

かどぐち
辻行灯

長野県奈良井宿　脇本陣徳利屋

長野県奈良井宿
櫛屋　中村屋

京都東山区
中村古代裂店

屋上

京都中京区　小川表具店

京都中京区
天野園

名古屋市有松
絞り問屋さゝか

奈良井宿　徳利屋

221

★8図　軒灯　　かどぐち　辻行灯

亀甲金網貼

香川県金比羅町　虎屋本家

誰也行灯

鹿児島市　両棒餅

高山市　すすき亭

金沢市　山川酒造

杉皮葺

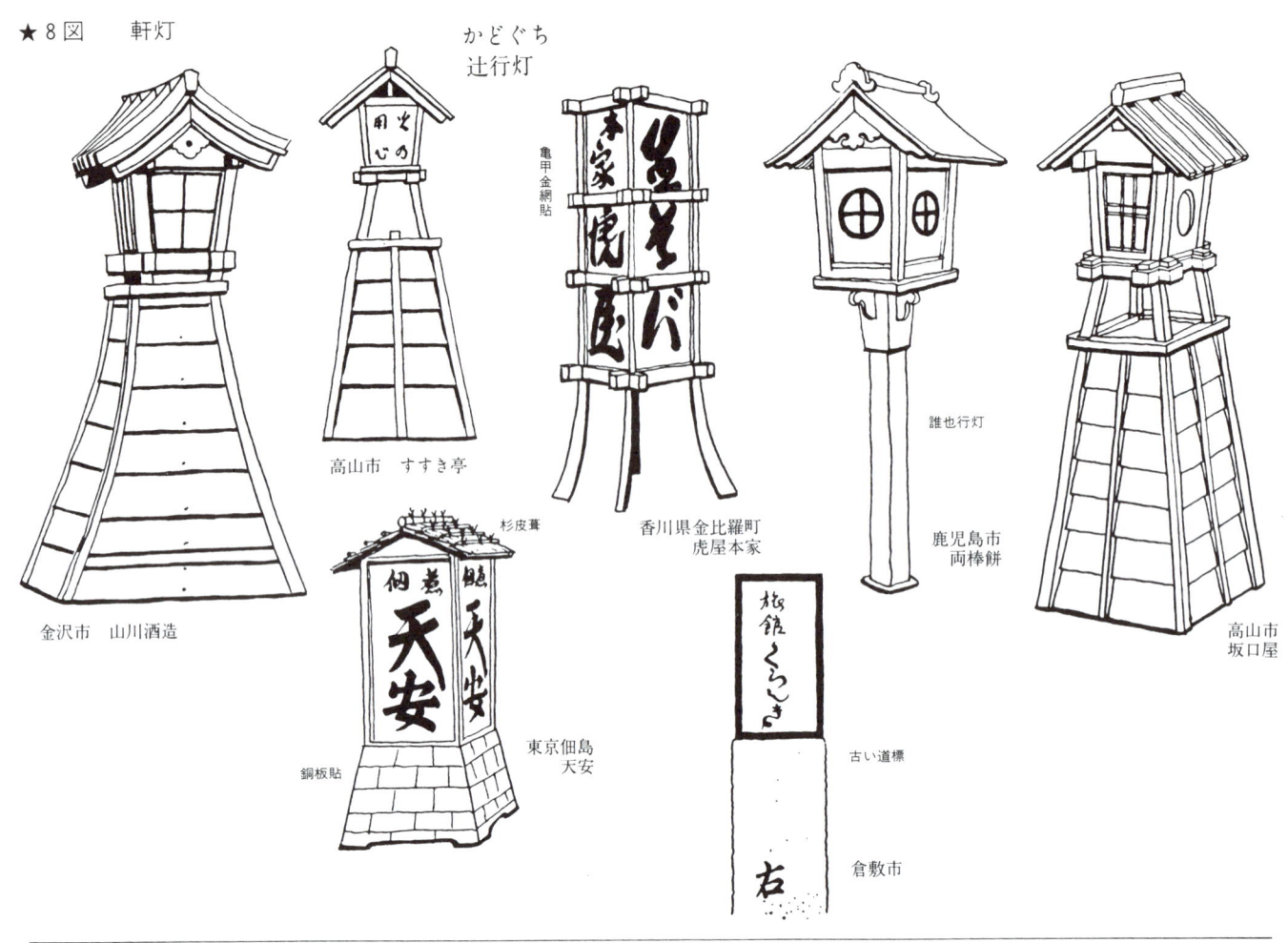

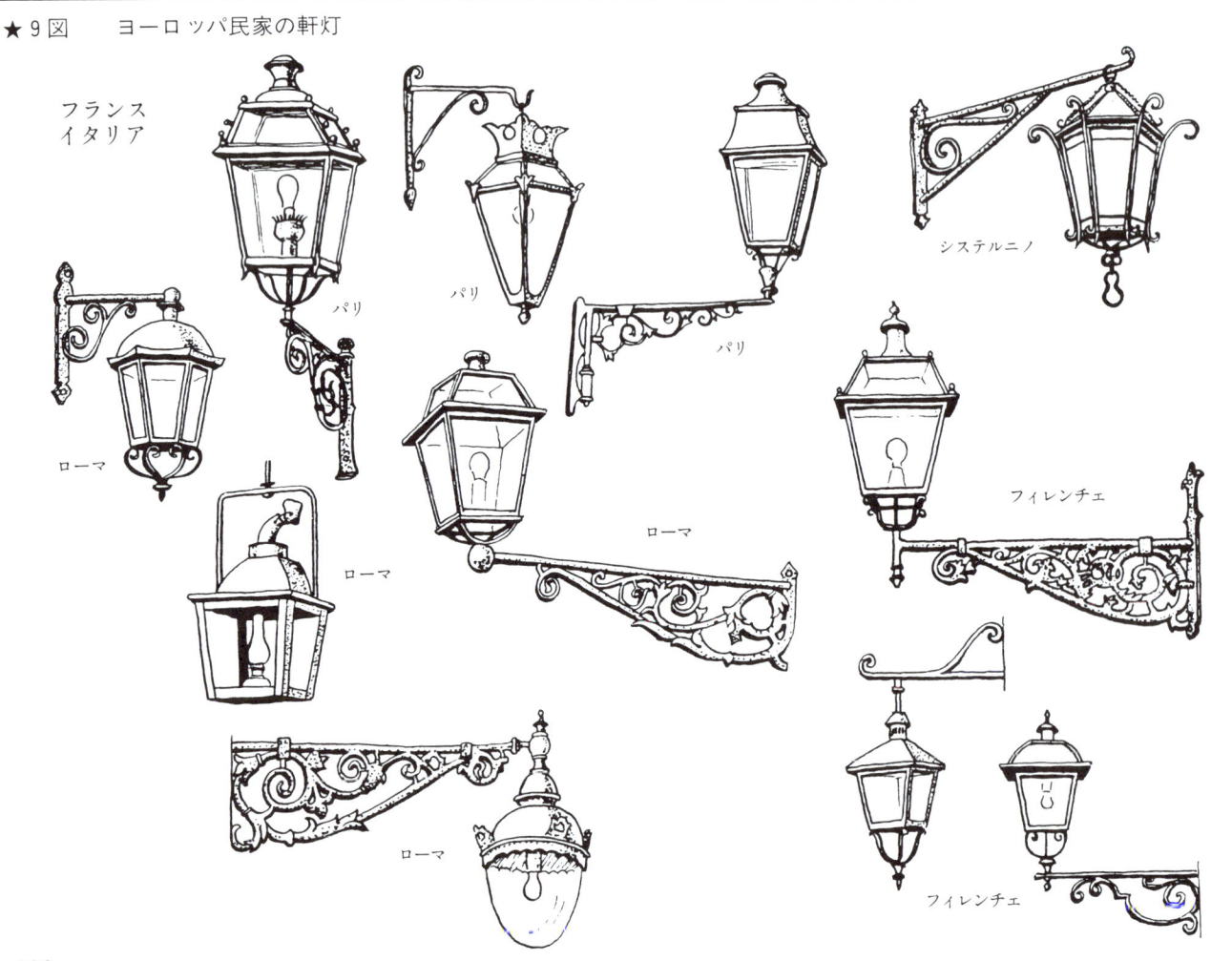

銅板貼

東京佃島　天安

古い道標

倉敷市

高山市　坂口屋

★9図　ヨーロッパ民家の軒灯

フランス
イタリア

パリ

パリ

パリ

システルニノ

ローマ

ローマ

ローマ

フィレンチェ

ローマ

フィレンチェ

★10図　ヨーロッパ民家の軒灯

ローテンブルグ
ローテンブルグ
オーストリア　ウィーン
スイス　ルツェルン
ドイツ
ローテンブルグ
ローテンブルグ
ローテンブルグ
フランス　ルーアン

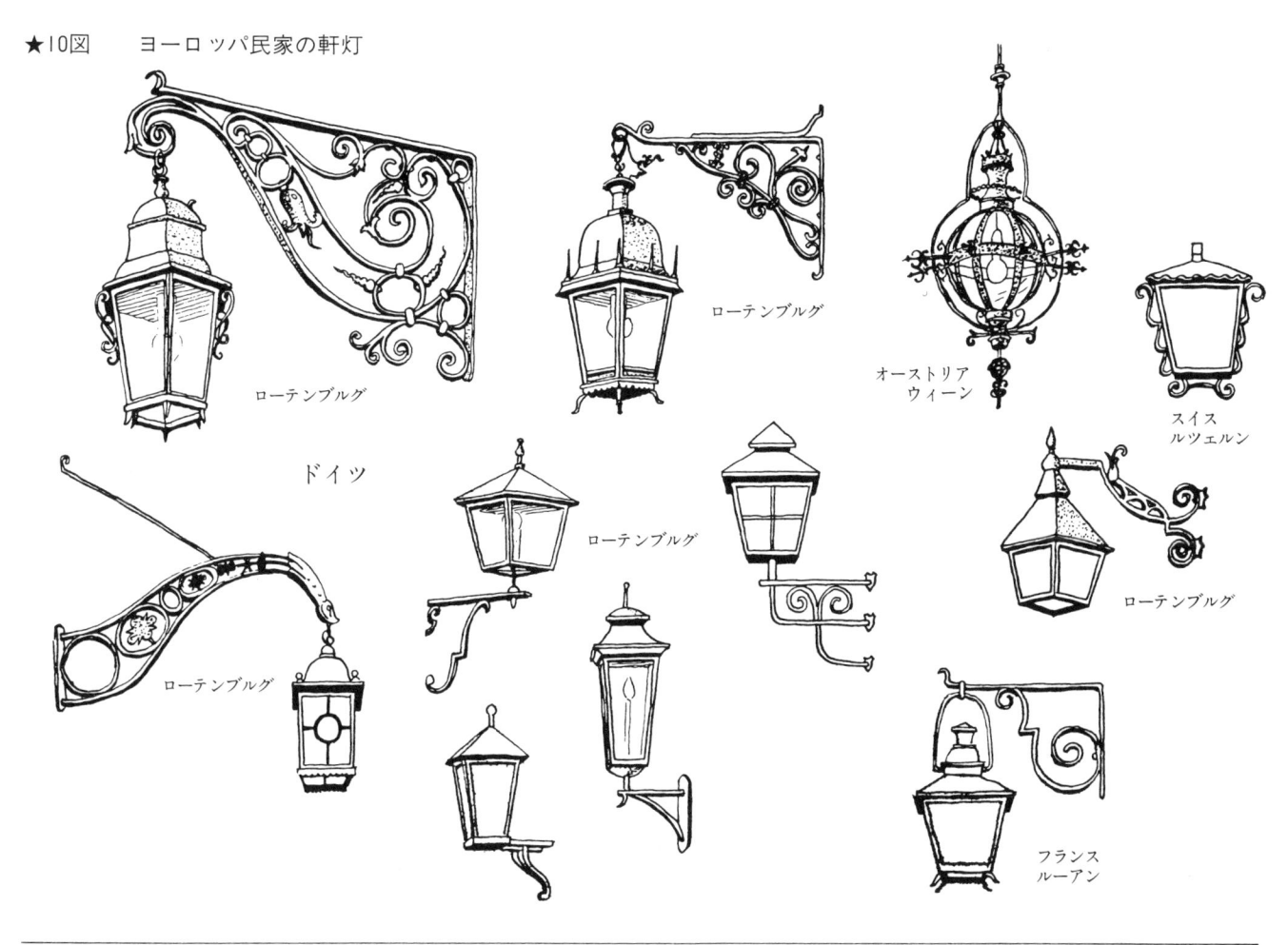

★11図　ヨーロッパ民家の軒灯

バルセロナ（商家）
スペイン
セゴビア
イタリア　セエナ
バルセロナ（酒場）
セゴビア
セゴビア
セゴビア
帆船
ポルトガル　リスボン（廻船問屋）

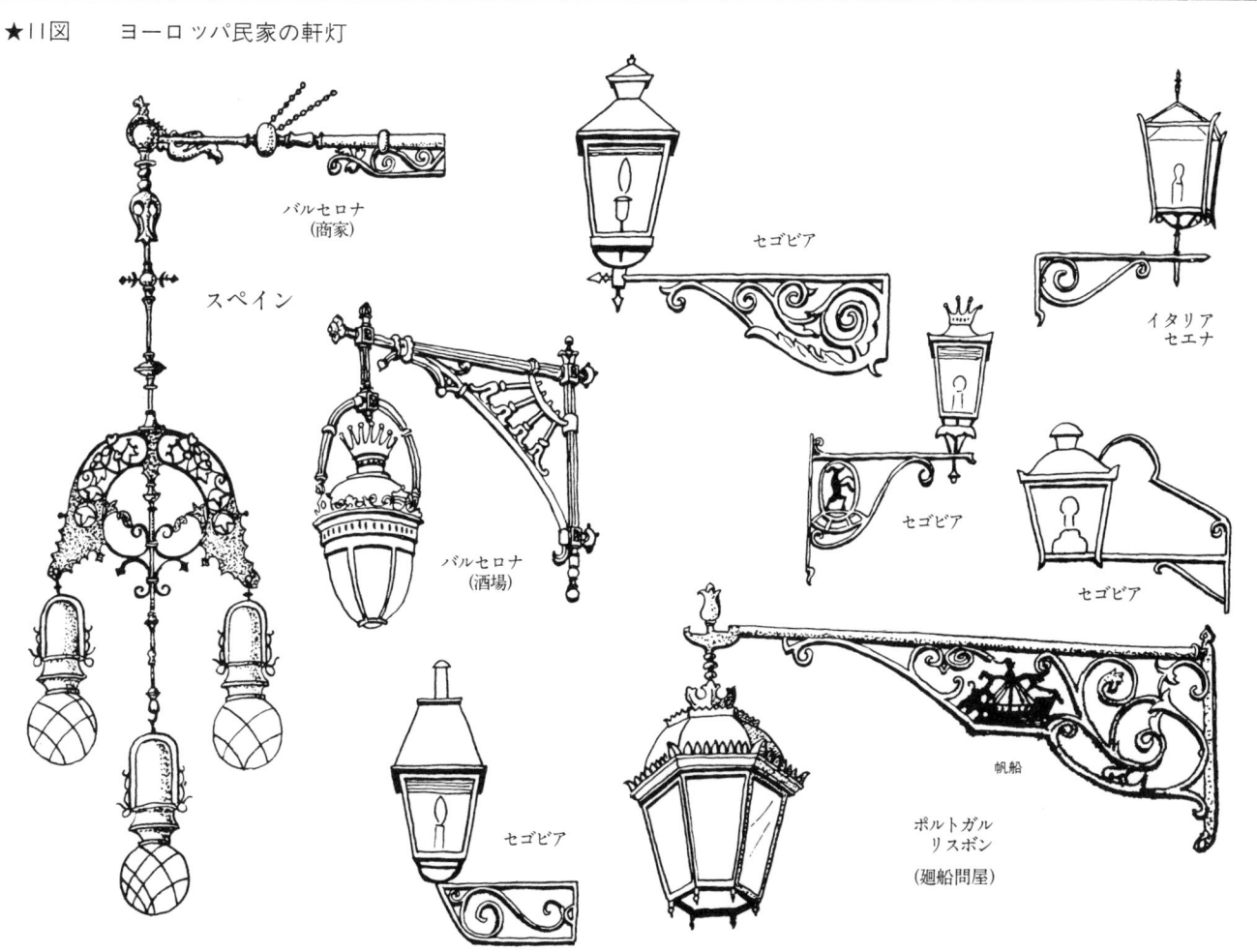

★12図　ヨーロッパ民家の軒灯

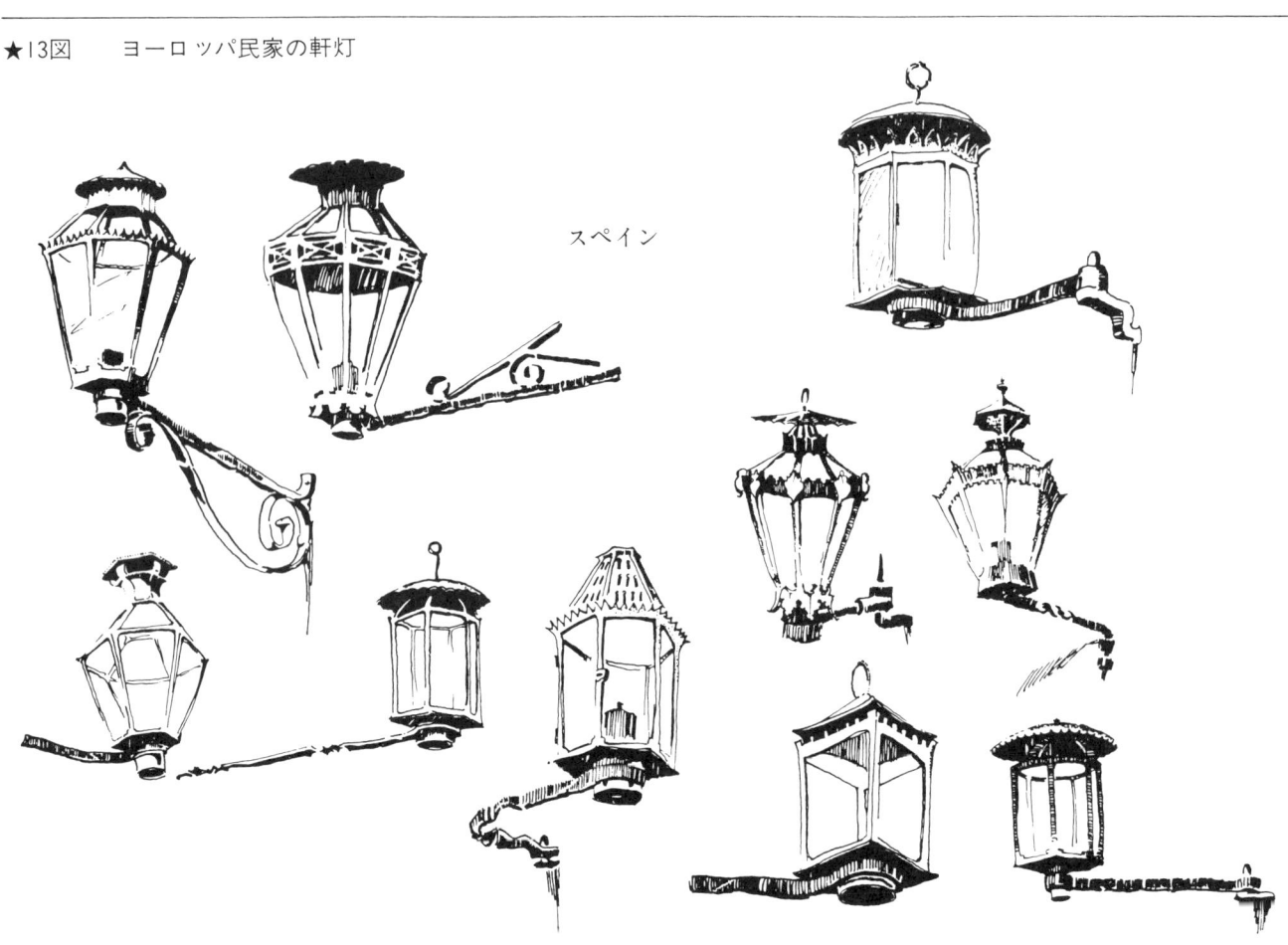

リスボン
トレド
トレド
セゴビア
ペドラサ
スペイン ポルトガル
セゴビア
セゴビア
トレド
セゴビア
セテニール
マルベリア

★13図　ヨーロッパ民家の軒灯

スペイン

軒行灯と軒提灯
NOKIANDON・NOKICHŌCHIN

　今の盛り場で氾濫している広告灯は、照明が主目的ではなく、宣伝が主目的となっている。民家の軒下に吊される掛行灯や軒提灯は、もとより入口廻りの照明が目的ではあるが、広告的な要素も多いものである。玄関脇の壁面や柱掛けのもので、木製と鉄製がある。また戸外にあるので、屋根型をつけたものも多い。夜間も営業する旅籠屋や飲食店のものが多く、今はすべて電灯を仕込んでいるが、以前は灯芯や蠟燭を用いたものであろう。これも余り解説を要しないもので、その形と誌された文字の面白さを味わって頂くものである。軒端に吊るす軒提灯も同様のもので、今では赤提灯といって、飲み屋のシンボルマークとなっているが、以前もやはり旅籠屋や飲食店のものが多かった。5図には祭礼時に戸毎にかかげる祭り提灯を主としてあげた。

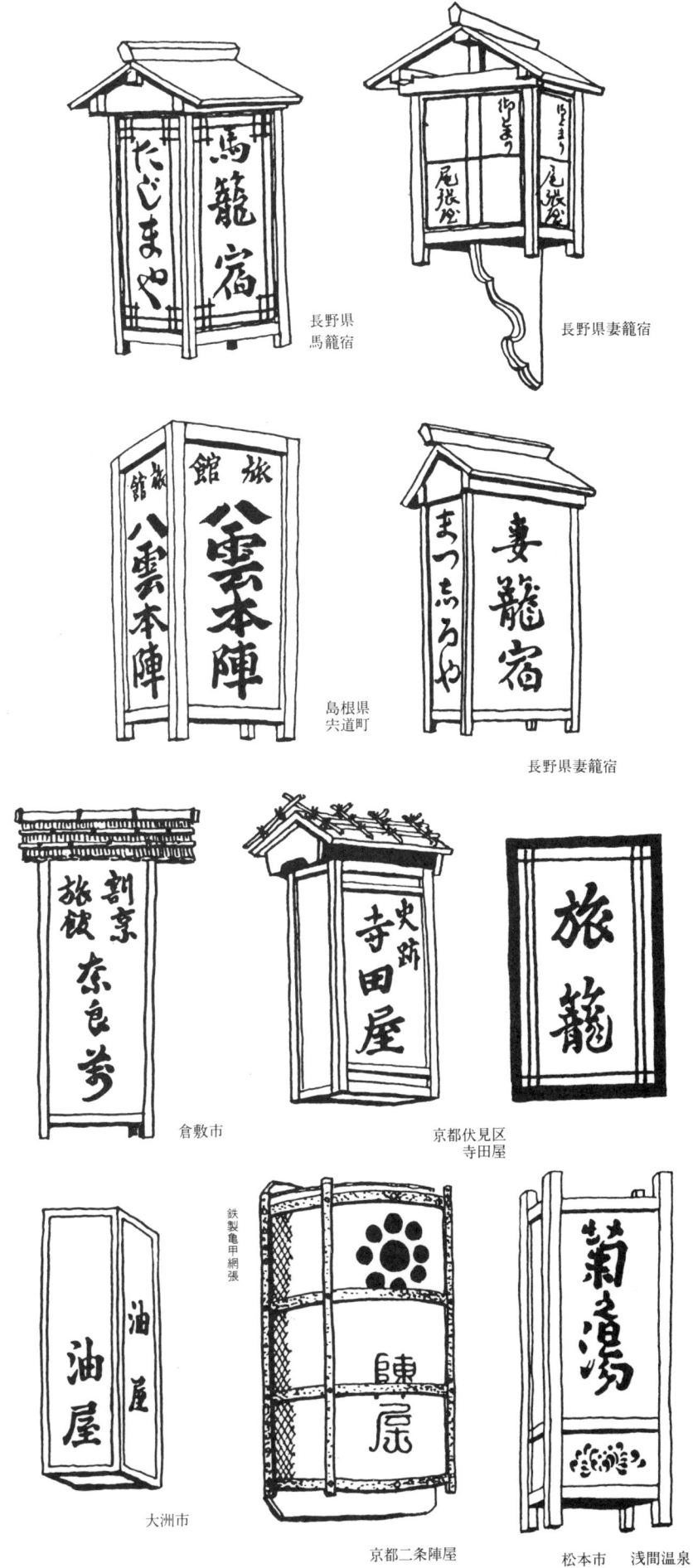

★ 1図　　軒灯と軒下掛行灯

長野県　馬籠宿

長野県妻籠宿

島根県
宍道町

長野県妻籠宿

倉敷市

京都伏見区
寺田屋

鉄製亀甲網張

大洲市

京都二条陣屋

松本市　浅間温泉

225

★2図　軒灯と軒下掛行灯

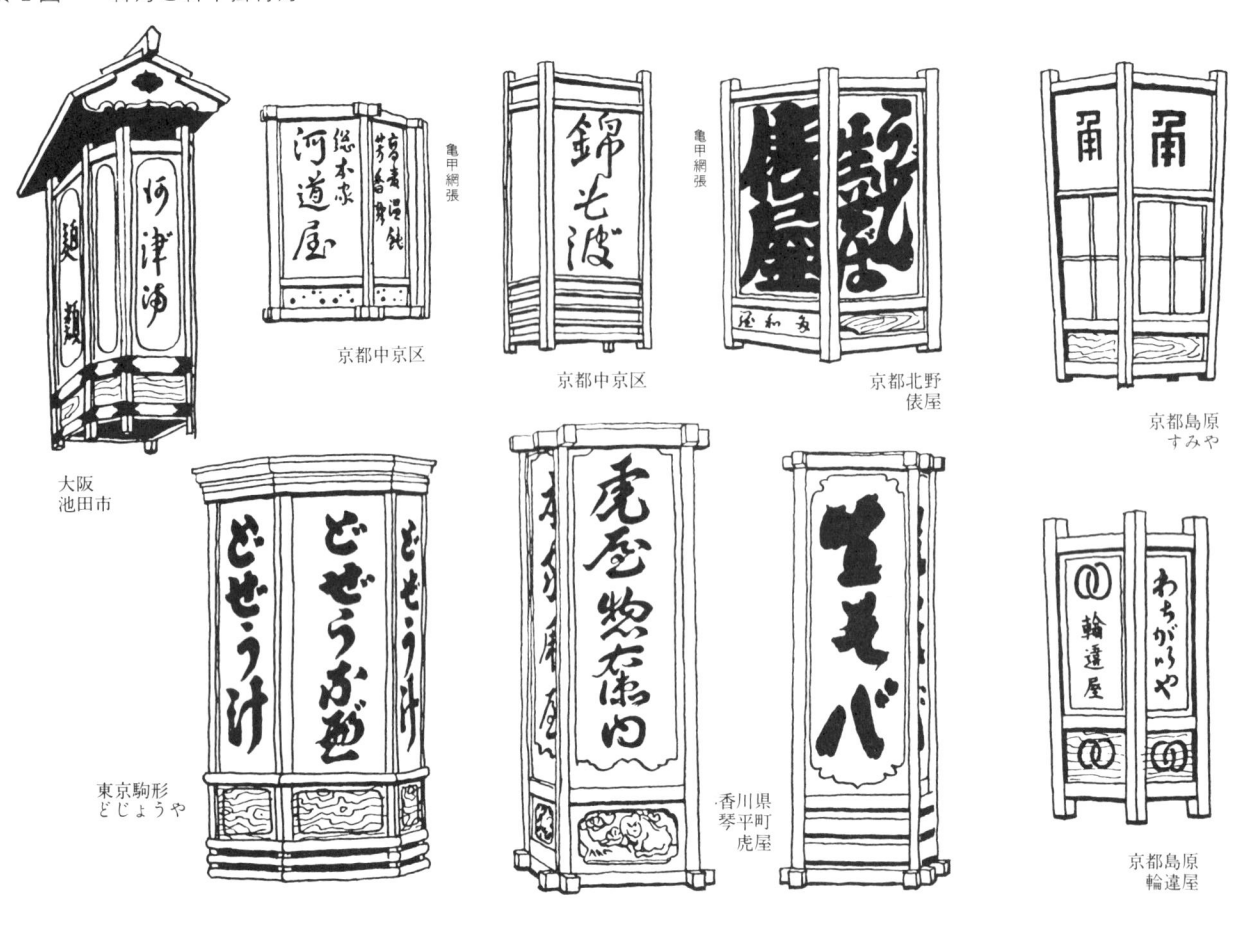

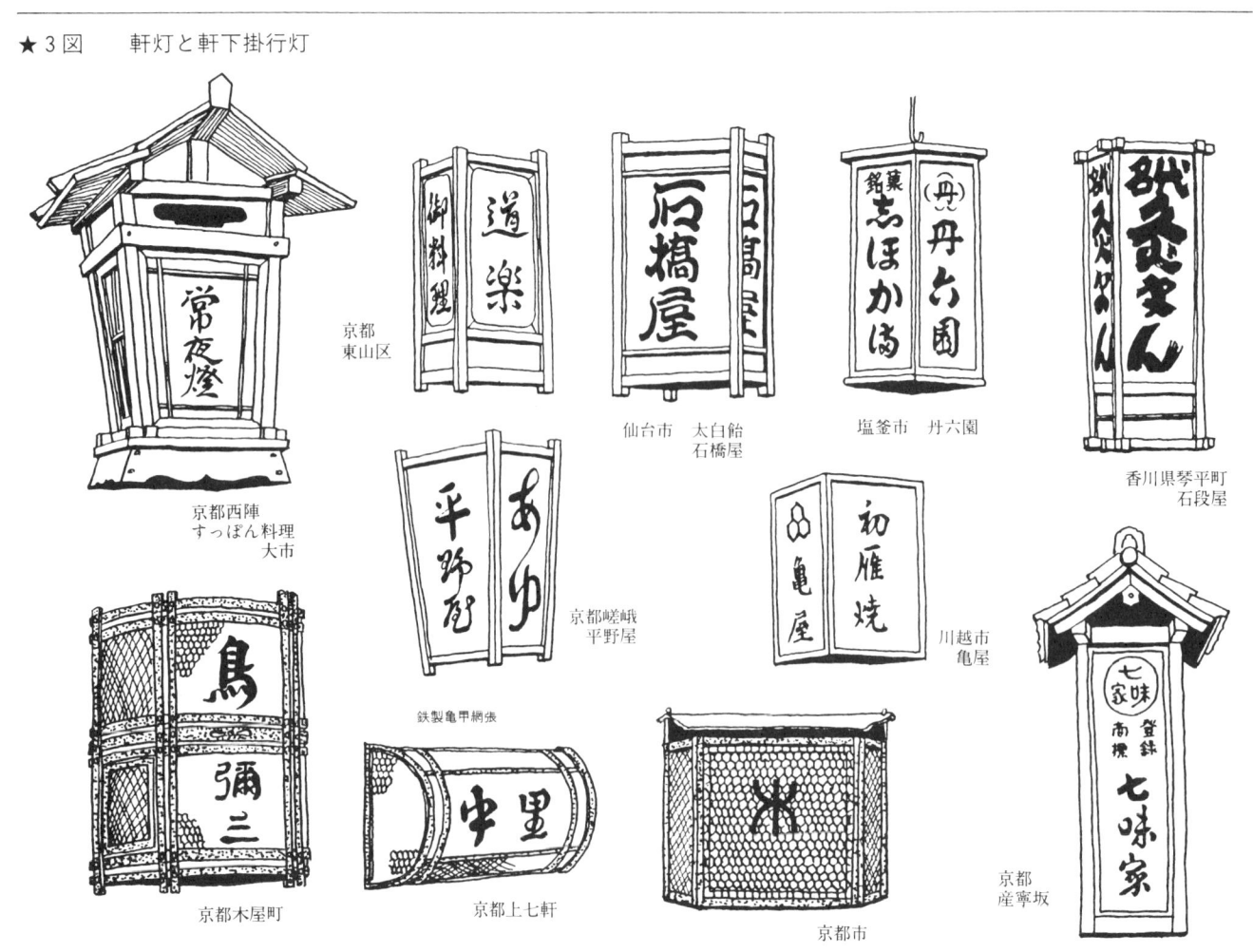

大阪
池田市

京都中京区

亀甲網張
京都中京区

亀甲網張
京都北野
俵屋

京都島原
すみや

東京駒形
どじょうや

香川県
琴平町
虎屋

京都島原
輪違屋

★3図　軒灯と軒下掛行灯

京都西陣
すっぽん料理
大市

京都
東山区

仙台市　太白飴
石橋屋

塩釜市　丹六園

香川県琴平町
石段屋

京都木屋町

京都嵯峨
平野屋

鉄製亀甲網張
京都上七軒

川越市
亀屋

京都市

京都
産寧坂

226

★4図　軒提灯

大型

鮎よろし
京都嵯峨
平野屋

京都産寧坂

京都中京
京菓 亀屋末広

高知市

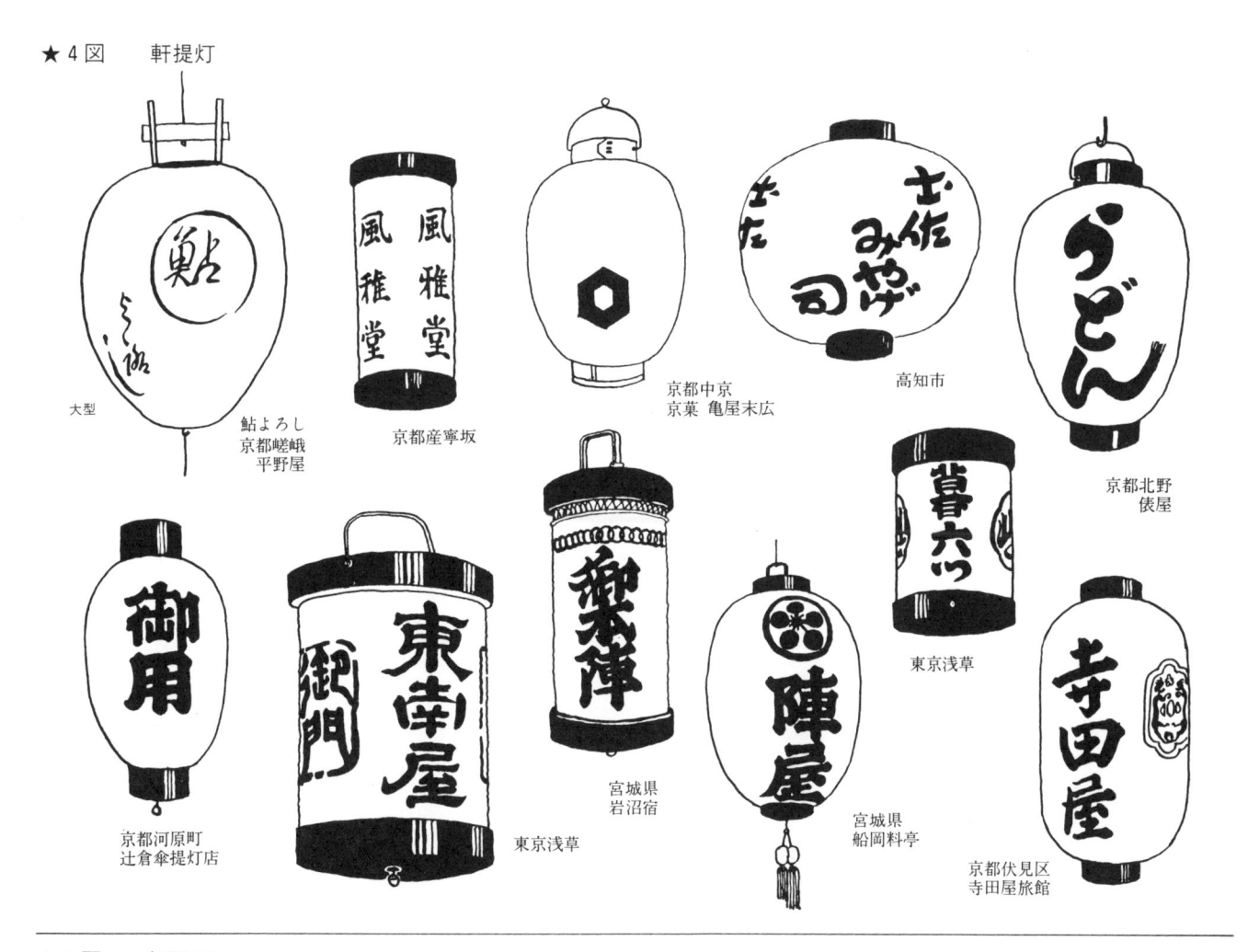

京都北野
俵屋

京都河原町
辻倉傘提灯店

東京浅草

宮城県
岩沼宿

宮城県
船岡料亭

東京浅草

京都伏見区
寺田屋旅館

★5図　軒提灯

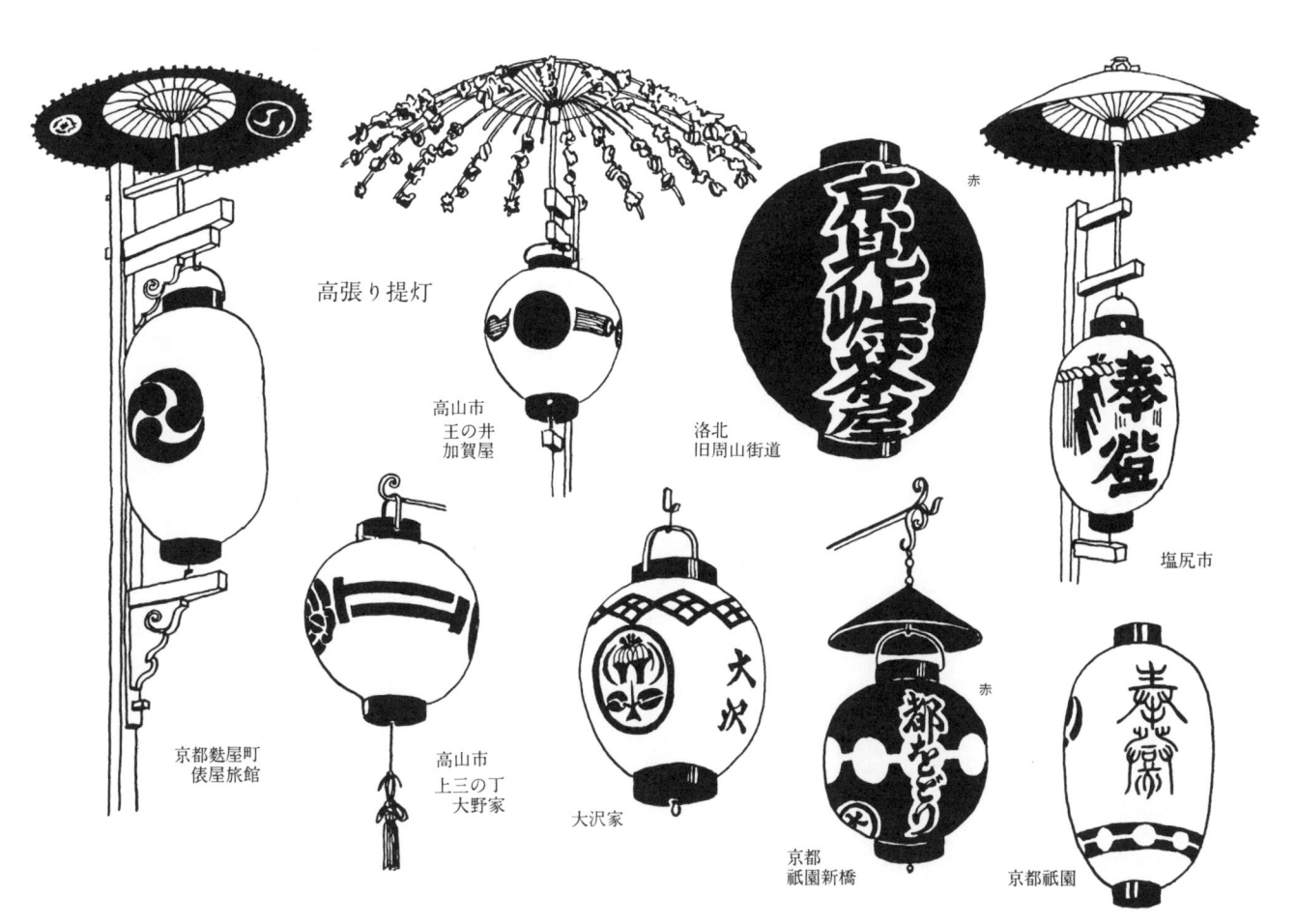

高張り提灯

京都麩屋町
俵屋旅館

高山市
王の井
加賀屋

高山市
上三の丁
大野家

大沢家

洛北
旧周山街道

赤

京都
祇園新橋

赤

塩尻市

京都祇園

227

6

民家のつくり

内外民家のデザインの類似

　民家のつくりは気候風土と、住民の経済生活（生業）の相関から成立している。そのほかに地方色を形成するものに、その地の伝統的な構造手法や特産の建築材料がある。そうした地方的な特性を、外観、間取り、構造、手法などの面から総合的に捉えたのが民家のつくりである。わが国では「飛騨の合掌造り」とか「南部の曲り家」「木曽の本棟造り」その他特色のある幾つかの造りがある。ここではデザインの面から見て、外観的な特色を述べることにする。

　気候風土と生業、それに建築材料や生活の風習などが似たものであれば、わが国民家も外国民家もよく似たものとなるのは当然のことであろう。なかでも中部ヨーロッパでは、木造民家が多く、気候も似た地域なので、特にデザインの上で、わが国と類似した民家が見られる。遠く離れていて文化的な交流がなくとも、条件が合えば同じようなデザインが生まれ、わが国の民家だけが特異性があるわけでなく、また孤立した様式のものでもないことが判る。

　1図は元岐阜県白川村にあった大戸家で、天保四年に建てられた。茅葺切妻の多層民家である。階下と下二階、上二階空二階の四層建で、階上はすべて養蚕に用いられた。三角形の巨大な切妻に、庇で区切った各階の明り障子がならぶ特異な外観はわが国有数の美しい民家形式である。2図はスイスのランデンハウスと呼ばれる造りで同じく四層建の切妻造りである。屋根は板葺きであるが、各階に庇をつくり、雨や霧の多い風土が生んだ類似である。

　3図は長野県木曽谷の本棟造りである。板葺緩勾配妻入りのこの形式は松本平や伊那谷にも分布していて、南信地方を代表する地方色をもったものである。スイスやチロル地方にもこれに似た民家形式があり、一般にシャーレー（牧人小屋）と呼ばれている。積雪時には軒端が凍結して、室内に融水が逆漏れするので、それを防ぐために軒の出、けらばの出が深く山国にふさわしい直截な美しさがある。4図はスイス中部のブリエンツ湖畔の家で、屋根は瓦葺きとなっているが、付近には木曽と同じく石置板屋根の家も多い。

　5図は福島県信夫郡のあずまや造りと呼ばれるかぶと造りである。蚕紙の取引の関係から山梨県の影響をうけたもので、相馬地方では山梨と同じくかぶと造りと呼ぶが、伊達・信夫・安達の三郡では「あずまや」という。柱や貫を現わした真壁造りの壁面が美しい。6図はドイツ南西部のシュバルツバルトのグッタッハ型と呼ばれる民家形式で、茅葺のかぶと造りである。一階中央部を5図同様に真壁造りとしている。ドイツらしい鈍重な造りはどこか、日本の東北民家と共通するものがある。

　7図は「南部の曲り家」と呼ばれる民家形式で、岩手県の中部以北の旧南部藩領に多く分布するところから、この名がある。この地方は昔から馬産の盛んなところで、どの家も大きな厩をもっている。住居部の主屋と直角に厩をつきだしたL型平面で、積雪期の厩の管理を便にしている。8図はスイス北部のボーデン湖畔の山中の家で、この地方も牧畜が盛んである。L型平面ではないが、主屋と直角に大きな厩が、つき出た恰好が曲り屋に似ている。やはり冬期の厩の管理のためである。主屋は角材を積み上げた校倉造りで、オレンジ色のスレート瓦を葺いている。

　9図は能登の商家で、妻壁は太い虹梁を幾重にもかさね、小屋束を馬乗り型に組み、いかにも雪の重圧に耐えているといったデザインである。このような意匠は北陸や東北の日本海側に多い。真壁というのはわが国の民家ではもっとも一般的なやり方で、柱の中心線に塗壁をつくり、外からも内からも柱が見えるつくりである。ヨーロッパの木造民家でも同様に柱の間に煉瓦を塡めたり、漆喰壁に仕上げるハーフティンバーという形式がある。中部ヨーロッパの北部地方に多い。10図はドイツ西北部のザクセン型の形式で前例と同じく、柱と貫で壁面を細く区切った真壁式のデザインである。

　11図は富山県の砺波平野の山麓地帯に見られるかぶと造りで、寄棟造りの形が強く残っている。棟も屋根の各部も丸味があって、流線型となっているのは、強い風を防ぐためである。棟端には「帽子飾り」といって、菰を編んだものを被せて、棟の先端を風害から防いでいる。12図はロンドン北郊のイングリッシュカッテージといわれる、農家の形式である。棟を丸くして縄を網目に編んだものを被せて風に備えている。妻側をかぶと造りとした屋根形は全く前例と似たものがある。ロンドン西北郊のストラトフォードにあるシェクスピア夫人のアンハサウェイ家もこれと似たカッテージ風の建物である。

1図　合掌造りの民家　岐阜県大野郡白川村御母衣　大戸家　現下呂町飛驒郷土館

2図　切妻多層民家　スイス・ルッチェルン州ランデンハウス

3図 木曽の本棟造り　長野県木曽郡上松町

4図 スイスのシャーレー　スイス・ウンターワルデン州ブリエンツ

5図　あづまや造り　福島県信夫郡平野村

6図　かぶと造りの民家　ドイツ・シュバルツバルト（グッタッハ型）

7図　南部の曲り家　岩手県紫波郡矢巾村煙山　現　豊中市　民家集落博物館

8図　スイスの酪農家　スイス・アッペンチェル州ロルシャッハ

9図　真壁造りの商家　石川県羽咋郡富木町

10図　ハーフティンバーの農家　ドイツ・ヴェストファーレン州エンガー（ザクセン型）

11図　丸棟草葺農家　富山県東砺波郡庄川町湯山

12図　丸棟草葺農家　イギリス・ロンドン北郊

著者　川島宙次（かわしま ちゅうじ）

1912年、東京都生まれ。1級建築士、日本民俗建築学会理事、東京民芸協会会員、日本美術家連盟会員、大林組住宅部長、大林ハウジング取締役を歴任。欧米、東南アジア諸国を歴訪し住居建築を研究。1990年第1回竹内芳太郎賞受賞。
主著に『滅びゆく民家』全3巻（主婦と生活社）、『日本の民家』（講談社）、『民家のなりたち』（小峰書店）、『民家の画帖』『民家のデザイン』『絵でみるヨーロッパの民家』『稲作と高床の国 アジアの民家』（相模書房）など。1998年死去。

※本書は『民家のデザイン』（相模書房1986年刊）を復刊したものです。

民家のデザイン［日本編］

発行日　2016年9月22日　初版第一刷

著　者　川島 宙次
発行者　仙道 弘生
発行所　株式会社 水曜社
　　　　〒160-0022　東京都新宿区新宿1-14-12
　　　　TEL 03-3351-8768　FAX 03-5362-7279
　　　　URL suiyosha.hondana.jp/

装　幀　河合 千明
印　刷　藤原印刷株式会社

ⓒKAWASHIMA Chuji 2016, Printed in Japan
ISBN978-4-88065-394-5 C0052

本書の無断複製（コピー）は、著作権法上の例外を除き、著作権侵害となります。
定価はカバーに表示してあります。乱丁・落丁本はお取り替えいたします。

―― 好評発売中 ――

民家のデザイン
［海外編］

川島宙次 著　A4判 並製 本体価格 4,600 円
ISBN978-488065-395-2

歴史と共に培われてきた暮らしの造形、失われゆく住居のデザインを、著者の緻密なイラストで紹介。民家の意匠を建築と文化、風俗の面から学ぶことの出来るビジュアル解説本。

［世界編］では気候や環境に合わせて、穴、水、土、草、石、木など様々な材料から作られた世界各地の民家のデザインを紹介。
※本書は『世界の民家・住まいの創造』（相模書房 1990 年刊）を復刊したものです。

全国の書店でお買い求めください。価格は税別です。